KB206310

정공 큰스님과 과학자의 정토법문

극락성불학교의 실상

정공淨空 큰스님 법문
반종광潘宗光 교수 법문
정인淨仁 허만항 편역

일러두기

1. 이 법문집은 전 세계 정종학회를 이끌고 계시는 정공 큰스님께서 2000년 이후 《불타교육 디지털 잡지》에 연재한 정토법문과 노벨화학상 후부로 선정 되기도 한 반종광 교수님이 2015년 이후 잡지 《따뜻한 인간(溫暖人間)》에서 연재한 정토법문을 편역한 것이다.

목 차

80억겁 생사중죄
소멸하려면 …

지극한 마음(至心)으로
「나무아미타불」 명호를
간절히 소리 내어 염하면
80억겁 생사중죄를 없앨 수 있다.
중요한 것은 지심至心에 있다.
지심至心은 곧 성심誠心으로
심지心地가 청정하여
망념이 전혀 없다.
이러한 청정심·지성심으로
한마디 부처님 명호를 염하면
80억겁 생사중죄를 없앨 수 있다.
-정공상인, 〈정토선택〉

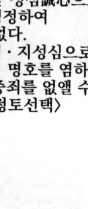

[제1부]

진실의 이익

정공淨空 큰스님

[들어가는 말]

60년, 홍법교학의 넓고 푸른 바다

불교는 지혜의 교육입니다. 불교는 우리에게 우주와 인생의 진상을 제대로 알라고 가르칩니다. 우주는 우리가 생활하는 환경이고, 인생은 자기 본인입니다. 우리 한 사람 한 사람은 모두 자신과 자신의 생활환경에 담긴 사실·진상을 분명히 알아야 합니다. 분명히 앎이 깨달음이고 분명히 알지 못함이 미혹입니다. 부처님께서는 대승경전에서 우리에게 이르시길, "일체중생에게는 모두 불성이 있다. 중생은 본래 부처이지만, 현재 본래 갖추고 있는 성품(本性)을 잃어버렸다." 하십니다. 부처님께서는 경전강설과 교학을 통해 일체중생이 깨닫도록 돕습니다. 중생이 참나 자체를 인식하도록 돕습니다. 중생이 어떻게 하면 자신이 본래 갖추고 있는 부처님 자리로 돌아갈 것인가 가르칩니다. 이를 위해 수행하여야 합니다.

수행은 무엇을 닦습니까? 부처님께서는 《화엄경華嚴經·출현품 出現品》에서 "일체중생은 여래의 지혜와 덕상을 갖추고 있지만, 망상집착으로 인해 증득할 수 없다."고 한 마디로 갈파하셨습니다. 우리는 망상 집착이 있기 때문에 본래의 지혜와 덕상이 비록 있어도 나타나지 않습니다. 이런 장애는 바깥에서 오는 것이 아니라 자신이 짓고 자신이 받는 것입니다. 수행은 곧 자신의 망상 분별 집착을 내려놓는 일입니다. 집착을 내려놓으면 누구나 아라한이 되고, 육도윤회를 벗어날 수 있습니다. 분별을 내려놓은 존재가 곧 보살입니다. 또한 망상을 내려놓으면 곧 성불합니다. 가르침에 의지해 받들어 행하기만 하면, 진정으로 부처님께서 가르치고 인도하는 방법에 따라 실천하기만 하면 이번 생에 생사를 끝마치고, 윤회를 벗어나며, 극락정토에 왕생하여 부처가 될 수 있습니다.

정공淨空 큰스님께서는 석가모니부처님을 본받아 한 평생 경전강설 및 교학활동을 하시면서 불법을 홍양하여 미혹을 깨뜨리고 깨달음을 열며(破迷開悟), 괴로움을 여의고 즐거움을 얻으며(離苦得樂), 범부에서 성인으로 바꾸도록 중생을 도왔습니다. 큰스님께서는 65년 동안 대장경의 가르침에 깊이 들어가 화엄으로 믿음을 깨우쳐서 정토로 돌아가셨습니다. 큰스님께서는 현대과학기술의 도구를 이용하여 전 세계에 불타의 정법을 홍양하시어 대중들이 부처님의 지견으로 자신의 인생을 지도하고, 정확한 사상관념과 언어행위를 세우며, 부처님의 자비·지혜·깨달음을 자신의 생활 노동현장에서 일을 처리하고·사람을 상대하며·사물을 접하는 가운데 실천하여 행복하고 즐거우며 자재 원만한 인생을 획득할 수 있도록 도우셨습니다.

《불타교육 디지털 잡지》는 화장정종학회華藏淨宗學會에서 2000년에 창간한 잡지로 주된 내용을 특정한 제목 형식으로 정공 큰스님의 강설내용을 발췌하고 대중이 수학하기에 편리하도록 간결한 법문으로 정리하였습니다. 매월 1일과 15일 두 차례 구독자에게 메일을 발송하는 동시에 큰스님의 홍법 웹 사이트에 실어 대중이 읽고 다운로드할 수 있도록 하여 대중의 깊은 사랑을 받았습니다.

마침 큰스님의 경전강설 교학 60년을 맞이하여 학회에서는 특별히 잡지에 실린 법문을 간결하게 정리하여 제목을 달아 편집하였습니다. 그 내용은 《불교상식개설》·《수행의 도》·《정토자량》·《진실의 이익》·《실상의 묘리》·《윤리도덕》·《부귀장수안녕》 등을 말하며, 출판 유통하여 대중에게 공양하고자 합니다. 여러 독자와 학인들이 모두 법익을 얻어 법희가 충만하길 기원합니다. 큰스님의 정화법문은 모두 큰스님께서 과거 몇 년 간 경전 강설 원고를 발췌하고 한데 모아 정리하였습니다.

이 법문은 단지 정공 큰스님께서 한평생 펼치신 홍법교학의 넓고 푸른 바다에 비해 한 알의 좁쌀에 불과합니다. 법문의 그윽한 향 맡길 바라며, 진심으로 감사드립니다!

[제1법문]

극락정토의 좋은 점

극락정토의 좋은 점은 무엇인가? 업을 지닌 채 왕생할 수 있다(帶業往生)는 것이다. 당신의 번뇌와 습기를 반드시 끊지 않고도, 그것을 눌러두고 조복하기만 해도 왕생할 수 있다. 팔만사천 법문은 모두 풀을 베고 뿌리를 제거하여야 진실로 청정하다고 말한다. 뿌리조차 뽑아버려야 한다. 정토의 이 방법은 당신에게 뿌리를 제거할 필요가 없이 풀을 베기만 하면 된다고 한다. 이는 매우 간단하다. 「나(我)」 바깥의 이 일층 번뇌를 눌러두기만 하면 왕생할 수 있다.

서방극락세계에 가서 아미타부처님 48원의 가지加持를 얻어 비록 번뇌의 뿌리가 있을지라도 현행現行을 일으키지 않는다. 왜 그러한가? 극락세계에서는 재산을 탐내며·여색을 탐내며·음식을 탐내며·수면을 탐내며·명성을 탐내며·이익을 탐내는 모든 탐욕으로 인한 번뇌가 완전히 없다. 왜 그러한가? 모든 것이 다 갖추어져 있어 당신이 금·은·재물·보배에 대한 생각을 움직이면 그것이 눈앞에 나타난다. 당신은 여전히 무엇을 탐하겠는가? 저절로 눈앞에 나타나니, 탐하지 않을 것이다. 실제상으로 우리 인생은 이 세계에서 그런 물건이 우리에게 가장 중요한가? 황금이 없어도 상관없다. 나는 여전히 살 수 있다.

진주·보배가 없어도 나는 마찬가지로 매우 자유자재하게 산다. 먹을 것이 없어도 괜찮다. 나는 며칠 더 살 수 있다. 공기가 없으면 몇 분 만에 죽는다. 공기가 가장 중요하지만 누가 공기를 탐하는가? 누가 공기를 집에 가지고 가서 숨기겠는가? 아무도 없다. 왜 그러한가? 도처에 모두 그렇다. 그래서 탐하지 않는다.

극락세계의 황금은 흙과 마찬가지로 온 땅이 다 그렇다. 황금으로 도로를 깔았다. 오늘날 우리들은 이곳에서 아스팔트로 도로를 깔았다. 누가 아스팔트를 보배로 저장하겠는가? 아무도 없다. 그것은 너무나 많기 때문이다. 진주와 마노, 이는 칠보이다. 금강석과 같이 얻을 수 없는 보배는 서방극락세계에서는 무엇인가? 건축 재료이다. 그래서 그들에게는 희귀하지 않아 탐내는 마음이 없다. 명성과 이득을 추구하는 습기는 극락세계에 가면 결코 일어나지 않고 인연이 없다. 이것이 서방극락세계의 수승한 점이다.

극락세계에 왕생하는 조건은 높지 않다. 당신이 번뇌를 조복하기만 하면 일념一念·십념十念에도 모두 왕생할 수 있거늘 이런 법문을 어디에서 찾겠는가? 이런 일념·십념은 평상시가 아니라 임종할 때 그 일념을 말한다. 명종命終에 임하여 최후 일념이 아미타불이면 그는 극락세계로 간다. 한 평생 설령 불법을 만나지 못했을지라도 명종에 임하여 곧 죽으려 할 때 사람들이 그에게 염불을 잘 하라고 말하여, 그가 이를 믿고 의심하지 않고 곧 이어서 염불하고 몇 마디 소리내어 염하면 곧 진실로 왕생할 것이다. 매우 많은 사람들은 이 말을 듣고서 어떻게 한 평생 학불學佛한 적도 없는데, 임종할 때 몇 마디 부처님 명호를 염하였다고 왕생하겠는가? 믿지 않는다.

그러나 이는 경전 상에서 말한 원리 원칙에 부합한다. 《능엄경》에서 대세지보살께서는 염불인에게 "육근을 모두 거두어 들여 정념을 이어가라(都攝六根 淨念相繼)." 가르치고 인도하셨다. 이 여덟 글자를 실천하여 명종에 임할 때 다른 사람이 그에게 염불하라 권하고, 그는 무슨 생각이든 모두 내려놓고 곧 일심으로 염불하여 정토에 태어나길 구하면 이것이 곧 「도섭육근都攝六根」이다. 그가 이때 의심이 없고 뒤섞음이 없어서 일념에서 십념에 이르기까지 중단함이 없으면 이것이 곧 「정념상속淨念相繼」이다. 그는 경전의 말씀에 완전히 부합한다. 그가 왕생할 수 없다고 한다면 경전의 말씀이 거짓이 아니겠는가?

우리가 평상시 염불하는 것은 전쟁하기 위해 병사를 훈련하는 것과 같아 훈련함에 있어 진정으로 쓸모 있는 것은 왕생할 때 이 일념이다. 이 일념으로 전쟁에서 이기면 쓸모가 있다. 평상시 염하지 않으면 이런 공덕이 없고 명종에 임할 때 잊어버리게 되고, 원친채주冤親債主[1]가 찾아 와서 당신을 방해하여 생각을 모두 잊어버리게 된다. 이러한 상황은 대단히 많다. 그래서 평상시 일심으로 전념하면 이미 자신을 이롭게 하고 또한 타인을 이롭게 하였다. 자신을 이롭게 함(自利)은 제대로 염불함(眞幹)이고, 타인을 이롭게 함(他利)은 좋은 모습을 다른 사람에게 보여줌

---

1) "우리가 누겁의 세월에 걸쳐 원한을 맺거나 애정으로 얽힌 존재들로 이번 한 생에 자신에게 진 빚을 갚으라고 우리들에게 찾아올 수 있습니다. 이러한 존재들을 원친채주(冤親債主)라고 부릅니다. "우리가 그들에게 빚진 것, 또한 우리들이 사로잡혀 있는 것, 다른 사람들이 여러분을 붙잡고 있는 것, 몇몇 끝내지 못한 인연들이 모두 우리의 장애가 되고 극락왕생을 성취하지 못하게 합니다. 염불을 통해서 우리가 그들에게 빚지고 있는 은혜와 그들에게 빚지고 있는 원한은 모두 갚아버려야 합니다." _《정토참법·원친채주 참회발원문》(비움과소통 刊)

이다. 이것이 「자행화타自行化他」라 한다.

능현(能現 ; 변현하는 마음)·소현(所現 ; 변현하는 법)과 능변(能變 ; 전변하는 마음)·소변(所變 ; 전변하는 법)은 모두 공적空寂한 것이다. 세존께서는 우리 세상에 강생하시어 49년 동안 설법하셨다. 그 중에서 가장 중요한 법문을 강설하시니, 이는 반야부에 속한다. 세존께서는 반야법문을 22년 강설하셨는데, 이는 절반의 시간을 차지한다. 당신은 세존께서 한 평생 교학하신 주요한 과목에 이렇게 오랜 시간을 사용하셨음을 이해할 것이다.

총결總結은 곧 한 마디 말로 당신에게 "일체 법은 소유가 없고, 필경에 공이며, 불가득이다(一切法無所有 畢竟空 不可得)." 말씀하셨다. 이를 진정으로 또렷이 이해하면 당신은 수많은 인연을 놓아버리고, 청정심이 현전할 것이다. 청정심이 현전하면 비록 견성見性하지 못했을 지라도 견성과 멀리 떨어져 있지 않다. 청정심이 사마타(止) 수행이다. (사마타란 무엇인가?) "제법이 청허함을 조견하여 반연(상황 조건)을 여읨이 사마타이다(照法淸虛離緣止)." 우리는 다시 그것을 구체적으로 어떻게 학습할 것인가? 처음에는 능能과 소所의 생각을 멈추고 사실·진상을 또렷이 이해하여야 한다. 능생(能生 ; 진제의 법)은 공적空寂이고, 소생(所生 ; 속제의 법)은 유 같아 보이지만 실제로는 공이다(似有卽空). 그래서 능생·소생에 대해서 더 이상 분별 집착하지 않는다.

우리는 마음을 일으키거나 생각을 움직일 때 관조觀照한다고 말하지 못한다. 그것은 근본적으로 할 수 없다. 그것은 선종에서 상상근기의 사람이라야 행한다. 우리는 상상근기가 아니라 단번에 바로 내려놓는 것은 불가능하다. 혜능대사처럼 많지 않은

나이, 24세에 오조께서 그에게 《금강경金剛經》을 강설하시면서 "머무는 바 없이 그 마음을 낼지라(應無所住 而生其心)." 하자, 그는 망상·분별·집착을 단번에 내려놓았다. 번뇌를 끊음은 단박에 끊음(頓斷)이라 말한다. 그는 이런 부류의 사람에 속한다.

내가 처음 불법을 접하였을 때 《육조단경六祖壇經》 정복보丁福保 평주를 보고서 매우 기쁘고 매우 흠모하여 스승님에게 가르침을 받았다. 스승님은 한 분이 아니라 세 분이었다. 세분의 스승님[2]은 서로 알지도 못했고, 토론하지도 않았다. 하지만 나에게 같은 말을 하는 것에 대해 매우 놀랍다고 느꼈다. 혜능대사는 배울 수 있었겠는가? 그는 배운 적이 없다고 말했다. 혜능 이전에는 이러한 사람이 출현한 적이 없었다. 혜능 이후 현재에 이르도록 두 번째로 이러한 사람이 출현한 적이 없다. 그래서 그 누구도 따라 배울 수 없다. 특히 방동미 스승님께서는 나에게 말씀하셨다. "혜능 대사께서는 한걸음에 천상에 올라갔지만, 우리는 그를 따라가지 못한다. 떨어져서 몸이 가루가 되고 뼈가 부서지면 끝장난다." 그래서 자신에게 이런 능력이 있는지 없는지 따져보고, 그런 능력이 없으면 계단을 올라가고, 한 단계씩 올라가는 것이 온당하다.

---

2) 대철학자 방동미方東美 교수께서 가르치신 「학불은 인생 최고의 향수(學佛是人生最高的享受)」라는 말씀을 통해 정공 큰스님께서는 우주와 인생의 진상을 탐구하는 여행을 시작하였습니다. 티베트 고승이신 장가章嘉대사께서 가르치신 「간파看破·방하放下·보시布施」의 방법을 통해 큰스님께서는 학불의 기초를 다지셨습니다. 이병남李炳南 노거사께서 일깨우시고 깊이 알게 하신 「일문에 깊이 들어가 오랫동안 몸에 배이도록 닦는(一門深入 長時薰修)」 방법은 일체 경장에 깊이 들어가는 열쇠입니다. _《당생성불》 (비움과소통)

불문에서는 돈수頓修와 점수漸修를 말한다. 우리는 점수하는 극락 정토의 좋은 길을 걸으면서 한 걸음 한 걸음 향상하고 승급하여야 한다. 이치를 알고, 길을 한 걸음 한 걸음씩 위로 올라가야 한다. 다시 말해 내려놓아야 한다. 천천히 조금씩 내려놓아야 한다. 그러면 힘을 들이지 않고 해낼 수 있고, 항상 해가 갈수록 조금 더 많이 내려놓을 수 있다. 전반적으로 말해 우리의 분별심 · 집착심이 해가 갈수록 가벼워지면 이는 진보가 있음이고, 경전에서 말하듯이 번뇌가 가벼워지고 지혜가 자라나 이런 효과를 거둘 수 있다는 말이다.

능과 소, 주체와 객체의 범위는 너무 넓어서 뿌리로부터 시작하는 것은 능생能生이든 소생所生이든 모두 진실이 아니다. 진제眞諦 · 속제俗諦의 이제二諦로부터 시작하면, 여기서는 매우 또렷하게 말할 수 있다. 일반적으로 대승에서는 속제는 육도六道이고, 사성법계四聖法界가 진제인 셈이다. 이렇게 경계를 구획하면, 우리는 속제에서는 망상 · 분별 · 집착 모두를 내려놓지 못해 육도를 벗어나지 못함을 안다. 진제에서는 아라한으로부터 일어나는데, 아라한은 육도를 뛰어넘는다.

실제實際 상에서 보면 아라한이 쓰는 마음도 여전히 망심이고, 여전히 8식識 51심소心所이다. 그러나 그 사람의 8식 51심소가 성덕性德과 상응하면 점차 번뇌를 멀리 여의게 된다. 우리의 8식 51심소가 번뇌와 상응하면 자신의 사리사욕과 탐진치 · 교만을 여의지 못하고, 결국 육도를 벗어나지 못하게 된다. 왜냐하면 우리는 눈앞의 일체 법을 모두 진실로 유이고 공이 아니라고(眞有不空) 여기기 때문이다. 부처님께서는 우리에게 이르시길, "유 같아 보이지만, 실제로는 공이다." 하셨다. 그러나 우리는 그것을

진실로 유이고 공이 아니라고 여긴다. 그래서 반드시 지배하려고
하고, 반드시 차지하려고 한다. 이렇게 반드시 지배하려고 하고
차지하려고 하면 죄업을 짓게 된다. 어떤 죄업을 짓는가? 삼악도
의 죄업을 짓고, 그 과보를 받게 된다.

좀 더 구체적으로 말하면 대립하는 생각을 내려놓는 것으로부터
시작하여야 한다. 나 자신도 이렇게 여러 해 동안 수행하면서
이런 측면에서 공부를 하며 누구와도 대립하지 않았다. 사람들이
나를 찬탄하고 나에게 아첨하며 나에게 예를 갖춰 공경하여도
나는 기뻐하는 마음을 내지 않았다. 상상하건대, 나는 그들에게
공경 받을만한 가치가 있는가, 찬탄 받을만한 가치가 있는가?
그렇지 못하다. 최소한 마음을 밝히고 견성하여야 비로소 받아들
일 수 있을 것이다. 우리는 견성으로부터 너무 멀리 떨어져
있다. 피상적으로 불법을 조금 배웠다고 무엇이 중요한가?

그래서 자신이 잘났다고 생각하는 교만한 마음을 내어서는 안
된다. 왜 그러한가? 다른 사람이 우리에게 하는 칭찬이 모두
지나치다고 알면 감히 받아들이지 못한다. 다른 사람이 우리에게
비방하고 모욕하며, 심지어 치욕을 주고 상해를 끼쳐도 우리는
받아들이고 잘 반성해야 한다. 나에게 정말 잘못이 있고, 그의
말은 잘못이 없다. 원한이 없을 뿐만 아니라 나는 그에게 감사하
고 잘못을 고치고 자신을 새롭게 한다. 그가 나를 일깨워줌에
감사한다.

원한이 없고, 보복이 없다. 이는 대립하지 않음이다. 누구와도
대립하지 않음을 배우면 무엇을 아는가? 우리가 일체임을 안다.
우리가 설사 매우 올바르게 행동할지라도 그것은 당신이 나에

대해 오해한 것이니, 해명할 필요 없이 시간을 두고 그에게 대답하도록 하라. 천천히 그 자신이 명백히 알게 될 것이니, 굳이 해명할 필요가 있겠는가? 영원히 다른 사람과 논쟁을 일으키지 말라. 당신이 나아가면 나는 물러서고, 당신이 요구하면 나는 양보한다. 우리는 인과因果를 믿는다. 운명 안에 있는 것은 모두 내버려도 잃을 수 없고, 운명 안에 없는 것은 구하여도 얻을 수 없다. 얻고 잃는 생각이 없어야 당신의 마음이 차분하고, 당신의 마음이 자재하다.

순경이든 역경이든 관계없이 경계의 이면에 일어나는 보다 큰 풍랑에 나는 여여부동하고, 나는 또렷하고 명백하다. 여러분은 내가 다른 사람보다 훨씬 낫다고 느끼지만, 나 자신은 다른 사람보다 못하다고 생각한다. 이는 진실이고, 조금도 거짓이 아니다. 어떻게 남의 공경을 받을 수 있겠는가? 모른다고 생각지 않는다. 당신이 진정으로 반성하면 부끄럽고 두려운 마음이 생길 것이다. 더욱 성실하여야 하고 더욱 노력해야 한다. 그렇지 않으면 동학 동수 여러분에게 미안할 것이다. 성실하게 노력해서 끊임없이 자신을 향상시키고 승급시켜야 한다.

그래서 무엇보다 먼저 대립이 없다. 대립이 없으면 모든 사람·일·물건과 모순이 발생할 리 없고, 충돌이 발생할 리 없다. 그래서 나는 국제적으로 많은 친구들에게 (이 사람들은 모두 충돌을 풀고 사회 안정과 평화를 촉진하는 데 참여했다) 나는 나의 경험을 그들에게 나누어 주었다. 충돌을 푸는 것은 자신의 마음속에서 남과 대립하지 않아 누구와도 갈등이 없고, 충돌하지 않으며, 여기에서부터 우리는 냉정한 두뇌와 진실한 지혜로 문제를 해결할 수 있다. 결코 감정적인 정서로는 문제를 해결할 수 없다.

그래서 우리는 대립을 내려놓고 멈추어야(止) 한다. 능과 소, 주체와 객체를 내려놓고 멈추어야(止) 한다. 진제와 속제 이제二諦를 내려놓고 멈추어야(止) 한다.

_《수화엄오지修華嚴奥旨 망진환원관妄盡還源觀》에서 발췌

아침에도 저녁에도 염불하여 윤회를 벗어난 서방정토에 화생하길 구하라!

대승불법을 섭렵하여 성숙해지면 염불법문으로 들어오게 됩니다. 이 사바세계가 고해라는 사실을 안다면 벗어날 길을 찾아야 합니다. 한마디의 "아미타불" 명호 외는 별다른 길이 없다고 생각하면 이 사람이 바로 진정으로 깨달은 사람입니다. 염불로 빨리 고개를 돌릴 수록 더욱 수승하며 품위는 반드시 높아질 것입니다. -정공 법사(95세, 지구촌 정토종의 정신적 지도자)

[제2법문]

중생을 이롭게 하는 네 가지 원칙

부처님께서는 대승경전에서 우리에게 가장 중요한 과제이자 가장 근본적인 원칙을 가르치셨으니, 곧 우주와 인생의 진상을 인식하고 생명은 하나의 전체임을 긍정하라 말씀하셨다. 허공법계·십법계 의정장엄은 자성自性 활동의 현상이 아님이 없다. 즉 자성은 하나이다. 그래서 진허공·변법계의 일체중생도 하나이다. 이는 대단한 인지認知로 이를 인지한 사람이 곧 부처요 법신대사이다. 미혹하여 이를 잃어버린 사람이 곧 범부이다. 우리는 부처님과 법신대사가 어떻게든 미혹하여 자성을 잃어버린 사람과 왕래한다고 본다. 이것이 곧 불타의 교육이다. 불타께서 가르친 내용은 너무나 많아 진정으로 무량무수하고 무궁무진하지만 하나의 원칙이 있다. 우리가 이런 원리원칙을 장악할 수 있다면 수학의 발걸음을 가속할 수 있고 불타의 경계에 계입契入하는 시간을 단축시킬 수 있다.

근본적으로 인지認知하려면 먼저 허공법계가 일체중생 자성의 활동임을 긍정하고, 그런 다음 학습을 통하여 그것을 증명하여야 한다. 우리가 현재 믿고 긍정하는 것은 스승을 믿는 것이고, 저 부처님(아미타부처님)을 믿는 것으로 이는 자성을 믿는 것이 아니라 여전히 일층 사이를 두고 떨어져 있다. 어떻게든 저

부처님에 대한 믿음(信他)을 자성에 대한 믿음(信自)으로 변화시키면 공부가 원만해진다. 우리가 일체중생과 왕래함이 곧 일체유정중생과 왕래함이요, 일체 무정중생(자연생활환경)과 왕래함이요 일체 천지귀신과 왕래함이다. 깨달은 사람이 일체중생과 왕래함에 쓰는 마음은 진성심眞誠心·공경심恭敬心·예찬심禮讚心·자비심慈悲心이다. 이를 합쳐서 말하면 곧 보리심菩提心이다. 보리심은 또한 진성심·청정심·평등심이다. 참되고 성실하게 사랑하는 마음을 기초로 삼고 선교방편善巧方便을 더해야 비로소 진정으로 중생을 이롭게 할 수 있다.

《무량수경無量壽經》에서는 세 가지 진실을 말한다. 첫째, 「진실의 지혜에 머묾(住眞實慧)」이다. 이는 곧 보리심에 머물고, 진성·청정·평등각에 머물며, 진실한 자비와 무조건적인 사랑으로 일체중생을 돕는 것이다. 둘째, 「진실의 이익을 베풀어 주심(惠以眞實之利)」이다. 혜惠는 베풀어 줌이다. 불교용어로 보시 공양함을 말한다. 일체중생에게 진실의 이익을 보시 공양함이다. 우리는 중생 모두에게 불성이 있고, 중생은 본래 부처이며, 불성은 자신이 본래 갖추고 있는 것임을 알아야 한다. 이러한 사실·진상(事實眞相 ; 진실)은 철저히 깨달음이 있는 불타라야 말할 수 있다. 셋째, 「진실의 궁극을 열어보이심(開化顯示眞實之際)」이다. 진실의 궁극은 곧 자성이다. 즉 선종에서 말하는 「명심견성明心見性·견성성불見性成佛」이 진실의 궁극이다. 우리 자신이 수학하는 것은 진실의 지혜이고, 중생에게 보시 공양하여 중생을 도와 미혹을 깨뜨리고 깨달음을 열도록 하는 것이 진실의 이익이다.

부처님께서는 어떤 방법으로 세 가지 진실을 실현하였는가? 사실단四悉檀과 사섭법四攝法이다. 이 두 가지 방법을 교차하여 사용함이 곧 선교방편善巧方便이다. 이를 통해 사람과 사람 사이를 화목하게 하고, 사람과 자연환경이 그 아름다움을 다 발휘하도록 한다. 우리는 대자연 속에서 생활하면서 대자연과 합하여 일체가 되어야 진정으로 자재하고 더할 나위없는 행복한 삶을 영위함을 분명히 알 수 있다. 오욕육진五欲六塵에 미혹한 중생은 대자연을 향수할 줄 모르고, 이따금 파괴된 적이 없는 자연환경을 보고 마음속이 깜빡 밝아지지만, 일순간 또 미혹하여 유지할 수 없으니, 너무나도 애석하다!

「사실단四悉檀」은 네 가지 원칙이다. 「실단悉檀」, 이는 불경의 번역체 사례에서 범어와 한자를 합쳐서 번역한 말이다. 「실悉」은 중국한자이고, 「단檀」은 인도범어이다. 「실悉」은 보편이고, 「단檀」은 보시 공양이다. 따라서 「실단悉檀」은 일체중생에게 평등하게 보편적으로 **조건이 없이 보시 공양**한다는 뜻이다.

첫째는 「세계실단世界悉檀」이다. 이는 일체중생에게 환희심이 생기게 한다는 뜻이다. 일체중생은 모든 사람·일·물건을 포함한다. 허공법계는 모두 중생衆生이다. 즉 온갖 인연이 화합하여 일어나는 현상이다. 사람과 접하여 환희심이 생기게 하는 것은 매우 쉽게 알 수 있지만, 대자연과 접할 때 어떻게 그것이 환희심이 생기게 할 수 있는가? 만약 당신이 진성·청정·평등·대자비의 마음으로 보리심을 기르고, 바깥으로 나가 관광 유람하면 산하대지·수목 화초가 모두 당신에게 환하게 미소 짓는 모습을 볼 것이다. 이는 진실이고 거짓이 아니다. 꼼꼼하지 않은 사람은 이를 체득할 수 없다. 천지의 귀신은 우리가 육안으로 볼 수 없지만, 그들은 우리를 볼 수 있다. 우리가 언제 어디서라도 마음바탕이 진성·공경·청정·평등·정각·자비로 가득차면 천지 귀신이 하나하나 기뻐할 것이다. 이는 실제로 불가사의하다!

둘째는 「위인실단爲人悉檀」이다. 우리가 일상생활에서 왕래하는 가운데 가장 접근하는 것은 인류이다. 그래서 사람과 사람의 왕래에 있어 첫째의 대전제는 사람을 위하여야 한다는 것이다. 즉 상대방의 이익을 위해야지 자신의 이익을 구해서는 안 된다. 요즘 말로 사람들은 윈윈(win-win)을 제창한다. 자신에게 이익이고, 상대방에게 이익이 되는 양자의 이익을 추구한다. 이는 여전히 나를 첫째에 놓는다. 제불보살의 관념은 범부와 달리 자신의 이익을 생각하지 않는다. 불보살은 대중과 잘 지내어 사람들이 우러러 모시고 존경할 수 있도록 한다. 왜냐하면 불보살은 자신을 버리고 남을 위하는 정신을 나타내기 때문이다. 우리가 불보살의 형상에 공양할 때 가장 많이 보는 등·초·향, 이 세 가지는 모두 자신을 불살라 다른 사람을 환히 비춤을 표시한다. 가장 잘 드러나는 것은 양초이다. 이는 자신을 희생하여 다른 사람을 성취하는 정신을 대표한다. 우리는 정말로 불보살을 향해 학습하여야 한다.

깨달은 사람과 깨닫지 못한 사람이 사귀어 깨닫지 못한 사람이 점차 명백히 이해하고 깨닫도록 하는 것이 곧 중생을 제도함이다. 법보시法布施에서 자신을 버리고 남을 위하는 것은 「중생의 괴로움을 대신 받는 공양(代衆生苦供養)」3)이다. 이런 일은 보통 사람이

---

3) 대중생고공양代衆生苦供養 : 보살에게는 이런 원이 있어 당신을 대신하여 괴로움을 겪습니다. 사실상 각자 업을 짓고 각자 과보를 감당할 뿐이지, 제불보살께서 당신이 괴로움을 겪는 것을 대신할 수는 없습니다. 그러나 확실히 보살님도 일부분은 대신할 수 있습니다. …… 중생이 지은 선악의 업에 관해서는 우리가 대신할 수

할 수 있는 것이 아니다. 보통 사람은 모두 자신의 개인적인 이익을 추구한다. 다시 말해 마음을 움직이고 생각을 움직일 때마다 자신을 위한다. 깨달은 사람과 깨닫지 못한 사람이 왕래하면서 깨닫지 못한 사람에게 환희심이 생기게 하고 우러러 공경하는 마음이 생기게 한다. 이렇게 피차 신임하고 친밀한 관계를 세울 수 있다.

셋째는 「대치실단對治悉檀」이다. 만약 좋은 관계가 없다면 당신이 그에게 권유하지만, 그는 들으려 하지 않고 의심을 품어 당신은 그에게 좋은 것은 다른 의도가 있다고 여긴다. 그래서 먼저 좋은 관계를 세워야 하고, 그런 다음 다시 그에게 권유하고 사실·진상을 알려주어야 받아들일 수 있다. 사실·진상에는 이론理論이 있고, 사상事相이 있다. 상근기의 예리한 지혜를 지닌 사람에게는 이론을 말하고, 우주와 인생의 진상을 강해하여 그에게 들려주면 받아들일 수 있다. 중하 근성의 사람에게는 사상事相을 말한다. 사상은 곧 인연과보이다. 그래서 그들에게 선인선과善因善果와 악인악보惡因惡報를 말하고, 사례를 들어 그들 자신이 체험하도록 하고, 문득 크게 깨닫도록 하여야 한다. 이런 목적은 그에게 악을 끊고 선을 닦으며, 괴로움을 여의고 즐거움을 얻도록 가르친다. 이는 첫걸음이지 구경이 아니다. 바꾸어 말하면 이는 그에게 결코 삼악도의 업을 짓지 말고, 삼악도에 떨어지지 말며, 인천의 복보를 얻도록 가르치는 것이다. 이는 대부분의 사람들이 즐겨 받아들이는 것이다.

없습니다. 우리 자신이 좀 절약하여 여분의 역량을 가지고 불법의 홍양을 돕고 일체의 고난 중생을 돕는 것이 보살이 중생의 괴로움을 대신하고자 발원하는 공양입니다. _《보현행원 염불성불》(비움과소통)

넷째는「제일의실단第一義悉檀」이다. 이는 곧 그에게 진실의 이익
을 베풀어준다는 뜻이다. 그에게 마음을 밝혀 견성할 것을 권하
고, 부처가 될 것을 권한다. 정말 우리의 현전하는 이 시대는
진정으로 부처가 되고 보살이 될 수 있다. 이를 위한 최상의
방법은 곧 염불하여 왕생한 후 불퇴전지에 올라 성불하는 것이다.
이것이 바로 정토법문이다. 우리는 비교하는 방법으로 최후에
이르러 정토법문은 우리에게 가장 이익이 있고, 우리의 근성에
가장 적합할 뿐만 아니라 우리의 현대 생활환경에도 적합하다.
그가 정토법문을 받아들여 아미타불 명호를 염하여 정토에 태어
나길 구하면 우리가 사실단四悉檀으로 중생을 제도 · 교화하는
목적을 달성할 것이다.

이 네 단계에는 또한 방편이 있으니, 곧「사섭법四攝法」이다4).
중생을 섭수攝受함에 있어 보시布施 · 애어愛語 · 이행利行 · 동사同
事의 방편을 사용한다. 우리가 적절하게 운영하면 이를 통해
확실히 사회안정과 세계평화에 도달할 수 있다. 사람과 사람이
잘 지내면 반드시 서로 돕고 협력하며, 공존 공영할 수 있으며,
서로 의견을 고집하고 다투는 일이 생기지 않을 뿐만 아니라
전쟁이 발생할 수 없다. 사람으로 인한 재해가 없다. 의보(依報
; 생활환경)는 정보(正報 ; 사람의 몸과 마음, 작용)를 따라 구르므로
자연 재해도 없다. 이것이 재난을 피하고 없애는 진실한 방법이
다. 우리는 이해하여야 하고, 학습하여야 하며, 운영하여야 한다.
    _《조찬개시早餐開示》에서 발췌

---

4) 구체적인 내용은 [제7법문] 불교의 전심법요傳心法要에서「사섭법四攝法」참조

[제3법문]

어떻게 몸과 마음이 평안을 얻겠는가?

《유마경》에서 세존께서는 광엄 동자의 이야기를 인용하고 있다. 이 이야기에서 유마거사는 우리에게 무엇이 도량이고, 어떻게 마음을 도량에 안온히 머물게 하는가? 가르치고 있다. 마음의 안주(安住)는 대승의 수학에서 대단히 중요한 문제이다. 마음의 평안을 구하려면 먼저 몸의 평온을 구하여야 한다. 몸과 마음이 안온安穩하여야 도업道業을 성취할 수 있다. 바로 부처님께서 늘 말씀하신, "법의 수레바퀴를 굴리지 못하고 밥의 수레바퀴를 먼저 굴린다(法輪未轉 食輪先轉)."5)는 문구가 이러한 이치와 같다.

우리가 홍법하고 중생을 이롭게 하려면 가장 먼저 사람들의 생활을 안정시켜야 한다. 이렇게 해야 학불學佛하는 마음이 생길 수 있다. 살아나갈 방도가 없으면, 매일의 걱정을 내려놓지 못하면 학불하는 마음을 가질 수 없다. 인도네시아에 폭동이 일어났을 때6) 몇몇 인도네시아 동학 동수들이 나를 보러 와서 자신의 집이 언제 불에 타버릴지 모르고, 우려와 공포에 떨며 생활하느라 한 시도 평온할 수 없어 부처님 명호를 염할 수 없다고 나에게

---

5) "두 가지 수레바퀴가 있으니 법륜과 식륜이요, 식륜을 얻고 나서야 제대로 법륜을 굴리는구나(有二種輪 法輪食輪 得食輪已 乃轉法輪)."_《마하승기율摩訶僧祇律》

6) 1998년 5월 4일부터 5월 15일까지 인도네시아 자카르타 등지에서 아시아 금융 위기로 인해 발생한 화교대상 유혈 폭동 사태였다.

말했다. 그래서 몸과 마음의 평온함이 대단히 중요하다.

불법에 계입契入하고서 불법의 이익에 대해 점차 알게 되어야 몸과 마음이 비로소 진정으로 큰 평안(大安)을 얻는다. 법신대사法身大士는 어떠한 환경 속에 있든지 관계없이 몸과 마음이 모두 평안하여 설령 겁화劫火가 삼천대천세계에 가득할지라도 몸과 마음은 여여부동如如不動하고 평온함이 미륵산과 같다. 제불여래와 법신대사는 법공法空을 사자좌로 삼는다. 다시 말해 그들은 우주와 인생의 진상을 철저하고 명료하게 통달하여 조금도 의심이 없다. 이런 마음이라야 진실한 안주安住를 얻어 일체 법공에 안온히 머문다. 법공을 사자좌로 삼는다. 좌座는 안온安穩 · 안주安住를 뜻한다. 법공에 안주함은 곧 진정으로 실상(實相 ; 사실진상)에 안주함이다. 모든 우려 · 번뇌 · 근심 · 업장은 모두 진실이 아니기 때문에 원만히 사라진다.

불경에서 비유하여 말씀하시길, "죄장罪障은 마치 서리와 이슬과 같아 태양이 나오면 오래지 않아 사라진다."하셨다. 태양은 곧 지혜를 비유한 것이다. 자성의 지혜가 현전하여야 업장을 근본에서 뽑아버릴 수 있다. 지혜가 현전하지 않으면 결단코 업장業障과 죄보罪報가 있다. 비록 전부 꿈 · 환 · 거품 · 그림자처럼 가상일지라도 꿈속에 경계가 없다 말할 수 없다. 꿈속에는 확실히 경계가 있지만, 꿈속 경계는 진상이 아니라 가상이다. 사실 · 진상을 또렷이 이해하지 못하는 사람은 가상 속에서 괴로움을 겪는다. 사실 · 진상을 분명을 알면 이러한 가상을 알려고 해도 알 수 없다. 《반야경》에서 몇 백 번 「무소유無所有 · 필경공畢竟空 · 불가득不可得」을 말씀하신다. 확실히 무소유이고, 확실히 불가득이다. 당신이 있다고 여기는 것 · 얻을 수 있다고 여기는 것은 미혹이고, 지혜가 없다.

부처님께서는 유有를 말씀하셨지만, 부처님께서는 유에 집착하시지 않는다. 부처님께서는 공空을 말씀하셨지만, 부처님께서는 공에 집착하시지 않는다. 그래서 부처님께서는 49년 동안 설법하셨지만, 설할 수 있는 한 법도 없다. 설함과 설함이 없음이 동시에 존재하고, 동일한 뜻이다. 설함 그대로 설함이 없음이고, 설함이 없음 그대로 설함이다. 우리는 설함과 설함이 없음을 두 건의 일로 간주한다. 이는 미혹이고, 사실·진상을 또렷이 이해하지 않음이다.

부처님께서는 설법을 종소리에 비유하신다. 크게 치면 크게 울리고, 작게 치면 작게 울리며, 치지 않으면 울리지 않는다. 종을 치면 종이 울리나, 종 자체는 울리고 싶은 뜻이 전혀 없다. 그것에는 마음이 없다. 마음이 없으면 소리가 없다. 그래서 소리는 그대로 소리가 없음이다. 소리가 크든 작든 관계없이 모두 소리가 없음이다. 큰 종이 우렁차게 울릴 때 소리가 없음을 들을 수 있고, 법성法性을 듣는다. 실제로 법이 없음을 사실·진상에 도달함에 비유한다. 일체 비유는 단지 비교할 수 있음에 지나지 않는다. 우리는 비유로부터 체득하여야 한다. 체득의 깊고 얕음은 각자 다르다.

《능엄경》에서 관세음보살의 수행은 "들음을 돌이켜 듣는 자성을 들어야 견성하여 무상도를 이룬다(反聞聞自性 性成無上道)." 종을 칠 때 듣는 종소리는 바깥 들음이고, 종소리를 듣지 않음은 자성을 들음이다. 색을 보되 색에 집착하지 않고, 소리를 듣되 소리에 집착하지 않아야 반문문자성反聞聞自性을 해낼 수 있다.

견성하여 무상도를 이룸은 곧 일진법계에 듦이고, 심성의 체·상·작용과 원만하게 상응함이니, 곧 《화엄경》의 경전 제목인 「대방광大方廣」이다.

대방광에 계입契入하면 당신이 보내는 생활은 곧 부처님 화엄의 생활이다. 학불學佛하여 이러한 경계이어야 비로소 진정으로 수용할 수 있고, 비로소 진정으로 배워서 안다. 종문의 대덕들은 언제나 학인에게 묻기를, "무엇을 알고 있나(會么)?" 참으로 알면, 어느 것 하나하나 도 아님이 없고(頭頭是道), 가까이에 있는 모든 사물이 학문의 근원이 되며(左右逢源), 하나같이 진여자성眞如自性이 아님이 없다. 그러면 성불하여 우리는 부처님과 멀리 떨어져 있지 않고, 눈앞에 있다. 눈앞에 있을 뿐만 아니라 우리의 전체 몸, 모든 세포가 그 속에 담겨있다. 알지 못하는 사람은 마음이 경계에 따라 구른다. 이는 부처님께서 늘 말씀하시는 「가엾고 불쌍한 자」이다. 경계는 가상으로 꿈·환·거품·그림자이다. 무릇 꿈·환·거품·그림자를 따라 구른다면 윤회에 영원히 떨어지는 가운데 업에 따라 유전하여 영원히 벗어날 날이 없다.

대승법은 일진법계一眞法界에 들어가야 성취할 수 있는 셈이고, 소과성문小果聲聞·연각緣覺·권교보살權教菩薩은 여전히 정말 성취한 것이 아니다. 그러한 성취는 곧 상사위相似位이다. 진실한 성취는 범부도 해낼 수 있다. 무릇 범부가 해내지 못하는 것은 부처님께서 결단코 말씀하시지 않는다. 현수대사의 판교判教는 오교五教 안에 돈교頓教가 있다. 돈교는 돈초(頓超 ; 단박에 뛰어넘음)로 범부지凡夫地에서 곧장 여래과지如來果地에 계입契入한다.

수당隋唐 이전의 몇몇 대덕들은 정토왕생의 앞 4품인 상상품上上品

·상중품上中品·상하품上下品·중상품中上品은 보살이 왕생하는 품위로 범부에게는 연분이 없다고 하였다. 그러나 선도대사께서는 우리에게 범부도 상상품 왕생에 도달할 수 있고,「총체적으로 부처님께서 열반하신 후 오탁악세의 범부는 단지 선한 인연을 만남에 차이가 있어 구품의 차별을 초래하게 된다(總在遇緣不同)」.[7] 선도대사는 아미타부처님께서 다시 오신 분이다. 선도대사가 말한 것은 아미타부처님께서 몸소 선설宣說하신 것이다. 그래서 우리는 믿음이 있어야 한다. 어떤 인연인가? 정법을 만나는 것이 인연이요, 정토를 만나는 것이 인연이요, 좋은 도반을 만나는 것이 인연이요, 수학도량을 만나는 것이 인연이다. 갖가지 인연을 전부 갖추면 상상품에 왕생한다. 인연을 갖추지 못하면 몇 품위 아래로 왕생한다.

가장 수승한 성취를 얻고자 한다면 반드시 경장經藏에 깊이 들어가 의취義趣를 깊이 이해하며, 시시각각 관조觀照하는 공부를 제기하여야 한다. 과거 내가 《금강경》을 강설할 때 동학 동수 여러분에게 제시한 적이 있다. 우리는 육근六根이 육진六塵 경계에

---

7) "이 《관경》에서 정선·산선과 삼배상하 경문의 함의를 보면「총체적으로 부처님께서 열반하신 후 오탁악세의 범부는 단지 선한 인연을 만남에 차이가 있어 구품의 차별을 초래하게 된다고 말한다. 왜 그러한가? 상품의 세 왕생인은 대승을 만난 범부이다. 중품의 세 왕생인은 작은 법을 만난 범부이다. 하품의 세 왕생인은 악법을 만난 범부이다. 왜냐하면 그들은 평생 악업만 지은 까닭에 임종할 때 염불 등의 선한 인연을 빌어 부처님의 원력에 올라타 왕생할 수 있고, 저 국토에 이르러 연꽃이 피어야 비로소 보리심을 발하니, 어찌 대승을 배우기 시작하는 사람이라 말하겠는가? 만약 이러한 견해를 짓는다면 자신을 잃어버릴 뿐만 아니라 타인을 잘못 인도하여 그 폐해가 더욱 심하다." _《관경사첩소 심요》(비움과소통)

접촉할 때 염념 가운데 경전에서 하신 "일체 유위법은 꿈·환·
거품·그림자 같고, 이슬 같고 또한 번개 같으니, 마땅히 이와
같이 관할지라(一切有爲法 如夢幻泡影 如露亦如電 應作如是觀)."라는 말씀
을 생각하여야 한다.

「관觀」은 요즘 말로 곧 견해(看法)이다. 즉 마땅히 이러한 견해가
있어야 하고, 그런 후 일체 상을 여읠(離) 수 있다. 이離는 집착하지
않음이다. 일체 상에 집착하지 않을 수 있다. "일체 상을 여의고,
일체 법에 즉한다(離一切相 即一切法)."8) 이 일체 법은 불법이다.
법마다 모두 불법이고 법마다 원융하니, 일체 법에 즉한다. 바꾸
어 말해 이와 같은 관을 지을 수 없어 마음이 여전히 경계에
따라 구르면 일체 법이 아니고, 나아가 《대방광불화엄경大方廣佛
華嚴經》도 불법이 아니게 된다. 불법이든 세간법이든 일념의 순간
에 일념을 깨달으면 일체 법이 모두 불법이고, 일념을 미혹하면
불법도 세간법이다. 이것이 사실·진상이다. 우리가 언제라도
경계에 따라 구르지 않음을 배워서 알면 공부는 득력得力한다.
이러한 공부는 결코 매우 높은 것이 아니다. 그러나 이러한
기초 위에서 점차 자신의 경계를 향상시키고 승급시킬 수 있다.

그래서 우리는 마침내 법공法空의 좌위座位에 앉게 된다. 부처님께
서는 법공을 사자좌로 삼는다. 이러면 맞다. 비유컨대 집 안에
머물면 어떤 집이든 상관없다. 천막을 쳐도 괜찮다. 천막 안에서
자비심이 현전하면 몸은 안온함을 얻는다. 집은 우리의 몸을
보호하는 공간이다. 자비심은 마치 하나의 집처럼 일체중생을

---

8) "요컨대 일체상을 여의고, 일체법에 즉한다. 여읜 까닭에 상이 없고, 즉한 까닭에
상 아닌 것이 없다. 어쩔 수 없이 억지로 이름하여 실상이라 한다(要之離一切相
即一切法 離故無相 即故無不相 不得已强名實相)."_《불설아미타경요해》(비움과소통)

보호한다.

「무연대자無緣大慈 동체대비同體大悲」, 우리가 집으로 걸어 들어가면 이러한 마음을 일으켜야 한다. "나는 하나의 집처럼 일체중생이 비에 젖고 햇볕에 쪼이는 온갖 세상풍파를 피하도록 감싸고 보호하겠다." 당신이 나무를 좋아하면 나무를 바라보면서 이러한 마음을 일으켜야 한다. "나는 높은 나무에 걸린 법의 깃발처럼 중생을 널리 제도하겠다."

그래서 부처님께서는 경전에서 말씀하신다. 《화엄경》은 일체제불상설一切諸佛常說·변법계설遍法界說·무간단설無間斷說이다. 이 말씀은 진실이다. 우리의 육근이 육진에 접촉함에 부처님께서 《화엄경》을 설하시지 않는 곳이 없고, 부처님께서 구경원만한 법륜을 굴리시지 않는 곳이 없지만, 중생이 스스로 깨닫지 못하고 미혹·전도되어 법익을 얻지 못할 뿐이다. 우리가 불법에서 성취가 있으려면 바깥 인연이 중요하다. 바깥 인연을 빌어 자성을 개발한다. 바깥 인연이 아무리 좋아도 머리를 돌릴 줄 모르고, 자성을 개발할 줄 모르면 세월을 덧없이 보내는 것이다.

유마거사는 "보시는 도량이다." 강설하셨다. 부처님께서는 대승경전에서 늘 말씀하신다. 지극히 적은 보시의 공덕·복덕도 허공법계에 두루 미친다. 이는 진실이다. 칭성稱性하기 때문에 허공법계에 두루 미친다. 이른바 칭성은 곧 진심과 상응함이다. 진심 안에는 망상·분별·집착이 없어 심량心量이 허공법계에 두루 미친다. 그래서 지극히 적은 선도 허공법계에 두루 미치고, 무궁무진한 복보를 얻는다. 세상 사람은 일만 금 십만 금을 보시하고 내지 천억 만억을 보시하여도 얻는 복보는 유한하다.

얼마나 많은 복보를 얻는가? 자신의 한량限量 안에 있다. 이러한 한량은 자신이 확정하는 것이지 다른 사람이 확정하는 것이 아니다. 그의 심량이 작아 만약 염념마다 자신을 위한다면 얼마를 보시하든지 상관없이 얻는 복보는 한 개인이 누린다. 심량이 한 집안 사람에 닿으면 한 집안 사람이 누린다. 이러한 범부가 있어 장애를 돌파할 수 없다. 심량이 자신의 국가와 민족에 미치면 장래 그의 복보는 국가의 국왕이 되고, 민족의 영도자가 되며, 그의 복보는 여기에 이른다. 만약 대승불법을 잘 알아 심량을 개척하면 심량이 대천세계에 미친다. 그러나 한 개의 대천세계는 여전히 한계가 있어 두 번째 대천세계를 돌파할 수 없다. 그래서 한계가 있어 얻는 복도 처음과 끝이 있어 유한하다.

이러한 이치와 사실·진상은 오직 《화엄경》에서 투철하게 강설하고 있다. 이렇게 원만한 법륜을 과연 몇 사람이 이번 일생에 만날 수 있겠는가? 선근·복덕·인연이 이때 무르익지 않으면 만날 수 없으니 진정으로 백천만겁에도 만나기 어렵다. 이는 팽제청彭際淸 거사가 말한 대로「무량겁 이래 희유하고 만나기 어려운 날」이다. 이 말은 조금도 지나친 표현이 아니다. 진정으로 총명한 사람·지혜로운 사람·깨달은 사람·복 있는 사람이 차라리 생명을 버릴지언정 이렇게 희유하고 만나기 어려운 기연機緣을 포기하지 않아야 성취가 있을 수 있다.

불법을 듣고 수학하는 일은 진정으로 희유하고 만나기 어렵다. 깨닫고자 하는 마음이 있어야, 발원하는 마음이 있어야, 기회를 꽉 움켜잡고 이 기연을 잃어버리지 않아야 우리는 성취할 수 있다. 이러한 이치와 방법은 또한 몇몇 세심한 사람을 개발할 수 있다. 선근·복덕이 무르익은 사람은 이런 방법을 보면 느껴서 깨닫는 것이 생기게 되고, 와서 학습하여 마땅히 어떻게 해야 학불學佛할 것인가? 어떻게 이번 생을 보내야 의미가 있고 가치가 있으며, 진실로 원만한 성취를 얻을 수 있을까? 알게 될 것이다.

_《98년 조찬법문(九八年早餐開示)》에서 발췌

願我決定生安養(원아결정생안양)
願我速見阿彌陀(원아속견아미타)
제가 결정토 극락에 태어나길 원합니다
제가 빨리 아미타부처님 뵙길 원합니다
_천수경, 여래십대발원문

석가세존은 어떻게 부처가 되었습니까?
아미타불을 염해서 성불하였습니다.

一切諸佛如來也念佛
일체 제불여래도 아미타불을 염합니다

[제4법문]

대승불법은 삶의 난관을 건너가는 뗏목이다

각지에서 전파되고 있는 수많은 재난 소식은 우리에게 세상이 불안함을 깊이 느낄 것을 확실히 가르친다. 우리는 이러한 사회에 처하면서 자신을 구하여야 할 뿐만 아니라 여전히 전심전력을 다해 사회를 돕고, 일체중생을 도우며 이러한 고난을 건너가야 한다. 이는 사람됨의 본분이다. 특히 학불學佛을 통하여 더욱 사리事理를 분명히 알아야 한다. 우리는 자신을 구하여야 하고 다른 사람을 도와야 한다. 이를 위한 유일한 방법은 곧 불타의 가르침을 받아들여 가르침대로 봉행하고 과거를 고치고 미래를 닦는 것이다. 세상 사람이 가장 중요시하는 것은 생명이다. 만일 재난이 닥쳐와도 피할 수 없다면 결단코 생명을 잃어버릴 것이다. 이때 사실·진상을 잘 알지 못하는 사람은 모두 삶을 탐하고 죽음을 두려워하게 된다.

말레이시아에서 두 명의 젊은이가 나를 보러 왔다. 그의 부친이 암에 걸렸는데, 부친의 연령이 높지만 불법을 믿지 않고, 자신의 친척이나 친구가 한 사람 한 사람 세상을 떠나면서 죽음에 대한 공포가 대단하다고 말했다. 이러한 심리현상은 인지상정이라고 말할 수 있다. 학불하는 사람과 세상에 대해 학식이 있는 사람은 생사에 대해 비교적 생각이 트여 담담해 하지만, 여러분들은 모두 겁내어 무서워할수록 사망한 후 대부분 악도에 떨어짐을 알아야 한다. 그래서 조금 달관할 수 있으면 이 일을 매우 담담하게, 매우 평범하게 볼 수 있다. 생生이 있으면 반드시 사死가 있고, 생사는 상수로 죽지 않은 사람이 없다는 것을 잘 알아야 한다. 이러면 자신의 다음 생에 대해 매우 큰 이익이 생긴다.

불법에서는 몸을 버리면 생을 받음이 마치 옷을 입고 옷을 갈아입는 것처럼 이런 육신을 세상에서 사용하는 시간이 오래 되면 낡아지고 무너져서 마땅히 버리고 다시 새로운 것으로 바꾸어야 한다. 그래서 몸은 내가 아니고 내가 소유한 것이다. 이런 이치에 대해 몇몇 인도 종교가는 모두 매우 잘 알고 있고, 동서양의 수많은 철학자는 모두 신체가 내가 아님을 알고 있다. 그래서 몸을 버리고 생을 받는 것이 매우 자재하고 조금도 두려움이 없을 것이다.

몸을 버린 후 우리는 이러한 몸을 바꾸어야 한다. 이는 대단히 중요하다. 부처님께서는 경전에서 십법계를 강설하시는데, 이는 열 가지 몸이다. 우리는 이런 몸을 버린 후 어떠한 종류의 몸을 선택하여 받길 바라는가? 우리는 보살이 되고, 부처가 되어야 한다. 이러한 선택은 정확한 것이다. 제불여래를 친견하고 그 말씀을 듣는 것조차 찬탄할 만하지만, 선택한 후 수행하여 자신의 덕행과 불보살의 덕행이 같도록 하면 당신은 그의 경계에 들게 된다. 그래서 이러한 일은 불보살께서 돕지 못한다. 내가 불보살을 선택해야지, 불보살께서 와서 나를 접인하고 나를 끌어올린다는 말이 아니다. 이러한 이치는 없다. 자신이 수학하는 수준이 이러한 정도에 도달하여 저절로 그들과 상응하면 그들의 이런 흐름에 들 것이다. 이는 진실로 실천해야 하는 일이지 결코 어린애 장난이 아니다.

내가 《무량수경》을 강설할 때 이렇게 말한 적이 있다. "《무량수경》의 가르침을 백분의 백 실천할 수 있으면 당신은 상상품으로 왕생하여 부처가 될 것이다. 부처가 될 뿐만 아니라 아미타불이 될 것이다. 혹시 당신은 아미타부처님은 한 개인일 뿐이라고 여길지 모른다. 그러면 당신은 잘못 생각한 것이다. 아미타부처님은 무량무변하다. 아미타부처님의 방법에 따라 수행한 사람은 모두 아미타부처님이다. 지금의 수행이 비록 성공이 없을지라도 이런 방향과 목표를 향해 나아가면 당신은 곧 아미타보살이다. 아미타부처님은 무량무변한 몸이 있다. 당신은 아미타부처님 무량한 몸 가운데 하나이다. 만약 매일 독경을 하고 매일 아미타불 명호를 염하면서 마음을 일으키거나 생각을 움직이거나 말하거나 행동하거나 모든 일상사가 경전의 말씀과 상응하지 않아 염념마다 여전히 시비를 따지고 남과 나를 구분하여, 일체 행위가 여전히 남에게 손해를 끼치고 자신을 이롭게 하며 마음속이 탐진치 교만으로 가득차면 이러한 학불學佛은 거짓이지 진실이 아니다. 이렇게 겉으로 치장하면서 다시 이전처럼 행동한다면 과보는 여전히 삼악도에 떨어진다. 우리는 이러한 사실을 또렷이 이해하여 우리가 현전하는 처지를 알고서 마땅히 착실히 수학하여야 한다. 염불은 곧 부처가 되는 일(作佛)이다. 참으로 염불하여 상응하면 「일념에 상응하면 일념이 부처이고, 염념마다 상응하면 염념마다 부처가 된다(一念相應一念佛 念念相應念念佛)」[9] 만약 염불

---

9) 「일념상응一念相應」은 바로 아미타부처님의 지혜가 자신의 지혜로 바뀌고 아미타부처님의 복덕이 자신의 복덕으로 바뀌는 것입니다. 불념佛念이 오래 되면 아미타부처님과 융통하여 일체를 이룹니다." _《무량수경 친문기》(비움과소통)

하여 상응하지 않으면 고덕께서 말씀하신대로 「목소리가 터지도록 불러도 소용없다(喊破喉嚨也枉然)」. '나무아미타불'이 한마디 부처님 명호를 염하면 《무량수경》에서 말씀하신 일체 사리가 모두 현전하고, 이름과 실상이 서로 일치한다. 한마디 부처님 명호는 곧 한 마디 마음이다.

극락세계 의정장엄依正莊嚴은 오직 마음이 나타난 것(唯心所現)으로 「유심정토唯心淨土, 자성미타自性彌陀」라 일컫는다. 염념마다 부처님 명호임은 곧 염념마다 마음이다. 《화엄경》에서 강설하는 마음은 「대방광大方廣」이다. 「대大」은 진심의 체體이고, 「방方」은 진심의 현상(相)이며, 「광廣」은 진심의 작용(用)으로 이는 상응相應이다. 만약 단지 염불만 하고 상응하지 않으면 부처님께서는 단지 멀리 인연을 심을 뿐이고, 가까이 효과를 거둘 수 없다. 장래 다생다겁에 인연이 무르익으면 《법화경》에서 말씀하신대로 "한번 나무불 칭념하면 모두 이미 불도를 이룬 것이다(一稱南無佛皆已成佛道)." 이와 같을 뿐이다. 이번 생에 「진실의 이익」을 얻어 당생當生에 성취하려면 반드시 상응하여야 한다. 진정으로 상응하도록 실천함은 곧 진실한 마음을 써야 한다. 경전의 표준대로 우리의 일체 잘못된 생각(想法)·견해(看法)·논법(說法)·방법(做法)을 모두 닦아 바로잡아야 한다. 이것이 참 수행이다.

우리는 모든 일상사를 불보살을 향해 학습하여야 한다. 경전의 말씀이 곧 가장 높은 표준이고, 가장 선한 가장 원만한 표준으로 고래의 대덕들이 공인한 것은 《무량수경》이다. 《무량수경》은 강령이다. 《화엄경》은 세부적인 말씀으로 모든 상세한 행이 모두 그 가운데 들어있다. 대승불교에서 설한 총강령·총원칙은 곧 보리심菩提心이다. 삼배왕생의 첫째 조건은 「발보리심發菩提心

일향전념一向專念」이다. 이 여덟 글자의 뜻은 매우 깊다. 보리심을 간단히 말하면 진정한 깨달음으로, 결코 스스로 속이지 않음(不自欺)·남을 속이지 않음(不欺人)이다. 「스스로 속이지 않음」이란 더 이상 자신의 사적인 이익을 추구하지 않고 탐진치·교만과 망상·분별·집착을 품지 않아야 한다. 이러한 생각이 속임이다. 「남을 속이지 않음」이란 절대로 바깥 일체 사람·일·물건의 경계에 유혹당하지 말아야 한다.

바꾸어 말하면 곧 경전에서 늘 말씀하시는 대로 "안으로 번뇌를 끊고, 밖으로 집착을 깨뜨려야 한다(內斷煩惱 外破執着)." 다시 말해 안팎으로 청정하여야 한다. 이것이 보리심의 현상이다. 그런 후 대자대비의 마음을 내어 일체중생을 배려하고 사랑하며 보살펴야 하고, 전심전력을 다해 일체중생을 도와야 한다. 심지心地가 영원히 청정하여 아상我相·인상人相·중생상衆生相이 없고, 보시하는 자, 보시 받는 자 보시물의 삼륜에 집착이 없어야 한다(三輪體空). 이것이 우리가 마땅히 학습하여야 하는 것이다. 만약 상에 집착하여 자비심을 닦으면 범부이지 성인이 아니다.

자기의 심지가 청정함이 스스로 제도함이고, 일체중생을 돕되 상相에 집착하지 않음이 진정으로 타인을 제도함이다. 자신과 타인 모두를 이롭게 하고, 자신과 타인이 둘이 아니고 하나이다. 다른 사람을 도우면 자신의 청정·평등각을 성취할 수 있다. 다른 사람을 도울 때 집착하지 않으면 심지가 청정·평등하고 한 생각도 생기지 않는다.

세상 사람이 자신에 대해 어떻게 대하든 상관없이 모두 따지지 말아야 하고, 마음속에 두지 말아야 한다. 왜냐하면 그는 미혹하여 깨닫지 못하였기 때문에 어떤 잘못된 일을 하든 상관없이 모두 양해하고 용서할 수 있어야 한다. 우리가 미혹한 상태에 있을 때 이러한 일을 한다. 현재 우리가 이전에 이렇게 하였음을 생각하여 따지지 말고 이러한 일을 마음에 두지 말아야 한다. 오히려 연민의 마음을 내어 그가 미혹하여 깨닫지 못한 상황을 불쌍히 여겨야 한다. 만약 그가 받아들일 수 있다면 반드시 그에게 권유하고 도와야 한다. 받아들일 수 없다면 우리는 선한 마음으로 그를 대하여 그를 공경하고 예우하여야 한다. 심지어 그가 나를 비방하고 욕설하며 손해를 입혀도 부처님께서 경전에서 말씀하신 것처럼 가리왕이 자신의 몸을 칼로 잘라도 진정으로 아는 사람은 그를 탓하지 않는다.

만약 견뎌내야 한다고 말하면 이미 의식 속에 떨어진 것으로 이는 세상 사람의 관념이다. 이치를 아는 사람은 일체 법이 공하고, 불가득不可得·무소유無所有이며, 생각조차 생기지 않는다. 할 수 있다·할 수 없다는 생각이 여전히 생기는 것은 범부의 경계이고, 아직 미혹에 빠져 깨닫지 못했다. 진정으로 깨달으면 일체 법은 확실히 불가득이고, 일체법의 진상은 무소유이다. 상은 유이고 체는 무이며, 유와 무는 둘이 아니고 하나이다. 유를 말함은 일체 모두 유이고, 무를 말함은 일체 모두 무이다. 유를 말함과 무를 말함은 같은 뜻이고, 두 가지 일이 아니다. 이러한 이치는 매우 깊어 일반 사람들은 체득하기 무척 어렵지만, 그것이 사실·진상이다.

이러한 경계에 들어가야 참으로 자재함을 얻는다. 모든 인연을 내려놓아야 자비심이 진정으로 현전하니, 한 조각 자비심이다. 한 조각은 광대하여 진허공·변법계에 이르니, 당신의 자비심은 시방삼세에 가득 찬다. 이때 비록 불법계에 들어갈 수 없을지라도 매우 가까워져서 확실히 이미 부처님의 체질을 얻었다고 말할 수 있다. (불교 유식종에서는 4가행四加行을 말한다. 그 중 완위暖位가 곧 선근의 체질을 얻음이다) 이래야 비로소 진정으로 자신을 제도할 수 있고 타인을 제도할 수 있다. 난세를 살아가면서 오직 대승불법으로 득도할 수 있으며, 우리가 안온함을 얻고 지혜를 얻어 진정으로 현실 문제를 해결할 수 있다고 가르친다. 여러분 모두 시간을 아끼고 노력하여야 한다.

_《98년 조찬법문》

당신을 힘들게 하는 이에게 감사하십시오

너를 해치려는 사람에게 감사하라.
그가 너의 심지를 단련시켜주기 때문이다.
너를 속이려는 사람에게 감사하라.
그는 너의 견문과 학식을 늘려주기 때문이다.
너를 채찍질하는 사람에게 감사하라.
그는 너의 업장을 제거해주기 때문이다.
너를 내버려두는 사람에게 감사하라.
그는 네가 자립하도록 지도하기 때문이다.
너를 걸려서 넘어지게 하는 사람에게 감사하라.
그는 너의 능력을 강화시켜주기 때문이다.
너를 꾸짖는 사람에게 감사하라.
그는 너의 선정과 지혜가 자라도록 돕기 때문이다.
너로 하여금 꿋꿋하게 성취하게 하는 모든 사람들에게 감사하라.
— 정공법사 (허만항 거사 번역)

[제5법문]

세 가지 진실의 이익

부처님께서는《무량수경》에서 우리에게 세 가지 진실을 가르쳐 주셨다. 「진실의 지혜에 머묾(住眞實慧)」은 자리自利이고, 「진실의 궁극을 열어 보이심(開化顯示眞實之際)」은 자수용自受用, 즉 방동미方 東美 선생님께서 말씀하신 「인생최고의 향수享受」이며, 「진실의 이익을 베풂(惠以眞實之利)」은 타수용他受用으로 즉 일체중생에게 진실한 이익을 베풀어주심이다.10) 이러한 진실의 이익을 한 글자로 말하면 사랑이다. 진성眞誠·청정淸淨·평등平等·자비慈 悲·무사無私의 큰 사랑이다. 일체 중생을 사랑하고 보살핌이 곧 진실의 이익을 베풂이다. 일체 중생은 동물·식물·광물 내지 자연현상을 포괄한다. 전부 뭇 인연이 화합하여 생겨나는 것이다. 중생의 뜻은 이처럼 매우 넓다.

《무량수경》은 얻기 어려운 좋은 경전이다. 우리가 자세하게 독송하고 경문의 의리를 깊이 사유하여 부처님께서 우리에게 가르치신 교훈을 잘 이해하고, 그런 후 다시 이 세상의 각 종교

---

10) "진실의 궁극이란 진여실상眞如實相의 본제(本際; 존재의 궁극)를 말하는 것으로 곧 이체理體입니다. 진실의 지혜란 본체로부터 흘러나오는 미묘한 지혜(妙智)로 마치 구슬에서 생기는 빛과 같이 곧 상相입니다. 진실의 이익이란 본체의 대용大用으 로 또한 일체 중생이 얻는 구경의 견고한 실제 이익(實惠)입니다." _《무량수경 심요》(비움과소통)

지도자와 옛 성현 그들의 심행과 언어를 살펴보면 사실은 《무량수경》과 떨어지지 않는다. 논법과 방법은 어쨌든 같지 않지만, 원리와 원칙은 결단코 일치한다. 이에 우리는 그들이 제불보살의 화신 아님이 없고, 제불보살의 시현 않음이 없음을 긍정할 것이다. 이에 대승불법 중에서 가장 고급의 행문이지만 매우 수월하다. 이러한 최고의 수행은 곧 보현행의 「예경제불禮敬諸佛」이다. 우리는 일체 중생에 대한 공경심과 일체제불을 공경함은 다르지 않다.

_《일체중생은 모두 성불한다(一切衆生皆成佛)》

《무량수경》에 이르시길, 「진실의 궁극을 열어 보이시고」, 「괴로움으로부터 중생들을 구제하시고, 그들에게 진실의 이익을 베풀어주시며」, 「진실의 지혜에 머물고, 용맹 정진하며, 일향으로 뜻을 전일하게 하여 미묘한 국토를 장엄하였느니라」 하셨다. 이는 곧 본경에서 개시한 여래의 지견이다. 아미타부처님과 세존께서 이 묘법을 펼치시어 중생에게 진실의 이익을 베풀고자 하셨다. 이 세 가지 진실은 곧 하나이고 곧 셋이며, (이 경은) 방편이자 구경으로 불가사의하다. 의보·정보·법문은 이체를 들면 모두 「진실의 궁극」이다.

부처님께서는 일체 경전에서 세 가지 「진실」을 말씀하셨으나, 늘 보이지는 않는다. 첫째 문구는 우주와 인생의 진상을 우리에게 알리는 것이다. 둘째 문구는 부처님의 서원으로, 미혹되고 전도된 일체 중생을 도와 최고 진실의 이익을 주고자 하는 것으로, 바로 이 《무량수경》을 소개한 것이다. 셋째 문구는 부처님의 가르침을 받아들여 참되고 진실하게 발원하여 믿고 수지하여

봉행하라고 한 것이다. 본경에서 말한 이 세 가지 진실은 바로
진실의 지혜에 머무는 것이고, 또한 「보리심을 발하여 일향으로
아미타불을 전념하는 것」이다.
_《불설대승무량수장엄청정평등각경친문기》

꿈을 꾸면
나 자신과 산하대지와 인물들이 출현하는데,
이것들은 모두 나의 의식으로 말미암아
마음속에서 변화하여 나타난 것들이다.
마음 밖에 법法은 없다.
우주와 일체만유는 바로 하나의 자신일 뿐이다.
만약 이런 사실을 분명하게 인식한다면,
법신法身을 증득할 수 있다.
법신을 증득한 후에는 모든 사람들을 사랑하게 된다.
일체 중생이 바로 자신이기 때문에,
중생을 애호愛好하는데 아무런 조건이 없다.
-정공법사 '불설아미타경요해강기'

[제6법문]

학불해야 비로소 진실로 은혜를 갚을 수 있다

불문에서는 날마다 회향게迴向偈를 염송한다. 「위로 사중四重의 은혜를 갚고, 아래로 삼악도三惡道의 괴로움을 건너간다(上報四重恩 下濟三途苦)」. 은혜를 말하면, 오늘날 우리는 다른 사람의 은혜를 받는 것을 당연시 하고 은혜에 감사하는 생각이 일어나지 않으니, 어떻게 해야겠는가! 다른 사람이 우리에게 물건을 증정하고 공양하는데도 많은 사람들이 고맙다는 한마디 말조차 없이 겉으로 무성의하게 대하니, 이 사회가 어찌 재난을 만나지 않겠는가! 이는 배은망덕한 일이다. 배은망덕한 사람은 좋은 과보가 있을 리 없다.

사중의 은혜에서 첫 번째는 부모님 은혜이고, 두 번째는 스승님의 은혜이다. 불·보살이 스승님이다. 부모님께서 우리를 낳고, 우리를 길렀다. 이런 은덕은 결코 잊을 수 없다. 어떻게 부모님의 은혜를 갚을 수 있는가? 자신이 성인이 되고 현자가 되어 번뇌를 끊고 지혜가 열려, 생사를 끝마치고 삼계를 벗어나야 한다. 이것이 참으로 부모님의 은혜를 갚는 것이다. 불가의 속담에 "한 명의 자식이 성불하면 아홉 조상이 천상에 태어난다."는 말이 있다.

우리는 성취할 수 없으면 어떻게 부모님의 은혜를 갚을 수 있겠는가? 여러분은 《지장보살본원경地藏菩薩本願經》을 독송하면 자신의 수행에 성취가 있어 과거의 부모님·조부님·증조부님은 모두 은혜를 입고, 모두 생사를 뛰어넘는다. 우리의 지혜는 스승님으로부터 얻어져야 한다. 스승님의 가르침이 아니라면 우리가 어찌 세상에 불법이 있다는 것을 알겠는가? 어떻게 세상에 성현의 가르침이 있는 줄 알겠는가? 그래서 스승님의 은덕은 부모님보다 크다.

세 번째는 국가의 은혜이다. 종전에는 국왕의 은혜를 말하였다. 당신에게 국가가 없다면 당신은 오늘날 이런 사회에서 국적이 없이 세상의 유랑자(난민)가 된다. 국가가 당신을 보호하지 못하면 몸과 마음은 모두 안온을 얻을 수 없다. 고인은 "나라의 곡식을 먹고 그 나라의 땅을 밟는다." 말한다. 우리의 생활에 필요한 것은 이 땅에서 생산된 것으로 우리의 몸을 공양한다. 우리가 거주하는 곳은 이 땅 덩어리로 이 땅 덩어리는 나에게 은덕이 있다. 그래서 나라에 은혜를 갚을 줄 알아야 한다.

네 번째는 중생의 은혜이다. 일체 중생은 나에게 은덕이 있는데, 왜 그러한가? 인간은 사회적인 동물로 군중의 생활에서 분리될 수 없다. 우리가 먹는 것은 농부가 심은 것이고, 입는 의복은 노동자가 짠 직물로 만든 것이다. 모든 사회의 대중과 나의 생활은 밀접한 관계가 있고, 모두 은덕이 있다. 고인은 "남에게 물 한 방울만큼 은혜를 받으면 샘물로 보답해야 한다." 하셨다. 은혜를 알고 은혜를 갚아야 사람이다. 은혜를 모르고 은혜를 갚을 줄 모른다면 솔직히 말해 축생만 못하다. 축생도 은혜를 갚을 줄 알기 때문이다.

배은망덕한 사람은 사람됨의 이치를 모른다. 그 과보는 결단코 아비지옥에 떨어진다. 은혜를 알고 은혜를 갚는 것은 좋은 행을 행하는 선결조건이자 크나큰 근본이다. 불법에서 어떠한 지위의 보살에 이르러야 확실히 은혜를 알고 은혜를 갚는가? 《대지도론大智度論》에서는 은혜를 알고 은혜를 갚을 줄 아는 것은 이지보살二地菩薩 이상이 주로 닦는 과정이라 말한다. 그래서 이지보살이라야 진정으로 실행한다.

회향게는 총 여섯 마디인데 그 중에서 「상보사중은上報四重恩 하제삼도고下濟三途苦」는 두 마디를 차지할 정도로 이 두 일은 매우 중요하다! 옛 대덕, 제불보살, 법신대사는 은덕을 염념마다 잊지 않아 확실히 남에게 물 한 방울만큼 은혜를 받으면 반드시 샘물로 보답한다. 그래서 우리는 그를 불보살이라 존칭하고 법신대사라 존칭한다. 위로 사중의 은혜를 갚을 때 우리는 무엇으로 은혜를 갚는가? 「원이차공덕願以此功德」, 곧 만약 날마다 착실히 수행하면 공덕이다. 만약 무성의하게 대강대강 회향게를 염하면 자신을 속이고 남을 속이는 것이다. 이를 반드시 잘 알아야 한다.

_《정종학원 양성목표》에서 발췌

[제7법문]

불교의 전심법요傳心法要

인광대사께서 한 평생 수행하면서 중생을 교화하신 것은 오직 16글자에 있다. "사람의 도리를 극진히 하고 자신의 본분을 다하며, 삿된 지견을 그치고 진성심眞誠心을 간직하여 깊은 믿음과 발원으로써 부처님 명호를 집지하라(敦倫盡分 閑邪存誠 信願念佛 求生淨土)."[11] 이 16글자는 말법 9천년 중생이 수행하여 불과를 증득(왕생)하는 유일한 비결이다. 인광대사께서는 서방극락세계 대세지보살께서 다시 오신 분으로 말법 9천년의 고난 중생을 구하시고, 우리를 위해 수행에 성공하는 한 줄기 대도를 가리키셨

---

11) [제169칙] 이 여덟 마디 말을 행하면 결정코 살아서 성현의 경계에 들어가고, 사후에 극락세계에 오를 수 있다: "사람의 도리를 극진히 하고 자신의 본분을 다하며, 삿된 지견을 그치고 진성심眞誠心을 간직하여 온갖 악을 짓지 말고 온갖 선을 받들어 행하라(敦倫盡分 閑邪存誠 諸惡莫作 衆善奉行)." 불도를 배워 범속凡俗을 벗어나고자 하면서 만약 이 네 마디 말을 중시하지 않으면 뿌리 없는 나무가 무성하길 바라는 것과 같고, 날개 없는 새가 높이 날기를 바라는 것과 같다. "진실로 생사를 위해 보리심을 발하여 깊은 믿음과 발원으로써 부처님 명호를 집지하라(眞爲生死 發菩提心 以深信願 持佛名號)." 지상의 범부가 현생에서 곧 생사를 끝마치고자 하면서 이 네 마디 말을 의지하지 않고, 곧 인因이 없이 과果를 얻고자 하고, 씨를 뿌리지 않고 수확을 하고자 하면 결코 이러한 이치는 없다. 과연 이 여덟 마디 말을 온 마음 온 뜻으로 짊어질 수 있다면 결정코 살아서 성현의 경계에 들어가고, 사후에 극락세계에 오를 수 있다. _《인광대사 문초 청화록》(비움과소통)

다. 그래서 우리는 이 16글자를 결코 소홀히 해서는 안 된다. 이 16글자를 위배하면 여전히 생사윤회를 계속하겠다고 인정하는 것이다. 그래서 이 16글자는 대단히 중요하다. 우리는 반드시 중시해야 하고 이해하여야 하며 착실히 노력하고 학습하여야 이번 생에 성취할 수 있는 희망이 있다.

대사의 최후 두 마디는 정토종의 전수정업專修淨業을 가리킨다. 우리가 현재 마주하는 것은 전체 불교의 십대종파이다. 그래서 저는 뒤쪽 두 마디를 고쳐보았다. 곧 「돈륜진분敦倫盡分, 한사존성閑邪存誠, 효자지원孝慈智願, 무상보리無上菩提」. 이는 불법의 모든 법문을 포괄할 뿐만 아니라 세상의 모든 일체 종교를 모두 그 가운데 포괄하였다고 말할 수 있다. 이러한 이치를 잘 알아 가르침대로 봉행할 수 있다. 곧 대도大道를 닦고・대덕大德을 기르고・대행大行을 밟고・대과大果를 증득해야 불조佛祖가 스스로 행하고 중생을 교화하는 대사大事를 통달할 수 있다!

대도 : 사람의 도리를 극진히 하고 자신의 본분을 다하라(敦倫盡分)

「돈륜진분敦倫盡分」은 대도이다. 《도덕경》에 이르길, "도道를 잃고 난 후 덕德이고, 덕德을 잃고 난 후 인仁이고, 인仁을 잃고 난 후 의義이고, 의義를 잃고 난 후 예禮이다. 무릇 예禮란 충忠과 신信이 얕아지면 혼란의 시작이라(失道而後德 失德而後仁 失仁而後義 失義而後禮。夫禮者 忠信之薄 而亂之首)."

도를 잃어버리고 나중에 덕이 생겨났으며, 덕을 잃어버리고 나중에 인이 생겨났으며, 인을 잃어버리고 나중에 의가 생겨났으며, 의를 잃어버리고 나중에 예가 생겨났으니, 예를 잃어버리면 천하가 크게 혼란해져 일체 질서가 모두 정상이 아니어서 인민이 매우 큰 고난을 받을 것이다. 그래서 도道·덕德·인仁·의義·예禮에서 도를 최고로 여긴다. 「륜倫」은 동류同類이다. 우리는 늘 인륜을 말하는데, 이는 곧 현재 일반인이 말하는 인류이다. 「돈敦」은 정성·간절·공경한 마음으로 동류를 상대함이고, 불법에서 말하는 성덕性德에 수순함이다. 이것이 대도이다. 불법에서 말하는 도는 자성에 수순함이 도이다. 자성을 거스르면 도는 없다.

제불보살이 도道를 행함은 최고의 층차이다. 성문·연각이 덕德을 행함은 도에 비해 다음가는 등급이다. 바꾸어 말하면 이는 비슷한 도이지만 진실한 도가 아니다. 천도天道 속에는 인(仁 ; 측은히 여기는 마음)·의(義 ; 부끄럽고 미워할 줄 아는 마음)만 있을 뿐이다. 인의仁義는 천도이고, 예(禮 ; 양보하는 마음)는 인도이다. 예가 없으면 사람 마음은 탐·진·치가 가득하여 예도 없고 의도 없으니, 곧 삼악도이다. 그래서 오직 불보살이 행하는 것만이 대도大道이고, 성불의 도이다. 구경원만한 대도는 성덕에 수순하고 정성·간절·공경으로 사람의 도리를 다하면서 일체 사람과 대대對待하여야 한다.

《화엄경》을 학습한 후 륜倫의 의미가 확대되니, 단지 사람만 우리의 동류가 아니라 사람을 제외한 그밖에 모든 일체 축생·아귀·지옥, 위로 제불보살에 이르기까지 십법계의 유정중생이 우리와 모두 동류이다. 십법계 유정중생과 우리가 동류일 뿐만 아니라 《화엄경》에서는 "유정들도 무정들도 일체종지 이루어지이다(情與無情 同圓種智)." 말씀하셨다. 이는 무정중생과 우리도 동류라고 설명한다. 무정無情은 식물·광물·산하대지·허공 법계를 가리키는데, 이는 확실히 우리들과 동류이다. 어떻게 같을 수 있을까? 근성이 동일하게 「유심소현唯心所現 유식소변唯識所變」이다. 그래서 허공법계에 두루 한 일체찰토의 중생이 우리와 동륜이다. 우리의 진성과 공경 또한 허공법계에 두루 하여야 한다. 이래야 대승의 가르침 안에서 「돈륜敦倫」의 진실한 뜻이다.

허공법계는 자신의 진심(심상心相)이고 찰토중생은 자신의 법신(신상身相)이다. 우리의 이 몸은 소우주이다. 소우주와 바깥 대우주는 둘이 아니고 하나이다. 소우주는 작지 않고 대우주는 크지 않다. 화엄경계 안에서 크고 작음은 없고 멀고 가까움은 없으며 길고 짧음은 없다. 우주는 확실히 둘이 아니고 하나이다. 그래서 제불보살의 「마음은 허공법계를 포함하고 몸은 찰토중생과 융합한다」. 융합하여 하나가 된다. 이것이 사실·진상이다.

범부는 이러한 이치와 사상을 체득할 수 없다. 왜냐하면 범부의 심량은 너무나 작기 때문이다. 어느 정도로 작은가? 하면 자신이 자신을 용납할 수 없을 정도로 작다. 예를 들면 우리의 몸이 대우주라면 자신의 이 몸은 몸 안의 세포 하나이다. 이 세포가 병에 걸리면 비정상이다. 왜 비정상인가? 자신이 자신을 용납할 수 없기 때문이다. 비정상적인 세포를 제거할 수 있는가? 할 수 없다. 반드시 그것을 도와 정상을 회복하고, 건강을 회복하여야 한다. 어떻게 정상을 회복하는가? 깨달으면 정상이고 사실·진상을 또렷이 이해하면 정상이 된다. 왜 자신이 자신을 용납할 수 없는가? 왜 자신이 허공법계와 같을 수 없는가? 미혹하여 자성을 잃었기 때문이다. 우리는 항상 「자성미타自性彌陀 유심정토唯心淨土」를 염한다. 총명하게 운용할 줄 아는 사람은 원수를 만나면, 예컨대 이 사람이 장삼(張三 ; 평범한 사람)이면 「자성장삼自性張三」이라 생각하면 원한이 즉시 제거되고, 사랑과 정성이 바로 일어날 것이다.

깨달음과 미혹은 일념의 순간에 있다. 일념이 미혹하면 삼악도에 떨어져 무량겁에 괴로움을 받고 일념을 깨달으면 제불여래·법신대사가 되어 당신의 은혜가 허공법계 일체중생에 두루 미친다. 깨달음과 미혹이 일념의 순간에 있을지라도 괴로움과 즐거움은 현격히 다르고 공덕과 과실은 형용할 수 없다. 그래서 우리가 깨달음의 길을 걷고 있는지 미혹의 길을 걷고 있는지 자신이 마땅히 착실히 사량하여야 한다.

대승법에서 「돈륜敦倫」은 진성심·공경심으로써 진허공·변법계 일체 중생과 화목하게 지냄을 뜻한다. 다시 말해 허공법계가 다른 사람이 아니라 자신이고, 일체 제불여래도 자성이 변하여 나타난 것이고, 지옥·아귀·축생도 자성이 변하여 나타난 것이며, 자성을 여의면 세상에 한 법도 얻을 수 없음을 앎이다. 이러한 이치는 《화엄경》에서 철저하게 강설하고 있다. 그래서 이번 생에 이를 만나는 것은 진실로 희유하여 만나기 어렵다!

「진분盡分」은 자기의 본분을 다함으로, 곧 전심전력을 다해 동륜을 위해 복무하는 것이다. 복무하는 항목은 무량무변하다. 총괄해 말하면 보시공양이다. 《보현보살행원품普賢菩薩行願品》에서 대천세계의 칠보로써 공양함도 모두 법공양에 견줄 수 없다고 말씀하신다. 그래서 일체 공양에서 법공양이 최상이다. 왜냐하면 재공양은 사람의 수명(身命)을 구하는 것이고, 법공양은 사람의 혜명慧命을 구하기 때문이다. 수명은 짧지만, 혜명은 영원하다. 목숨을 잃어버리면 일반적인 정상 상태는 49일에 또 몸 하나를 얻을 수 있지만 불법은 만나기 쉽지 않아 정말 「백천만겁에도 만나기 어렵다」. 그래서 법공양의 복보는 형용할 수 없어 그 복보의 크기는 제불보살께서 모두 이루 다 말할 수 없다 하셨다. 경전에서 가섭존자는 무량겁 이전에 성심성의를 다해 공경심으로 벽지불에게 밥 한 사발을 공양하여 얻은 과보는 91겁에 빈궁을 겪지 않는 과보이다. 만약 법공양이면 그의 과보는 무량무변하여 제불여래께서 이루 다 말할 수 없다 하셨다.

불타께서 세상에 계실 적에 불문의 표준은 출가인은 탁발걸식이었고 날마다 재가 제자의 공양을 받는 것이었다. 이렇게 밥 한 그릇의 공양을 받고 반드시 여러 설법을 공양하였다. 《능엄경》에 따르면 석가모니부처님께서 공양을 받으신 후 서둘러 아난존자를 구하러 가야 했기에 설법하지 않고 바삐 떠나셨는데, 왕도 신하도 부처님의 뒤를 따랐다. 아난존자를 구한 이후 부처님께서는 《대불정수능엄경大佛頂首楞嚴經》을 설하여 재가 신중에게 법공양을 하셨다.

우리는 법공양의 공덕이 이렇게 큼을 분명히 알 수 있다. 이에 반해 불법을 파괴하고 다른 사람이 경전과 법문을 듣는 인연을 파괴하면 그 과보는 지옥에 떨어지는 일 뿐이다. 지옥에서 나온 후 세세생생 우치愚痴의 과보를 얻어 축생으로 변한다. 어떤 축생으로 변하는가? 눈도 없고, 귀도 없다. 우리가 기거나 날거나 꿈틀거리는 벌레를 보면 왜 연민심이 생기는가? 그것이 과거 세상에 악업을 지어 오늘날 이런 괴로움의 과보를 받는 줄 알기 때문이다. 그러나 그것은 또한 보살로 나에게 드러내 보여주는 것이니, 내가 본 후 경각심을 일깨워 감히 이러한 악념을 일으키지 않고, 감히 이런 악한 일을 저지르지 않도록 한다. 만약 이런 악념을 일으키고 악한 일을 저지르면 내가 장래 그것과 같아짐을 그것이 현신하여 나를 위해 설법한다. 이는 순역順逆의 경계와 선악善惡의 인연이 모두 불보살이 나를 가르치고 나를 일깨우게 하는 것임을 설명한다. 선한 사람이 선한 일을 하는 경우 이를 본받아 학습하여야 하고, 악한 사람이 악한 일을 저지르는 경우 이를 경계하여 허물이 있으면 고치고 없으면 더욱 힘내야 한다.

그래서 일체 중생은 모두 나의 선지식이고, 일체 중생은 나에게 모두 은덕이 있어 내가 어떻게 학습하는지 알도록 한다. 수많은 중생이 모습을 나타내어 보여주지 않는다면 내가 어떻게 염념마다 깨달음을 유지하여 미혹하지 않을 수 있겠는가? 범부는 업장이 너무 무거워 생각을 굴리면 미혹한다. 그래서 수많은 경계가 발생하면 경계심을 일깨워야 한다. 《화엄경》을 독송하여야 유정과 무정이 영원히 간단없이 자신에게 경계심을 일깨워, 자신이 보리도菩提道 상에서 물러나지 않고 정진하도록 함을 알게 된다. 이것이 곧 왜 우리가 전심전력을 다해 정성과 간절한 마음으로 진허공·변법계 일체중에게 보시·공양해야 하는 이유이다. 보시·공양의 매 항목마다 자신의 인연에 따라 자신의 본분에 따라 다 실천해야 하지만, 가장 중요한 것은 법공양임을 잊지 말아야 한다. 만약 자신이 설법을 할 수 없다면 불법을 사람에게 소개하고 경서나 경전강설 시디를 발송해 주어야 한다. 이는 모두 법공양에 속하니, 그 공덕은 모두 불가사의하다.

대덕大德 : 삿된 지견을 그치고 진성심眞誠心을 간직하라(閑邪存誠)

「한사존성閑邪存誠」은 대덕大德이다. 「한閑」은 미리 대비하여 막음이니, 우리에게 시시각각 삿된 지견을 그치고, 악한 생각·악한

행위를 그친다는 뜻이다. 「존存」은 존심存心이고, 「성誠」은 진성
· 청정 · 평등 · 정각 · 자비이다. 대보리심을 간직하여야 한다.
대보리심은 자신이 본래 갖추고 있는 진심眞心이다. 조사는 우리
에게 진성심眞誠心을 간직하라고 가르친다. 왜냐하면 우리는 무
량겁 이래 미혹하여 자신의 본성 · 진심을 잃어버린 지 너무나
오래되어 진성眞誠 · 청정 · 정각이 자신의 진심인지 모르고, 허
위 · 오염 · 불평 · 우치愚痴 · 사리사욕을 진심이라 여긴다.

현재 수많은 사람이 인성을 말하면서 이구동성으로 인성은 본래
악하다고 말한다. 이는 근본적으로 잘못된 관념을 낳는다. 인성
에는 본성과 습성이 있다. 본성은 선량한 것이지만, 습성은 선하
지 않는 것이다. 그러나 모든 사람들이 미혹하여 본성을 잃어버려
습성을 본성으로 여기게 마련이다. 중국에서는 맹자가 성선性善
을 주장하였고, 순자는 성악性惡을 주장하였다. 맹자와 순자는
모두 현인이지 성인이 아니다. 그들이 말한 것은 모두 습성이다.
공자는 성인이다. 그는 "타고난 본성은 서로 비슷하지만 (학문과
수행을 어떻게 하느냐에 따라) 습성이 멀어진다(性相近 習相遠)." 상근相
近은 일체 중생의 본성에는 선악이 없다는 뜻이다. 선악이 없음이
곧 진선眞善이다. 그래서 《삼자경三字經》에서는 "사람은 처음
본성이 본래 선하다(人之初 性本善)." 말한다. 이러한 선은 선악의
선이 아니라 선악 양변을 멀리 여읜 진선眞善 · 순선純善이다.
선악의 선은 상대적인데, 미혹해서 상대적이다. 상대적이면 이
미 선하지 않다. 깨달으면 상대적이지 않다.

만약 모든 사람 · 일 · 물건에 대해 상대적인 생각을 끊을 수
있다면 설사 진성眞性을 증득하지 않았고, 명심견성明心見性을
통달하지 않았을지라도 대단히 이러한 경계에 바짝 다가간다.

만약 여전히 모든 사람·일·물건에 대해 대립적인 생각이 있는데, 명심견성을 이루고자 하면 매우 어렵다. 이러한 대립은 허공법계를 많은 차원의 공간으로 변화시킨다. 불법에서는 무량무변한 세계를 말한다. 그래서 십법계·육도는 상대적이고 가상이지만, 한 법계에도 대립이 없다. 그래서 일진법계一眞法界라 일컫는다.

우리가 모든 대립을 내려놓기만 하면 일진법계에 들어갈 수 있다. 바꾸어 말하면 무량무변한 법계에 진입한다. 한 법계에도 진망眞妄·삼제三際·시방十方이 없다. 그래서 한 법계에 들어가면 과거 무량겁 이전과 미래 무량겁 후의 일을 모두 명철하게 통찰할 수 있다. 부처님께서 우리에게 이것이 일체 중생의 본능이라 말한다. 《화엄경》에 이르시길, "일체 중생은 여래의 지혜와 덕상智慧德相을 갖추고 있지만, 망상·집착으로써는 증득할 수 없다." 덕상德相, 곧 덕능과 상호는 일체 중생과 제불여래는 둘이 없고 다름이 없지만, 범부에게는 망상·분별·집착이 있어서 일진법계는 십법계로 변화된다. 십은 무량무변을 대표한다.

이는 자신이 일진법계를 무량무변한 법계로 변화시키는 것으로 여전히 스스로 해제할 수 있어야 하는 것이 당연하다. 불보살의 가르침은 단지 사실·진상을 우리에게 알려주는 것일 뿐, 이를 깨달아 실상의 세계로 들어가는 것은 자신의 일이다. 우리는 부처님께서 지견을 열어보이심(開示)을 듣고, 여전히 사실·진상을 깨달아 실상의 세계로 들어갈(悟入) 수 없다. 첫째 원인은 진정한 법문을 듣고 이해하지 못하여 부처님의 뜻을 곡해한다. 둘째 원인은 번뇌와 습기가 너무나 무거워 자신이 극복할 수 없고, 마음을 일으키거나 생각을 움직일 때 여전히 망상·분별·

집착이 주인노릇을 한다.

그렇다면 어떤 방법으로 극복할 수 있는가? 일문으로 깊이 들어가 오랜 시간 몸에 배이도록 닦아야 한다. 《삼자경三字經》에서도 "가르침의 도는 전일함을 소중히 여긴다(敎之道 貴以專)." 말한다. 어떤 법문을 수학하든 관계없이 각자 연분이 다르지만, 자신의 연분을 꽉 틀어지고 일문에 깊이 들어가야 공덕을 이룰 수 있다. 예컨대 《아미타경》을 배우면 생을 마칠 때까지 수지하여 마음을 꼭 이 경전에 두고, 꼭 「아미타불」 명호 상에 두어야 한다. 근성이 예리한 경우 3~5년에 개오(開悟 ; 명심견성明心見性)하고, 근성이 둔하면 20~30년에 개오하게 된다. 개오한 후에는 세간법이든 출세간법이든 접하면 통달할 수 있다.

우리는 이러한 이치를 알지 못하고 다른 사람이 이런 말하는 것을 듣고서 이러한 문자를 보고 그렇게 여기지 않는다. 이는 곧 삿된 지견이다. 어떻게 삿된 지견을 그칠 수 있겠는가? 어떻게 마음을 간직(存心)할 수 있겠는가? 성덕性德과 상응하여야 한다. 이것이 진정으로 대덕이다. 이러한 덕은 득실得失의 득과 같은 뜻이다. 당신이 얻는 것은 자성이 원만한 지혜·덕능德能·상호相好이다. 그래서 삿된 지견·삿된 사유를 그치고 부처님께서 우리에게 가르치신 팔정도八正道를 학습하는 것이 곧 한사존성閑邪存誠이다.

요컨대 「곽륜진분敦倫盡分」은 대도大道이고, 「한사존성閑邪存誠」은 대덕大德이다. 이 두 마디 말의 함의를 또렷하게 이해하여야 한다. 세간과 출세간의 학문은 총괄적으로 말하면 일체 중생과의 관계, 특별히 자신과의 관계를 또렷이 이해하게 하고 그런 후 비로소 인간이 되고, 모든 사람과 화목하게 지낼 수 있고, 진정으로 우주의 화해를 실천할 수 있다. 이는 성덕이 원만하게 흘러나오는 것이다.

사람이 업을 짓게 됨은 곧 미혹하여 자성을 잃고서 사람과 사람의 관계를 모르고, 사람과 자연환경의 관계를 모르며, 특히 사람과 천지귀신의 관계를 모른 까닭이다. 그래서 매우 쉽게 천지귀신의 노여움을 산다. 만약 사람이 천지귀신에게 맞서면 사람이 잠시 싸워 이겨낼 수는 있지만 이후의 과보는 무량겁의 고초苦楚이다.

세간과 출세간의 성인은 우리에게 「사람의 도리를 극진히 하고 자신의 본분을 다함(敦倫盡分)」이 그 무엇과 견주어도 중요하다고 가르치신다. 「삿된 지견을 그치고 진성심을 간직함(閑邪存誠)」은 자신의 대덕이다. 우리는 진정으로 과실을 고쳐야 한다. 과실을 고치려면 참회하여야 한다. 참회는 더 이상 가식적으로 살지 않겠다고 결심하는 것이고 이래야 진실한 참회이다. 세상 사람이 참회법을 닦아도 득력하지 못하는 원인은 진성심이 없기 때문이다. 그래서 허위심虛僞心을 진성심眞誠心으로 바꾸어야 곧 진실한 참회이다.

대심 : 효도 · 자비 · 지혜 · 대원(孝慈智願)

「효자지원孝慈智願」은 대심大心이다. 도덕은 어떻게 실행할 수 있는가? 제불여래께서는 우리에게 도덕을 가르쳐주셨다. 도덕을 실행하려면 자신의 생활과 행위를 변화시켜야 한다. 불보살은 자비로워 우리를 위해 좋은 본보기가 되고 모범을 보인다. 그래서 경전에서는 제불여래가 드러내는 것은 성덕性德이고, 보살이 드러내는 것은 수덕修德으로 성덕과 수덕은 둘이 아니라고 늘 말씀하신다. 성덕은 수덕과 상응하고 수덕은 성덕과 상응하여, 성덕과 수덕과 둘이 아니고 하나이어야, 자신의 도덕을 성취할 수 있다. 도덕의 실행은 효孝에 있다. 그래서 효를 도道라고 일컫는다. 중국에서 불법은 4대보살을 대표로 삼는다. 즉 지장보살은 효孝를 대표하며, 관세음보살은 자慈를 대표하며, 문수보살은 지智를 대표하며, 보현보살은 원願을 대표한다.

「효孝」는 하나의 부호로 이것이 담고 있는 뜻은 깊이와 넓이가 무궁무진하다. 「효孝」란 글자는 늙을 「노老」 자와 아들 「자子」 자가 합쳐진 글자로 곧 위로 한 세대와 아래로 한 세대가 일체를 이룬다. 다시 말해 위로 한 세대에 이어 아래로 한 세대가 있고, 아래로 한 세대에 이어 다시 아래로 한 세대가 이어져, 이른바 과거로부터 시작이 없고 미래에 이르기까지 끝이 없다. 이것은 일체이다. 이것의 체는 곧 법신·우주이고 진허공변법계·시방삼세이니, 일체가 확실하다. 어떤 사람이 이런 경계를 증득하는가? 법신보살·제불여래이다. 이는 우주와 인생의 진상眞相이다. 범부는 미혹하여 자성을 잃어 우주의 진상을 모르고, 자신의 번뇌와 습기에 따라 마음대로 망령된 행위를 저지른다.

그래서 사람은 성인과 현인의 교화를 받지 않을 수 없다. 만약 교육을 받지 않으면 사상·견해·행위가 잘못된다. 잘못된 사상·견해·언행은 잘못된 행업行業을 지어 불선不善의 과보를 초래한다. 그래서 삼악도 지옥은 스스로 짓고 스스로 받은 과보로 다른 사람으로 인해 받는 것이 아니다. 삼악도의 지옥은 자신의 업력이 변하여 나타난 것으로 이런 업이 없으면 지옥은 당신 앞에 보이지 않는다.

《지장경》에서 지옥은 두 가지 사람에게만 보일 수 있으니, 하나는 보살이 지옥에 가서 중생을 교화하는 경우이고, 하나는 지옥에 떨어지는 죄업을 지은 사람이 가서 과보를 받은 경우라고 말씀하신다. 그래서 어떤 환경이든 상관없이 결코 하늘을 원망하고 남을 탓할 수 없다. 이는 자신의 업보로 어떻게 다른 사람을 탓할 수 있겠는가? 성현의 가르침을 받아들여 이러한 사리를 깨닫고, 마음이 평온하여 지혜가 생기면 이런 사람은 복보가 있다.

「자慈」는 관세음보살로써 대표한다. 자慈는 애(愛 ; 사랑)와 같지만 같은 가운데 다른 점이 있다. 사랑하는 마음이 지혜에서 생겨나면 곧 자慈이고, 사랑하는 마음이 감정에서 생겨나면 곧 애愛이다. 그래서 애愛는 무상한 것이고, 변하는 것이다. 불보살의 모든 중생에 대한 사랑은 영원히 변하지 않는다. 그래서 자비라 일컫는다. 불보살은 진허공 변법계의 찰토중생이 일체임을 안다. 이것이 「유심소현唯心所現 유식소변唯識所變」이다. 그래서 불보살의 사랑은 허공법계에 두루 미치고, 영원히 변하지 않는다. 설사 중생은 오역십악五逆十惡을 지었을지라도 불보살의 자비는 조금도 감소하지 않는다. 관세음보살의 대자대비는 자성에서 반야지혜가 흘러나온 큰 사랑이다. 완전히 성덕과 상응하는 자비가 곧 「무연대자無緣大慈 동체대비同體大悲」이다. 무연無緣은 조건이 없음이다. 일체 중생에 대한 사랑과 보살핌은 조건이 없다. 비悲는 일체 중생을 연민하는 마음이다. 보살은 왜 일체 중생을 연민하는가? 일체 중생은 나와 동체이다. 일반인은 미혹하여 이러한 이치와 사실·진상을 잃어 허공법계의 일체 중생이 자신과 동체인지 모른다. 만약 진정으로 깨달으면 대자비심이 저절로 생겨난다.

「지智」는 문수보살로써 대표한다. 《화엄경》에서 문수보살은 십바라밀十波羅蜜을 대표한다. 육바라밀의 전개가 곧 십바라밀이다. 《화엄경》의 행법行法은 문수보살의 십바라밀과 보현보살의 십원十願을 수행의 총강령으로 삼는다. 보시布施·지계持戒·인욕忍辱·정진精進·선정禪定·반야般若는 지행智行에 속한다. 곧 지혜의 덕행德行이다. 보시는 사(舍 ; 버림, 베풂)이고, 방하(放下 ; 내려놓음)이다. 그래서 보시바라밀이라 일컫는다. 바라밀은 구경에 원만하다는 뜻이다. 보시는 어떻게 해야 구경원만한가? 보시의 목적은 인색과 탐욕을 끊음에 있다. 인색과 탐욕은 번뇌의 뿌리이다. 자신의 인색과 탐욕을 보시해버리면 보시는 원만하다. 보시는 복보를 닦는 일(修福)이다. 복보와 지혜는 분리될 수 없다. 지혜가 없으면 복보를 닦을 수 없고 진정으로 지혜가 있는 사람이라야 복보를 닦는 일을 알 수 있다. 지계持戒는 악업을 끊음이요·인욕忍辱은 진애瞋恚를 끊음이요·정진精進은 해태懈怠를 끊음이요·선정禪定은 산란散亂을 끊음이요·반야는 우치愚痴를 끊음이다.

사섭법四攝法에서 「보시布施」는 육바라밀의 보시와 다르다. 육바라밀을 사람에 대해, 일에 대해, 물건에 대해 실현하면 그 마음상태가 곧 사섭四攝이다. 그래서 사섭의 보시는 범위가 매우 좁다. 요즘 말로 사람과 사람 사이에 예가 오고감을 숭상함(禮尚往來)이다. 명절을 맞이하여 부부 사이·형제 사이·친구 사이·친척 사이에 응당 작은 예물을 주고받고, 언제나 한곳에서 회식하여야 비로소 감정이 좋을 수 있고, 오해를 없앨 수 있다. 「애어愛語」는 진정으로 사랑하고 보살피는 말에서 질책·권유·훈계가 나와야 한다. 「이행利行」에서 이利는 이익이다. 모든 일체 행위가 사회에 대해 중생에게 긍정적인 이익이 있고, 결코 부정적인 면이 없다. 「동사同事」는 중생을 접인하는 수단·방법으로 곧 수연隨緣이다. 우리가 다른 민족, 다른 종교, 다른 문화와 접할 때 모두 사이좋게 지내며 집착하지 않음이 곧 동사이다. 예컨대 일본에 가면 생활·기거를 완전히 일본의 도량에 수순하는 것이다.

「원願」. 보현보살은 대원을 대표한다. 보현보살이 일반 대승보살과 다른 점은 곧 그의 심량이 허공법계와 같다는 것이다. "마음은 태허를 감싸고 도량은 항하사 세계에 두루 하느니라(心包太虛 量周沙界)." 경전에서는 보살이 보현행을 닦지 않으면 불도를 원만히 이룰 수 없다 말씀하신다. 《무량수경》에 이르시길, "모두 같이 보현대사의 덕을 좇아 수학하고(咸共遵修普賢大士之德)"12)라 하셨다. 정토법문은 보현행을 닦는 것이다. 극락세계는 보현보살의 법계이다. 그래서 정토법문과 보현보살의 관계는 너무나 밀접하다. 석가모니부처님께서 성불을 시현하시고 첫 번째로 《화엄경》을 강설하셨다. 보현보살은 화엄회상에서 십대원왕十大 願王으로써 극락으로 인도하여 돌아간다.13) 그래서 보현보살은 사바세계 정종(정토종)의 초조이다.

그래서 정토를 닦으면서 보현행을 닦지 않으면 극락세계에 왕생

---

12) "그 보살들께서는 모두 같이 보현대사의 덕을 좇아 수학하고, 무량한 행원을 구족하여 일체 공덕법 가운데 안온히 머문다. 또한 시방세계에 두루 다니면서 선교방편을 실행하여 부처님의 법장에 들어가 구경열반의 피안에 도달하신다." _《불설대승무량수장엄청정평등각경》(비움과소통)
13) [제8칙] 이 법을 개시하지 않으면 말법중생은 아무도 생사를 벗어날 수 없다. _《인광대사 문초 청화록》 참조

할 수 없다. 위묵심魏默深 거사가 《보현행원품普賢行願品》을 정토삼
부경에 참구한 후 정토사경을 이룬 이치가 여기에 있다! 보현행은
곧 《화엄경》 전체의 행문行門으로 《화엄경》 말후에는 행문을
귀납하여 열 가지 총강으로 삼고서 「십대원왕十大願王」이라 하였
다.14)

첫째 「예경제불禮敬諸佛」. 제불은 과거불·현재불·미래불이다.
우리는 특별히 미래불에 중점을 둔다. 미래불은 일체 중생이다.
바꾸어 말하면 중생 한 명에게 죄를 지으면 곧 부처님 한 분께
죄를 지음이다. 어떤 사람이 보현행을 닦을 수 있을까? 일반적으
로 말하면 법신보살이 일품 무명을 깨뜨려 일분 법신을 증득하여
보현행을 닦을 수 있다. 그러나 우리 범부도 착실히 노력하며
학습하여 예경禮敬의 마음·예경의 행에 다가갈 수 있길 희망한
다. 예경은 평등한 것으로 절대 선과 악, 삿됨과 올바름을 구분하
지 않는다. 왜 그러한가? 일체 유정중생·무정중생은 모두 미래
불이기 때문이다.

둘째 「칭찬여래稱讚如來」. 칭찬과 예경은 다르다. 칭찬의 경우
심행心行이 법성과 상응하여야 칭찬하고, 법성과 상응하지 못하
면 칭찬하지 못한다. 다시 말해 이 사람의 언행이 불법의 경교와

---

14) "만약 이 공덕문을 성취하고자 한다면 열 가지 광대한 행원을 닦아야 하느니라.
무엇이 열 가지인가? 제불께 예배하고 공경함이 그 하나요, 여래의 공덕장엄을
칭양·찬탄함이 그 둘이요, 널리 닦아 부처님께 공양함이 그 셋이요, 스스로의
업장을 참회함이 그 넷이요, 남의 공덕을 따라 기뻐함이 그 다섯이요, 법륜을 굴려주시
길 청함이 그 여섯이요, 부처님께서 세상에 오래 머무시길 청함이 그 일곱이요,
항상 부처님을 따라 배움이 그 여덟이요, 항상 중생을 수순함이 그 아홉이요, 모든
공덕을 중생에게 널리 회향함이 그 열이니라." 《보현행원 염불성불》 (비움과소통)

상응하여야 우리는 찬탄한다. 경교와 상응하지 않으면 찬탄하지 못한다.

셋째 「광수공양廣修供養」. 공양은 가장 존경하는 마음으로써 일체 중생을 부모님과 같이, 일체제불과 같이, 부처님과 부모님과 일체 중생을 모두 평등하게 대하는 것이다. 그래서 대승보살은 보시이고, 보현보살은 공양이다. 모든 공양 중에서 법공양이 최상이니, 이는 복덕과 지혜를 함께 닦는 것(福慧雙修)이다. 여래과 지如來果地 상에서 무량무변한 대복이 있는데 어디에서 오는가? 공양을 널리 닦음, 특히 법공양에서 대복이 생긴다.

넷째 「참회업장懺悔業障」. 업장이 우리 자성이 갖추고 있는 반야지혜·덕능·상호를 장애한다. 업장은 참회하지 않으면 명심견성 明心見性할 수 없고, 지혜는 영원히 드러날 수 없다.

다섯째 「수희공덕隨喜功德」. 일체 중생에게는 모두 질투의 장애가 있다. 수희공덕은 이러한 질투의 장애를 대치對治할 수 있다. 중생은 어리석어 다른 사람에게 좋은 일이 있는 걸 보면 마음속으로 지내기 어려워 방법을 강구하여 장애하고 파괴한다. 이러한 죄업은 매우 무겁다. 만약 이러한 좋은 일이 사회에 대해, 중생에 대해 매우 큰 영향이 있으면 영향이 클수록 그 죄는 더욱 무겁다. 세상 사람의 어리석음이 절정에 이르면 죄업을 짓는 크기를 알 수 없다.

《발기보살수승지락경發起菩薩殊勝志樂經》에서 말씀하시길, 비구 두 사람이 경전을 강설하고 설법하였는데, 어떤 사람이 질투의 장애로 헛소문을 퍼뜨려 사건을 일으켰고 도량을 파괴하였으며, 최후에는 죄업을 지어 무간지옥에 떨어졌다. 이는 강경講經법사와 아무런 상관이 없었다. 《능엄경》에서 말씀하시길, "마음을 내어 일체 중생의 무량한 공덕을 원만히 이루고자 하였다(發意圓成 一切衆生無量功德)." 하셨다.15) 그가 발심하여 이 경전을 강설하면 비록 중도에 사람이 파괴할지라도 강경법사의 공덕은 원만하다. 도량을 파괴하면 중생이 법문을 듣는 기연機緣을 장애하고, 중생이 제도 받음을 장애한다. 이러한 죄업은 중생으로부터, 도량으로부터 맺은 것으로 강경법사와 조금도 관계가 없다.

이에 반해, 따라 기뻐하는 공덕은 강경법사가 홍법하는 공덕과 같다. 그래서 따라 기뻐하는 사람은 가장 총명하다. 한 법사가 경전을 강설하면서 고생을 하여야 비로소 공덕이 원만하다 말하였는데, 그가 수희심隨喜心을 내면 그 공덕은 경전을 강설하는 것과 마찬가지로 크다. 이는 마치 등으로 등불을 켜는 것과 같다. 법사는 하나의 등이고, 우리 자신도 하나의 등이다. 나의 이런 등을 그의 발광체를 빌려 밝히면 나는 조금도 힘을 들일 필요가 없고, 빛이 그와 마찬가지로 크다. 이는 곧 깨달음과 미혹도 마찬가지이다. 일념을 깨달으면 무량공덕을 닦고, 일념을 미혹하면 무량무변한 죄업을 짓는다. 그래서 한 사람이 좋은 일 하는 모습을 보고 자신이 역량이 있다면 그를 도와야 하고, 역량이 없으면 환희심을 내어야 한다. 법사가 경전을 강설할 때 내가 강설하지 못하지만 모든 아는 사람에게 와서 들어보라 권유하면 이렇게 경전 강설을 듣는 이익은 모두 연분이 있다. 그래서 자신의 공덕을 성취함은 일념의 순간에 달려있다.

---

15) "그래서 아난존자는 이때 이러한 마음을 발하여 원만하게 일체 중생의 무량한 공덕을 성취하고자 여러 사람에게 걸식(化齋)하여 결연結緣을 맺어 학불學佛하는 인연을 맺게 하였다." _《대불정수능엄경강기大佛頂首楞嚴經講記》, 담허대사

여섯째 「청정법륜請轉法輪」. 법사대덕을 초청하여 경전강설을 청하여 망자인 무형의 중생과 세상사람 모두 이익을 얻게 한다(冥陽兩利). 경전 강설의 도량에서 무형의 중생은 유형의 중생보다 매우 많다. 그래서 도량을 성취하고 도량을 찬탄하면 그 공덕이 말로 다할 수 없다. 이를 알아야 진정으로 수희공덕·청정법륜을 닦게 된다.

일곱째 「제불주세請佛住世」, 이는 정법을 호지護持하여 세상에 오래 머물게 함이다. 앞쪽의 일곱 가지는 원願이어서, 염념마다 버리지 않는다. 뒤쪽 세 가지는 회향이다.

여덟째 「항순불학常隨佛學」은 보리에 회향함이고, 아홉째 「항순중생恆順衆生」은 중생에 회향함이다. 열째 「보개회향普皆迴向」은 법성法性에 회향하고 실제實際에 회향함이다. 실제는 곧 자성이다. 최후에 자성으로 회귀하면 성덕性德이 충실하다. 자성은 생겨나지도 사라지지도 않고 늘어나지도 줄어들지도 않으며 오지도 가지도 않으니, 어찌 무엇이 충실할 수 있겠는가? 실제에 회향함은 곧 우리의 성덕, 즉 자성이 본래 갖추고 있는 지혜·덕능·상호가 원만하게 드러내 보이길 희망한다. 마치 제불여래처럼 광명이 허공법계에 두루 비춤이 곧 실제에 회향한다는 뜻이다. 그래서 실제에 회향함은 곧 자신이 구경원만한 불과를 증득함이다.

대과大果 : 무상보리無上菩提

「무상보리無上菩提」는 대과이다. 「무상無上」은 아뇩다라삼먁삼보리이다. 「무상정등정각無上正等正覺」. 이는 여래과지如來果地 상의 명호로 우리가 학불하는 종극적인 목표이다.

대도大道를 닦고・대덕大德을 기르고・대행大行을 밟고・대과大果를 증득해야 불조佛祖가 스스로 행하고 중생을 교화하는 대사大事를 통달할 수 있다! 불佛은 제불여래이고, 조祖는 조사・대덕이다. 자행自行은 진실한 지혜이고, 자행화타自行化他의 대사는 원만하다. 이 네 마디 열여섯 글자는 불법의 대총지법문大總持法門이고, 그 가운데 전체 불법을 원만하게 포괄한다.

_《삼덕육도십대원왕三福六度十大願王》에서 발췌

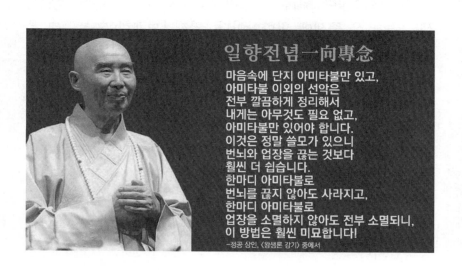

일향전념一向專念

마음속에 단지 아미타불만 있고,
아미타불 이외의 선악은
전부 깔끔하게 정리해서
내게는 아무것도 필요 없고,
아미타불만 있어야 합니다.
이것은 정말 쓸모가 있으니
번뇌와 업장을 끊는 것보다
훨씬 더 쉽습니다.
한마디 아미타불로
번뇌를 끊지 않아도 사라지고,
한마디 아미타불로
업장을 소멸하지 않아도 전부 소멸되니,
이 방법은 훨씬 미묘합니다!

-정공 상인, 〈왕생론 강기〉 중에서

[제8법문]

개오開悟할 수 없는 원인

학불學佛은 반드시 내려놓는 것(放下)으로부터 공부를 시작하니, 번뇌와 습기를 내려놓아야 하고, 업장을 내려놓아야 한다. 나는 항상 동학동수 여러분에게 반드시 자신의 사리사욕(自私自利)·명성과 이득(名聞利養)·오욕육진五欲六塵·탐진치·교만(貪瞋痴慢)을 내려놓아야 한다고 말한다. 이 16글자로 인해 우리는 영원히 깨달을 수 없고, 영원히 경전과 논서의 경계에 계입契入16)할 수 없는 원인을 짓는다. 세간법 뿐만 아니라 불법 또한 마찬가지이다.

진실로 내려놓을 수 있으면 조금도 걱정 없이 진정한 해탈을 얻을 수 있고, 해탈한 후 해탈지견解脫知見이 있다. 해탈지견은

---

16) 오悟는 불교에서 미迷와 상대하는 것으로 불교도의 수행목적이다. 불타께서 가르치신 진리수행에 의지하여 체득한 견지見地가 생겨 「체험성의 지혜」를 획득한다. 광의의 뜻으로 보리菩提·각오覺悟·각覺(범어 : bodhi)과 같다. 선종의 언어문화에서는 개오開悟·증오證悟·오입悟入(범어 : praviṣṭa 뜻은 「추입趨入」) 이라고 말할 수 있다. 선종에서 말하는 개오는 통상 「명심견성明心見性」을 가리킨다. 즉 진여실상을 깨달은 경지이다. 그러나 구경의 불과를 증득하지는 못하여 여전히 계속해서 실수實修하여야 한다. 그러나 범부가 세상의 본질 및 생명의 실상에 대해 아는 바가 없는 것에 견주어 초보적인 증량證量이 생겼다.

지혜이다. 이러한 지혜를 갖추면 불경뿐만 아니라 어떠한 책이든 내지 색성향미촉법(六塵)이든 육근六根이 육진경계에 접촉할 때 언제 어디서나 우리는 개오開悟할 수 있다.

무엇으로 우리는 개오할 수 있는가? 번뇌와 습기·사리사욕이 장애하면 다른 사람이 장애하는 것이 아니라 자신이 자신을 장애한다. 진실로 내려놓을 수 있고, 언제든지 내려놓을 수 있으며, 어디서나 내려놓을 수 있어 마음속에 남은 흔적에 집착하지 않으면 반드시 깨닫는 바가 있다. 경전을 펼치면 자자구구 뜻이 무량하다. 경전 속 자자구구가 뜻이 무량할 뿐만 아니라 색·성·향·미·촉·법에서 마음대로 한 법을 집어도 모두 뜻이 무량하다. 먼지 한 알, 나뭇잎 하나, 꽃잎 하나에도 모두 무량한 뜻을 머금는다.

내가 장가章嘉대사를 처음 만났을 때 그분은 나에게 간파看破·방하放下를 가르쳤다.17) 만약 당신이 진실로 말씀을 듣고 깨달아

---

17) 제가 불교를 처음 접할 때 장가대사를 알게 되었습니다. "불법은 대단히 수승합니다. 저는 불법을 매우 배우고 싶습니다. 불법에 들어갈 수 있는 방법이 있습니까?" 저는 그에게 가르침을 청했습니다. 그 어르신은 30분 동안 아무 말씀도 하지 않았습니다. 30분이 지나 마음이 차분해졌고 정말로 망념이 사라졌습니다. 그의 교수법은 매우 특별하였습니다. 먼저 정신을 집중하여 차분해진 후에 저에게 말했습니다. "있다(有)!" 이 한 글자를 말하고 난 후 또 아무 말씀도 하지 않았습니다. 저는 더욱 정신을 집중하였습니다. 대략 5분을 기다리자 비로소 "간파하고 내려놓으라(看得破 放得下)!" 이 여섯 글자를 말씀하셨습니다. 대략 또 10여분이 지난 후 그는 저에게 "보시하라!" 단 두 글자만 말씀하셨습니다. 제가 작별을 고할 때, 그 어르신이 저를 대문 앞까지 데려다주고, 제 어깨를 두드려주면서 "내가 오늘 너에게 여섯 글자를 말해주었으니, 너는 6년 동안 착실히 실천해라." 하셨습니다. 저는 그때 매우 감동을 받아 돌아가서 그대로 실천하였습니다. _《무량수경 강기》, 정공 큰스님

가르침대로 봉행하면 나는 감히 대철대오(大徹大悟 ; 철저히 깨달아 대보살의 경계에 속한다)가 있다고 말하지는 못하지만, 작은 깨달음 (小悟)은 있다고 본다. 언제나 깨닫는 곳(悟處)이 있다. 이는 작은 깨달음이다. 작은 깨달음이 누적되면 큰 깨달음(大悟)으로 변한 다. 이는 필연적인 이치이다.

_《화엄경》에서 발췌

[제9법문]

심지가 청정하면 풍수를 바꿀 수 있다

풍수는 어떤 사람에게 영향이 있는가? 사리사욕이 있는 사람과 탐진치 교만이 있는 사람에게 영향이 있다. 심지心地가 청정한 사람에게는 영향이 없다. 왜냐하면 심지가 청정하여 풍수를 바꿀 수 있기 때문이다. 그곳의 풍수가 매우 좋지 않아도 살다 보면 저절로 좋아진다. 풍수는 그의 마음에 따라 전변轉變한다. 우리가 이러한 이치를 알면 이로부터 관상·사주명리·풍수를 보지 말고 착실하게 학불하여야 한다.

「진성眞誠·청정淸淨·평등平等·정각正覺·자비慈悲 ; 간파看破· 방하放下·자재自在·수연隨緣·염불念佛」. 21글자를 배우면 길상 이 여의如意하고, 일마다 여의하다. 확실히 불가에서 말하듯이 "불씨 문중에는 구함이 있으면 반드시 응함이 있다(佛氏門中 有求必 應)." 다시 말해 구하는 이론과 방법을 얻어 정말 요구하면 다 들어준다. 그래서 우리는 악을 선으로 바꾸어야 한다. 무엇이 악인가? 사리사욕이 악이다. 무엇이 선인가? 사회를 이롭게 하고, 일체 중생을 이롭게 함이 선이다. 사리사욕의 생각을 바꿈 이 악을 선으로 바꿈이다. 착실히 독경과 학습을 하면서 미혹을 깨달음으로 바꾸고 최후에는 반드시 범부를 성인으로 바꾸면 우리에 대한 불타의 교학이 원만해질 것이다.

_《염불은 생활을 여의지 않는다(佛法不離生活)》에서 발췌

[보충법문] 염불, 보살의 심행

「염불念佛」 두 글자는 일체 법을 모두 다 포괄한다. 「진성眞誠·청정淸淨·평등平等·정각正覺·자비慈悲 ; 간파看破·방하放下·자재自在·수연隨緣·염불念佛」. 이 한 쌍의 대련에서 어떤 한 마디이든 모두 다른 아홉 마디를 포괄한다. 진성眞誠의 경우 청정이 없으면 진성이 없으며, 평등이 없어도 진성이 없으며, 방하가 없으면 진성도 없으며, 자재가 없어도 진성이 없다. 《화엄경》에 이르시길, "하나가 곧 여럿이고 여럿이 곧 하나이다(一即是多 多即是一)."

이 대련에서 위 대련은 마음을 간직함(存心)이고, 아래 대련에서 사를 행함(行事)이다. 불법은 마음과 행을 말한다. 「진성·청정·평등·정각·자비」는 보살심이고, 「간파·방하·자재·수연·염불」은 보살행이다. 이는 내가 50년 수학한 심득心得의 총결이다. 수학한 것은 무엇인가? 곧 이 열 마디 20글자이다. 나는 날마다 경전을 강설하면서 대중에게 이 20글자를 권유하였다.

초학의 염불인은 생각이 일어나면 곧바로 알아차려야 한다. "나의 이 생각은 올바른가, 여전히 그른가?" 만약 이 생각이 그릇된 생각이면 서둘러 그것을 올바른 생각으로 바꾸어야 한다. 이것이 곧 수행이다. 이는 진정으로 화를 복으로 바꾸는 것이다. 왜냐하면 그릇된 생각은 재앙과 환난이고, 올바른 생각은 복덕이다. 악을 선으로 바꾸는 일도 생각을 바꾸는데 있고, 미혹을 깨달음으로 바꾸는 일도 생각을 바꾸는데 있으니, 이렇게 전환이

빨라야 의혹이 없다. 이는 화를 복으로 바꿈에 있어서 뿐만 아니라 기사회생起死回生함에 있어서도 관건이다.

그래서 「염불」로써 총결을 삼는다. 진정한 염불은 무엇으로 염불하는가? 진성심으로 염불하며·청정심으로 염불하며·평등심으로 염불하며·정각심으로 염불하며·자비심으로 염불한다. 이것이 염불의 마음이다. 간파하고 염불하며·내려놓고 염불하며·자재하게 염불하며·인연에 수순하여 염불한다. 이것이 염불의 행이다. 이는 보살의 학처學處로 언제 어디에서든 일체 경계와 인연 가운데 우리는 이와 같이 수학하여야 한다. 이를 진정한 염불이라 한다. 「나무아미타불」 한마디 부처님 명호는 세간·출세간의 일체법을 함섭含攝한다.

_《좋은 사람 되기-간파·방하·자재·수연·염불》에서 발췌

[제10법문]

우리도 불국토를 장엄할 수 있다

우리는 무엇으로 불국토를 장엄하는가? 자신의 형상으로 장엄한다. 우리는 학불學佛을 통해 자신이 곧 부처님을 대표함을 알아야한다. 신身은 부처님의 몸과 같아야 하고, 상相은 부처님의 모습과 같아야 한다. 동작은 부처님의 동작과 같아야 하고, 마음을 간직함은 부처님의 마음과 같아야 하며, 원願은 부처님의 서원과 같아야 한다.

갖가지로 자신의 몸에서 실현하여야 한다. 이래야 비로소 학불이라 할 수 있다. 만약 불경의 이론이 이론에 그치고 일상생활은 여전히 예전 그대로이면, 비록 불교 이론을 알지라도 여전히 자신의 생활이 변화가 없으면 이는 잘못이다. 당신은 단지 불학佛學의 상식을 조금 배웠을 뿐 불법에 담긴 수승한 덕용德用·최고의 향수享受를 조금도 얻지 못한다.

_《화엄경 강기》에서 발췌

[제11법문]

금생에 무량수를 증득한다

현대사회는 대단히 혼란하여 진정으로 오탁악세五濁惡世이다. 대승경전에서는 「제법소생諸法所生」을 말하는데, 이는 우주의 기원을 가리킨다. 우주는 어디에서 오는가? 일체 중생은 어디에서 오는가? 생명은 어디에서 오는가? 수많은 과학자·철학자·종교가들이 수천 년 동안 이러한 문제를 탐구하고 있지만, 지금까지도 완전한 답안이 있을 수 없다.

현대 과학자들은 우주의 기원은 대폭발이란 빅뱅이론18)을 제시하고 있다. 대폭발은 어떻게 오는가? 수많은 이론이 있지만, 모두 사람들을 감복시킬 수 없다.《화엄경》에서는 매우 또렷하게 매우 명백하게 「유심소현唯心所現 유식소변唯識所變」이라고 말한다.《능엄경》에서는 "제법소생(일체제법)은 유심소현으로 일체 인과·세계·미진은 마음으로 인해 체(영지)를 이룬다(諸法所生 唯心所現 一切因果 世界微塵 因心成體)."19) 일체제법은 전체 우주를

---

18) "우주는 어느 순간 작은 점에서 출발한 대폭발로부터 시작되었다."_조르주 르메트르

19) 여래께서 대승성중大乘性宗을 말하고 일체제법을 늘 말하지만, 결코 달리 생겨난 것이 있는 것이 아니라 오직 진심眞心이 나타난 것이다.《기신론》에서 말하였듯이 "심진여心眞如란 곧 일법계一法界 대총명상법문체大總相法門體이다." 일체십계의 정보正報, 범부와 성인·물듦과 청정·인과와 의보, 크게는 세계·작게는 미진 (일체차

포괄하니, 크게는 대천세계, 작게는 미진에 이른다. 오늘날 과학자의 연구 방향은 양 극단을 달리니, 하나는 무한대이고 하나는 무한소이다. 《화엄경》에서도 세계는 무한대이고 미진은 무한소라고 말한다. 나아가 오늘날 과학자들이 말하는 (관측이 대상에 영향을 미친다는) 양자역학은 부처님께서 말씀하신 대로 「인심성체因心成體」20)이다.

마음이란 무엇인가? 선종에서는 "만약 사람이 마음을 알아 이해하면 대지에는 한 줌 흙도 없다(若人識得心 大地無寸土)."21)라 말한다. 비유컨대 "금으로 기물을 만들면 기물마다 모두 금이다(以金作器 器器皆金)." 금은 마음을 지음에 비유하고, 금으로 만든 기물은 제법을 지음에 비유한다. 당신이 마음을 인식하면 여전히 제법이 있는가? 없다. 수 만 가지 다른 금으로 만든 기물은 황금을 제외하고 그밖에 아무것도 없다. 전체 우주 사이에는 무엇인가? 심성心性이다. 심성이란 무엇인가? 아는 사람이 없다.

별의 상은) 하나하나는 모두 마음으로 인해 체를 이룬다. 고덕께서 "천지는 나와 같은 뿌리이고, 만물은 모두 나와 일체이다."라고 말씀하셨는데 바로 이 뜻이다. _《대불정수능엄경강의大佛頂首楞嚴經講義》, 원영법사

20) 마음이 없으면 어떻게 체를 갖추는가? 무슨 물건이 어떻게 이루어진 것이든 상관없이 형상이 없어 잘 표시되지 않으면 사람이 인정하지 못한다. 사람은 모두 상에 집착한다. 사람이 미혹하면 어디에 미혹하는가? 자신의 본지본각本知本覺에 미혹하고 어둡다. 이는 근본적으로 잘못이다. 경문에서는 말하는 「유심소현唯心所現」, 「일체인과一切因果 세계미진世界微塵」 이러한 것은 「인심성체因心成體」, 모두 이런 마음이 이룬 체體다. 《대불정수능엄경강기大佛頂首楞嚴經講記》 담허대사

21) 《화엄경≫〈십지품十地品)에 이르시길, "삼계에 다른 법이 없고 오직 일심이 지은 것이다. 만약 사람이 마음을 알아 이해하면 대지에는 한 줌 흙도 없다(三界無別法 唯是一心作 若人識得心 大地無寸土)."

오늘날의 과학자·철학자·종교가들에게 사유·상상·분별할 수 있는 마음만이 나의 마음이다. 서양 철학자, 데카르트의 이른바 "나는 사유한다. 그래서 나는 존재한다(我思故我在)."에서 사유할 수 있고 상상할 수 있는 것을 마음으로 여긴다. 불경에서는 이를 연려심緣慮心이라 한다. 일체 경계를 반연攀緣[22]하고 사려思慮하여 옳고 그름·그릇되고 바름·선하고 악함을 변별하고, 망상·분별·집착한다. 이는 망심妄心이지 진심眞心이 아니다. 법상유식종에서 말하는 51심소心所는 연려심緣慮心이지 진심이 아니다.

「인심성체因心成體」인 이 마음은 영지심靈知心, 즉 영명각지靈明覺知의 마음이다. 영지靈知는 만사만물을 나타낼 수 있다. 능현能現하는 것이 영명하고 깨달아 알면 소현所現하는 것도 영명한가? 깨달아 아는가? 당연히 영명하고 깨달아 안다. 만약 그것이 영명하지도 않고 깨달아 알지도 않으면 마음이 나타난 것도 식이 변한 것도 아니다. 이러한 이치를 고인께서 증명할 수 있다.[23] 불법은 증도證道를 말한다. 도道는 무상대도無上大道이고, 이를 체득할 수 있음은 체도體道이고, 큰 이익(大受用)이 있다.

---

22) "반攀자는 산에서 미끄러질 때, 나뭇가지나 무엇을 붙잡는 것을 「반」이라고 그러는데, 그런 것을 붙잡다, 나뭇가지를 붙잡다, 그렇게 우리는 서로 붙잡고 있잖아요. 안 잡고 있으면 뭔가 허전하고 뭐 외롭고, 사람 사는 것 같지 않고, 그렇다고요, 중생은! 그 반연攀緣이 없는 것이 좋은 것인데, 반연이 없으면 우리 중생들은 그만 병이 들어 설거지를 다 하고 나서 '오늘은 뭐 할까?' '혹시 전화 안 오는가?' 그 반연을 기다리는 겁니다." _무비스님

23) "영명한 광명이 홀로 비추니, 근진根塵을 멀리 벗어나고, 본체는 진상을 드러내어 문자에 구애받지 않고, 심성은 물들지 않아 본래 스스로 원만하다. 다만 망연妄緣을 여의면 곧 여여불如如佛이라." _《오등회원五燈會元》

최근 몇 년 일본 과학자는 물을 연구하여 물에 영지靈知가 있음을 발견하였다고 한다. 어떠한 곳의 물이든 모두 볼 수 있고, 들을 수 있으며, 사람의 뜻을 안다. 실제로 물은 볼 수도 있고, 들을 수도 있으며, 지각이 있을 뿐만 아니라 부채조차도 들을 수 있고, 지각이 있다. 모든 일체 만물은 크게는 세계에 이르기까지 작게는 미진에 이르기까지 마음으로 인해 체를 이룬다(因心成體). 체는 곧 영지靈知이다. 그래서 우주는 살아 있다. 허공도 살아 있다. 그것은 들을 수 있고, 지각도 있다. 그러나 사람의 생각에 선악이 있다. 선한 생각인 경우 물의 결정이 대단히 아름답고, 악한 생각인 경우 결정은 매우 무섭다.

우리는 컵 위에 「무량수불」 4글자를 붙였다. 무량수불은 대단히 좋은 정보이다. 이 물 한 잔의 결정은 일반 물과 결코 같지 않았다. 일본인의 시험에 따르면 잘된 밥을 두 개의 유리관에 담았다. 하나의 유리관에는 「사랑」이란 글자를 붙였고, 다른 유리관에는 「원한」이란 글자를 붙였다. 3일이 지나 「사랑」이란 글자를 붙인 유리 속 밥은 매우 향기로웠지만, 「원망」이란 글자를 붙인 유리 속 밥은 흑색으로 변해 상했다. 그래서 물의 결정은 변화를 생성할 수 있었다. 모든 물질은 전부다 변화가 생성되었다.

여러분은 이런 이치를 안 후 마땅히 알아야 한다. 우주의 유정중생에서, 유정有情은 무엇인가? "일념을 깨닫지 않아 무명이 있다." 미혹하여 진심을 잃은 존재이다. 진심은 영지靈知의 마음이다. 부처님께서는 우리에게 말씀하시길, "우리의 진심·본성은 본래 무량한 지혜를 갖추고 있어 알지 못하는 것이 없다. 본래 무량한 덕능을 갖추고 있어 할 수 없는 것이 없다. 본래 무량한 상호를 원만히 갖추고 있어 조금도 흠결이 없다." 하셨다.

육도의 범부는 미혹하여 자성을 잃었다. 이렇게 미혹하면 자신의 진심을 망심으로 변화시킨다. 마치 물에 가장 좋지 못한 정보를 주면 물의 결정체가 매우 보기 흉해지는 것과 같이 바로 이렇게 된 일이다. 제불여래 · 법신대사는 미혹하지 않아 진심을 쓴다. 진심은 망상 · 분별 · 집착의 생각을 여읜다. 진심이 일체 만사 · 만물에 나타나는 것은 가장 아름답다. 그래서 경전에서 말하는 극락세계, 극락의 물 한잔처럼 화장세계 · 극락세계 사람의 마음은 지극히 선하여 망상 · 분별 · 집착이 없다. 그래서 물의 결정은 매우 아름답다. 우리 세계의 사람은 견딜 수 없을 정도로 탁하고 악하여 사리사욕을 챙기고, 탐진치 · 교만이 가득하며, 명성 · 이득, 오욕육진五慾六塵에 빠져 본성을 오염시켜 청정하지 않게 변화시킨다. 그리하여 마음을 움직이고 생각을 움직임에 모두 남에게 손해를 끼치고 자신을 이롭게 하며, 십악업을 지어 탁하고 악한 정보가 물 한 잔을 견딜 수 없을 정도로 탁하고 악하게 변화시켜 바로 이렇게 된 일이다.

어떤 사람이 나에게 최근에 발생한 전염병은 어떻게 된 일인가? 물었다. 사람들의 심지가 선하지 않아 탐진치 · 교만한 마음이 공기와 물질을 탁하고 악하게 변화시켜서 바이러스가 생긴 것이다. 일체 법은 심상心想으로부터 생기니, 바이러스도 심상으로부터 생긴다. 이를 방어하는 방법은 마음을 고치는 것으로부터 시작하여야 한다. 마음에 품은 탐진치는 가장 엄중한 바이러스로 바깥 모든 물질 환경을 독으로 변화시킨다. 마음속에 탐진치가 없는데, 바깥에 어찌 바이러스가 있겠는가? 자비는 독을 변화시키고 독을 없앨 수 있다. 그래서 심지가 청정하고 자비로워야 한다. 학불學佛하는 사람이 진정으로 청정한 자비를 실천하면 일체 전염병에 감염되지 않는다. 당신이 감염되면 수행공부가 절정에 이르지 못한 것이다. 공부가 진정으로 성취되면 결코 병들지 않고, 늙지 않으며, 죽지 않는다.

중봉中峰 선사께서 말씀하시길, "나의 마음이 곧 아미타불이고, 아미타불이 나의 마음이면 이곳이 그대로 정토이고 정토가 그대로 이곳이다." 학불하여 반드시 이러한 경계에 들어가야 비로소 큰 이익(大受用)을 얻을 수 있다. 이러한 경계에 들어가지 못하고 어떻게 생사를 끝마칠 수 있겠는가? 여전히 생사에 윤회할 것이고, 여전히 운명의 지배를 받을 것이다. 운명은 무엇으로부터 오는가? 업력이 운명을 조성한다. 그래서 학불을 제대로 하지 않고 날마다 그럭저럭 보내면 장래의 결과는 미루어 알 수 있다. 만약 표준을 최저로 내리면 당신은 서방극락세계에 왕생할 수 없고, 틀림없이 지옥에 떨어질 것이다.

우리는 서방극락세계에 왕생할 자신이 있길 바란다. 정토경전에는 《아미타경》·《무량수경》·《관무량수경》·《보현행원품》·《대세지보살염불원통장》이 있다. 우리는 이 정토오경의 이론과 방법을 따라 경전에서 말하는 경계에 들어야 성공할 수 있다. 당신은 제대로 해야만 인과의 책임을 감당할 수 있다. 세간·출세간법은 인과를 여의지 않는다. 《화엄경》에서는 「오중인과五重因果」를 말하고, 《법화경》에서는 「일승인과一乘因果」를 말하며, 《능엄경》에서는 「일체인과一切因果 세계미진世界微塵 인심성체因心成體」를 말한다. 그래서 우리 자신은 반드시 고도의 경각심이 있어야 한다. 먼저 자신을 구하여야 한다. 자신을 제도한 후 비로소 타인을 제도할 수 있다.

젊은이가 가장 두려워하는 것은 반연攀緣이다. 종전의 도량은 산림 속에 세워졌다. 산 아래 절까지 거리는 매우 멀었는데, 그 목적은 세속과 격리되길 희망해서이다. 현재는 교통이 매우 편리해서 웬만한 도량은 자동차가 모두 입구까지 갈 수 있다. 우리는 매우 즐거워하는 모습을 보지만, 조사들께서는 눈물을 흘리는 모습을 볼 것이다. 그래서 진정으로 도심道心이 있는 사람은 경각심이 매우 높아 가능한 시끌벅적한 것을 멀리한다.

경교經敎는 부처님의 언어이자 부처님의 마음속 소리이다. 만약 온 정신을 다 기울이고 시간을 전부 투입한다면 확실히 도심을 증가시킬 수 있다. 만약 조금이라도 소홀히 하면 도심이 견고하지 않아 세속에 유혹되기 매우 쉽다. "재욕·색욕·명예욕·식욕·수면욕은 지옥의 다섯 가닥 뿌리이다." 어느 관문 하나를 당신이 통과할 수 있는가? 그래서 주의 깊고 신중하지 않으면 안 된다.

일체제법은 오직 식識이 변한 것이다. 무엇이 식인가? 곧 생각(念)이다. 곧 망상·분별·집착이다. 만약 우리가 염념마다 모두 경론의 가르침에 수순隨順하고 불타의 가르침에 수순할 수 있다면 자신의 진여본성에 수순하는 것이자 자성이 본래 갖추고 있는 반야지혜·자성이 본래 갖추고 있는 만덕만능·자성이 본래 갖추고 있는 무량한 상호에 수순하는 것이다. 이는 바깥으로부터 배우는 것이 아니다. 이러한 학문은 내학內學이라 일컫는다. 즉 심성心性으로부터 배움이다. 이래야 경전이 보배임을 알 수 있다.

세간과 출세간에는 이보다 더 귀중한 보배는 없다. 그래서 「법보

法寶」라 일컫는다. 법보는 세간·출세간의 일체문제를 해결할 수 있거늘 왜 소중히 여기지 않겠는가? 우리의 생명은 매우 유한하고, 시간은 길지 않으므로 마땅히 법보를 소중히 여겨야 한다. 시간과 정신을 법보에 집중하여야 한다. 이런 방법으로 우리의 자성삼보自性三寶를 일으켜서 큰 이익(大受用)을 얻길 바란다. 천상계·인간계의 보물은 이와 견줄 수 없다. 나는 50년 학불하여 이렇게 조금 심득心得이 생겼다. 그래서 나는 기꺼이 여러분에게 말한다. 불법은 나를 속이지 않았고, 부처님은 나를 속이지 않았으며, 스승님은 나를 속이지 않았다. 마침내 나는 진실한 이익(受用)을 얻었다. 그래서 나는 불보살에게 감사하고, 스승님에게 감사하며, 불법을 지키고 유지함에 감사한다.

우리는 오늘날 세계 각지에서 전쟁이 발발하여 수많은 사람들의 시신을 수습하고, 역병이 창궐하여 수많은 사람들의 시신을 수습하는 상황을 목격하고 있다. 이는 너무나 명료한 사실이다.

그러나 심지가 청량하고 선량하면 대원大願·대심大心을 발하여 정법이 오래 머물도록 돕고, 불보살이 중생을 교화하도록 도와, 자신이 마음을 일으키거나 생각을 움직이거나 말하거나 행동함에 있어 사회 대중을 위해 가장 좋은 모범이 될 수 있다. 가장 좋은 모범은 곧 계율을 지키고 선정을 닦으며 지혜를 여는 것으로 이래야 업력을 바꿀 수 있다. 결코 사리사욕을 추구해서는 안 된다. 왜냐하면 사리사욕을 추구하면 업력을 바꾸기 쉽지 않기 때문이다.

《사미율의沙彌律儀》는 출가인의 계율에서 가장 낮은 표준이다. 만약 이를 실천하지 않으면 불제자를 사칭하는 자이다. 법률은 비록 당신을 간섭할 수 없을지라도 귀신이 당신을 용서할 리 없다. 명말청초 우익蕅益대사께서는 우리에게 모범을 보이셨다. 그는 계를 받은 후 비구계에서 물러나 자신은 한평생 보살계와 사미계를 닦으셨다. 그래서 그는 자신을 「보살사미菩薩沙彌」라 불렀다. 이렇게 모범이 되어 우리에게 보여주셨다.

우리는 말법시기에 태어나 보살사미가 될 수 있으면 곧 성인이고, 곧 상선上善의 사람이다. 이는 서방극락세계에 왕생하는 중요한 조건이다. 《아미타경》에 이르시길, "적은 선근·복덕·인연으로는 저 불국토에 태어날 수 없느니라." 하셨다. 그래서 서방극락세계에 왕생하려면 선근·복덕을 길러야 한다. 선근은 신해信解로 확고한 신심과 원심을 말한다. 복덕은 가르침대로 봉행함(行)으로 경전의 가르침을 착실히 실천함을 말한다.

인연은 완전히 자신에게 달려 있다. 자신이 반드시 도에 장애되는 악연을 멀리 여의어야 한다. 무릇 당신이 명성과 이득을 탐하고 애착하도록 유혹하여 당신이 불도를 닦는 것을 장애하는 것 모두가 악연이다. 다시 말해 당신의 탐진치·교만과 사리사욕을 증가시키는 것은 모두 도를 장애하는 연緣이고, 지옥에 떨어지는 인因이니, 이를 모르면 안 되고, 자각하지 않으면 안 된다! 그래서 결코 눈앞의 작은 이익을 탐하려고 해서는 안 된다.

인생의 괴로움은 짧기에 이를 악물고 참고 참아 극락세계에 가면 곧 무량수無量壽를 증득하여 일체 괴로움을 여읜다. 자신의 본능을 회복하면 허공법계에 가서 일체 인연 있는 중생을 도와 그들도 모두 극락세계에 왕생하여 일체 괴로움을 여의게 할 수 있다. 동학 동수 여러분들은 반드시 불법을 소중히 여기고

착실히 염불하길 바란다. 스스로 존중하고 스스로 사랑하여
결코 경계에 유혹당해서는 안 된다. 이는 무엇보다 중요하다.
자신의 한평생 수행의 성공과 실패는 완전히 자신이 번뇌를
극복할 수 있는지에 달려 있다. 경계의 유혹을 받지 말고 일심으
로 불도로 향해야 한다.

경전의 가르침을 많이 독송하고 많이 들어야 한다. 싱가포르
불교 거사림의 진광별陳光別 거사(1912년 생)는《무량수경》경전
강설만 하루 8시간, 4년 동안 듣고서 가는 때를 미리 알아 자재왕
생自在往生하셨는데, 서상이 희유하였다. 이는 시전示轉·권전勸轉
·증전證轉의 삼전법륜三轉法輪에서 증전證轉의 법륜을 굴림으로
써 우리에게 증명해 보여준 사례이다. 그래서 조금이라도 내려놓
지 못함은 바로 큰 장애로, 결코 왕생할 수 없다.

[보충법문]
 1. **진광별 거사, 안상히 왕생하다**
　최근 몇 년 들어 노 거사는 병환으로 행동이 불편해지자 싱가포르
거사림 업무에 대한 전권을 이목원李木源 거사에게 위탁하여 처리하였
다. 자신은 집에서 전심專心으로 남몰래 닦았다. 특히 정공 노법사의
《무량수경 강설》녹음테이프를 본 후 정토왕생에 대한 믿음이 갑절로
늘었다. 이목원 거사에게 분부하여 노법사가 최근 몇 년간 강연한
갖가지 녹음테이프를 보내달라고 하여 날마다 8시간 청경聽經하고
나머지 시간은 전심으로 염불하는 것을 견지하였다. 청경과 염불을
제외하고 그밖에 기타 세속 인연은 전부 내려놓고 일심으로 극락세계에
태어나길 구하였다.

노거사는 왕생이 다가오기 전 3개월에 항상 종이쪽지에 「8월 초
이렛날(八月初七)」이라 적었다. 집안사람은 무슨 뜻인지 몰랐고, 또한

어떤 기념일자도 아니냐고 그에게 물었더니, 그는 미소만 짓고 답하지 않은 채 염불을 그치지 않았다.

왕생하기 며칠 전 병세가 심해져 집안사람이 그를 입원시켜 의사에게 보이니, 노거사의 정신은 또렷했고 부처님 명호가 끊어지지 않았으며 단지 몸이 비교적 허약할 뿐이었다. 병원에 머무는 기간에 정공 노법사가 출가스님을 배치하여 교대로 노거사의 병실에서 소리를 내지 않고 송경·염불하여 24시간 끊어지지 않도록 하였다.

9월 16일 새벽 12시에 당직 스님은 노거사의 호흡이 약간 가빠진 것을 알아차리고 그에게 모든 것을 내려놓고 전심으로 염불하여 극락세계에 태어나길 구하라고 일깨웠다. 이에 노거사의 호흡을 따라 큰 소리로 염불하면서 그의 의지의 집중력을 증가시켰다. 12시 30분이 다 되어 가자 노거사의 숨결은 점점 약해졌고, 모두가 고르게 부처님 명호 소리에 집중하는 가운데 안상히 자재하게 눈을 감았는데 마치 잠이든 노인과 같았다.

9월 16일, 이는 바로 음력 8월 초이렛날로 집안사람들은 그제서야 노거사님이 원래 3개월 전에 자신이 왕생한 날짜를 알았지만 이미 휴지조각이 됐다는 사실을 깨달았다. 그러나 유품을 정리하던 중 뜻밖에도 서랍 안에서 긴 종이쪽지를 발견하였다. 윗면에 "현실에 직면하여 기꺼이 서방극락으로 돌아가고자(歸西)한다. 서방으로 돌아가 부처님을 친견하니 모두 다 기뻐하리라. - 진광별陳光別"이라 적혀있었고, 더욱이 영문 서명이 있었다.

이러한 수승한 서상을 통해 노거사님은 결단코 서방극락세계에 왕생하여 아미타부처님을 친견하여 청경하고 법문을 듣고서 반드시 당생에 무상불도를 성취할 것임을 증명할 수 있다. 우리는 모두 노거사님이 연화대 품위가 높아져 하루빨리 원을 타고 다시 와서 아미타부처님의 대사가 되어 중생을 접인하여 왕생성불하길 기원한다.

_《불타교육佛陀教育》 1999년 12월 제4기

2. 해현 노화상,《무량수경》을 위해 증전의 법륜을 굴리다

하남河南 남양南陽에 위치한 내불사來佛寺의 해현 노화상께서는 당대의 희유하고 얻기 어려운 정종淨宗의 대덕大德으로 92년 동안의 깊은 믿음과 간절한 발원 그리고 돈실한 행으로 행주좌와行住坐臥 무엇을 하던 간에 한마디 아미타불을 철저히 염하여 공행功行이 원만하고 성취가 높아서 역대 조사와 뒤지지 않으니, 정토법문의 수승 원만함을 알 수 있다.

2013년 음력 1월 현공께서는 가는 때를 미리 아시고 자재왕생 하셨다. 이로써 한평생 극락세계가 진실하여 헛되지 않음을 표법하여 증명하시고 《무량수경》을 위해 증전證轉의 법륜을 굴리셨다. 전 생애의 행지行持를 살펴보면 일문一門에 깊이 들어가 오랫동안 몸에 배이듯 닦아서 정종학인의 가장 훌륭한 모범이 되었을 뿐만 아니라 일체 불문제자들을 위해 수행의 본보기를 세우셨다.

_《내불삼성영사집來佛三聖永思集》

[제12법문]

명호는 중생의 병근을 대치한다

제불보살의 명호는 모두 때에 따라·땅에 따라·인연에 따라 건립되기에 결코 일정한 것이 없다. 불보살의 명호가 이와 같을 뿐만 아니라 신상 또한 인연에 따라 변하여 나타나니, 이른바 "중생심에 따라 아는 바 도량에 응하여(隨衆生心 應所知量)."24)(업에 따라 나타난다.) 어떤 몸으로 제도 받음을 얻은 자에게 응하여 불보살은 어떤 몸으로 나타난다.25) 어떤 명호로써 중생을 이롭게 하는 경우 응하여 어떤 명호를 건립한다. 그래서 불보살의

---

24) "이는 대용大用이 무한함을 밝힌다. 용用은 체體로부터 일어나고, 사조事造는 이구理具를 여의지 않는다. 여전히 본여래장本如來藏은 불변의 체로 인연의 용에 따라 현기現起한다. 마음을 근성으로 말하면 구계 중생의 근성은 수승함과 하열함의 다름이 있다. 도량을 지식知識으로 말하면 구계 중생의 아는 바 도량은 크고 작음의 동등하지 않음이 있다. 이는 모두 평등성平等性 중으로부터 차별의 상이 이미 일어난 것이다. 만약 중생이 하열함 마음, 작은 도량으로써 이르면 당연히 그 마음에 들어맞지 않음이 없고, 그 양에 만족하지 않음이 없다. 만약 중생이 수승한 마음, 큰 도량으로 이르면 그래서 광대하고 미묘한 색으로써 응하는 경우도 또한 그 마음에 들어맞지 않음이 없고, 그 도량에 만족하지 않음이 없다."_《대불정수릉엄경강의大佛頂首楞嚴經講義》, 원영대사

25) "만약 어떤 국토에 중생이 있어 부처님의 몸으로써 제도 받음을 얻는 자에게 응하여 관세음보살이 곧 부처님의 몸으로 나타나서 설법하느니라."_《관세음보살보문품심요》(비움과소통)

명호와 신상은 모두 중생으로 인해 건립된다. 다시 말해 불보살의 명호와 신상은 모두 중생을 제도하는 방법의 일종이다. 그래서 명호의 공덕은 불가사의하다.

석가모니불을 예로 들어보자. 석가모니부처님이 어찌 상이 있는가? 우리가 사는 세상에 와서 응화하실 때 이 세상 사람은 망상 분별 집착이 매우 무거워 부처님께서는 32상 80종호를 시현하시어 세상 사람의 원망顧望을 만족시켰다. 상은 이렇게 건립된다. 명호도 이와 같다. 명호는 이때 이 땅 중생의 업·습기·병근을 바로 잡기 위함이다. 부처님께서는 세간 중생의 습기가 매우 무겁고, 번뇌가 매우 많으며, 특히 자비심이 없어 사리사욕을 챙기고, 마음이 청정하지 않음을 관찰하여 부처님의 명호를 「석가釋迦」로 사용하였다.

석가는 범어로 번역하면 능인能仁이다. 이는 곧 인자仁慈를 뜻하니, 사람을 상대할 때 인자할 수 있다. 진정으로 마음을 간직하여 다른 사람에게 관심을 보이고, 대중을 보살피며, 전심전력을 다해 일체 중생을 돕는다. 이것이 바로 석가의 뜻이다. 이런 명호를 염하면 무량한 공덕이 있다. 「모니牟尼」는 적묵寂默이다. 이는 곧 청정심을 뜻한다. 자신의 마음에 대해서는 청정하고, 다른 사람에 대해서는 인자하여야 한다. 이는 곧 석가모니불 명호의 뜻이다. 명호는 중생의 병을 다스리는 것이다.

「나무본사南無本師」: 나무는 귀의·예경이고, 본사는 우리의 근본 스승이다. 근본적인 스승이란 무슨 뜻인가? 인자이고, 청정이다. 우리는 이런 뜻을 알고 날마다 인자를 염하고, 청정을 염하여 반드시 자신의 인자심·청정심을 염하여야 한다. 이것이 참 염불이다. 이를 통해 불보살의 명호공덕은 불가사의함을 알수 있다. 그 공덕은 어디에 있는가? 자신의 진심·본성에 갖추고 있는 지혜·덕능을 염할 수 있다. 능인·적묵은 우리의 자성에 본래 갖추고 있다. 오늘날 우리는 이를 잊어버렸다. 부처님께서는 이런 방법으로 우리에게 항상 억념憶念하게 하신다. 억념염불에서 부처님은 바깥의 부처가 아니라 자성불自性佛이다. 「자성미타自性彌陀 유심정토唯心淨土」라 할 때, 석가모니부처님 또한 어찌 자성석가가 아닌가? 관세음보살을 염할 때도 관세음보살은 자성관음이다.

우리가 이렇게 염불하여야 비로소 진실의 이익을 얻는다. 제불보살의 명호는 천차만별로 모두 지혜에 의지해, 성덕에 의지해 건립된 것이다. 그 목적은 범부의 번뇌·습기·우치(愚痴 ; 어리석음)을 대치함에 있다.
　_《화엄경 강기》에서 발췌

[제13법문]

법을 얻는 제자

어떤 사람이 법을 얻을 수 있는가? 선지식에 대해 진성眞誠으로 우러러 흠모하고 선지식의 가르침을 들으면서 100% 가르침대로 봉행하면 이 사람이 곧 법을 얻는 제자이다. 그래서 전법傳法하는 사람은 정말 만나려고 해도 만날 수 없다. 관건은 우리 자신이 전법할 인재인지, 즉 전법할 자질(條件)이 있는지 살펴보는 것이다. 어떤 자질인가? 학생됨의 도이다. 만약 당신이 진정으로 좋은 학생이면 스승은 반드시 법을 당신에게 전해줄 것이다. 좋은 학생의 표준은 《제자규弟子規》이다. 제자는 곧 학생이고 규는 규칙이다. 요즘 말로 하면 《제자규》는 학생이 되기 위해 반드시 구비하여야 할 자질이다.

자질은 매우 많은데 가장 중요한 것은 진성眞誠이다. 이는 곧 이병남 스승께서 전하신 「지성감통至誠感通」이다. 성의가 없으면 안 된다. 매우 많은 사람은 모두 자기 진성은 사람에 대해 성심성의를 다하는 것이라 여긴다. 그러나 사실은 「성誠」자의 정의가 무엇인지 알지 못한다. 전청前淸시대 증국번曾國藩 선생의 해석은 매우 좋다. "일념도 생기지 않음을 성이라 한다(一念不生是謂誠)." 당신에게 망상이 있으면 마음에 정성이 없다. 당신에게 분별 집착이 있으면 성의가 어디에 있겠는가? 이를 통해 성은 망상·

분별 · 집착이 생기지 않은 상태임을 알 수 있다. 일체 중생의 진심 · 본성은 곧 진성이다. 무명이 일어남으로부터 곧 망상 · 분별 · 집착이 생겨나면 진성을 잃어버리고 성의는 망상으로 변화된다.

불가에서는 보리심菩提心을 말한다. 보리심의 본체는 지성심至誠心이다. 지성이면 감천이다. 마음이 지성에 이르기만 하면 시방삼세 일체 제불여래와 통한다. "정성이 없으면 아무것도 없다(不誠無物)." 그래서 진성심을 영원히 유지하면서 스승님에게 진성으로 대하여야 하고, 불보살에게 진성으로 대하여야 하고, 일체중생에게 진성으로 대하여야 하고, 원수에게, 적에게 모두 진성으로 대하여야 한다. 오롯이 진성이면, 당신이 전법하는 자질을 구비할 것이다. 당신이 참 선지식을 만나면 스승이 당신을 포기할리 없다.

당신이 대법의 전승을 받아들일 수 있는지에 대해서 불문에서는 법기法器를 말한다. 불법의 전승과 세법 전승의 표준은 다르다. 성의를 제외하고 그밖에 오성悟性이 있어야 하는데, 이 조항은 가장 중요하다. 이병남 스승님께서는 항상 학불인은 영롱한 팔면 수정구처럼 투명하여 매우 영민한 두뇌가 있어야 한다고 말씀하셨다. 만약 네모난 나무토막처럼 두뇌가 잘 돌아가지 않는다면 이 사람은 배울 수 없다.

이런 사람은 성취가 없는가? 만약 그에게 선근이 있고 복덕이 있으면 한마디 아미타불 명호를 철저히 염한다면 성취할 수 있고 왕생할 수 있다. 체한 법사의 제자인 땜장이 염불 화상과 수무修無 스님은 모두 이러한 부류의 사람에 속하였다. 비록 지혜가 없고 오성도 없지만, 복덕이 있고 선정력이 있고 착실하여 스승이 어떻게 가르치든 완전히 100% 신수봉행하였다. 그는 바깥의 쓸데없는 말에 동요 받지 않고 스승님을 존중하여 스승님 말씀을 잘 들었다. 그래서 스승님을 존중하고 불도를 소중히 여기는 것이 첫 번째 자질이다. 이는 자신이 성취할 수 있느냐 없느냐의 관건이다. 그러나 전법傳法을 하기 위해서는 지혜로 이해하여야 한다. 이른바 하나를 듣고 천 가지를 깨달을 수 있어야 한다. 그렇 수 없다면 적어도 한번 듣고 열 가지를 알아야 전법할 능력이 있다. 이러한 오성悟性이 없으면 전법은 쉽지 않다. _《화엄경》 강기에서 발췌

[보충법문]
 1. 땜장이, 염불화상

체한諦閑 노화상의 땜장이 염불 화상은 시골에서 성장하여 한 평생 고생을 많이 하였다. 체안 노화상께서는 그와 동향으로 어릴 적 함께 놀았던 놀이친구로서 이러한 교분이 깊었다. 땜장이가 노화상을 찾아와 보니 중이 된 모습이 좋아보였다. "보시게. 먹고 입는 것을 걱정하지 않아도 되고 집도 있으니, 여기저기 떠돌아다니며 고생하지 말게." 그는 괜찮다고 느끼고 노화상에게 출가하기로 결심하였다. ……

노화상께서 말씀하시길, "그대는 「아미타불」이 한마디 부처님 명호를 염하시게. 염하다 지치면 휴식하고 잘 휴식하면 이어서 염하여 낮과 밤 구분하지 말고 언제라도 염하다 피곤하면 한 숨 잤다가 잘 잤으면 이어서 다시 염불하시게." 그는 제대로 염불(眞干)하고 말을 잘 들어(聽話) 마음속에 아무런 생각도 없었다. 망념도 없고 잡념도 없어 3년간 염불하여 때가 이름을 미리 알아 선 채로 왕생하였다.

_《인광대사 문초 청화록》(비움과소통)

2. 벽돌장인, 수무스님

수무修無 스님이 하얼빈의 극락사에서 왕생한 이야기입니다. 그는 본래 벽돌을 굽고 기와를 쌓는 장인으로 출가한 후에도 절에서 거칠고 힘든 일을 하였습니다. 담허 대사께서는 극락사를 다 지은 후, 스승인 체한諦閑 노화상에게 보살계를 전수해줄 것을 청하였습니다. 보살계를 전수하는 기간 동안 수무 스님은 발심하여 일손을 돕겠다고 했습니다. 그는 병든 사람을 돌보길 원하였습니다.

며칠 되지 않아, 그가 담허 대사에게 휴가를 청하자, 주지인 정서定西 스님이 그에게, "자네는 어찌하여 오랫동안 참는 마음이 없이 온 지 며칠도 되지 않아서 벌써 가려고 하는가?"라고 책망하였습니다. 그는 "제가 다른 곳으로 가려는 것이 아니라, 서방 극락세계에 가려고 합니다."라고 말하였습니다. 모두 그의 말을 듣고, 이는 대사大事로 그에게 어느 날 갈 것인지 물었습니다. 그는 열흘을 넘기지 않을 것이라 대답하였습니다. 그는 또 노화상에게 자신을 위해 화장할 때 쓸 200백 근의 장작을 청하였습니다.

그 이튿날, 그가 다시 와서는 오늘 간다고 말하자, 모두들 서둘러 장작을 쌓아둔 방에 그가 누울 자리를 하나 마련하였습니다. 아울러 도반 몇 사람이 찾아 와 조념염불助念念佛을 하였습니다. 그때 한 사람이 그에게 게송을 해줄 것을 청하니, 자신은 괴로움에 많이 시달린 사람이라 글자를 알지 못하여 게송을 지을 수 없지만, 그들에게 남겨줄 진실된 말이 있다고 하였습니다. 그러면서 그는 **"말할 수는 있으나 행할 수 없다면, 이것은 진실한 지혜가 아니다"**라는 말을 마친 후 15분이 채 지나지 않아 왕생하였습니다. 이는 담허 대사께서 직접 보신 이야기입니다. _《무량경친문기》(비움과소통)

[제14법문]

학불學佛은 큰 심량을 회복한다

우리 범부의 심량心量26)은 좁아터져 마음을 일으키거나 생각을 움직일 때 마다 모두 자신을 위하고, 다른 사람을 대신해 생각하는 경우는 드물고, 더더욱 사회 대중을 대신해 생각하기는 매우 어렵다. 심량이 작음은 수행하여 개오開悟하고 불과를 증득(證果)함에 있어 최대의 장애이다. 부처님께서는 "마음은 태허를 감싸고, 도량度量은 항하사 세계에 두루 하느니라(心包太虛 量周沙界)." 말씀하셨다. 이것이 일체중생의 본래 심량心量이지만, 지금은 오히려 형편없이 작다.

부처님께서는 우리에게 자신의 공덕을 회향하라고 가르치신다. 회향의 진정한 목적은 심량을 개척하고, 자신의 자비심을 넓히는 데 있다. 닦은 것이 공덕이든 복덕이든 상관없이 자신이 누리지 않고 과보를 일체중생에게 바치는 것이 곧 중생회향衆生迴向의 뜻이다.27) 허공법계에 바쳐 진정으로 마음이 태허를 감싸고

---

26) 심량은 마음이 망상을 일으켜 갖가지 바깥 경계를 도량度量함을 가리킨다. 이는 범부의 심량에 대해 말한 것이다. 만약 여래께서 참으로 증득한 심량을 말하면 일체 바깥의 영향을 여의고 무심無心에 머문다. 《능가경楞伽經》에 말씀하시길, "일체 유위법을 관하여 반연·소연을 여읜 (능연의 심량을 여의고 소연의 경계가 저절로 사라져 오직 마음이 성스러운 지혜로써 구경청정을 자각하는) 무심의 심량을 나는 심량이라 말한다(觀諸有爲法 離攀緣所緣 無心之心量 我說爲心量)."

도량이 항하사에 세계에 두루 하도록 실천하는 것이 곧 법계회향 法界迴向의 뜻이다.

실제회향實際迴向(실제는 곧 심성)은 곧 우리가 불법을 수학하면서 희구하는 무상보리無上菩提·명심견성明心見性이다. 내가 짓고 행하는 일은 하나의 목표, 곧 명심견성만 있을 뿐이고, 일체 과보로 일체 중생을 이롭게 할 수 있길 희망한다. 그래서 회향하는 진정한 의도는 곧 심량을 개척하여 자신의 진심·본성을 회복함이다.

  _《학불답문學佛答問》에서 발췌

---

27) 자신이 닦은 선근·공덕을 중생에게로 돌려서(迴轉) 주고, 자신은 보리열반으로 취향趣向해 들어가게 한다. 혹 자신이 닦은 선근으로써 망자를 위해 추도追悼하고 망자가 안온安穩하길 기대한다. 일체 경론에서 회향에 관한 말은 매우 많다. 혜원慧遠 대사의 《대승의장大乘義章》 권9에서는 회향을 세 가지로 나눈다. 1) 보리회향菩提迴向으로 자신이 닦은 일체 선법을 돌이켜서 보리의 일체 공덕을 추구함이다. 2) 중생회향衆生迴向으로 중생을 생각하는 까닭에 자신이 닦은 일체 선법을 돌이켜서 그에게 베풀기를 원함이다. 3) 실제회향實際迴向으로 자신의 선근을 돌이켜서 평등하고 여실한 법성을 구함이다.

[제15법문]

염불은 재난을 없앤다

부처님께서 경전에서는 석가모니부처님의 법문은 9천년 동안 남아 있다고 매우 또렷하게 말씀하고 있다. 불교 밖에는 세계 종말이 도래한다는 매우 많은 예언이 있지만, 나는 믿지 않는다. 나는 석가모니부처님의 말씀을 믿는다. 재난은 있게 마련인데, 왜 그러한가? 인심이 선하지 않아 갖가지 죄업으로 감득한 것으로 이는 피할 수 없다. 인심이 머리를 돌리고 선을 향할 수 있으면 재난은 줄어들고, 시간이 저절로 단축될 것이다.

그래서 우리는 한 줄기 광명이 있다고 본다. 그것은 어디에서 볼 수 있는가? 아미타불 명호를 염하고 《무량수경》을 염송하는 사람이 많으니, 이는 진정으로 희유하다! 10명의 사람 중 한 사람이 염불인이면 다른 9명은 은혜를 입는다. 싱가포르와 동남아시아 일대에서 염불하는 풍조가 매우 성행하고 있다. 무릇 정법이 세상에 머무는 곳은 제불의 호념과 천룡·선신이 보호함을 얻는다. 이는 필연적인 이치로 이른바 "사람마다 마찬가지로 이런 마음이 있고, 마음속에도 마찬가지로 이런 이치가 있다."

_《태상감응록太上感應篇》에서 발췌

[보충법문] 재난의 원인 : 탐·진·치

지금 우리는 수재를 보고 있다. 부처님께서 우리에게 말씀하셨다. "수재는 어디에서 오는가? 수재는 탐내는 마음에서 온다." 무슨 이유로 지구에서 발생하는 수재가 이렇게 많은가? 사람의 탐내는 마음이 너무나 무겁기 때문이다. 그래서 이렇게 많은 재난을 감득한다. 이야말로 진정한 요소이다. 화재는 어디에서 오는가? 성내는 마음이 변하여 나타난 것이다. 지옥은 모두 한조각 화광火光이다. 어리석음은 풍재이다. 눈앞의 재난은 「탐·진·치」가 근본원인이다.

불교에서 말하는 「대삼재大三災」(수·화·풍)의 이런 재난은 삼선천三禪天에 두루 미친다. 사선四禪만이 삼재를 만나지 않는다. 왜냐하면 사선의 복보는 크기 때문이다. 사선은 복천福天이라 한다. 복은 어디서 오는가? 재난을 조성할 수 없을 정도로 탐·진·치가 매우 경미하기 때문이다. 오늘날 세상 사람들은 삼독의 번뇌가 너무나 무겁고, 학불하는 사람조차 불법을 탐한다.

부처님께서 우리에게 탐·진·치를 끊으라고 가르치지 우리에게 대상을 바꾸라고 가르치는 것이 아니다. 그래서 불법도 탐해서는 안 된다. 《금강경》에 이르시길, "법마저 버려야 하거늘 하물며 비법이랴(法尚應 捨 何況非法)." 법은 불법을 가리킨다. 불법도 내려놓아야 하고 탐할 수 없거늘 하물며 세간법이겠는가?

불법은 연생법(緣生法 ; "이러한 등 제법은 법주法住·법공法空·법여法如·법이法爾이니, 법여를 여의지 않고, 법여와 다르지 않으며, 분명하고 진실하여 전도되지 않아 연기에 수순한다."_《잡아함경》)이다. 불법에는 진실로 아무 것도 없다. 부처님께서는 법을 말씀하셨지만, 그런 법은 모두 진상이 아니다. 부처님께서 상相을 나타냄은 가상이다. 진실로 몸은 상이 없고, 나타난 것은 모두 가상이다. 진심으로 염念을 여의면 염도 없거늘 어디에서 온 상이겠는가?
_《광조시방주산신光照十方主山神》에서 발췌

[제16법문]

학불은 인생 최고의 향수를 얻는다

우리는 학불學佛하며, 경전 속 가르침을 배우면서 어떻게든 경전 속 가르침에 담긴 이치를 자신의 사상과 견해로 바꾸어야 하고, 경전 속 가르침을 실재의 생활행위로 바꾸어야 하며, 불보살의 경계를 자신의 수용으로 변화시켜야 한다. 그런 다음 경전이 곧 나이고 내가 곧 경전이니, 합쳐서 일체가 된다. 이것이 곧 계입契入이다.

이렇게 계입하면 일체 불보살의 경계에 들어간다. 왜 그러한가? 일체 불보살은 이와 같고, 나 또한 이와 같기 때문이다. 이러한 때에 이르면 방동미方東美 선생님께서 말씀하신대로 "학불은 인생 최고의 향수이다." 당신이 체득하면 당신은 조금도 거짓이 아니라고 머리를 끄덕일 것이다.

[보충법문] 학불입문學佛入門

나는 호주에서 20여 명의 젊은 출가인을 데리고, 《제자규弟子規》를 가르쳤다. 《제자규》는 중국 유교에서 4, 5세에 아이를 가르치는 텍스트로 그 내용은 행주좌와行住坐臥 일상생활에서 사람과 사귀고 이야기하는 방법 및 어른과 형제에 대해 마땅히 지녀야할 예의를 가르친다. 이는 사람됨의 근본이다. 근본이 없으면 다른 것은 이야기할 필요가 없다.

그래서 나는 6문의 공과功課를 정하였는데, 《제자규弟子規》·《요범사훈了凡四訓》·《태상감응편太上感應篇》·《아난문사불길흉경阿難問事佛吉凶經》·《십선도과경十善業道經》과 그 밖에 내가 편집한《정종동학수행수칙淨宗同學修行守則》이다. 나는 이 6문을 2년에 완성하는 것으로 한정하였다. 나는 텍스트 암송과 대중 강설을 요구하지 않았고, 과목마다 여실하게 실천하여 자신의 사상·견해·행위로 변화시키도록 요구하였다.

이렇게 학불하면 기초가 다져진다. 고층건물을 지을 때 지반을 잘 닦는 것과 같다. 그런 다음 어느 경론 하나를 수학하든지 어느 종파 하나를 크게 선양하든지 기초가 있어야 성취할 수 있다. 기초 위에서 공부를 하지 않으면 모두 진실하지 않다.

나는 학생들에게 날마다 학습의 장에서 작업을 8시간, 염불당에서 염불을 8시간, 집에서 수면을 5~6시간, 식사 및 기타 노동시간을 2~3시간 갖도록 요구하였다. 왜 이렇게 해야 하는가? 이는 당나라 백장百丈대사께서 정한 생활·작업휴식 일과로 이렇게 하면 당신은 망상을 할 시간 없고, 당신의 망상·분별·집착으로 인한 잡념이 저절로 줄어들 것이다.

진정으로 2년간 실천하여 당신의 번뇌·분별·집착이 80%까지 감소할 수 있으면 당신의 마음은 자재하고, 이치에 어긋나지 않아 마음이 편안할 것이다. 나아가 저절로 즐겁고, 진정으로 행복이 충만한 생활을 보낼 것이다. 그래서 성현의 가르침을 실행하여야 한다. 단지 듣고 배우기만 하고 실천하지 않는다면 아무런 소용이 없다!
_《전제방문專題訪問》에서 발췌

[제17법문]

학불은 부처님의 생활을 배운다

옛 대덕은 자주 우리에게 경각심을 일깨우신다. 진정으로 수도하는 사람은 망상을 할 시간이 없고, 미혹·전도된 일을 할 시간이 없다. 그들은 진정으로 학불學佛하고 있고, 부처님의 생활을 학습하고 있으며, 일을 처리하고 사람을 상대하며 물건과 접합에 있어 부처님의 처신을 공부하고 있다.

여기에 힘쓰지 않으면 불법은 현학玄學으로 변화되고, 공리공담으로 변화되어 아무런 쓸모가 없다. 이러한 불법은 진정한 불법이 아니다. 진정한 불법은 생활 속에서 실행하여야 하고, 우리의 생활과 동떨어져서는 안 된다. 이는 우리가 대승경전에서 보는 것이다. 불법의 완벽함도 여기에 있다. 이에 우리는 비로소 불교교육의 중요성을 알 수 있다.

"불법은 종교도 아니고. 철학도 아니며. 오늘날 세상에 필요한 것이다." 왜 필요한가? 현대인의 생활은 너무나 괴롭지만, 괴로움을 벗어나지 못한다. 현재의 생활은 너무나 복잡하여 이러한 복잡한 국면을 해결할 수 있는 사람은 없다. 오직 불법에 의지해야만 우리 자신의 문제를 해결할 수 있고, 세상 모든 복잡한 문제를 해결할 수 있다. 불법이 이와 같이 수승하고 완벽하지만, 애석하게도 이를 아는 사람은 너무나 적고, 전법하는 사람은 너무나 적으며, 그 중에서도 가장 중요한 요소는 중생이 박복하다는 점이다. 그러나 우리는 변화되려는 징조를 이미 보고 있다. 이는 좋은 일이다. 정말 속담에서 말하듯이 "고생 끝에 낙이 온다."

일반 중생은 오욕육진五慾六塵에 미혹하여 과학기술 문명에 마취되어 있지만 과학기술이 지금까지 발전하면서 우리에게 더욱더 많은 공포·우환·불안을 가져다주었다. 고통이 가라앉은 다음, 이전의 고통을 생각해 보건대, 오욕육진의 향수와 과학기술의 발달은 결코 사람들에게 안정과 즐거움을 가져다주지 못한다. 현재 점점 뉘우치고 있다. 이때 불법이 필요하다.

_《조찬법문早餐開示》에서 발췌

[제18법문]

학불은 자신을 이롭게 하고 타인을 이롭게 한다

나는 《화엄경》의 방침과 목표는 사람마다 행복하고 집집마다 원만하며, 개인마다 사업에 성공하고 사회 구성원들이 화해하며, 국가는 부강하고 세계는 평화로운 이상을 추구함에 있다고 말한다. 이를 위해 경문을 강해하여 전부 생활 속에서 실행하여야 하고, 진실로 유용한 학문으로 변화시켜야 한다. 여러분은 이를 착실히 학습하여 장래 이 세계에서 수많은 사람이 우리의 귀중하고 진실한 지혜와 경험을 함께 나눌 수 있다면 이번 생에 학불學佛함이 진정으로 의의가 있고, 가치가 있을 것이다.

경전에 담긴 뜻은 자자구구 모두 크게 원만하다. 당신이 그 가운데 얼마나 발견할 수 있는가는 모두 자신이 수학한 노력에 달려있다. 마음이 청정할수록 당신에게 보이는 뜻은 더욱 많아지고 넓어질 것이다. 이것이 곧 그것의 심도深度이다. 그래서 마찬가지로 한 경전도 해마다 독송할수록 매번 뜻이 모두 달라진다. 이는 청정심·자비심이 날로 많아지는 연고이다. 경문의 심도는 마치 겉으로 각각 달라도 실제로는 관통하는 것처럼 한 경전에 통하면 모든 경전에 통한다. 이러한 통달은 깊어질수록 원만해지니, 매우 불가사의하다.

우리는 이러한 이치와 사실·진상을 알면 힘써 많이 구할 필요가 없다. 남들이 많이 구하면서 나를 비웃어도 상관하지 말고, 나는 전일하게 공부한다. 마치 우물을 파듯이 우물은 깊이 팔 수록 물이 좋아지지만, 얕게 파면 판 곳마다 나오는 물맛은 모두 다르다. 진정으로 깊으면 우리의 근원은 같아서 판 우물의 물은 모두 원만하다. 일문에 깊이 들어감(一門深入)은 마치 한 물을 파듯이 가능한 한 깊은 곳을 향해 가며 파야한다.

불타교육은 반드시 생활상에서 실행하여야 하고, 반드시 광대한 사회에서 실행하여야 군중에게 복을 짓고, 일체 중생을 이롭게 할 수 있다. 이는 우리가 공동으로 노력해야 하는 방향이다. 타고난 재능은 조금도 중요하지 않다. 당신은 이러한 진성眞誠이 있어야 삼보의 가지加持를 얻고 저절로 지혜가 열린다. 기억력은 좋지 않아도 천천히 기억할 수 있다. 학불하여 자신의 진심·본성·자심청정을 회복함으로써 삼보의 가지를 감득한다. 자신의 진성·청정·자비로 감感할 수 있고, 제불보살의 호념가지護念加持가 응應할 수 있어 감응도교感應道交한다. 그래서 동학동수 여러분은 각자 노력하길 희망한다.

_《조찬법문》에서 발췌

[제19법문]

학불은 자신의 진심본성을 회복한다

조사·대덕들은 늘 학인에게 수행은 심지心地로부터 닦아야 한다
고 격려한다. 부처님의 마음은 바깥으로부터 구하는 것이 아니
다. 경론 상에서 부처님의 마음은 우리 자신의 진심·본성真心本性
이다. 학불學佛은 자신의 진심·본성을 회복할 뿐이라고 매우
또렷하게 말한다. 그래서 부처님께서도 중생을 제도하지 못한다
고 말한다. 이는 참말이다.

중생은 스스로 깨닫고 스스로 제도한다. 깨달음이 없을 때 불보살
은 당신도 깨닫도록 돕는다. 깨달은 후 스스로 닦고·스스로
행하며·스스로 제도하여 자신이 성취한다. 그래서 부처님은
「무의도인無依道人」이라 불리니, 즉 어떠한 사람에게도 의지하지
않고 바깥 세계에 의지하지 않아야 성취할 수 있다. 그러나
의지하지 않음도 조건이 있다. 곧 자신에게 이미 개오開悟하였다
면 일체 의지가 필요 없지만, 개오하기 전에는 의지가 여전히
필요하다.

초학자들에게는 「삼귀의三歸依」 과정이 있다. 의依는 곧 의지이
다. 삼귀의는 원리원칙상으로 말하면 사상事相에서 실행한다.
「귀의각歸依覺」에서, 반드시 부처님께 의지해야 한다. 부처님은
진정 깨달은 사람으로 부처님께 의지 않고, 우리는 어떤 깨달음에

기대겠는가? 우리는 삼귀의를 전수하고, 나아가 모두에게 아미타부처님께 의지하고, 아미타부처님을 가까이하고, 정토에 태어나길 구하라고 가르친다.

다음은 「귀의정歸依正」이다. 우리는 현재 삿된 지견知見을 지녀서 마음을 일으키거나 생각을 움직일 때마다 사리사욕을 추구한다. 아집我執을 깨뜨리지 않고, 법집法執을 깨뜨리지 않으면 지견은 올바르지 않다. 번뇌와 습기가 존재하는데 자신이 올바른 지견을 지니고 있다 말하면 그것은 대망어大妄語로 자신을 속이고 사람을 속인 것이다. 이 단계에서 불법을 의지해야 한다.

수행인은 매일 독경을 한다. 독경은 귀의법歸依法이다. 경전은 거울과 같아 독경할 때 자신이 마음을 일으키거나 생각을 움직이거나 말하거나 행동하거나 모든 것이 경전의 말씀과 상응하는지 반성한다. 이것을 참 수행이라 한다. 상응하는 것, 어긋남이 완전히 없는 것을 즐겨 유지하고, 다음날 여전히 실천하여 잃어버려서는 안 된다. 상응하지 않는 것, 서로 어긋나는 것은 경전의 말씀을 표준삼아 서둘러 고쳐야 한다. 이것이 진정한 귀의법이다.

「귀의정歸依淨」. 이는 곧 우리 자신의 청정심을 회복하는 것이다. 청정심으로써 일을 처리하고 사람을 상대하며 물건을 접하여 저절로 육화경六和敬과 상응할 것이다.
  _《조찬법문》에서 발췌

[보충법문] 육화경六和敬 승단의 수학방법

육화경六和敬은 승단의 기본요건을 이룬다. 승僧은 청정, 화목하고자 하는 의사표현이다. 하나의 단체는 서로 몸과 마음이 청정하고 화목이 공존하며, 재가와 출가를 나누지 않고 남녀노소를 나누지 않으며 어떠한 행업도 나누지 않아, 네 사람이 함께 이러한 방법에 비추어 닦으면 승단이라 한다. 만약 가정에서 육화경을 실행에 옮기면 가정이 곧 승단이 된다.

삼귀의三歸依에서 "사람들의 무리 가운데 존귀한 승가에 귀의합니다." 라고 함은 승단은 화목하고 다툼과 집착이 없기 때문에 모든 단체 중에서 사람들로부터 최고로 존경받을 만한 가치가 있음을 가리킨다. 그래서 단체 가운데 사람들마다 만약 모두 다 육화경을 준수할 수 있다면 이 단체는 사람들로부터 최고로 존경을 받을 만한 가치가 있다.

1. 생각을 화합하여 함께 이해한다(견화동해見和同解)

의견이 충돌하면 어떻게 해결해야 하는가? 자기의 생각을 놓아버리고 중생과 더불어 공동인식을 세우면 화목하게 되므로, 육화경에서 가장 중요한 것이 견화동해見和同解이다.

2. 계행으로 화합하여 함께 닦는다(계화동수戒和同修)

「계戒」는 의義이고, 의는 도리이며, 모두 같이 생활하면서 마음을 일으키거나 생각을 움직이거나 말을 하거나 행동할 때 인정에 합하고 이치에 합하며 법에 합하는 단체라야 질서가 있고 문란하지 않다. 사람마다 모두 예를 지키고 법을 지키며 세계가 화해를 이루게 된다.

3. 몸으로 화합하여 함께 산다(신화동주身和同住)

우리는 공동체의 대중과 함께 살아가고, 가족과 함께 살아간다. 모두 부처님의 참된 가르침을 듣고, 부처님의 교훈과 행지(行持)에 의존하

며, 모든 대중의 행복과 아름다움을 매순간 생각하여 충만하게 드러내
는 것이 곧 화목이다. 이것이 「몸으로 함께 사는 것」이다.

4. 입으로 화합하여 다툼이 없다(구화무쟁口和無諍)

일체 중생의 모든 오해와 원수짐은 십중팔구 언어에서 비롯한다.
말이 많으면 반드시 잃게 된다. 옛 성현께서는 "한마디 말을 적게
말하고, 한마디 부처를 많이 염하라." 하셨다. 마땅히 우리는 생각하고
말해야겠지만, 이러한 말들이 입 주위에 맴돌다가 「아미타불」 명호로
바뀐다면 좋은 일이다. 이것만큼 미묘한 것이 있겠는가? 진정으로
구화무쟁口和無諍을 이룬다면 아침부터 밤까지 만나는 사람 모두
즐겨 「아미타불」 명호를 염할 것이다. 남들이 우리에게 무슨 말을
말하던지 상관 말고 마음속으로 모두 「아미타불」 하면 마음이 평온하고
기가 잘 통할 것이다.

5. 뜻으로 화합하여 함께 기뻐한다(의화동열意和同悅)

의화동열意和同悅은 더불어 공존하면 모두 기뻐할 수 있다는 뜻이다.
환희공존은 평화공존보다 더 깊은 무언가가 필요하다. 어떻게 환희
공존할 수 있겠는가? 개인마다 불법을 수학하되 심성과 상응하여
여법하면, 반드시 법희로 충만하고 생활이 즐거울 것이다. 이때 진정으
로 「괴로움을 여의고 즐거움을 얻는다」 할 것이다.

6. 이익으로 화합하여 함께 분배한다(이화동균利和同均)

「이화동균利和同均」은 가장 중요한 항목이다. 이익은 개인의 복보福報
를 가리킨다. 자신에게 복보가 있으면 일체 대중과 공동으로 향유한다.
자기 스스로 땀을 흘리고 바라는 것이 없어야만 마음이 청정하고
부처와 더불어 상응할 수 있다.
_《당생성불》(비움과소통)

[제20법문]

망념을 극복하면 곧 성인이다

부처님께서는 경전에서 십법계는 일념의 순간에 달려있다고 말씀하신다. 일념이 선하면 곧 삼선도의 법계이고, 일념의 악이면 곧 삼악도의 법계이며, 일념이 심성과 상응하면 곧 불보살의 법계이다. 그래서 불보살도 사람이 만드는 것이고 지옥·아귀·축생도 사람이 만드는 것이니, 모두 평상시 이 일념의 순간에 달려있다. 이를 통해 진정한 수행인·진정으로 깨달은 사람은 자신의 생각을 제어하고, 자신의 생각을 주재할 수 있다.

중국 유교에서도 "망념을 극복하면 곧 성인이다(克念作聖)." 말한다. 극克은 주재·억제의 뜻이다. 망념·그릇된 생각을 극복할 수 있으면 곧 성인이다. 성聖은 일체 이체와 사상(理事)에 대해 통달하여 명료한 상태이다. 이러한 사람을 성인이라 부른다. 불타佛陀는 깨달음(覺悟)의 뜻이다. 세간·출세간법에 대해 모두 깨달을 수 있어 미혹하지 않는다. 이는 성聖에 담긴 뜻과 대단히 가깝다. 중국의 오랜 교학이 추구하는 목적은 사람에게 성인이 되고, 현인이 되라고 가르친다. 이는 성현교육聖賢敎育으로 현대 사회교육의 목표와 확실히 다르다.

불교교육의 목표는 사람에게 부처가 되고, 보살이 되라. 최소한 육도윤회를 초월하는 아라한이 되어야 한다고 가르친다. 부처가 되고 보살이 되면 당연히 십법계를 초월한다. 우리는 학불하면서 불타교육을 받아들인다. 불타교육의 종지·목표·방향에 대해 매우 또렷해야 하고 결코 미혹하여 잃지 않아야 이번 생에 대성취를 얻을 수 있다.

_《조찬법문》에서 발췌

[보충법문] 불타교육佛陀教育

정공 큰스님께서는 「불교」는 「불타교육佛陀教育」이 바른 이름이고 또한 「불교는 석가모니부처님께서 일체 중생에게 가르치신 다원적이고 지극히 선하며 원만한 사회교육」임을 처음으로 주창하시고, 시시각각 깊은 내용을 쉽게 풀어내는 방식으로 우리에게 불타교육의 진실한 뜻을 인식시켜주셨다.

불법을 수학하는 데 중요한 것은 실질적인 내용임을 강조하셨다. 예컨대 불문에 들어가 삼귀의三歸依를 하는 것은 형식상으로는 「불佛·법法·승僧」에 귀의하는 것이지만, 그 실질적인 함의는 「미혹에서 깨달음으로 돌아감(從迷歸覺)·그릇된 생각에서 바른 생각으로 돌아감(從邪歸正)·물던 마음에서 청정한 마음으로 돌아감(從染歸淨)」이다.

불상에 예배하는 것은 우상에 엎드려 절하는 것이 아니다. 그 진정한 함의는 「은혜를 알고 은혜를 갚음(知恩報恩)·「어진 이의 행동을 보고 그와 같아지길 생각함(見賢思齊)」이다. 부처님 전에 공양하는 물은 청정·평등을 대표한다. 우리들에게 이 한 잔의 물을 보고서 우리들의 마음이 물처럼 청정·평등하겠다고 생각해야 한다고 가르친다.

_《당생성불》(비움과소통)

[제21법문]

왕생실례 : 황금색 광명을 보다

최근 10여 년간 싱가포르, 말레이시아에서 내가 직접 목격한 염불왕생한 사람은 적지 않다. 예컨대, 관음구고회觀音救苦會의 임 병원장은 암에 걸렸지만, 묵묵히 다른 사람을 진료하였다. 이러한 정신은 감복할 만하였다.

중병일 때 이목원李木源 거사가 그를 만나보았다. 그는 "저의 마지막 희망은 정공 큰스님을 뵙는 것이지만, 저는 현재 걸을 수 없습니다."라고 말했다. 나는 "좋습니다." 말하고, 내가 가서 그를 만나보았다. 나는 그에게 염주 한 개와 아미타불상 탱화 한 장을 보내어 침상에 걸어두고 볼 수 있도록 하였다. 아울러 그에게 염불을 잘 하고 모든 것을 내려놓으라고 권하였다. 그는 대단히 기뻐하였고, 약 3~4일이 지난 후 왕생하였다.

이목원 거사는 그를 배웅하러 갔다. 그는 임종할 때 최후의 한마디 말을 모두에게 말하였다. "여러분에게는 보이지 않겠지만, 저는 황금색 광명 한 줄기를 보았습니다." 그는 황금색 광명의 세계를 보았고, 「아미타불」 명호를 염하면서 왕생하였다. 그가 왕생할 때 정신이 또렷하고 명백하였다. 우리는 아미타부처님께서 접인하심은 먼저 빛을 놓아 비춤을 알고 있다. 왕생자는 먼저 부처님의 광명을 보고 그런 다음 다시 부처님께서 오셔서 접인하는 모습을 본다.

그가 그렇게 맑고 깨끗하게 자재하게, 그렇게 정신이 또렷하게
명백한 상태로 왕생할 수 있었음은 곧 그가 수많은 인연을 내려놓
았고, 세간·출세간법에 대해 조금도 연연하고 걱정하지 않았다
는 것이다. 이 몸이 세상에 있을 때 염념마다 중생을 위해 복무하
고, 염념마다 부처님의 혜명慧命을 잇고 홍법하여 중생을 이롭게
하며, 일념의 순간에도 자신을 위하지 않는다. 그리하면 대자재
를 얻을 수 있다.

_《조찬법문》에서 발췌

우리의 삼업三業, 즉 신업身業 구업口業 의업意業이
아미타불과 같아질 때 우리는 그 분의 화신化身이 됩니다.
우리는 그 분이 본원本願을 이루기 위하여 이 세상에 돌아온 것입니다.
원래 우리는 업業의 빚을 갚기 위하여 이 세상에 환생하였으나, 지금은
우리 모두가 서원誓願의 힘에 의하여 이 세상에 온 아미타부처님이
된 것입니다.
-정공법사

[제22법문]

진선미는 지혜로부터 생긴다

진선미와 지혜는 법계 일체중생이 추구하는 것이다. 《화엄경》에서 "진眞은 진심이자 일진법계이다. 진眞은 체體이자 성性이다. 선善과 미美는 현상·작용이다. 용用이 선이면 상相은 곧 미이다. 상相이 선이면 작용은 곧 미이다."라고 말씀하신다. 우리가 진선미의 인생을 얻고자 한다면 반드시 지혜가 있어야 한다. 그래서 진선미는 과果이고, 지혜는 인因이다. 지혜가 없으면 진선미의 과는 없다. 진선미와 지혜는 세간법에는 없다. 바로 불법에서 「상락아정常樂我淨」 네 가지 청정한 덕을 말하는 것과 같다. 육도에 없을 뿐만 아니라 십법계에도 없다. 억지로 유명무실하다 말할 수 있고, 유일하게 일진법계라야 실현할 수 있다. 일진법계에서는 상락아정을 원만하게 갖추고 있고, 진선미와 지혜를 갖추고 있다. 그렇다면 우리가 이번 생에 진선미와 지혜에 대해 가망이 없는 것인가. 실은 그렇지 않다. 부처님의 말씀은 결코 희론이 없고, 부처님께서 말씀하신 것을 우리는 결단코 얻을 수 있다. 문제는 우리에게 부처님께서 가르치시는 이론·방법·가르침을 실현하기 어렵다는데 있다. 만약 해낸다면 일체 수승한 과위도 얻을 수 있다.

불법은 지혜의 방법이고, 불학은 지혜의 교학이다. 불법이 처음부터 끝까지 구하는 것은 곧 지혜이다. 석가모니부처님께서 당시 경전을 강설하고 설법하였을 때 제자들은 부처님의 교법이 5단계로 나뉘니, 화엄·아함·방등·반야·법화열반은 「오시五時」라 한다.

부처님께서는 49년 설법하셨다. 그 가운데 22년간 반야를 설하셨는데, 반야는 지혜이다. 불법의 교학은 지혜를 중심으로 한다. 지혜가 없다면 화엄·법화의 경계를 증득할 수 없다. 원만한 지혜는 또한 초학初學에서 시작된다. 아함·방등은 과정이다. 아함은 소학과 같고, 방등은 중학과 같으며, 반야는 대학, 화엄·법화는 진선미와 지혜의 경계이고, 상락아정의 실현이다. 여러분이 만약 49년 설법한 체계를 또렷이 체득할 수 있다면 곧 불법은 십법계 중생이 절실히 필요한 것이다. 이는 진실한 대학문이다.

부처님께서는 선교방편이 있고, 중생 개개인에게는 연분이 있다. 남녀노소와 현자, 우매한자를 나누지 않고, 기꺼이 부처님의 지도를 따르기만 하면 모두 성취할 수 있다. 《무량수경》에서 무량수無量壽는 평등법이고, 일체 중생이 평등하게 성불하는 방법이며, 최고 향수享受를 평등하게 얻는 방법이라고 말씀하신다.

세상 사람은 불행히도 이렇게 좋은 방법을 잊어버리고, 잃어버렸다. 그래서 매일의 생활에 자리한 우환·공포·불안의 환경이 사실은 우리 자신이 조성한 것이다. 겉으로 보면 불법은 좋을지라도 오히려 강의하고 선양할 사람이 없다. 만약 일층 더 깊이 관찰하면 다 그렇지는 않다. 불가에서는 항상 "불씨문중에서는 한 사람도 버리지 않는다." 말하거늘 또한 어찌 매우 많은 사람을 포기할 수 있겠는가? 실제로 부처님께서는 우리를 포기한 적이 없고, 여전히 언제나 우리를 돌보고 계신다. 관건은 우리가 오욕육진五欲六塵에 미혹하고 요괴와 악마의 유혹에 빠져서 뉘우칠 줄 모르는 것이야말로 문제의 소재라는 점이다.

만약 우리가 일념의 선심, 일념의 뉘우치는 마음이 있다면 제불보살께서 우리의 눈앞에 응화應化하지 않음이 없다. 대다수 중생에게 복보가 있다면 부처님의 응화는 마치 연극공연에서 전체 극단이 원만하게 표연表演하는 것과 같이 사람이 미혹을 깨뜨리고 깨달음을 열도록 돕는다. 만약 소수의 사람이 깨닫고 뉘우친다면 부처님도 화신으로 와서 가르치고 도우시니, 부처님의 말씀은 결코 거짓말이 없음을 알 수 있다. 한 사람이 마음을 돌리고 뜻을 바꾸면 부처님께서 그를 가르치시거늘, 하물며 매우 많은 사람이 깨닫기 시작함이겠는가?

현재 전 세계 사람들은 이 세상에는 재난이 있음을 뚜렷하게 알아차리고 있다. 이런 의식이 깨어 있는 적지 않은 사람들은 자신이 어떻게 겁난을 피할 수 있는지, 또 사회의 모든 대중을 도와 어떻게 재난을 없앨 수 있는지 깨닫고, 진지하게 반성·사유하기 시작했다. 이 일념의 마음은 제불보살을 감동시키고, 호법천룡을 감동시켜 이 사회를 돕고, 고난의 중생을 도우며, 깨달은 사람이 많아질수록 감응의 힘은 더욱 강해진다.

20세기 1970년대, 영국의 역사철학자 토인비 박사는 "21세기 사회문제를 해결하려면 단지 중국의 공자·맹자 학설과 대승불법이 있을 뿐이다." 라고 말했다. 이는 외국인의 입에서 나온 지혜 언어, 자비의 계시이다. 그의 이 한마디 말은 영향력이 매우 깊고 광대하여 천주교는 이번 강연 때문에 불교와 대화를 전개하고 불경을 연구하기 시작하였다.

싱가포르에서 지금 대장경을 연구하고 있는 신부 한 분이 계시는데, 중국어를 잘 모르신다고 한다. 그래서 우리말에 밝은 젊은 스님이 도와줄 수 있길 간절히 바란다. 이는 종교의 경계를 허물고 진실한 학문을 추구하는 일념의 자각이다. 불법과 유교의 학설에는 경계가 없다. 만약 경계가 있다면 설령 당신에게 지혜가 있을지라도 지혜가 크지 않다. 왜냐하면 당신 자신이 원(범위)을 그려 자신의 지혜와 덕능을 이 원 안에 국한시킬 수 있기 때문이다. 이 원 안에서 다른 원을 보면 당연히 충돌과 오해가 생겨 불쾌한 결과가 생성될 것이다.

불법으로 말하면 불법은 중국 수당 이후 열 개의 종파가 형성되었는데, 이는 큰 종파이다. 큰 종파 속에는 또한 작은 종파가 있다. 당시 조사·대덕은 종파를 세우되 원을 그리는 것이 아니라 중생의 다른 근성을 따라 중생 자신이 한 가지 법문을 선택하고 일문에 깊이 들어가 오랜 시간 몸에 배이도록 닦아 명심견성明心見性의 목적을 달성함이다. 그리고 자신의 법문을 수학하되, 다른 법문에 대해 반드시 찬탄하고 결코 비방·경시함이 없었다.

이는 《화엄경》의 선재동자가 53선지식을 참학하는 일(五十三參)에서 특별히 분명하게 드러난다. 이 53분의 보살은 개인마다 수학하는 법문은 다르지만, 그들이 선재동자에게 설법하는 태도는 서로 같아 모두 자신에게 겸허하고 다른 사람을 찬탄하였다. 나는 무량무변한 법문을 학습하는 능력과 지혜가 없고, 단지 이 일문을 배울 뿐, 그들은 모두 나에 비해 강하고, 모두 나에 비해 수승하다.

이 또한 경전에서 말씀하듯이 같음 속에 다름이 있고, 다름 속에 같음이 있다. 무량무변한 법문은 비록 다르지만, 그 목표·방향·성취는 같다. 법문은 이와 같고, 세간·출세간법은 또한 이와 같다. 당연히 진정으로 명백히 이해하려면 쉬운 일이 아니라 여전히 지혜가 있어야 한다. 지혜가 없이 당신이 사람을 보고, 일을 보며, 물건을 보면 단지 한 면만 볼 뿐이고, 두 번째 면을 보지 못한다. 그러면 당신은 편견이 있고, 견해는 원만하지 않은 것이다. 오직 지혜가 열려야 원만한 지견이 생긴다. 예컨대 나는 찻잔 뚜껑을 돌출해 나온 한 면만 보면 뒷면을 보지 못하고, 움푹 들어간 그 면을 보면 다른 면은 보지 못한다. 반대 방향으로 돌려 양쪽을 모두 보아 잘못 보지 않아야 문제를 해결할 수 있다. 자신의 지견이 원만하지 않고, 자신의 지견이 너무나 위험하다고 믿는다!

세존께서는 경전에서 아라한을 증득하기 전에는 자신의 뜻을 믿을 수 없다고 말씀하셨다. 왜냐하면 아라한과를 증득하면 면면이 모두 보이고, 아라한과를 증득하기 전에 보이는 것은 한 면이고 일을 하면 과실을 범하는 것이 당연하다. 아라한은 계정혜 삼학을 완성한다. 계戒로 인해 정定을 얻고, 정定으로 인해 혜慧가 열리고, 그의 지혜가 열려서 정각正覺의 불과를 증득한다. 잘못이 없으면 깨달아 미혹하지 않다. 이때 비로소 자신의 뜻을 믿을 수 있다. 정각을 증득하지 않으면 자신의 뜻을 믿어서는 안 된다. 겸허하게 불학佛學을 향하고, 겸허하게 가르침을 구하며, 가르침대로 수행하여야 한다. 자신이 주장하고 자신의 뜻에 의지해 행하면 결국 과실을 피할 수 없다. 이런 과실이 현전하면 당신이 볼 수 없다. 일단의 시간이 지나고 나서 과보가 현전하면 후회해도 늦을 것이다. 이는 학불하는 사부대중 동수들이 반드시 알아야 하는 것이다.

지혜를 구하는 방법은 매우 많다. 원리는 하나로 곧 정定을 닦는 것이다. 참선은 정을 닦는 것이고, 지계持戒도 정을 닦는 것이고, "바깥으로 상을 여읨을 선禪으로 삼고, 안으로 산란하지 않음을 정定으로 삼는다(外離相爲禪 內不亂爲定)." 이를 선정禪定이라 칭한다. 바꾸어 말하면 바깥 경계인 일체 사람·일·물건의 유혹을 받지 않는 것을 선禪이라 말하고, 자신이 경계 가운데 청정심을 유지하여 여여부동함을 정定이라 말한다. 그래서 팔만사천 법문, 무량한 법문은 모두 선정을 닦는 것이다. 방법과 수단이 같지 않음이 다름이고 선정을 닦음이 같음이니, 다름은 같음을 장애하지 않고 같음은 다름을 장애하지 않는다. 우리가 오늘날 말하는 다원문화를 어떻게 융합하여 원만한 상태에 도달할 수 있겠는가 이치가 곧 여기에 있다. 이러한 이치를 꽉 잡으면 진선미·지혜가 현전하고, 상락아정을 실현할 수 있다.

_《조찬법문》에서 발췌

[제23법문]

큰마음에는 지치거나 싫증내는 마음이 없다

《화엄경》 안에서 문수보살이 사리불 존자와 6천 비구에게 한 법문은 우리 현대인의 수학에 있어서 대단히 중요하다. 문수보살이 말하길, "만약 선남자 선여인이 있어 열 가지 대승법을 성취함에 「지치거나 싫증내는 마음이 없으면(無有疲厭)」 그는 보살지를 매우 빨리 매우 쉽게 증득할 수 있을 것입니다." 보살지는 곧 《화엄경》에서 말씀하신 지상보살地上菩薩로 이 과위는 대단히 높다. 당연히 여래지, 즉 구경원만한 불과에 들어갈 수 있다.

[제1법] "여래를 친견하고서 광대심으로 가까이 모시고 공양함에 지치거나 싫증내는 마음이 없도록 하겠나이다(見諸如來 以廣大心 親近供養 心無疲厭)."

우리가 학불함에 있어 어디로부터 배움을 시작하는가? 광대심廣大心으로부터 배움을 시작한다. 심량이 작으면 윤회를 벗어날 수 없다. 심량이 크면 윤회는 사라질 것이다. 윤회의 경계는 결코 크지 않다. 당신의 심량이 윤회에 비해 크면 이 윤회의 원을 당신은 초월할 것이다. 만약 당신의 심량이 이렇게 크지 않으면 영원히 윤도윤회를 벗어날 수 없다.

그래서 《무량수경》에서는 삼배왕생의 가장 중요한 조건은 곧

「발보리심發菩提心 일향전념一向專念」이다. 보리심은 곧 사홍서원
四弘誓願이다. 사홍서원의 제1조는 「중생을 다 건지오리다(衆生無
邊誓願度)」이다. 이러한 마음은 크다. 이러한 마음이 곧 광대심이
다. 중생은 한 지역의 중생을 말하는 것도, 한 국가의 중생을
말하는 것도 아니고, 지구상의 중생을 말하는 것도, 삼천대천세
계의 중생을 말하는 것도 아니며, 진허공·변법계 일체 중생을
말한다. 이는 곧 보살이 말하는 광대심이다. 이러한 광대심은
곧 공양, 즉 제불여래에게 공양함이다.

여래의 지혜와 복덕은 모두 원만하거늘 여전히 우리가 공양해야
하는가? 우리는 어떤 능력으로 제불에게 공양하는가? 문수보살
은 여기서 우리에게 가르친다. "우리는 제불여래에게 공양할
수 있고 진정으로 제불여래의 환희를 얻을 수 있는 것은 곧
보리심이니, 마음을 움직이고 생각을 움직임에 자신을 위하는
것이 아니라 진허공·변법계 일체 중생을 위하는 것이다."

나는 염불하는 동학 동수들에게 「아미타불」 부처님 명호를 매번
소리내어 염할 때 마다 모두 진허공·변법계 일체 중생을 위해
염하여야 근본업장을 없앨 수 있다고 가르친다. 심량이 크지
않으면 어떻게 괜찮겠는가? 우리는 결코 이번 생에 불법을 만나
지도 학불을 시작하지도 못할 것이다. 이렇게 쉽지 않을 것이다!
부처님께서는 경전에서 우리에게 이르시길, "이번 생에 인연이
있어 불법을 만나고, 인연이 있어 불법을 학습하는 것은 모두
과거 생 무량겁에 심은 선근으로 말법시기에 여전히 정법을
만날 수 있다."

특히 이 시대에는 《능엄경》에서 말씀하듯이 "그릇된 스승의

설법이 항하사처럼 많다(邪師說法 如恒河沙)."28) 이런 환경 가운데 당신이 여전히 정법을 만날 수 있다. 만약 과거 생 동안 선근이 깊고 두텁지 않으면 어디 가능성이 있겠는가? 우리는 응당 소중하게 여겨야 한다.

「여래를 친견하고서 광대심으로써 가까이 모시고 공양하라.」

혹시 어떤 사람은 말할지도 모른다. "나는 여래를 본 적이 없고 내가 여래를 친견하길 기다릴 때 다시 광대심을 발하여도 괜찮은가?" 이러한 설법은 비슷한 것 같으면서도 다르다. 문수보살은 곳곳마다 여래를 친견하고, 언제든지 여래를 친견한다. 우리는 여래를 친견하여도 여래를 인식하지 못할 뿐, 절대 여래가 우리 몸 곁에 있지 않은 것도, 우리 면전에 있지 않은 것도 아니다. 《대방광불화엄경大方廣佛華嚴經》에서는 우리에게 시방삼세 일체 여래가 자기 눈앞에 있고, 자기 주변에 있음을 일깨우신다. 어디에 있는가? 주위의 일체 사람·일체 일·일체 물건은 제불여래가 아님이 없지만, 애석하게도 자신이 인식하지 못하고 있다. 수시로 인식하면 여래의 경계에 들어가고, 일진법계에 들어간다.

우리가 오늘 여래를 친견하지 못하는 이유는 제불여래가 범부로 바뀐 것이고, 제불여래가 마의 경계(魔障)로 바뀐 것이다. 어떻게 변화시키는가? 자신의 의식심意識心29)이 바뀌어 나타난 것이다.

---

28) "말겁의 때에 불법은 점점 멀어지고 근기가 얕아질수록 그릇된 설법이 앞 다퉈 흥하니, 생선 눈이 뒤섞여 있어 판별하기 어렵고 초심을 홀려 정신을 못 차리게 하여 피차 모두 옳다. 이러한 설법이 항하사처럼 많다." _《대불정수능엄경강의大佛頂首楞嚴經講義》. 원영대사

우리는 학불하여 부처님의 가르침을 믿어야지, 결코 자신의 의식을 믿어서는 안 된다. 자신의 의사를 믿으면 영원히 여래를 친견할 수 없다. 부처님의 가르침을 믿으면 여래는 지금까지 우리를 떠난 적이 없고, 시시각각 우리를 배려하고 보살피고 있다. 그래서 부처님과 마魔는 일념의 순간, 일념의 깨달음에 있다. 깨달음은 곧 부처님을 믿음이고, 미혹은 곧 자신을 믿음이다. 자신의 망상·분별·집착을 믿으면 그것이 곧 마魔이니, 여래를 모두 마의 경계로 변화시킨다. 일념에 깨달은 사람은 부처님의 가르침을 믿고 마의 경계를 여래로 바꾼다. 이것이 참으로 가까이 모시고 공양하는 것이고, 우리가 응당 학습하여야 하는 것이다.

공양은 형식에 있지 않고, 금전에 있지 않으며, 또한 당번幢幡·보개寶蓋, 칠보공구七寶供具에 있지 않다. 보현보살께서는 대천세계의 칠보공양은 모두 법공양과 견주지 못한다고 말씀하신다. 법공양에서 「여설수행공양如說修行供養」을 최상으로 여긴다. 부처님께서 우리에게 어떻게 하라고 가르치면 우리는 착실히 그것에 따라서 하고, 부처님께서 우리에게 해서는 안 된다고 가르치면 결정코 준수하여 범해서는 안 된다. 이를 「여설수행공양」이라 한다.

부처님께서 우리에게 하라고 가르치셨거늘 우리가 하지 않고 있는지, 부처님께서 해서는 안 된다고 말씀하셨거늘 우리가 마침 하고 있지 않은지, 우리 자신은 반성하고 또 반성한다.

---

29) 「의식심意識心」이란 제6식을 말한다. 미래로 보아서 심心이라 부르고, 과거로 보아서 의意라고 부르고, 현재로 보아서 의식意識이라고 부른다. _《금강삼매경론金剛三昧經論》

어떤 사람은 말한다. "나는 부처님의 말씀을 명백히 들었지만, 나는 여전히 하고 있지 않다. 왜 하지 못하는가? 습기가 너무 무거워 하고는 싶지만 마음대로 안 된다." 이 말이 맞다. 당신은 매우 솔직하게 말했다. 만일 이 일념이 과연 바뀌면 당신은 범부에서 성인으로 바뀔 것이다. 확실히 번뇌와 습기는 무량겁 이래 훈습하여 뿌리내렸다. 이러한 뿌리를 뽑아버리기란 결코 쉽지 않다.

당신들은 이런 상황에 놓여 있다. 나도 예외는 아니다. 나는 오늘 조금 성취가 있을 뿐이다. 이런 경험은 참고할 만하다고 말씀드린다. 그것은 곧 불법의 훈습熏習을 떠나서는 안 되고 불법의 훈습을 특별히 강화시켜야 한다. 불법의 훈습은 「수지독송하여 사람을 위해 연설함(受持讀誦 爲人演說)」이니, 곧 이 한 마디 법문이다.

수지受持란 결단코 받아들여서 가르침대로 봉행하여 시시각각 유지하여 잃지 않음을 뜻한다. 독송이 긴요하다. 날마다 독경하여야 한다. 날마다 경전을 연설할 수 있으면 가장 좋다. 날마다 연설하려면 반드시 날마다 독송하여야 한다.

독송하지 않고 어떻게 연설할 수 있겠는가? 그래서 날마다 경전을 연설함은 자신에게 날마다 독송하지 않으면 안 되게 압력을 가한다. 우리가 경권을 펼쳐서 매번 모두 오처悟處가 있어야 법희가 충만할 수 있고, 자신의 무시 겁 이래의 망상과 습기를 약화시킬 수 있다. 나는 이번 생에 이러한 방법으로 조금 성취할 수 있었으니, 하루도 경본을 떠나지 않았다.

나는 이러한 방법으로 성취하였고, 이러한 방법으로 심량을 개척하였다. 나는 학불하기 전에 심량이 좁아 터졌다. 내가 학불한 후 7년차에 경전 강설을 시작하여 올해로 40년간 강설하였으니, 학불한 지 47년이나 된 셈이다. 47년 동안 훈습함에 날마다 중단함이 없었다. 이렇게 무시 겁의 이러한 습기와 번뇌를 일어서 가려내었으니, 결코 쉽지 않은 일이었다!

고인의 전기를 읽으면 고래의 대덕들은 3~5년간 습기를 다 없애고 10년에서 8년의 시간에 걸쳐 자신을 바꾸었다고 하니 47년의 시간이 걸린 나로서는 옛 대덕들에 대해 탄복하지 않을 수 없다. 그들의 선근은 나보다 두텁고, 그들의 지혜는 나보다 예리하였다. 그래서 그리 오랜 시간이 걸리지 않고도 미혹을 깨뜨리고 깨달음을 열며 범부에서 성인으로 바꿀 수 있었다. 나의 이러한 근성은 여러분과 다를 바가 없어 모질게 마음을 먹고 반세기의 시간에 걸쳐 중도에 포기하지 않아 바꿀 수 있었다. 이것이 바로 광대심으로써 가까이 모시고 공양함이다.

「지치거나 싫증내는 마음이 없도록 하라.」

이 한 마디는 매우 중요하다. 이 열 마디 법문에서 마지막은 모두 이 한 마디가 있다. 「심무피염心無疲厭」. 이는 영원히 지치는 마음이 없고, 영원히 싫증내는 마음이 없다는 뜻이다. 만약 이러한 경계에 계입契入하지 못하면 해낼 수 없다. 범부는 어떤 일을 하든지 시간이 오래 지나면 해태·해이·피곤·싫증을 내게 마련이다. 예컨대 경전을 독송하면서 매번 새로운 흥미가 있으면 환희심이 생길 수 있다. 매번 경권을 펼치고서 독송할 때 마다 새로운 오처悟處가 있고, 경문의 뜻이 지닌 법미가 무궁하다. 그래서 지치지도 않고, 싫증을 내지도 않는다.

이 일법이 이와 같으면 법마다 모두 이와 같다. 어떠한 한 법 가운데 지치거나 싫증내는 마음을 내면 당신은 그 가운데 삼매에 계입하지 못한다. 만약 그 가운데 삼매에 계입할 수 있으면 미묘한 법미가 무궁하다. 문수보살께서 여기서 말씀하신 경계는 보현보살의 십대원왕과 다르지 않다. 문수보살은 「제불」을 친견 한다 말하지 않고, 「여래」를 사용하였다. 「제불諸佛」을 사용한 것은 상相의 측면에서 말한 것이다. 상에는 부처가 있고 보살이 있으며, 십법계가 있고 의정장엄이 있다.

「여래如來」는 성性의 측면에서 말한 것이다. 일체 유정중생은 모두 불성이 있다. 불성은 곧 여래이다. 일체 무정의 중생은 우리가 오늘날 말하는 식물·광물이다. 그것에는 법성이 있는 데, 법성은 불성과 하나의 성이다. 그래서 그것도 여래이다. 이러한 뜻은 곧 우리에게 우리의 육근이 접촉하는 바깥 경계는 어떤 마음상태로 대대對待하여야 하는가 일깨운다. 마치 제불여 래를 대하는 것과 다름없이 가장 지극한 진성심·공경심으로 대하여야 한다는 이야기이다. 이러한 마음이 곧 「친근공양親近供養」이다.

당신이 가장 지극한 진성심·청정심이기만 하면 그 일을 원만히 해낼 수 있는 것은 당연하다. 일은 말할 필요도 없고, 진심으로 존경해야 한다! 아무리 일을 잘해도 이런 마음이 없다면 그것은 거짓이고, 진실이 아니다. 이 또한 선도대사께서 「(일체 법은) 진실한 마음속에서 닦아야 한다」30)고 하신 말씀이다. 우리는

---

30) 경에서 이르시길, "첫째로 진실한 마음(至誠心)이요," 지至의 뜻은 참됨이고, 성誠의 뜻은 실다움이다. (지성심으로 나타내려는 것은) 일체 중생이 신구의 삼업으로 닦은 일체 해문解門과 행문行門은 반드시 진실한 마음속에서 닦아야 함을 밝히고자

진성심·공경심으로써 일체 대중과 법연法緣을 맺고, 이런 법연 맺음이 곧 「광수공양廣修供養」이다. 이는 십대원왕에서 제3원이다. 마음에 영원히 지치지 않고 싫증내지 않고 착실히 해나가면 무량무변한 공덕을 성취할 것이다.

[제2법] "일체선근을 적집하고 성취하여 구경에 물러나지 않음에 지치거나 싫증내는 마음이 없도록 하겠나이다(積集成就 一切善根 究竟不 退 心無疲厭)."

제2법에서 제9법에 이르기까지 이 여덟 가지 법에서 말하는 것은 내인內因이다. 이는 외연外緣 내인이니, 내인의 성취가 바깥 인연에 의지해야 함을 알아야한다. 외연의 일에서 닦는 것이 없거늘 어떻게 내덕內德을 성취할 수 있겠는가? 안팎은 일체이지 둘이 아니다. 이러한 이치를 알아야 한다. 우리는 내덕을 성취하려면 반드시 외연상 착실히 수학하여야 한다.

일체 선근을 쌓아 모으고 성취하여 구경에 물러나지 않는 이러한 공덕을 성취하려는데, 제불여래를 가까이 모시고 공양함을 닦지 않고 어떻게 얻을 수 있겠는가? 이를 통해 보시 공양하여 좋은 점은 자신이 얻음을 알 수 있다. 다른 사람이 얼마나 얻을 수 있겠는가? 그 이익은 많지 않다. 진실한 성취는 자신의 덕행을 성취하고 자성을 개발함에 있다. 그래서 부처님께서는 이렇게 수학하라고 가르치신다. 부처님께서는 당신에게 보시 공양을 권유하는 말씀을 하시지 않았다. 그는 재물을 탐내는가? 그렇지 않다. 아무것도 원하지 않고, 전부 다 보시하여 성덕이 원만하게 현전한다. 그래서 일체 선근을 성취하여 구경에 물러나지 않음에

함이다. _《관경사첩소심요》(비움과소통)

지치거나 싫증내는 마음이 없다.

[제3법] : "일체 제불의 정법을 부지런히 구함에 지치거나 싫증내는 마음이 없도록 하겠나이다(勤求一切 諸佛正法 心無疲厭)."

이 원에서는 구법求法, 부처님의 정법을 구함을 매우 분명히 드러낸다. 이는 「수지원受持願」이다.

[보충] 구법求法의 어려움

제불보살과 조사대덕께서는 법을 구하기 위해 몸을 돌보지 않고 자기를 기꺼이 희생하지 않은 사람이 한 분도 없습니다. 현장玄奘대사께서는 그 시절 인도에 가서 법을 구함에 있어 자기의 신명을 돌보고 자기의 안위를 돌보며 누리는 것을 희생하지 않고서 어떻게 그런 고생을 하며 생활할 수 있었겠습니까? 물론 도보로 가셨습니다! 중국에서 인도까지 가는데 3년이 걸렸습니다. 그것은 결코 짧은 거리가 아니었습니다. 그 가운데 큰 사막을 지나가야 했고, 밀림을 통과해야 했습니다. … 이렇게 발심하여 인도에 경을 얻으려고 간 사람은 백여 명에 이르나, 돌아온 사람은 몇 사람에 불과하였습니다. 모두 중도에 어려움을 만나 생명을 잃었습니다. 누구든 이런 위험을 알고서 발심하여 법을 위해 희생하셨습니다.

『본생경』에서 강설한 여러 보살들이 겪은 것과 같은 것은 더 말할 필요가 없습니다. 우리에게 이런 정신이 있습니까? 조금씩 더 괴로움을 받아들이며 기꺼이 실천할 수 없다면 행할 수 있겠습니까? 성취가 있을 수 있겠습니까? 우리는 법보와 경전을 만날 때 옛 사람이 겪은 「구법의 어려움」을 알아야 합니다. 석가모니부처님께서는 한 마디 한 게송을 위해 온몸을 버린 이런 고사故事를 여러분은 모두 알아야 합니다. …『능엄경』의 경우 반랄밀제般剌蜜帝법사께서 팔뚝을 잘라서 소매에 경전을 숨기고 가져왔습니다. 왜냐하면 그곳, 그때의 세관은

이 경을 가지고 나가는 것을 불허했기 때문입니다. 『능엄경』은 국가의 보배로 그것을 가지고 다른 지방으로 가지고 가는 것을 금지하였습니다. 그는 남몰래 이 같은 방법으로 중국으로 가지고 왔습니다. 그렇게 옛 사람이 고심해서 법보와 경전을 얻었으니, 오늘날 우리가 법보와 경전을 어찌 중시하지 않을 수 있겠습니까!

_《관세음보살보문품심요》 (비움과소통)

[제4법] "일체 보살의 수승한 여러 바라밀을 부지런히 행함에 지치거나 싫증내는 마음이 없도록 하겠나이다(勤行一切 菩薩殊勝 諸波羅蜜 心無疲厭)."

이 원에 대해 청량淸涼대사께서는 주석에서 「수행이리원修行二利願」이라 하셨다. 이리二利는 곧 자리이타自利利他이다. 수승함이 일반 보살행과 다르다면 어디가 다른가? 보통 일반 보살이 육바라밀을 닦음에 상을 여의지 못한다. 설사 상을 여읜다 말할지라도 깔끔하게 여의지 못한다. 화엄회상의 이러한 법신대사法身大士, 그들은 상을 여의되 깔끔하게 여읜다. 그래서 「수승한 여러 바라밀」이라 부른다.

바깥 경계에 대해 말하면 다른 사람을 이롭게 함(利他)이다. 보시는 다른 사람을 도와 그가 결핍되지 않도록 한다. 재보시財布施를 하여 다른 사람이 많은 재물을 얻도록 하고, 법보시法布施를 하여 다른 사람이 총명·지혜를 얻도록 하며, 무외보시無畏布施를 하여 다른 사람이 일체 공포를 여의고 안전감을 얻도록 한다. 이것이 다른 사람이 얻는 것이다. 그렇다면 자신이 얻는 것은 무엇인가? 명심견성明心見性이다. 그것은 다르다! 자성 안에 담긴 보장寶藏이 전부 다 열려 드러난다.

지계持戒바라밀은 곧 무외보시이고, 인욕忍辱바라밀도 무외보시이다. 어떻게 이렇게 말하는가? 불제자가 계율을 지키는 모습을 중생이 보면 그의 마음속에 안전감이 생겨 두려워하지 않고, 일체 두려움을 여읜다. 예컨대 현대 사회에서는 중국이든 외국이든 모두 혼란하여 특히 재물을 약탈 당할까 두려워 감히 꺼내 보이지 못한다. 만약 계율을 지키는 사람이면 당신은 재물을 꺼내보여도 두렵지 않다. 그는 계율을 지켜 도둑질을 하지 않기 때문이다. 내가 여기에 그냥 두고 지키지 않아도 그는 가지고 가지 않을 것이다. 왜냐하면 그는 도둑질을 하지 않기 때문이다. 이러면 마음을 놓아도 되고, 안전한 느낌이 들 것이다. 그래서 지계는 일체 중생에게 두려움이 없도록 하니, 무외보시에 속한다.

인욕도 마찬가지이다. 우리는 말이나 행동에 있어 의도가 있든 없든 남의 기분을 상하게 한다. 우리는 일상생활에서 남의 기분을 상하게 하면서 서로 원망하고 보복한다. 이러한 일로 매우 괴로워한다. 그래서 부처님께서는 경전에서 누차 우리에게 권고하시길, "원한은 맺지 말고 마땅히 풀어야 한다. 어떤 사람이든 원한을 맺어서는 안 된다." 하셨다. 가령 그가 인욕바라밀을 닦았다면 우리도 의도가 있는지 없는지 상관하지 않을 것이고, 그도 심각하지 않을 것이다. 그가 인욕을 닦았다면 그는 나를 양해하고 용서할 것이며, 이런 일을 마음에 두지 않을 것이다. 그래서 인욕 또한 무외보시에 속한다.

정진精進 · 선정禪定 · 반야般若 바라밀은 법보시에 속한다. 그래서 이를 귀납하면 모두 보시바라밀이다. 보살이 닦는 것은 초발심에서부터 성불에 이르기까지 줄곧 무엇을 닦는가? 보시를 닦을 뿐이다. 보시에는 이렇게 세 부류가 있다. 세 부류를 펼치면 곧 육바라밀이고, 더 펼치면 십바라밀이며, 더 확대하면 곧 보살의 무량법문이다. 무량법문을 귀납하면 곧 보시바라밀 하나이다. 보시의 진정한 정신은 곧 당신에게 내려놓으라고 가르친다. 반야는 당신에게 간파看破하라고 가르치고, 보시는 당신에게 내려놓으라(放下) 가르치니, 이것이 보살행의 양대 강령이다. 우리는 또한 「근행(勤行 ; 부지런히 불도를 닦음)」을 배워야 한다. 착실히 학습하여 지치거나 싫증내는 마음이 없으면 이것이 진실한 자리이타이다.

[제5법] "일체보살의 깊고 깊은 삼매를 두루 수습함에 지치거나 싫증내는 마음이 없도록 하겠나이다(普遍修習 一切菩薩 甚深三昧 心無疲厭)."

이 법에서는 「심정深定」을 말한다. 삼매는 범어를 중국말로 번역하면 정수正受이다. 수受는 곧 향수享受이고, 정正은 정상이니, 삼매는 곧 정상적인 향수이다. 삼매는 또한 선정으로 변역한다. 이로써 정상적인 향수가 곧 선정임을 알 수 있다. 우리 범부의 향수는 다섯 가지 범주가 있다. 이는 대소승 경전에서 늘 말하는 고苦·락樂·우憂·희喜·사捨의 다섯 가지 느낌(受)이다. 몸에는 괴로움의 느낌과 즐거움의 느낌이 있다. 마음에는 근심의 느낌과 기쁨의 느낌이 있다. 버림(捨)의 느낌은 몸에 괴롭고 즐거운 감각도 없고 근심하고 기뻐하는 감각도 없다. 이러한 느낌을 사捨라고 한다.

버림은 매우 좋다! 실제로 버림은 곧 정수正受인데, 왜 정수라고 부르지 않는가? 당신이 버리는 시간이 너무 짧고 오래 누리지 못해 괴로움과 즐거움, 근심과 기쁨이 또 찾아온다. 당신은 영원히 버릴 수 없다. 만약 영원히 버리면 선정으로 바뀌고 정수로 바뀐다. 그래서 범부는 이러한 버림·정수의 시간이 대단히 짧고, 괴로움과 즐거움, 근심과 기쁨의 시간이 대단히 길다. 부처님께서 말씀하신 이 다섯 가지 느낌은 보살이 깊고 깊은 삼매 속에서 괴로움과 즐거움, 근심과 기쁨을 완전히 여의게(舍離) 된다. 그래서 그것은 정수正受이다. 이것이 우리가 마땅히 학습하여야 하는 것이다.

청량대사께서는 이 조목을 「불리원不離願」, 일체보살과 떨어지지 않음이라 해석하셨다. 왜냐하면 보리도菩提道 상에서는 반드시 우리가 수행함에 있어 조연이 되는 일체 선우가 있어야 하기 때문이다. 선재동자가 53선지식을 참학하는 일(五十三參)은 곧 이러한 일을 설명한다. 선재동자는 군중과 떨어지지 않고 사회와 떨어지지 않는다. 이것이 곧 선우와 떨어지지 않고 대중과 함께 닦는 것(同修)이다. "원컨대 일체보살과 뜻과 행을 함께 하길 바라나이다(願與一切菩薩 同一志行)." 보살과 뜻을 함께 하고 원을 함께 함에 지치지 않고 싫증내는 마음이 없어야 수학 상에 성취가 있고, 진정으로 큰 이익(受用)을 얻을 수 있다.

이 한마디는 일체 시간에서, 일체 장소에서 행해야한다. 또한 사람에 대해·일에 대해·물건에 대해 즉 일체 경계와 인연(境緣)에서 청정심을 유지하여야 한다. 경境은 사물환경이고, 연緣은 인사환경이다. 선재동자가 53선지식을 참학하는 일은 전부 이 두 범주의 환경과 떨어지지 않는다. 이는 경문 곳곳에서 모두 볼 수 있다. 아마도 일반적으로는 이런 선지식이 머무는 환경, 그의 생활환경을 먼저 살펴보고, 그런 다음 그 자신의 몸가짐,

그의 언행을 살펴볼 것이다. 그것은 정보正報의 환경이다. 여기에서 선지식은 자신의 청정·평등각淸淨平等覺을 성취한다. 육근이바깥 경계에 접촉하지 않는 것이 아니라 접촉하여 갖가지로또렷하고 갖가지로 명료하면 그것이 지혜이다! 비록 명료할지라도 여여부동如如不動하면 그것은 곧 깊고 깊은 삼매(甚深三昧)이다.

그래서 우익蕅益대사께서는 "경계와 인연에는 호추好醜가 없다"라고 잘 말씀하셨다. 호추好醜의 뜻은 매우 넓다. 바꾸어 말하면경계와 인연(즉 인사환경과 물질환경)에는 좋고 나쁨이 없고, 선과악이 없으며, 옳고 그름이 없고, 또한 그릇됨과 올바름이 없거늘일체 선과 악, 옳고 그름, 그릇됨과 올바름이 어디에서 일어나는가? 자신의 마음에서 일어나는 것이다. 이 말은 참말이다. 이것이야말로 사실·진상事實眞相이다.

예를 들면 우리 몇 사람이 똑같이 이 그림을 보는데 어떤 사람은매우 좋아해서 아름답다고 느끼고, 어떤 사람은 거들떠보지도않고 가치가 없다고 느끼니, 표준이 없는 것으로 보인다. 이바깥 경계에 어찌 표준이 있겠는가? 표준은 어디에 있는가?표준은 당신 자신의 망념에서 생긴다. 이것이 사실·진상이다.사실·진상을 또렷이 이해한 후 당신은 비로소 수행했다 말할수 있다. 그렇지 않으면 당신의 마음은 경계를 따라 굴러 범부가되니, 부처님이 당신에게 가르치신 것으로부터 전혀 이익(受用)을얻을 수 없다. 반드시 사실·진상을 또렷이 이해하여야 한다.일체 법은 모두 자신의 심념心念으로부터 생성되는 것이지 바깥인연에는 아무것도 없다. 우리는 경계와 인연에서 마음을 일으키거나 생각을 움직일 때 즉시 틀렸다고 깨달아야 한다! 경계인연 속에는 틀림이 없다. 우리 자신이 틀렸다. 과실은 자신의 이 한쪽에 있거늘 왜 마음을 일으키고 생각을 움직이는가? 왜 미혹·전도 되는가? 그 근본 업인은 여전히 번뇌와 습기이다.

부처님께서는 수많은 법문을 강설하셨다. '법'은 방법이고, '문'은 문이자 길(門道)이다. 이러한 방법과 문도는 모두 우리에게 번뇌·습기를 항복시키라고 가르친다. 항복은 곧 그것을 누르고 조복시켜 그것이 작용을 일으키지 못하게 함을 말한다. 우리는 할 줄 모르는가? 실제로 말하면 할 줄 모르는 것이 아니라 그것을 잊어버리고 하지 않아 번뇌가 또 현행한다. 날마다 이런 일이 일어난다. 왜 잊어버리는가? 경각심이 모자라기 때문이다. 이것이 첫 번째 원인이다. 두 번째 요소는 실제로 여전히 철저히 알지 못하기 때문이다. 철저히 알아야 경각심이 충분하고, 경계 속에서 당신의 마음이 평등·청정하다. 평등·청정이 곧 깊고 깊은 삼매이다. 이러한 마음이 작용을 일으키면 지혜가 생긴다. 지혜는 곧 깨달음이다. 이것이 참 공부이자 참 수행이라 한다. 그래서 참 수행은 어디에 있는가? 마음을 일으키고 생각을 움직이는 곳, 육근이 육진경계에 접촉하는 곳에 있다.

[제6법] "삼세 유전과 일체 제법의 진상을 차례대로 명료하게 통달함에 지치거나 싫증내는 마음이 없도록 하겠나이다(次第趣入 三世流轉 一切諸法 心無疲厭)."

이는 「묘지妙智」를 말한다. 이는 또한 「승사원承事願」이라 한다. 삼세三世는 과거·현재·미래이다. 일체 제법의 원류에 대해 말하면 이 일체 제법은 어떻게 발생하는가? 이 일체 제법은 어떻게 변천하는가? 이 일체 제법의 진상은 어떠한가? 당신은 모두 명료하게 통달(취입趣入은 곧 진정으로 명료하게 통달함을 뜻함)할 수 있다. 이는 진실한 반야지혜이다.

《금강경》에서 이르시길, "일체 유위법은 꿈·환·거품·그림자 같고(一切有爲法 如夢幻泡影)"라 하셨다. 이는 일체법의 진상眞相이고, "이슬 같고 또한 번개 같으니라(如露亦如電)." 이는 일체법이 유전流轉하는 현상을 말한다. 유전하는 현상은 마치 이슬 같고 번개 같다. 당신은 영원히 그곳에서 관찰한다. 공부가 얕은 경우 관찰觀察이라 하고, 공부가 깊은 경우 관조觀照·조견照見이다! 《반야심경》에서 이르시길, "관자재보살이 오온을 비추어 모두 자성이 공함을 깨달아 알았다(觀自在菩薩 照見五蘊皆空)."[31] 하셨다. 이는 곧 오온을 비추어 모두 꿈·환·거품·그림자 같고, 이슬 같고 또한 번개와 같음을 깨달아 알았다는 뜻이다. 이때 당신의 마음에는 번뇌가 생기지 않고 늘 지혜가 생긴다. 그래서 그는 지치거나 싫증내는 마음이 없다. 번뇌가 생기면 지치거나 싫증내는 마음이 있고 지혜가 생기면 지치거나 싫증내는 마음이 없다.

[제7법] "시방 일체 찰해를 장엄하여 빠짐없이 청정하도록 함에 지치거나 싫증내는 마음이 없도록 하겠나이다(莊嚴十方 一切刹海 悉令清淨 心無疲厭)."

이는 「정토원淨土願」이다. 우리는 회향게 상에서 날마다 염송하면서 "원컨대 이러한 공덕으로써 불국정토를 장엄하게 하소서(願以此功德 莊嚴佛淨土)." 이는 무엇을 가리키는가? 어떤 공덕인가? 여기서는 시방 찰해를 장엄하겠다고 말한다. 이러한 공덕은 곧 이 열 마디에서 지치거나 싫증내는 마음이 없는 공덕이다.

---

31) "깨달은 사람은 관자재보살처럼 「깊은 반야」를 써서 조견 관조할 수 있어 모든 경계의 당체가 「공 그대로(即空)」이다." _《반야심경오가해》(비움과소통) 참조

청정심은 시방 찰해를 장엄하여 빠짐없이 청정하도록 한다. 왜 그러한가? 시방 찰해는 본래 청정하기 때문이다. 우리가 청정심을 씀이 곧 정토를 장엄함이다. 우리의 마음이 청정하지 않으면 정토와 서로 위배된다. 대승경전(《유마경》)에서는 늘 "마음이 청정하면 불국토가 청정하다(心淨則佛土淨)." 말한다. 실제로 불국토는 본래 청정하고, 마음도 본래 청정하다. 이로써 청정한 마음은 진실하고, 청정하지 않은 마음은 진실이 아님을 알 수 있다. 그래서 망심妄心이라 한다.

"망념을 결정코 끊으면 진여가 결정코 현전한다." 이는 마명馬鳴 보살께서 《기신론起信論》에서 우리에게 가르쳐주신 것이다. 우리가 이러한 사실ㆍ진상을 알아 믿음을 갖추면 결정코 망념을 끊을 수 있고 결정코 진여를 증득할 수 있다. 진실한 믿음은 여기로부터 세워진다. 이 원은 「정토원」이라 한다.

[보충] "일체 제법은 오직 망념에 의지해 차별이 있다. 심념을 여의면 일체 경계의 상은 없다(一切諸法唯依妄念 而有差別。若離心念 則無一切境界之相)."

가령 어떤 사람이 집착하여 묻기를, "우리는 일체 경계가 천차만별이고, 생주이멸生住異滅하면서 모두 쉬지 않고 흘러가고 있음을 명백히 보고 있는데, 당신은 어떻게 진여의 심성에 차별이 없다고 말하는가?" 해석을 하자면 일체 염법染法ㆍ정법淨法을 포함해 일체 제법은 모두 차별상이 있고, 차별상은 진여의 본체로부터 생겨나는 것이 아니고, 중생의 망상심에 따라 분별하여 차별상이 일어난다. 당신은 일체 경계상을 진실이라 여겨서는 안 된다. 경계상은 당신의 망상심이 분별하여 나온 것이다. 만일 망념을 여의고, 망념이 일어나지 않을 때 경계상의 당체는 공하다.

고인은 비유를 사용하였다. 예컨대 병든 눈에 허공꽃(空花)이 보이는 것과 같다. 눈에 병이 들어 건강한 눈이 병든 눈으로 변하면 허공에 꽃이 있는 것처럼 보인다. 이 꽃은 생겨났다 사라지는 모습이 나타나지만, 허공꽃의 당체는 곧 공하여 그것은 본래 생하지도 멸하지도 않는다. 당신은 어떻게 허공꽃이 생겨났다 사라지는 모습을 볼 수 있는가? 당신의 눈에 병이 있기 때문이다. 유명한 의사를 찾아 당신의 눈을 잘 치료하면 더 이상 허공꽃은 볼 수 없다. 어떻게 볼 수 없는가? 근본적으로 생겨난 적이 없기 때문이다. 이전에는 어떻게 허공꽃이 생겨났다 사라지는 모습을 보았는가? 눈에 병에 걸렸기 때문이다. 그래서 우리 중생이 삼라만상의 차별을 보는 것은 모두 마음에서 망념을 일으킨 것이다. 망념을 그만두기 시작하면 어떤 경계도 모두 사라질 것이다.

비유를 하나 더 말하면 예컨대 우리가 꿈을 꾸는 경계와 같다. "꿈속에서는 분명히 여섯 갈래의 삶이 있었으나, 꿈을 깨고 나니 텅텅 비어 아무런 경계도 없네(夢中明明有六趣 覺後空空無大千)." 당신이 꿈을 꿀 때에는 꿈속에서 천당에 태어나 즐거움을 누리는 모습이 보이고, 지옥에 떨어져 괴로움을 겪는 모습이 보이며, 꿈속에서 인간 세상에서 슬픔과 기쁨이 모였다가 흩어지는 모습이 보이는 등 하지만 모두 진실이 아니다. 왜냐하면 그것은 꿈속에 마음이 나타낸 경계이기 때문이다. 당신이 깨고 나서는 끝없이 많은 경계가 모두 사라진다. 우리 범부의 마음이 꿈을 꾸는 마음은 꿈을 꾸는 마음과 같아서 우리가 범부에서 성인으로 바꾸어 망심을 텅 비워 버리고 나면 어떤 경계도 모두 사라진다.

"심념을 여의면 일체 경계의 상은 없다." 이 문구는 성인의 지혜로 우리에게 알려주신다. 마명보살은 팔지보살八地菩薩로 심념心念을 여의는 공부가 있어 일체 경계를 모두 텅 비워버렸다. 이는 우리에게 경문의 해석에 따라 단지 경문만 이해하지 말고 마음속까지 이해해야 함을 알려준다. 일체경계 삼라만상은 차별이 있어 다르다. 이는 모두 망상심으로 분별하여 나온 것이다. 회광반조迴光反照하여 망상심을 비추어 텅 비워야 한다. 망상심은 곧 허망한 생각이 염념마다 생멸하는 생멸심이다. 마음이 정定에 들기 시작한 뒤에 회광반조하여 일념도 생겨나지 않을 때 망상심이 사라졌는데, 여전히 마음이 있겠는가? 마음은 없다.

당신이 처음 좌선하며 앉아서 열심히 공부할 때 불당, 탁자, 의자가 보이고, 책상다리를 한 당신의 모습이 보면서 몸이 있다고 느낀다. 당신이 망상심을 비추어 텅 비운 뒤에는 몸이 없어지고, 정보正報가 없어지거늘 어찌 여전히 의보依報가 있겠는가? 불당도, 책상도, 의자도 모두 사라진다. 정定에서 나온 뒤에는 무엇이든 또한 걸어 나온다. 일체 생멸상은 모두 망념이 일으킨 것이다. 망념을 텅 비우면 이때 진여의 이체가 현전한다.

_《대승기신론강기大乘起信論講記》, 도원道源법사

[제8법] "일체 중생을 교화·조복시켜 빠짐없이 성숙시키도록 함에 지치거나 싫증내는 마음이 없도록 하겠나이다(教化調伏 一切衆生 皆令成熟 心無疲厭)."

이는 중생을 제도·교화하는 원이다. 자신이 성취하면 다른 사람을 도와야 하고, 자신이 명백하지만 여전히 성취가 없을지라도 다른 사람을 도와야 한다. 「교敎」는 가르치고 인도함(敎學)이다. 여기서는 교학敎學을 쓰지 않고, 교도敎導를 쓰지 않고, 교화敎化를 쓴다. 「화化」, 이 뜻은 좋다. 화는 무엇인가? 성취가 있다는 뜻이다. 교敎는 인因이고, 화化는 과果이다.

중국 고대 유교의 교학에서 그 목적은 학생이 기질을 변화시킬 수 있길 희망한다. 그래서 교화를 말한다. 일체제불의 교학에서도 우리가 경계를 변화시켜 범부에서 성인으로 변화되길 희망한다. 그래서 화化는 교학敎學을 강설하여 성취함을 뜻한다. 우리는 부처님의 교도敎導를 받아들여 범부에서 성인으로 변화시키고, 범부에서 보살을 변화시키며, 보살을 부처로 변화시킬 수 있는가? 교화의 이런 뜻은 원만하다.

교학敎學하는 동안 변화의 성취를 달성하려면 「조복調伏」이 대단히 중요하다. 조調는 조순調順이고, 복伏은 항복降伏이다. 항복은 번뇌와 습기에 대해 말한 것이고, 조순은 법성과 공덕에 대해 말한 것이다. 우리는 마음을 일으키거나 생각을 움직이거나 말하거나 행동함에 있어 법성에 수순할 수 있으면 정행正行이고, 법성에 위배하면 역행逆行이다. 역행하면 삼도三途・육도六道에 떨어지고, 순행하면 사성四聖・불보살佛菩薩이 된다. 얕게 말하면 조調는 마음을 말하고, 더 얕게 말하면 우리의 정서이다. 복伏은 희로애락의 감정이 생길 때 이를 눌러두어야 한다고 말한다.

유교에서 이러한 공부는 모자라다고 한다. 희로애락의 감정은 누구에게나 있다. 무시 겁 이래의 습기는 성인도 부정할 수 없다. 비록 있을지라도 당신이 제어할 수 있는 능력이 있어야 한다. 만약 그 감정을 터뜨리지 않을 수 없으면 당신은 범부이다. 그래서 그것에는 한도가 있고, 표준이 있다. 유교에는 중도를 말한다. 거리가 이러한 중도에서 위 아래로 너무 동떨어지지 않아야 한다. 이러면 괜찮다.

불법은 당신에게 번뇌를 끊으라 한다. 유교에서는 끊으라는 말이 없고, 불법은 끊으라고 말한다. 그래서 불법은 정定을 닦고, 혜慧를 닦으라고 요구한다. 정으로써 번뇌를 조복할 수 있고, 혜로써 번뇌를 바꿀 수 있다. 그것은 곧 번뇌를 끊음이다. 그래서 번뇌를 전변시켜 보리를 이루고, 생사를 전변시켜 열반을 이룬다. 그것은 대지혜가 필요하다. 조복調伏은 실제로 곧 정혜이다. 복伏은 정이고, 조調는 혜이다. 이래야 일체 중생을 성숙成熟시킬 수 있다. 성成은 성취이고, 숙熟은 원만에 도달함이니, 중생을 도와 불과를 증득함을 성숙이라 한다. 우리는 일체 중생을 도와야 한다. 육도윤회를 벗어나도록 돕고 십법계를 초월하도록 돕지만 모두 성숙시킬 수는 없으니, 반드시 그가 성불할 때까지 도와야 한다.

이러한 일은 대단히 어렵기에 우리 범부가 해낼 수 있는 것은 아니다. 그래서 《화엄경》에서 보현보살과 문수보살께서 강설하신 대상은 모두 41분 법신대사로서 그들은 행을 하고, 이런 능력이 있다. 그러나 우리는 명백히 들을 수 없다. 명백히 들음(白聽)은 우리에게는 조금도 의의가 없다. 실제로 우리는 하나의 능력이 있으니, 곧 다른 사람이 염불하여 왕생하도록 도울(助念) 수 있다. 이런 사람은 정말 기꺼이 염불하고 실제로 왕생하니, 문수보살께서 여기서 말씀하신 것보다 더 수승하기 마련이다. 그래서 서방극락세계에 왕생하는 것이 진정한 성숙이다.

서방극락세계에 태어나 성불하는 속도에 있어 《화엄경》이 어떻게 그것과 견줄 수 있겠는가! 선재동자는 일생에 성불하기 위해서 53선지식을 참학하는 일(五十三參)을 거쳐야 했다. 그러나 염불인은 정토에 왕생하기만 하면 설사 하하품으로 왕생할지라도 53선지식을 참학하는 일보다 모두 속도가 빠르니, 선재동자는 견줄 수 없다. 그래서 우리에게도 방법이 있으니, 곧 다른 사람에게 염불하여 극락왕생하길 권진勸進하는 일이다.

이 이면에는 지혜가 있어야 하고, 인내심이 있어야 하며, 선교방편이 있어야 한다. 그는 처음에는 받아들이지 못한다. 당신은 선교방편을 써서 그에게 설명하여 주고, 그를 도와서 믿도록 하고 발원하도록 하여야 한다. 그에게 몇 차례 권진하여도 모두 듣지 않고 받아들이지 않는다고 말해서는 안 된다. 만약 이런 사람을 가르칠 수 없으면 당신은 책임을 다하지 않은 것이다. 당신에게 인내심이 있어야만 그를 가르칠 수 있다. 시간이 오래 지나면 그는 감동하게 된다. 진성심眞誠心으로 사람을 감동시킬 수 있다.

[보충법문] "염불행자에게 극락왕생을 권진하라(勸進行者)."

> 이는 중생이 유전流轉하는 괴로움의 상(苦相)으로 삼유三有에서 유전하면서 갖가지 고법苦法을 겪음에 마치 독을 먹는 것과 같고, 갖가지 악법惡法을 일으킴에 마치 칼로 자신을 해치는 것과 같다. (중생은 줄곧 고법과 악법 가운데 자재하지 못한 채 삼계를 유전하면서 무명과 혹업의 힘이 줄곧 중생을 해치고 괴롭힌다.)

> 현재 이미 자신이 밝은 거울과 같고 감로와 같은 선법을 획득한 이상 밝은 거울이 있어 정도正道를 철저히 비출 수 있어 중생이 진여로 돌아가게 하고, 감로가 있어 법우를 쏟아 부어 아무리 써도 다함없이

중생의 마음을 이롭게 한다. 일체 불성을 지닌 중생으로 하여금 모두 법류法流로 촉촉이 젖게 하고, 평등하게 정법에 계합하게 하여 망상을 여의고 진여로 돌아가고, 괴로움을 여의고 즐거움을 얻도록 한다. 이러한 인연을 위하여 모름지기 염불왕생을 권진하여야 한다.
_《관경사첩소심요》 (비움과소통)

[제9법] "일체 찰토에서 일체 겁이 지나도록 보살행을 행함에 지치거나 싫증내는 마음이 없도록 하겠나이다(於一切刹 行菩薩行 經一切劫 心無疲厭)."

이는 시간을 말한 것이다. 방금 전에 인내심이 있어 장시간 물러나지 않아야 된다고 말했다. 이는 또한 대승법문에서는 "불씨 문중에서는 한 사람도 버리지 않는다(佛氏門中 不舍一人)"고 늘 말한다. 이는 보살행·보살원이다. 일체찰토는 대보살의 경계이다. 사홍서원四弘誓願에서는 "가없는 중생을 다 제도하겠나이다(衆生無邊誓願度)." 발원한다.

가없는 중생이 모두 가없는 불찰토에 머물고 있다. 대보살은 사바세계의 중생만을 제도하는 것이 아니고 "나는 이 지구상의 중생을 제도하겠다"고 발원하는 것이 아니다. 그러면 너무너무 작다. 심량이 너무나 작다! "진허공·변법계 일체찰토 이면의 중생을 일체 겁, 즉 무량겁이 지나도록 제도함에 지치거나 싫증내는 마음이 없도록 하겠나이다" 발원한다.

이 발원과 지장보살의 대원은 다르지 않다. "지옥이 텅 비지 않으면 성불하지 않겠나이다(地獄不空 誓不成佛)." 우리 사바세계의 지옥을 가리키는 것이 아니라 시방 일체찰토 이면의 지옥을 가리킨다. 텅 비지 않는 지옥이 하나라도 있으면 지장보살은

- 143 -

성불하지 않는다. 이렇게 오랜 시간토록 발원하여 오랜 시간 수학하고, 오랜 시간 일체 중생을 도와 영원히 물러나지 않으며, 영원히 지치거나 싫증내는 마음이 없다.

[보충법문] 지장보살 대원

"저는 오늘 이후로 청정연화목여래 성상 앞에서 발원하오니, 백천만억 겁 동안 마땅히 모든 세계 모든 지옥 및 삼악도의 일체 죄고중생을 구제하여 지옥악취·축생·아귀 등을 벗어나게 하고 이와 같은 죄보 등의 사람을 다 성불하게 한 후 저는 비로소 정등정각을 이루겠나이다."

시방의 제불보살이시여. 자비를 베풀어 저를 불쌍히 여기시어, 제가 모친을 위해 가령 저의 모친이 삼악도 및 하천한 여자 종의 몸을 영원히 벗어날 수 있고 심지어 더 이상 여인으로 태어나지 않도록 하옵소서, 광대한 서원을 직접 발함을 듣고서 저를 대신하여 섭수攝受함을 증명하여 주시길 기도합니다.

저는 오늘 청정연화목여래께 발원하오니, "오늘 이후로 백천만억 겁 동안 진허공·변법계 모든 세계의 지옥 및 삼악도 일체 죄고중생을 구제하여 지옥·아귀·축생 등 모든 고난 중생을 빠짐없이 다 성불하게 하고 그런 다음 자신이 비로소 불도를 이루겠나이다."

이것이 곧 "지옥이 텅 비지 않으면 성불하지 않겠나이다(地獄不空誓不成佛)." 하는 지장보살의 대원이다. 지옥이 텅 비면 축생·아귀도 또한 당연히 텅 빌 것이다. 광목의 원이 강하여 한 때, 한 곳일 뿐만 아니라 시간은 무한하고, 공간은 진허공·변법계임을 알 수 있다.

"지장보살이 육도의 일체중생을 교화하고자 서원을 발한 겁의 수는 천백억 항하사와 같나이다(是地藏菩薩敎化六道一切衆生 所發誓願劫數如千百億恆河沙)."

지장보살이 보살의 신분으로 일체 중생을 교화하는 겁의 길이는 오랜 시간 너무나 길어 계산할 수 없다. 보살은 세세생생 누겁토록 모두 이러한 서원을 거듭 발한다.

우리는 서품에서 시방제불여래가 법회에 참석한 것을 보았다. 이러한 제불 여래는 모두 지장보살의 학생이다. 성불하는 학생 수는 이미 불가사의하다. 스승은 여전히 보살의 신분으로 일체중생을 돕고 계신다. 자신의 명성에 개의치 않고 개인의 이익에 개의치 않으며, 공덕을 누적하여 중생을 교화하신다.

이것이 지장보살이 우리를 위해 본보기가 되어 주시고, 우리가 수학하도록 가르치고 인도하심이다. 지장보살이 부처님의 몸으로써 응하여 제도 받음을 얻는 중생을 만나면 당연히 부처님의 몸으로 나타나서 설법하신다. 제불보살이 중생을 교화하심은 활발하지 않음이 없고, 근기에 따라 적절히 변통하여 유연하여야 일체 중생이 개오開悟하도록 하고, 일체 중생이 진실의 이익을 얻도록 할 수 있다.
_《지장보살본원경 강기》

[제10법] "일체중생을 성숙시키고자 하는 연고로 일체 찰토에서 극미진 수의 바라밀문을 닦아 여래의 지력 하나를 원만하게 성취시키고, 이와 같이 차례대로 일체 중생을 위해 여래의 일체지력을 성취함에 지치거나 싫증내는 마음이 없도록 하겠나이다(爲欲成熟一切衆生故 修一切刹 極微塵數 波羅蜜門 成就圓滿如來一力 如是次第 爲一切衆生 成就如來一切智力 心無疲厭)."

이는 광대원廣大願으로 「성정각원成正覺願」이다. 보살은 일체중생을 성숙시키기 위해 발심한다. 여기서 특별히 주의할 것은 일체중생을 성숙시키기 위해서 비로소 무량법문을 닦는다는 점이다. 나는 여러분에게 만약 자신이 성불하기 위해서는 일문에 깊이 들어가야 한다고 말한다. 자기 성취를 위해 무량법문 중에 일문을 취하여야 성취할 수 있다. 실제로 말하면 계정혜를 성취함이니, 계정혜가 원만하면 성불한다. 어느 때 이르러 "무량한 법문을 다 배우는가(法門無量誓願學)?" 여러분에게 번뇌를 다 끊어야 비로소 법문을 배우는 때라고 말씀드린다.

번뇌를 끊어버리면 성불한다. 견사번뇌見思煩惱・진사번뇌塵沙煩惱・무명번뇌無明煩惱를 다 끊었거늘 성불하지 못하겠는가? 성불한 후에는 중생을 널리 제도하여야 한다. 중생을 널리 제도하려면 반드시 일체법문을 통달하여야 한다. 왜냐하면 중생의 근성은 서로 달라서 한 법문으로 일체중생을 제도할 수 없다. 한 법문으로는 자신을 제도하여 성불할 수 있지만, 일체 중생의 근성이 서로 달라 타인을 제도할 수 없다.

그래서 일체 법문을 닦고자 하면 서방극락세계에 가서 아미타부처님을 친견한 이후 다시 공부하여야 한다는 점을 여러분은 반드시 기억하여야 한다. 서방극락세계의 사람은 매일 모두 시방세계에 가서 일체제불에게 공양하여 복을 닦는다. 그렇게 복을 참으로 많이 닦을수록 참으로 빨리 닦을 수 있다! 당신이 부처님께 공양하면 부처님께서 당연히 당신에게 설법하여 준다. 이것이 복혜쌍수福慧雙修이다.

당신이 하루 일체제불의 설법을 듣는다면, 많이 말할 필요도 없이 한분 부처님께서 당신에게 한 마디 법문만 설해 주어도 당신은 매일 무량법문을 듣고, 날마다 듣는다! 무량한 법문을 다 배우겠다는 서원이 서방극락세계에 가야 비로소 실행된다. 당신이 서방극락세계에 가지 않으면 이 원은 실행되지 않는다.

진정으로 깨달으려면 모든 인연을 내려놓고, 일심으로 「아미타불」 부처님 명호를 집지하여 자신이 성불하며, 나아가 중생이 성불하도록 돕고, 중생이 여래과지如來果地 위에서 같은 지혜공덕을 얻도록 도움에 영원히 지치거나 싫증내는 마음이 없을 것이다.
_《조찬법문》에서 발췌

[보충법문] 정토법문은 불력에 의지해 삼계를 횡으로 벗어나는 횡초법문橫超法門이다

왜 염불하여 서방극락에 태어나길 구하는 법문을 횡초법문橫超法門이라고 하는가? 고인께서는 비유를 들어 해석하고 있다. 업혹을 지니고 있는 우리 범부를 한 마리 벌레에 비유한다. 이 벌레는 대나무 한 그루 가장 아래 마디 하나에 태어나는데, 이 대나무 한 그루는 삼계에 비유한다. 이 벌레가 삼계를 벗어나고 싶지만 두 가지 방법만 있을 뿐이다. 하나는 수직으로 벗어나는 것(竪出)이고 하나는 횡으로 벗어나는 것(橫超)이다. 수직으로 벗어나는 것은 아래에서 위로 마디마디 차례로 물어 깨뜨려 최상의 마디까지 물어 깨뜨려야 벗어날 수 있다. 이는 다른 법문을 닦는 것으로 견사번뇌見思煩惱를 다 끊어야 삼계를 벗어날 수 있다. 견혹見惑에는 88품이 있고 사혹思惑에는 81품이 있다. 이렇게 많은 품수는 한 그루 대나무의 마디 수에 비유한다. 그 벌레가 위를 향해 세로로 뚫어서 벗어나는 것을 「수출竪出」이라 한다.

예컨대 견혹見惑을 끊은 초과初果의 성인은 일곱 번 천상에서 태어나고 일곱 번 인간에서 태어나는 오랜 시겁時劫의 수습을 경과해야 아라한(四果)을 증득하여 생사를 끝마칠 수 있다. 이과二果 또한 한번 천상에서 태어나고 한번 인간으로 돌아와야 사과를 증득할 수 있다. 삼과三果는 욕계欲界의 사혹思惑이 이미 다하였지만, 여전히 오불환천(五不還天;

오정거천)에서 점차로 수습하여야 사혹을 다 끊고 사과를 증득할 수 있다. 이래야 삼계를 벗어난 무학성인無學聖人(아라한)인 셈이다. 만약 둔한 근기의 삼과이면 여전히 사공천四空天에 이르러 공무변처천空無邊處天에서 비비상처천非非想處天에 이르러야 사과를 증득할 수 있다. 이 수직으로 벗어나는 방법은 이처럼 매우 어렵고 오랜 세월이 걸린다. 횡으로 벗어나는 것은 바로 이 벌레가 위쪽 면으로 한 마디 한 마디 향하여 무는 것이 아니라 단지 측면을 향하여 구멍 하나를 물기만 하면 곧 벗어날 수 있다. 이러한 방법은 횡으로 벗어나는 것에 비유한다. 이는 수고를 많이 덜 수 있다.

염불하는 사람도 이와 마찬가지이다. 비록 견사번뇌를 끊어 없애지 못할지라도 단지 믿음·발원·집지행의 정토 삼자량三資糧을 갖출 수만 있다면 임종할 때에 감응하여 아미타부처님께서 그를 접인接引하시어 극락세계에 왕생할 수 있다. 이 청정국토에 이르면 견사번뇌를 끊지 않아도 저절로 끊어진다. 무슨 까닭인가? 정토의 수승한 경계와 인연이 강하여 번뇌의 경계가 생기게 하지 않는 연고이다. 이와 같이 곧 삼불퇴三不退를 얻어 곧장 진사무명塵沙無明을 깨뜨려 무상보리를 성취하거늘, 얼마나 곧장 질러가는 간단하고 쉬운 일인가. 그래서 고인께서는 "다른 법문으로 도를 배우는 것은 개미가 높은 산을 오르는 것과 같지만, 염불하여 왕생하는 것은 돛배가 순풍에 물살을 타는 것과 같다." 하셨다.
_《인광대사문초청화록》(비움과소통)

[제24법문]

정토에 왕생하여야 중생을 널리 제도할 수 있다

도량의 흥왕은 실질에 있지, 형식에 있지 않다. 참배자가 많고, 신도가 많으며, 공양이 많은 것은 모두 형식에 속한다. 표면상의 흥왕이지, 실질상의 흥왕이 아니다. 실질상의 흥왕은 도량에 해解가 있고 행行이 있으니, 곧 개오開悟가 있고 불과의 증득(證果)이 있다. 불법의 수학은 실질을 중시하지 형식을 중시하지 않는다.

우리가 《서방확지西方確指》에서 보면, 각명묘행覺明妙行보살과 그들은 작은 도량 하나를 건립하였는데 이 도량에는 8명의 사람이 있었다. 그들은 늘 함께 염불하였고, 8명의 사람이 모두 왕생하였다. 이 도량은 견줄 수 없이 흥왕 수승하다. 만약 도량의 대중이 매우 많아 수천 수만의 사람 중에서 개오開悟하고 불과를 증득한 사람이 아무도 없다면 이런 도량은 흥왕의 형상이 아니고 쇠멸의 모습이다.

한 사람이 쉽게 수행하면 게을러진다. 그래서 조사께서는 공수共修를 제창하셨다. 공수는 대중에 의지하여 피차 함께 서로 격려하여 서로 경책한다. 이것이 공수의 진정한 의의이다. 정토종의 창시자는 동진東晉 시대 혜원慧遠 대사이다. 그는 강서江西 여산廬山에 연사蓮社를 세웠고, 뜻을 함께하고 도를 합한 사람이 1백23명으로 확실히 수승하였다. 그들이 공수하는 규율은 대단히 엄격하여 경계선을 확정하였다. 혜원대사께서도 경계선을 벗어나지 않았다. 그래서 그들은 성취가 있었다. 산상에서 머무는 마음은 산란하지 않다. 수많은 인연을 내려놓고, 보리심을 발하여 「아미타불」 명호를 일심으로 전념하여야 한다.

염불은 누구를 위해 염念하는가? 허공법계의 일체 중생을 위하여 염한다. 이 마음이 보리심이다. 만약 단지 자신만을 위해 서방극락세계에 태어나길 구하기만 하면 이 마음은 보리심이 아니다. 「아미타불」 부처님 명호를 소리내어 염할 때마다 일체 중생을 위해 재난을 없애도록 염불하는 것이 대보리심이다.

염불한 공덕을 회향하려면 당신의 염불에 참 공부가 있어야 한다. 만약 「입으로 아미타불 명호를 부를 뿐 마음이 산란하다(口念彌陀心散亂)」면 무엇으로 회향하겠는가? 그래서 일심으로 칭념稱念하여야 한다. 일심칭념이 곧 공부이다. 염불할 때 의심하지 않고(不懷疑)·뒤섞지 않고(不夾雜)·중단하지 않아야(不間斷) 한다. 이렇게 공부를 촘촘하게 하여 자신을 성취하고, 자신이 성취한 공덕을 법계중생에게 회향하여야 한다.

우리는 무엇을 위해 왕생을 구하여야 하는가? 일체 중생을 위하여야 한다. 서방극락세계에 태어나는 것은 결코 향수享受를 탐내는 것이 아니다. 그곳에 가서 무엇을 하려는가? 부처가 되려고 간다. 부처가 됨은 또한 무엇을 위함인가? 부처가 됨은 중생을 널리 제도하기 위함이다. 부처가 되지 못하면 우리의 지혜가 열리지 않아 능력을 갖추지 못해 중생을 제도하고 싶어도 제도하지 못한다. 서방극락세계에 가서 지혜를 구하고 본분사(本事)를 배워서 성불한 후에 시방법계에 가서 중생을 널리 제도할 것이다. 이러한 마음을 보리심이라 한다.

만약 생각이 단지 사리사욕만 챙기면서 염불을 잘 하여도, 참선을 잘 하여도, 경전 강설 설법을 잘 하여도 모두 윤회심이지 보리심이 아니면, 그 결과는 모두 육도 안에서 유루有漏의 복보일 뿐이다.
_《조찬법문》에서 발췌

[보충법문] 각명묘행보살은 어떻게 닦아 성취하는가?

각명묘행覺明妙行보살은 이 세상에서 살아가는 우리 범부이다. 정토종에서는 그의 사적을 설명하는 소책자 《서방확지西方確指》를 널리 전하고 있다. 이 세상에서 8명의 사람이 한 곳에서 공수共修하여 8명 모두 왕생하였는데, 그들이 함께 준수한 것은 의심하지 않음(不懷疑)·뒤섞지 않음(不夾雜)·중단하지 않음(不間斷)의 세 마디 말이다. 그들이 이렇게 수행하여 성취한 방법을 우리에게 참고하라고 제공하였다.

8명의 사람이 한곳에서 수행하였다. 도량은 비록 크지 않고 작았지만, 원만히 성취하여 8명 모두 왕생하였다. 그래서 도량의 장엄은 크기에 있는 것이 아니라 이 도량에서 진정으로 왕생한 사람이 얼마나 있느냐에 달려 있다. 당신이 이런 도량을 이 땅에 건립하여, 구경에 얼마나 많은 사람이 접인하여 극락세계에 왕생하느냐, 이것이 그 공덕이다. 만약 왕생하는 사람이 한 사람도 없다면 그의 공덕은 제로나 마찬가지이다. 그들이 닦은 것은 공덕이 아니라 여전히 육도에서 윤회하는 복덕에 지나지 않는다.
_《정토대경과주》 제4회에서 발췌

[보충법문] 염불법문의 비결 : 의심하지 않고, 중단하지 않으며, 뒤섞지 않는다

염불법문의 비결은 바로 세 마디 말, 아홉 글자이다. 첫째는 「의심하지 않음(不懷疑)」이다. 자신을 의심하지 않고, 아미타부처님을 의심하지 않으며, 서방극락세계를 의심하지 않는다. 당신은 진정으로 믿을 수 있어야 한다. 결정코 왕생하고, 결정코 성불하려면 자신을 믿어야 한다. 내가 여기서 염불하는 것을 아미타부처님께서 알고 계심을 믿는다. 내가 왕생을 구하면 임종할 때에 부처님께서 반드시 접인하심을 믿는다. 서방에 결정코 극락세계가 있음을 믿는다. 그래서 당신은 신심을 구족하여 한 점 의심도 없어야 한다.

둘째는 「중단하지 않음(不間斷)」이다. 내가 서방정토에 태어나길 구한다는 생각을 중단하지 않음이다. 이는 대단히 중요하여 깊이 믿고 간절히 원해야 한다. 나는 아무것도 구하지 않고 오직 서방극락세계에 왕생을 구할 뿐이다. 이 생각을 중단하지 않아야 한다. 아미타부처님을 생각하면서 아미타부처님을 염하길 중단하지 않겠다. 이것을 제외하고 그밖에는 아무것도 생각하지 않고서 나는 전일하게 아미타부처님만 생각하고 전일하게 아미타부처님만 염하여 전일하게 서방극락세계에 태어나길 구하겠다. 이를 중단하지 않음이라 한다.

셋째 요결은 「뒤섞지 않음(不夾雜)」이다. 염불하는 사람들이 이것저것 뒤섞으면 골치가 아프다. 뒤섞으면 전일하지 않아 공부해서 얻은 힘이 파괴된다. 뒤섞음(夾雜)이란 경교經敎를 연구함을 말한다. 나는 전일하게 염불하는 사람으로 오늘 《대반야경》을 연구하고, 내일은 유식을 연구하며, 모레는 선종을 연구한다. 이러면 못쓴다. 불문 이외의 것들을 뒤섞지 않을 뿐만 아니라 정토법문을 말하지 않는 것을 우리는 보지도 말고 연구하지도 말며 전일하게 구해야 한다. "저 대경 · 대론이 그렇게 좋은데 연구하지 않으면 안타깝지 않은가?" 하고 안타까워하면 왕생할 수 없다! 정토를 전일하게 닦고 그 나머지 아홉 가지 종파는 모두 버려야 한다. 종파 하나하나 모두 배우고 싶다면 그것은 뒤섞는 것으로 끝내 성취할 수 없다.

실제로 불법은 세간법과 같지 않다. 세간법에서는 이 일문은 알고 저 일문을 모르면 「업종이 다르면 산을 사이에 둔 것 같다(隔行如隔山)」고 한다. 불법은 이와 달리 「한 경에 통하면 일체경에 통한다(一經通一切經通)」하여 단지 일문을 배우기만 하면 문마다 모두 통달할 수 있다고 한다. 이 일문을 통달하지 못하면 문마다 모두 통달하지 못한다. 당신이 진정으로 염불을 잘 하여 일심불란에 이르도록 염하면 선禪도 통하고 밀密도 통하며 교敎도 통하여 일체불법을 모두 통달한다. 일심불란에 이르지 않았을 때는 아직 통하지 못한다. 공부성편이어도 단지 정토만 이해할 뿐 다른 종파, 다른 경전에 통하지 못한다. 만약 일심을 얻으면 일체에 통달한다.

만약 진정으로 빨리 일체 경전을 통달하고 싶다면 한 경전을 공부하여야 비로소 통달할 수 있다. 왜냐하면 일체경의 원리는 하나이므로 하나에 통하면 일체에 모두 통달할 수 있다. 그래서 결코 뒤섞어서는 안 된다. 의심하지 않고 중단하지 않으며 뒤섞지 않는다는 이 원칙을 지키면서 수학하면 쉽게 성취할 수 있다. 《서방확지》에서 각명묘행覺明妙行 보살께서는 이를 특별하게 강조하셨다. "정토 이외의 경전을 독송해서는 안 된다. 이는 뒤섞는 것이다. 이것을 제외하고, 그 밖에 참선을 하거나 주문을 지송하거나 법회를 하는 것은 모두 뒤섞는 것이다."

우리는 공부성편功夫成片에 이르도록 염해야 한다. 그것은 바로 번뇌가 현행하지 않음이고, 옳고 그름, 남과 나, 탐진치와 교만, 이러한 망념이 작용하지 않음이다. 번뇌는 끊지 못하고 확실히 있다. 비록 있을지라도 작용하지 않는다. 왜냐하면 작용이 일어나면 바로 「아미타불」 명호로 바꾸어 버리고, 이 한마디 부처님 명호로 그것을 누르기 때문이다.

고인께서는 「돌로 풀을 누른다(石頭壓草)」 하셨다. 정말 누르면 비록 뿌리가 있을지라도 자라지 않는다. 이를 공부성편이라 한다. 이렇게 공부성편이 있으면 결정코 왕생한다.

만약 우리가 하루종일 탐진치와 교만·옳고 그름·남과 나, 이들 망념이 작용을 하면 염불공부가 작용을 일으키지 않음을 재빨리 깨달아야 한다. 부처님 명호를 비록 날마다 염하여도 득력하지 못하여 번뇌를 누르지 못하면 마음이 청정하지 못해 왕생할 수 없다. 그래서 염불의 많고 적음은 실제로 정말 상관없고, 중요한 것은 바로 당신이 부처님 명호로 번뇌를 누를 수 있는지, 하루동일 마음을 청정하게 유지할 수 있는지에 달려 있다.

만약 심지를 청정히 유지할 수 있다면 결정코 왕생한다. 마음이 청정하면 곧 국토가 청정하고, 아미타부처님과 감응도교感應道交한다. 만약 누르지 못하면 마음속에는 여전히 옳고 그름·남과 나·탐진치와 교만이 있고 육도윤회의 업을 지어서 육도윤회의 과보를 받으니, 이는 정업淨業이 아니다. 그래서 자신이 깨달아야 결정코 윤회의 업을 짓지 않는다. 세속 인연을 내려놓고 인연에 수순하며 더 이상 이런 일을 하지 않아야 깨달음이라 한다. 나는 더 이상 옳고 그름·남과 나를 구분하지 않고, 탐진치와 교만을 부리지 않는다. 이것이 크게 사무쳐 크게 깨달음이고 정업淨業을 전수專修함이다.

[보충법문] 각명묘행覺明妙行 보살

《서방확지西方確指》에서 각명묘행覺明妙行보살이 말씀하시길, "선남자여, 나는 옛날 인지因地에서 묘담각심妙湛覺心으로 일체 모든 찰토를 조명照明하였다. 이는 중생이 함께 갖추고 있는 것이다. 즉 각묘묘각覺妙妙覺·각명묘심覺明妙心으로 무량한 묘행妙行을 일으켜 일체중생을 제도하였다. 이런 까닭에 아미타부처님께서 저에게 명호를 인가하시니, 명호를 「각명묘행覺明妙行」이라 하였다."

「묘妙」는 곧 불가사의하다는 뜻으로 범부의 경계를 초월한 갖가지 기묘奇妙·불이不二의 것이다. 「담湛」은 곧 청정이다. 《수능엄경》에서는 묘담총지妙湛總持, 이러한 본각本覺의 마음을 말씀하신다. 보살이 묘담각심을 증득함은 곧 본각의 이성을 증득함이다. 정토법문으로 말하면 곧 무량수無量壽를 증득함이다. 곧 "생멸이 이미 멸하고 적멸이 현전하는(生滅滅已 寂滅現前)" 그런 적멸이고, 또한 묘담각심이라 지칭한다. 열반의 이러한 상常, 이러한 수壽의 체성을 증득한 후에는 저절로 그것의 광명이 발현된다. 체성으로부터 광명이 작용하기 시작함이 「조명照明」이다. 이는 곧 무량광無量光으로 시방 일체 모든 찰토를 조명할 수 있다. 그래서 각명묘행보살께서는 실제로도 무량수·무량광의 이러한 덕능德能을 증득한다고 말씀하셨다. 그는 등각보살等覺菩薩이라고 말씀할 수 있다! 동시에 이러한 묘담각심은 찰토를 조명하는 공능 작용인데, 이러한 체용은 일체 중생이 함께 갖춘 것이다. 곧 이러한 중생, 법회에 참가한 8명의 사람은 모두 이러한 각심覺心과 조명照明의 공능을 갖추었다. 또한 그들은 곧 각명묘행보살로 마음·부처·중생 등 차별없는 체성을 증득하였다.

「각묘묘각覺妙妙覺」, 즉 본각이 기묘奇妙한 것으로 변화되니, 이러한 하나의 기술 방법을 쓴다. 이러한 본각의 체성은 투명한 것이다. 그는 이러한 묘용妙用을 발현하여 무량한 묘행妙行을 일으킨다. 이러한 묘행도 곧 무작無作의 묘용妙用이다. 그는 타방세계에 가서 보살도를 행한다. "나는 무엇을 하고 싶다"는 작의作意가 필요하지 않다. 중생의 근기에 하나의 감感이 있음으로 그는 곧장 응응한다. 이러한 「응」의 과정은 무심한 것이고, 작의하지 않는 것이다. 그는 집착 없는 묘행으로써 일체 고난 중생을 널리 제도한다. 그는 이러한 하나의 경계를 증득한다.

"아미타부처님께서 나의 명호를 인가하여 「각명묘행」이라 하셨다." 「각명覺明」은 자신을 이롭게 하는 방면, 즉 스스로 증득하는 경계로 본각의 밝음이 발현한 것이다. 타인을 이롭게 하는 방면, 즉 대자비심이 있어 중생을 제도·교화하는 보살행을 「묘행妙行」이라 한다. 자각각타自覺覺他의 공능작용으로 말미암아 그의 명호를 세웠다.

《서방확지》의 기록에 따르면 각명묘행 보살은 옛날 중국 진晉나라 때 가난한 집안의 출신이었다. 그는 빈곤한 생활고로 인해 대원을 발하면서 말하였다.

"나는 과거에 지은 행업으로 이러한 고통의 과보를 겪고 있다. 만약 내가 오늘 아미타부처님을 친견하여 서방극락국토에 왕생하여 일체공덕을 성취할 수 없는 경우 설령 내 목숨을 포기할지라도 끝내 뒷걸음치며 그만두는 일은 없다. 이렇게 서원하고서 7일 낮밤 동안 한 마음 한 뜻으로 아미타부처님을 억념하였다. 이에 마음이 열려 아미타부처님을 친견하니, 부처님의 상호광명이 시방세계에 두루 가득하였다. 나는 아미타부처님 전에서 친히 수기하심을 입었다. 나중에 75세까지 살아서 앉은 채로 해탈하여 마침내 극락에 왕생하였다. 그 후 중생을 제도하겠다는 자비원이 매우 깊어 원을 타고서 다시 사바세계로 와서 각지에서 현신하여 중생을 교화하였다."

[현신 교화의 인연]

각명묘행 보살은 점치는 자 8명과 숙세에 인연이 있었다. 양무제梁武帝 천감天監 6년에, 보살은 현신하여 북위北魏 동도東都 정인사淨因寺에 출가하여 대 비구승이 되었다. 전란을 피한 연유로 계명산 기슭에 머물렀다. 그때 8명의 사람이 있어 그를 따라 수학하였으나, 오래 가지 않아 전란 때문에 헤어졌다. 2년을 보내고서 보살은 무림천축에서 원적圓寂에 드셨다.

나중에 또 한 세상에 보살은 당나라 희종僖宗 때 현화할 때 청나라 하헌왕河獻王의 장자가 되어서 지위를 포기하고 출가하였다. 그를 따라 염불법문을 수학한 8명의 제자는 곧 이전 세상에 헤어진 제자이다.

그 후 8백여 년이 흘러 이 8명의 제자는 여전히 생사고해에 빠져 떠돌아다니면서 해탈을 얻지 못하였다. 그 8명의 제자는 바로 이때 8명의 점치는 자이다. 보살은 이 8인이 빨리 왕생의 대사를 성취하여 해탈을 얻도록 그들이 점치는 때 현화하여 그들을 위해 거듭 닦은 바 염불법문을 명백하게 밝혔다.

[정법을 법문하다]

명말 청초에 이 8명의 사람이 신선의 이름으로 점을 쳤다. 이들은 연단술, 즉 장생불로술을 구하여 몸으로는 건강을 구하고, 생각으로는 길흉화복을 이해하고자 하였으며, 신선의 이름으로 점을 쳐서 얻은 답은 모두 매우 정확하였다.

천천히 믿음이 생긴 후 갑자기 점을 치는 단상의 신선이 그들에게 염불하라고 권하였다. 이들이 "염불은 좋은 수행입니까?" 물었다. "좋은 수행이다. 가장 좋은 수행이다." 답하였다. "그러면 무엇을 염해야 합니까?" 묻자 "나무아미타불"을 염하라고 하였다. 이 8명의 사람은 이를 따랐다. 점을 치는 단상의 보살들은 그들을 위해 상세하게 염불법문을 개시하면서 그들에게 원래 수행하던 도법과 도술을 버리고, 극락세계 왕생을 구하라고 권하였다.

[수행방법]

선남자여! 마음은 본래 무념이니, 염念은 생각(想)을 좇아 생겨난다. 이러한 생각은 허망하여 중생을 생사에 유전하게 한다. 마땅히 알지니, 이 한 마디 「아미타불」은 생각에서 생겨난 것도 아니고, 염을 좇아 존재하는 것도 아니며, 안이나 밖에 있는 것도 아니며, 아무런 모양도 없으니 바로 모든 망령된 생각을 다하였다. 제불의 법신과 같지도 않고 다르지도 않으며, 분별할 수도 없다.

이와 같이 염하는 자는 번뇌와 진로가 없고 그것을 끊음도 없고 그것에 속박됨도 없으며 오직 이 일심一心뿐이다. 반드시 일심을 얻어야 비로소 「집지명호執持名號」라 할 수 있고, 비로소 「일심불란一心不亂」이라 할 수 있다.

염불하여 일심을 얻을 수 없는 경우 다만 생각을 그치고 근심을 가라앉히고서 소리가 일심에 합하고 일심이 소리에 합하도록 서서히 염해갈지라. 이렇게 오래도록 염하면 저절로 여러 생각이 평정해짐을 얻어 마음 경계가 끊어지고 비추어 염불삼매에 증입

하리라.

게송으로 이르시길,

**한 마디 말일랑 적게 말하고,
한 마디 아미타불 많이 염할지라.**
(少說一句話 多念一句佛)
**번뇌망상을 깨뜨려 죽이면
그대의 법신이 살아나리라.**
(打得念頭死 許汝法身活)

염불하기 전에 마땅히 "극락왕생을 원합니다(願生極樂)" 하는 대원을 발할지라. 그런 다음 지성심으로 간절하게 「아미타불」 명호를 부를지라. 반드시 염불소리가 마음에 인연하고, 마음이 염불소리에 인연하며, 염불소리와 마음이 서로 의지하여 오래도록 잃지 않으면 억념삼매憶念三昧에 들리라.

대저 정업을 닦는 사람은 걸어가나 머물거나 앉거나 눕거나 기거하거나 음식을 먹거나 모두 마땅히 서방을 향할지라. 그러면 기감機感이 쉽게 합치하고 근경根境이 쉽게 성숙하리라. 집안에는 단지 부처님 한 분·경전 한 권·화로 하나, 탁자 하나·침대 하나·의자 하나만 제공하고 나머지 물건은 두어서는 안 된다. 정원도 깨끗이 치워서 경행經行에 장애가 없도록 하라. 이 마음에 조금도 걸림이 없고 모든 근심을 전부 잊고 텅 비워 버려 몸이 있는 줄 모르고, 세상에 있는 줄 모르며, 나아가 내가 지금 수행하는 일도 모르도록 하라. 이와 같다면 불도와 날로 가까워지고 세상과 사이를 두어 정업淨業을 향해 갈 수 있다.

정업淨業을 닦는 법은 「전근專勤」 두 글자를 벗어나지 않는다.

전專하면 하나가 됨과 다르지 않고, 근勤하면 잠시도 헛되이 버리지 않는다. 또한 명호를 집지하는 법은 반드시 자자구구 염불소리와 마음이 서로 의지하여 조금도 세상 생각과 뒤섞지 않아 오래도록 성숙하면 극락세계에 왕생하여 연화대에 앉아 불퇴전지에 오를 수 있다.

[제25법문]

진실하고 구경원만한 행복을 얻는다.

부처님 교학의 중추는 미혹을 깨뜨리고 깨달음을 여는데 있다. 깨달음을 얻은 후 대우주 한가운데서 당신 스스로 주재자가 될 수 있다. 그래서 불가에서는 지혜가 주인이 된다. 지혜가 있어야 일체 문제를 해결할 수 있다. 지혜가 열리면 저절로 괴로움을 여의고 즐거움을 얻는(離苦得樂) 삶을 누릴 수 있다. 이러한 즐거움은 부귀를 누리는 즐거움도 아니고, 명성과 이득·오욕육진五慾六塵을 누리는 즐거움도 아니다. 석가모니부처님께서는 한 평생 우리를 위해 「발우 하나에 옷 세벌, 하루에 한 끼, 나무 아래 하룻밤에도 즐거워할 줄 아는 삶」을 시현하셨다! 이것이 철저히 이고득락離苦得樂하는 삶이다.

공자는 그의 수제자 안회顔回가 「밥 한 광주리, 물 한 표주박」에도 만족하며 사는 태도를 찬탄하셨다. 즉 물을 마실 때는 찻잔조차 없이 표주박을 찻잔으로 삼았고, 밥을 먹을 때는 밥그릇도 없이 대나무로 광주리를 엮어 밥을 담았다. 이는 보통 사람에게는 말할 수 없이 빈곤한 삶이다. 그리고 공자는 "누추한 골목에서 살아가는 것에 사람들은 그 근심을 견디지 못하는데, 안회는 그 즐거움을 바꾸지 않았다"고 찬탄하셨다. 이렇게 안회는 하루 종일 즐거움을 얻지 않았는가? 이것이 이고득락離苦得樂하는 삶이다. 이고득락하며 우리의 생활을 바꾸지 않는 방식은 완전히 심경心境에서 큰 전변轉變을 이루는 것이다. 그는 이러한 이치를 잘 알고 이치대로 살아, 마음이 편안하고 청정한 마음이 현전하니, 이치를 잘 알면 즐겁다.

몸을 보양하는 것은 너무나 쉽고 몸의 수요도 많지 않거늘 구태여 이러한 몸으로 업을 짓겠는가? 그래서 지혜가 있는 사람은 결코 이 몸을 위해 죄업을 짓지 않는다. 「사람이 기쁜 일을 만나면 정신이 상쾌해진다」는 속담이 있는데, 안회는 어떤 일에 가장 기뻐하였는가? 우주와 인생의 큰 이치를 잘 아는 일이다. 이러한 기쁨의 즐거움은 마음속에서 발하는 것이다. 불교에서는 「법희충만法喜充滿」이라 하는데, 이는 바깥에서 오는 것이 아니다. 바깥 오욕육진의 향수, 그것은 자극이다. 그 즐거움은 무상한 것이고 무너지는 것이다. 그래서 불교에서는 즐거움은 괴고壞苦32)로 늘 유지할 수 없는 것이라 말한다. 그러나 법희충만은 유지할 수 있다.

이는 자성각自性覺이기 때문이다. 자성각은 다함이 없다. 날마다 깨닫고, 해마다 깨닫고, 언제든지 깨닫고, 어디서나 깨달으니, 어떻게 즐겁지 않겠는가! 눈앞에 나타나는 사회에 대해 또렷이 명백히 이해할 뿐만 아니라 시작 없는 과거와 끝없는 미래에 대해 모두 또렷이 명백히 이해할 수 있다. 이러한 사람을 부처님

---

32) 「괴고壞苦」 : 세상에서 마음에 드는 일이 얼마나 오래갈 수 있겠는가? 해는 정오가 되면 서쪽으로 기울고, 달은 보름이 지나면 이지러지기 시작하듯 하늘의 도는 모두 이와 같거늘, 하물며 인간세상의 일이겠는가? 즐거운 경계가 막 출현하자 괴로운 경계가 이미 닥쳐왔고, 즐거운 경계가 무너졌을 때 그 괴로움은 차마 말할 수 없다. 그래서 즐거움을 「괴고」라 한다. _《인광대사 문초 청화록》(비움과소통)

이라 한다.

그가 부유한 곳에서 살면 부유한 부처이고, 가난한 곳에서 살면 가난한 부처이지만, 부유하든 가난하든 모두 상관없다. 부처가 되면 이러한 즐거움은 서로 같고, 평등하다. 부유한 사람의 즐거움은 조금 많고, 가난한 사람의 즐거움은 조금 작다고 말할 수 없다. 그러한 일은 없다. 절대 평등하다. 이른바 공명·부귀·권세는 그와 조금도 상관없다. 있어도 좋고, 없어도 좋으며, 인연에 따라 살아갈 뿐이다. 이것이 인연에 따라 자재한 삶이다. 이를 통해 오직 불법만이 일체 중생에게 진실하고 구경원만한 행복을 가져다 줄 수 있음을 알 수 있다.

_《조찬법문》에서 발췌

[보충법문] **구경원만**究竟圓滿

묻건대, 불도가 오래도록 번창하여 범부와 성인이 함께 이어받거늘 어찌 흥하고 쇠퇴함이 일정치 않아 타락하고 무너지는 자가 있는가?

답하되, 무릇 만물은 옮아감이 있지만, 삼보는 늘 머물러 고요하여 움직이지 않으면서 감응하여 인연에 따라 통하고 교화하시니, 처음 왕궁에서 탄생하신 것이 아니요, 또한 사라쌍수(雙樹)에서 영영 가신 것도 아니다. 만일 중생이 박복하면 불사佛事가 얼음 녹듯 사라지고, 만일 국토가 인연이 깊으면 사찰이 구름이 일듯 솟아나리니, 사람이 스스로 얻고 잃는다고 생각하는 것이지 불법에 성쇠가 있는 것은 아니다. 그래서 《법화경》에 이르시기를 "중생은 겁劫이 다하여 큰 불에 태워지는 때를 볼지라도 나의 이 땅(본래각지本來覺地)은 안온해서 천인이 항상 충만하니라." 하셨다.

_《만선동귀집萬善同歸集》 영명연수대사

[제26법문]

지혜와 이성 안에서 생활한다

불법은 지혜와 이성이 주관하는 것이지 감정이 주관하는 것이 아니다. 부처님께서는 능엄회상에서 이르시길, "말법시기에는 불법이 약하고 마魔가 강성하다." 하셨다. 또한 이 시대에는 "그릇된 스승의 설법이 항하사처럼 많아서(邪師說法 如恆河沙)." 만약 지혜가 없고 이성이 없으면 결코 마의 손을 벗어날 수 없다고 하셨다. 마魔는 불법을 파괴하고, 사람이 퇴전하도록 하며, 물러나도록 하지만, 부처님께서는 당신이 정진하도록 돕는다. 따라서 우리는 이를 판별하는 능력이 있어야 한다.

선우善友의 모임, 이것이 불법이다. 이는 희유하여 만나기 어려운 인연이 시간의 장단에 상관없이 함께 모인다. 이러한 선한 영향력의 감화는 정말 경전에서 말씀하듯이 "백천만겁에도 만나기 어렵다." 우리는 반드시 이러한 인연을 소중히 여기고, 결코 놓쳐서는 안 된다. 세존께서 세상에 계실 적에 1,250명을 왜 상수중常隨衆33)이라 하였는가? 이는 우리에게 스승을 떠나지 않고 동학 동수를 떠나지 않으면서 오랜 시간 훈습하고 일생에

---

33) 석가모니부처님의 제자를 둘로 나누는데, 항상 부처님의 곁을 따라 다니며 설법을 듣고 교화를 도왔던 제자들을 상수중常隨衆이라 하고, 가끔씩 때와 장소를 따라 그때그때 여기저기서 모여드는 제자들을 운집중이라 한다.

성취하는 모범을 보여준다. 이는 대선근·대복덕·대인연이다.

근성의 차이는 조금도 관계 없다. 시간이 오래되면 성취할 수 있다. 애석하게도 우리는 행자 양성반(培訓班)의 시간이 너무 짧아 단지 3, 4개월 뿐이었다. 이렇게 짧은 시간에 성취할 수 있으려면 완전히 당신의 신원행(信願行)에 달려 있다. 만약 진성·간절·공경·정진함에 게으르지 않으면 삼보(三寶)의 가지(加持)를 얻고, 지혜와 이성 안에서 생활하는 불가사의한 효과가 있을 수 있다.

인광대사께서는 "일분의 진성·공경심이 있다면 일분의 이익을 얻고 십분의 진성·공경심이 있다면 십분의 이익을 얻는다."라고 잘 말씀하셨다.34) 우리는 위로 제불보살과 감응하고, 아래로 일체 중생과 감응함에 있어 모두 진성·공경에 의지한다. 고인이 말씀하셨듯이 "정성이 없으면 어떠한 일도 이뤄지지 않는다(不誠無物)." 진성·공경심이 없으면 아무것도 이야기할 수 없다. 진성의 마음으로 사람을 공경하고, 일을 공경하며, 사물을 공경하면 성취되지 않는 일은 하나도 없다.

나는 이번 생에 너무나 운이 좋게도 진정한 선지식과 가까이 지내 우회로를 걸은 적이 없었다. 나 자신은 믿음이 견고하여 어떠한 풍문에도 동요되지 않았다. 대만에 있을 당시 나는 참운(慚

---

34) "나는 늘 불법의 진실한 이익을 얻으려면 반드시 공경을 향해 구해야 한다고 말한다. 일분의 공경이 있다면 일분의 죄업을 없애고, 일분의 복덕·지혜가 늘어날 것이다. 십분의 공경이 있다면 십분의 죄업을 없애고, 십분의 복덕·지혜가 늘어날 것이다. 만약 공경이 없고 모욕하고 경멸한다면 죄업이 늘어날수록 복덕과 지혜는 줄어든다." [제207칙] _《인광대사 문초청화록》(비움과소통)

雲법사와 친하게 지내는 시간이 많았다. 장가章嘉대사께서 원적에 드신 후 참운법사는 대단히 후회하였다. "이렇게 큰 선지식을 나는 가깝게 지내지 못했다. 다른 사람들이 그는 정치 승려다 말하는 소리를 들었다." 얼마나 안타까운 말인가! 장가대사께서 입적하신 후 화장하자 사리 일만과가 나왔는데, 콩만한 크기가 2천여 과, 작은 것은 녹두만 했고, 더 작은 것은 참깨만 했는데, 대략 일만여 사리를 수습하였다.

그때 대만 불교계에서는 아무도 감히 말을 하지 못했는데, 여러분 중 누가 죽은 후 이렇게 많은 것을 남겨 보여줄 수 있겠는가? 중국 속담에 "관을 덮고 평가한다."는 말이 있다. 한 사람이 선한지 악한지 옳은지 그른지는 말하기 어렵다! 이런 시대에는 특히 그렇다. 불경에서는 수없이 많은 불보살이 세간에서 중생을 교화하시고 큰 방편을 시현하신다고 말씀하시거늘 당신이 어떻게 알겠는가?

평범한 소견을 지닌 사람이 멋대로 비방하고, 무량무변한 죄업을 짓는 동기는 질투와 권력·이익 다툼 아님이 없다. 다른 사람이 좋아 보이면 질투심이 생긴다. 질투로 인해 눈을 부라리며 노하게 되어 갖가지 부당한 수단으로 방해하고 저지하고 파괴한다. 그래서 우리는 자신의 자세를 최대한 낮추어서 되도록 다른 사람이 이런 악업을 저지르는 일이 생기지 않도록 해야 한다. 그들이 이런 악업을 지어 비록 우리에게 방해가 되지 않지만, 우리는 차마 그가 아비지옥에 떨어지는 것을 볼 수 없다. 그가 정말 이런 길을 가겠다면, 어쩔 수 없다. 우리는 늘 불쌍한 시선으로 그를 바라본다. 자신은 되도록 약간의 혐의를 피할 수 있겠지만, 작게는 남에게 구업을 짓게 한다. 다른 사람이 이익을 다투면 그에게 이익을 주고, 돈과 재물을 다투면 돈과 재물을 그에게 주며, 무엇이든지 전부 준다.

세상은 가상이지 진상이 아니니, 우리는 "무릇 모든 상은 모두 허망하다"는 것을 잘 알고 있다. 그래서 몸과 마음을 청정히 해야 한다.

_《조찬법문》에서 발췌

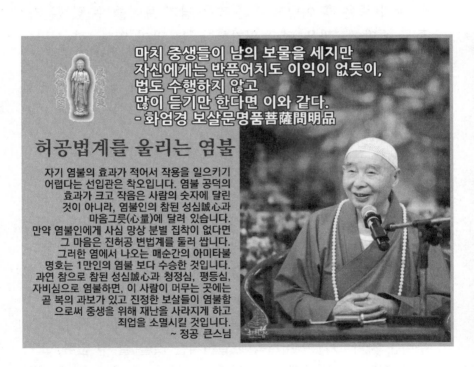

마치 중생들이 남의 보물을 세지만
자신에게는 반푼어치도 이익이 없듯이,
법도 수행하지 않고
많이 듣기만 한다면 이와 같다.
- 화엄경 보살문명품菩薩問明品

허공법계를 울리는 염불

자기 염불의 효과가 적어서 작용을 일으키기 어렵다는 선입관은 착오입니다. 염불 공덕의 효과가 크고 작음은 사람의 숫자에 달린 것이 아니라, 염불인의 참된 성심誠心과 마음그릇(心量)에 달려 있습니다. 만약 염불인에게 사심 망상 분별 집착이 없다면 그 마음은 진허공 변법계를 둘러 쌉니다. 그러한 염에서 나오는 매순간의 아미타불 명호는 1만인의 염불 보다 수승한 것입니다. 과연 참으로 참된 성심誠心과 청정심, 평등심, 자비심으로 염불하면, 이 사람이 머무는 곳에는 곧 복의 과보가 있고 진정한 보살들이 염불함으로써 중생을 위해 재난을 사라지게 하고 죄업을 소멸시킬 것입니다.
~ 정공 큰스님

[제27법문]

진실로 닦으면 마음이 들뜨고 조급하지 않다

말법시기에 불교는 이미 쇠망한 것을 살리고 끊어진 것을 있느냐 그 고비에 이르렀다. 이런 세상을 사는 사람은 너무 깊이 미혹되고 너무 지나치게 치우치거나 그릇되어 머리를 돌리지 않으면 전통문화와 대승불법이 이런 시대에 단절되어 버릴지도 모른다. 불법이 단절되고 전통문화가 사라지면 사람은 더욱 괴로워진다! 나는 늘 아미타부처님을 마음에 간직한다고 말하지만, 정말 아미타부처님을 마음에 두는 사람은 매우 드물다. 마음속에는 여전히 망념이 분분하여 정념이 없다. 왜 그러한가? 청경聽經35) 이 부족하여 깨닫지 못하고 있기 때문이다. 왜 깨닫지 못하는가? 진성·공경심이 부족하기 때문이다.

인광대사께서는 "일분의 진성·공경심이 있다면 일분의 이익을 얻고 일분의 진성·공경심이 있다면 십분의 이익을 얻는다"고 늘 말씀하셨다. 그러나 우리는 일분의 진성·공경심도 내지 못하고 있다. 일분의 진성·공경심은 정신正信이고, 일분의 진성·공경심은 정해正解(참 이해)이고, 일분 이상의 마음은 제대로

---

35) 경전을 원문 그대로, 혹은 강설로 풀어서, 혹은 생활에 빗댄 법문으로 음성을 저장해 시공간의 한계를 초월해서 법륜을 굴린다. 무궁무진하게 반복할 수 있다. 이것이 청경聽經이다._《불광》

염불(念千)하여 결정코 왕생하는 것이다.

수행공부는 날마다 얼마나 염불하고, 경전을 얼마나 독송하며, 얼마나 머리를 조아려 절하는 데 있는 것이 아니라, 공부는 내려놓음에 달려있다! 내려놓은 후 진성심眞誠心으로 염불하면 매우 효과적이다. 「나무아미타불」 한마디 부처님 명호는 아미타 부처님과 잇닿아 있다. 내려놓지 않은 사람은 어떻게 염하여도 접속할 수 없다. 마치 전신이 두절되어 전부 접속할 수 없는 것과 같다. 인광대사께서 말씀하신 일분의 진성ㆍ공경심은 곧 일분의 연결이고, 십분의 진성ㆍ공경심은 원만한 연결이다. 내려놓으면 진성심이 비로소 현전하고, 내려놓지 않으면 진성심이 현전할 수 없다. 우리는 이러한 이치를 잘 알아야 한다. 그것을 일상생활 속에서 사용하면 공부가 득력하여, 어떤 재난도 없고 당신은 대자재를 얻는다.

《아미타경》에 이르시길, "적은 선근ㆍ복덕ㆍ인연으로는 저 불국토에 태어날 수 없느니라." 하셨다. 선근은 다생 다겁에 수학하여 누적하여 온 것이다. 선근은 무엇을 가리키는가? 믿을 수 있음ㆍ이해할 수 있음이다. 선근이 있으면 여전히 복덕이 있다. 복덕에서 제일은 곧 공경이다. 그래서 일체 사람ㆍ일ㆍ물건에 대해 공경하는 마음으로 손해를 보지 않음이 복덕을 닦음(修福)이다. 공경심이 없는 사람은 박복하여 고난이 많다.

진정한 도량에서는 재가자이든 출가자이든 남자 대중이든 여자 대중이든 심지가 청정하고 망념이 없어 마음을 일으키거나 생각을 움직일 때는 모두 도를 생각하고36), 도를 생각하지 않을

---

36) 《시경》에 말하길, "공경하는 마음으로 올바른 길(도)이 무엇인가 생각하다(恭默思

때는 부처님을 생각하고, "부처님을 잊지 않고 기억하며, 부처님을 심념에 매어둔다면 현전이나 당래에 반드시 부처님을 친견하니(憶佛念佛 現前當來 必定見佛)."37) 뒤섞지 않고 의심하지 않는다.

우리는 이러한 정신, 이러한 심행으로써 시방세계의 공양을 접수하면 소화를 마칠 수 있고 삼보를 공양한 사람도 복덕을 얻을 수 있다. 마음을 일으키거나 생각을 움직이거나 도를 생각하고, 입을 열거나 입을 닫거나 염불하여도 이는 보살도 상에서 행하고, 정법 상에서 행함에 있다. 단지 도량에서 한 사람 두 사람만이라도 가르침대로 수행하면 이 도량은 곧 정법도량이다. 요즘 사람들은 학불하기 어려운데, 왜 그러한가? 마음이 들뜨고 조급하기 때문이다. 일분의 진성·공경심은 말할 것도 없고, 백분의 일도 진성·공경심이 없거늘 불법이 아무리 수승할지라도 또한 어찌 이익을 얻을 수 있겠는가? 어떠한 곳 어떠한 환경이든 상관없이 자신이 진성·공경심을 갖추기만 하면 독경해도

道)."

37) 억憶은 마음속에 부처님이 계시고 마음속으로 언제나 부처님을 생각함입니다. 념念, 이 글자는 위쪽은 금今으로 현재이고, 아래쪽은 심心입니다. 불법의 말로는 당하의 일념, 당하의 이 마음을 념이라 합니다. 입으로 염하는 것이 아니라 마음속에 부처님이 계심을 염불이라 합니다. 현재 이 마음에 부처님만 계시고 다른 것은 일체 없습니다. 마음속에 부처님만 계시고, 혹은 경전만 있고, 혹은 경전 속의 경계만 있음을 「억불염불」이라 합니다. …… 아미타부처님의 의정장엄을 전문적으로 억념하는 것이 우리가 수행하는 종지입니다. 그것의 효과, 그것의 목표는 견불見佛입니다. 「현전이나 당래에 반드시 부처님을 친견한다(現前當來 必定見佛)」여기서 현전에서 부처님을 친견함은 감응을 말하고, 장래에 부처님을 친견함은 왕생입니다. 그래서 왕생할 때 부처님을 친견할 뿐만 아니라 왕생하기 전에도 부처님을 친견합니다.
_《능엄경 염불원통장소초 대의강기》(비움과소통)

좋고 청경聽經해도 좋다. 인터넷을 포함하여 위성TV나 유튜브 동영상으로 청경하여도 이익이 없는 것이 아니다.

보현보살의 십대원왕 제1원은 곧 「예경제불禮敬諸佛」로 일체 공경을 뜻한다. 즉 모든 사람, 일체 중생뿐만 아니라 무정중생, 화·초·수목, 산하대지를 포함하여 일체법에 대해 공경하지 않음이 없다. 보시 또한 진성·공경심이 있어야 한다.《요범사훈 了凡四訓》속에는 이야기 하나가 있다. 가정환경이 가난한 한 농촌 여자아이가 절에 가서 부처님께 절을 올렸다. 몸에는 단지 동전 두 냥만 있었는데, 이 동전 두 냥을 가지고 공경심으로 부처님께 공양하였다. 노스님이 직접 그녀에게 회향을 하여 축복을 주었다. 나중에 이 여자아이가 왕비가 되었다. 그녀는 황금 일천 냥을 지니고 와서 사원에 공양하였다. 그러나 이번에는 노스님은 그의 제자를 시켜 그녀에게 회향하여 주도록 하였다. 그녀는 노스님에게 물었다. "제가 젊었을 때 이곳에 와서 단지 동전 두 냥만 보시하였는데, 노스님께서는 직접 저에게 회향하여 주셨습니다. 그러나 오늘 제가 이렇게 많은 돈을 지니고 왔는데 어찌 오히려 제자를 시켜 저에게 회향하라고 하십니까?" 노스님은 그녀에게 말하였다. "당신이 젊었을 때 그 동전 두 냥은 진성심으로 불보살에게 공양하였습니다. 내가 직접 당신에게 회향하여주지 못해 미안합니다. 오늘 당신이 부유하고 신분과 지위가 달라 비록 황금 일천 냥을 부처님께 공양하였을지라도 당신의 마음은 종전과 달리 오만한 습기가 있어 나의 제자에게 시켜 당신에게 회향하여주어도 충분합니다." 이런 사례는 동전 두 냥이 황금 일천 냥보다 뛰어나니 보시는 진심에 있음을 설명한다. 가난한 사람이 복을 닦을 수 없다고 말하는 것이 아니라 가난한 사람이 진성심으로 공양하면 종종 부귀한 사람이 닦는 복보다 더 많음을 말한다.

아미타부처님의 48원은 유명무실한 것이 아니다. 그것을 만나 헛되이 보내지 않은 자는 단지 만나기만 해도 반드시 이익을 얻는다. 그러나 공경심이 없으면 이익을 얻을 수 없음을 기억해야 한다. 이익을 얼마나 얻느냐와 공경심은 관계가 있어 십분의 공경심이 있으면 십분의 이익을 얻을 수 있고, 이분의 공경심이 있으면 단지 이분의 이익을 얻을 수 있을 뿐이다. 모두 자신에게 달려 있지 스승에게 있지 않다. 불보살의 법음은 평등 원만하여 중생이 얼마를 얻을 수 있느냐는 자신의 복혜로 말미암아 결정된다. 그래서 공경하는 정도로부터 한 사람이 얼마나 큰 복혜가 있는지 살필 수 있다. 십분의 공경심이 있는 사람에게 불보살은 반드시 하루라도 빨리 공덕을 원만히 하여 복덕과 지혜를 성취할 수 있도록 돕는다.

현재 이런 시대에 스님에게 경전 강설을 청하는 것은 갈수록 어려워지고 있다. 왜 그러한가? 경교經敎를 학습하는 사람이 갈수록 줄어들고 있기 때문이다. 우리는 법륜을 굴려주시길 청하겠다(請轉法輪)38)고 발심하여야 한다. 이를 위한 으뜸은 스님

---

38) 불법을 배우는 사람은 항상 설법을 청해야 한다. 법을 청함은 바로 법륜을 굴리길 청함이다. 법륜을 굴리길 청하여 중생으로 하여금 법을 가볍게 여기는 장애를 제거하여 다문多聞지혜의 과보를 얻게 한다.……청전법륜은 바로 법사·대덕에게 경전을 강설하고 법문을 설해달라고 요청하는 것입니다. 부처님께서 세상에 계실 적에 부처님께 강경설법을 청하면 우리가 미혹을 깨뜨리고 개오하며 괴로움을 여의고 법락을 얻도록 가르치셨습니다. 그러나 부처님이 세상에 계시지 않으므로 수행이 있고 증득이 있는 법사·대덕에게 우리를 위해 강경설법해 줄 것을 청합니다.

을 육성하는 것이다. 진정으로 발심한 젊은이를 만나면 가장 먼저 일 년 안에 네 가닥의 선근이 뿌리내리도록 도와야 한다. 이는 근본이다. (덕행을 수양하기 위해서는 《제자규弟子規》·《감응편感應篇》·《십선업十善業》 및 《사미율의沙彌律儀》 네 가닥의 선근을 뿌리내려야 한다. 별첨 참조) 네 가닥의 선근이 없으면 기꺼이 배울 수 없다. 왜 그러한가? 성의가 없고, 공경심이 없다. 진성·공경심은 네 가닥의 선근 가운데 완전히 체현된다. 네 가닥의 선근으로부터 당신에게 얼마간 진성·공경심이 있다고 생각한다. 그런 후 당신이 장래 얼마간 성취가 있음을 알 것이다.

성취가 있는 사람일 수록 심지가 진성이고, 태도가 겸허할 수록 사람에게 공경으로 대한다. 중국 옛사람의 말처럼 "학문이 깊어지면 생각은 평범해진다(學問深時意氣平)."[39] 절대로 조금도 마음이 들뜨고 조급함이 없어야 한다. 마음이 들뜨고 조급하면 공부가 덜 되었다는 표현이다.

선생이 학생을 볼 때, 어떤 학생이 성취가 있는지, 어떤 학생은 성취가 없는지 무엇을 보는가? 무엇을 보는가? 진성·공경심을 본다. 진성·공경심은 스승에 대한 것은 아니고 자신에 대한 것이다. 내가 학습하는 것은 주어진 일에 공경하는 정신이다. 나는 이 일문의 공과를 공경하는 마음을 품고 중시하며, 이 일문 공과의 스승을 공경하는 마음으로 존경하며, 이 일문 공과를

_《보현행원 염불성불》 (비움과소통)

39) "진정한 대성인이라면 절대 자신을 교주로 여기지 않고, 자신의 언행과 태도를 절대 교주인 양하지 않을 것이다. 그렇게 한다면 그는 성인이 되기에 부족하다. 진정으로 깊은 학문 수양에 이르게 되면 아주 평범하여 그리 대단한 것이 없다고 느낄 것이다." _《논어강의》, 남회근

학습하는 동학·동수를 공경·존중한다. 만약 주어진 일에 공경을 다하는 정신이 없거나 또는 게으르고 마음 씀이 전일하지 못하며, 진정으로 배우려고 하지 않으면 진정한 성취는 있을 수 없다. 진성·공경심이 없으면 설사 성현과 불보살이 당신을 가르칠 지라도 아무런 이익이 없다. 그래서 선지식에게 교학敎學을 구할 때 공경심은 반드시 구비하여야할 조건이다. 진성이지도 않고, 공경하지도 않음이 일체 죄악의 근원이니, 소홀히 해서는 안 된다.

왜 청경聽經을 알지 못하는가? 진성·공경심이 없기 때문이다. 들을 수 있으면 일구一句 아래 개오開悟할 수 있지만 들을 수 없으면 일백년 이상을 들어도 여전하다. 무엇을 들을 수 있다고 하고, 들을 수 없다고 하는가? 오직 진성·공경이 있어야 들을 수 있다. 그 당시 육조 혜능 대사는 이른 밤 오조 화상의 설법을 듣고 대철대오大徹大悟·명심견성明心見性하였는데 어떤 연고인가? 십분의 진성·공경(誠敬)이 있으면 십분의 이익을 얻는다.

무엇을 성誠이라 하는가? 마음에 잡념이 없는 상태이다. 이에 대해 청나라 말기의 정치가이자 학자인 증국번曾國藩 선생은 하나의 정의를 내렸다. "일념도 생겨나지 않음을 성이라 한다(一念不生是謂誠)." 마음속에 여전히 생각이 있으면 진성은 없다. 일념도 생겨나지 않는 경지에 도달한 사람은 누구인가? 법신보살이다. 명신견성·대철대오가 있어야 정말 망상·분별·집착을 모두 내려놓을 수 있다. 이것이 십분의 진성 공경이다. 만약 여전히 마음을 일으키고 생각을 움직이지만, 분별하고 집착하는 생각이 없으면 구분의 진성 공경이다. 아라한은 견사번뇌를 내려놓을 수 있는데 진성·공경이 얼마나 있을까? 오분의 진성

공경이 있다. 우리는 현재 생각해보건대 망상 분별 집착을 얼마나 내려놓고 있는가? 일분도 내려놓지 못하고 있다. 바꾸어 말하면 진성·공경심이 없다. 그래서 학불에 힘쓴다고 할 수 없다. 수십 년 용맹정진하여도 불법의 이익은 얻을 수 없고, 매년 육도윤회 하는 범부의 생활을 보내고 있다. 이것이 곧 진성·공경이 없는 연고이다.

우리는 경교經教에 대해 진성·공경심을 가지지 않고, 무엇에 대해 진성·공경심을 가질 수 있는가? 명성과 이득에 대해서만 가진다. 경교에 대해 진성·공경심이 없고, 도덕에 대해 진성·공경심이 없고, 윤리에 대해 진성·공경심이 없고 인과에 대해 진성·공경심이 없다. 오직 명성과 이득에 대해 대단히 정성을 쏟을 뿐, 그것으로 끝이다! 명성과 이익을 내려놓지 않으면 학불하여 최후에는 삼악도에 떨어지고 만다. 이것은 모를 수 없다.

밤에 자기 전에 잘 생각해보라. 나는 이번 생에 어떤 길을 걷는가? 부처님께서 말씀하신 십법계 중에서 내가 걷는 것은 불법계인가, 보살법계인가? 아니면 인천법계, 축생법계, 아귀법계, 지옥법계인가? 만약 경전에 대해 모두 익숙하지 않은데 스스로 학불하고 있다고 생각한다면 실제는 전부 틀렸다. 나는 장가대사에게 3년 동안 학불하였다. 그 어르신은 나에게 석가모니부처님을 배우라 하시고 경교를 떠나지 못하게 하셨다. 이병남 선생님을 만났을 때는 나에게 경교 중에서 반드시 일문에 깊이 들어가 오랜 시간 몸에 배이도록 닦되 너무 많이 뒤섞어 배우지 말라고 요구하셨다. 너무 많이 뒤섞어 배우면 마음을 평정하게 유지하여 인내함(安忍)이 없다. 그래서 안인하여 경교에 깊이 들어가라고 당부하였다.

따라서 수행인은 첫째 마음을 청정히 하여야 한다. 어떤 환경에
처하든지 상관없이 바깥경계에 영향을 받지 말고 바깥경계에
유혹당하지 말아야 한다. 이것을 안인安忍이라 한다. 만약 유혹에
이겨내지 못한 채 바깥경계에 영향을 받아 좌우된다면 당신은
성공할 리 없다. 왜 번뇌를 조복시키지 못하는가? 공경심이
없기 때문이다. 만약 진성·공경심이 있어 바깥의 경계와 인연이
당신을 쉽게 동요시킬 수 없다면 당신은 경계와 인연을 제어할
능력이 있다.

경전에서는 또한 「일체공경一切恭敬」을 말한다. 이것은 이치가
있다. 유가는《예기禮記》에서 말하길, "곡례에 이르길, 공경하지
않음이 없어야 한다(曲禮曰 : 毋不敬)."[40] 하였다. 공경은 너무나
중요하다! 사람이 진성·공경의 마음을 간직하여 망녕되이 움직
이지 말고, 악한 생각을 일으키지 말아야 한다. 한 생각이라도
일으키면 곧 공경하지 않고, 공경을 잃어버리게 된다. 이 점에서
보면 한 사람이 아무리 불학을 깊이 해박하게 연구하여 강설을
매우 잘 하고 수행을 치열하게 할지라도 여전히 바깥 경계에
구르게 되면 맞는 것이 하나도 없어 시험에 불합격한 것이나
마찬가지이다. 이는 우리가 이번 생에 학불함에 있어 성공 혹은
실패의 관건이다.

_《정토대경해연의淨土大經解演義》에서 발췌

---

40) 무불경(毋不敬): 공경스럽지 아니함이 없음. 《예기(禮記)》의 중심이 되는
말이라고 정자(程子)가 말했다. "곡례에 이르기를 '사람이 몸을 수양함에는
언제나 공경치 않음이 없어야 하고, 용모는 늘 도의를 생각하는 것같이 엄
숙해야 하며, 말은 부드럽고 명확해야 하니, 이렇게 하면 덕이 절로 쌓아
져서, 백성을 다스려 편안하게 할 수 있으리라."(曲禮曰 毋不敬 儼若思 安
定辭 安民哉). 《예기(禮記)》 곡례상(曲禮上)이 원전.

[제28법문]

극락세계는 아름답고 수승하다
참 염불인은 반드시 왕생한다

《무량수경》에 이르시길, "(제가 부처될 적에) 국토의 만물은 장엄·
청정하고, 빛나고 화려하며 형상과 색깔이 수승하고 특별하며,
미세함이 궁진하고 미묘함이 지극하여 말할 수도 없고 헤아릴
수도 없도록 하겠나이다."

극락세계의 아름다움, 극락세계의 선설善說은 다함이 없다. 세존
께서 《정토삼부경》 속에 설하신 극락세계에 대한 묘사는 거의
중생의 심식心識으로써 이해할 수 있는 것으로 그 대강을 들어
시방중생으로 하여금 기뻐하고 그리워하는(欣羨) 마음을 일으키
게 할 뿐이다.

1. 「저의 불국토에는 삼악도가 없도록 하겠나이다(國無惡道)」[41]

극락세계에는 지옥·아귀·축생의 삼악도가 없다. 인색과 탐애
(慳貪)는 아귀의 인이고, 진애瞋恚은 지옥의 인이며, 우치愚痴는
축생의 인이다.[42] 극락세계에서는 옷을 생각하면 옷을 얻고,

---

41) "지옥·아귀·축생과 기거나 날거나 꿈틀거리는 벌레의 부류들이 없도록 하겠나이
다." 제1 「국무악도원國無惡道願」_《불설무량수장엄청정평등각경》(비움과소통)

일체 변화로 만들어진 것이 저절로 갖추어져 탐냄(貪)이 없다. 극락세계에서는 모두 "수많은 상선인들과 한곳에 모여 살 수 있다(諸上善人俱會一處)." 서로 존중하고, 화목하며 사랑하고 보호하여 성냄(瞋)이 없다. 극락세계에 태어나 부처님을 친견하고 중단 없이 법문을 듣고서 자심自心이 열리고 여래의 진실한 뜻을 이해하여 지혜롭고 이치에 밝아 어리석음(痴)이 없다. 서방극락세계에서 탐·진·치의 악인惡因이 없다. 그래서 삼악도가 없다.

2. 「극락국토는 황금으로 땅이 포장되어 있다(黃金爲地)」[43]

극락세계 사람이 머무는 집은 칠보궁전이다. 땅 위를 덮고 있는 것은 황금으로 "관활·광대하고 평등·정대하다." 또한 칠보로 줄지어 늘어선 보배 다라수(行樹)[44]가 있고, 보배 다라수 사이에

---

42) 1) 탐애貪愛 : 자신에 대한 애착은 욕망이 되고, 타인에 대한 애착은 음욕이 된다. 음욕이 많은 이는 금수를 가리지 않고, 높은 담을 피하지 않으며, 덕행을 거들떠보지 않아 마침내 나라가 깨지고 집안이 망하여 재앙이 그 몸에 미친다.
   2) 진에瞋恚 : 자신에게 분함과 한탄이 있음을 에恚라 하고, 남에게 성냄을 진瞋이라 한다. 진에가 많은 자는 세상 사람이 그를 보는 것을 좋아하지 않으니 목마른 말이 물을 보호하는 것과 같다.
   3) 우치愚痴 : 자신이 미혹함을 「우愚」라 하고, 타인을 미혹케 함을 「치痴」라 한다. 우치가 많은 자는 삿된 견해로 여러 견해를 분별하고, 인과가 없다고 폐기하며, 대승을 비방하고 모든 진리를 이해할 수 없어 옻칠 먹물보다 더 검다.
   _《관세음보살보문품 심요》(비움과소통)
43) "극락국토는 오직 저절로 칠보로 원만히 성취되어 있고 황금으로 땅이 포장되어 있으며, 관활·광대하고 평등·정대하여 한계가 없으며, 미묘·기특·화려하여 장엄청정이 시방 일체 세계를 뛰어넘느니라." 제11품 「극락세계의 장엄청정」.
   _《불설무량수장엄청정평등각경》(비움과소통)

서는 시방의 무량무변한 제불찰토를 볼 수 있다. 보배수의 공간이 확대되는 일도 없고, 시방찰토가 축소되는 일도 없다. 이러한 경계는 확연히 눈앞에 있고, 불가사의하다!

3. 「칠보 연못의 연꽃에서 화생하도록 하겠나이다(蓮華化生)」45)

시방세계 중생이 서방극락세계에 왕생을 구하고 싶다는 원심 하나를 발하면 칠보 연못에 곧 연꽃 한 송이가 자라나고 연꽃 위에 자신의 이름이 생긴다. 염불한 공부가 깊을수록 연꽃이 일 유순·십 유순·백 유순·천 유순이 있는데 크기는 다르지만, 광명과 색깔은 하나가 아니다.46) 우리의 연꽃이 매우 크고 수승 하려면 제대로 염불(眞幹)해야 한다! 우리가 임종할 때 아미타부처

---

44) "극락세계 청정불토에는 곳곳마다 일곱 겹으로 줄지어 늘어선 미묘한 보배 난순, 일곱 겹으로 줄지어 늘어선 보배 다라수와 일곱 겹의 미묘한 보배 그물이 있어 그 주위를 둘러싸고 있고, 네 가지 보배로 장엄되어 있으니, 즉 금보·은보·페유리보 ·파지가보로 사이사이 수놓아져 미묘하게 장식되어 있느니라." _《칭찬정토불섭수 경 稱贊淨土佛攝受經》《불설아미타경독본》(비움과소통)

45) "시방세계 모든 중생 부류로 저의 국토에 태어나는 이는 모두 칠보 연못의 연꽃에서 화생하도록 하겠나이다." 제24「연화화생원蓮花化生願」.
_《불설무량수장엄청정평등각경》(비움과소통)

46) "또한 온갖 보배연꽃이 극락세계에 두루 가득하고, 하나하나의 보배 연꽃 송이마다 백천 억의 꽃잎이 있고, 그 꽃잎의 광명은 무량한 종류의 색깔이나니, 푸른 연꽃에서는 푸른 광명이 빛나고, 흰색 연꽃에서는 흰 광명이 빛나며, 검정·노랑·주홍·자주의 광명 색깔도 또한 그러하느니라. 다시 무량하고 미묘한 보배와 백천 가지 마니보배가 진기하게 서로 비추어 장식하고, 해와 달처럼 밝게 비추느니라. 저 연꽃의 크기는 혹 반 유순, 혹 일·이·삼·사, 내지 백천 유순에 이르고, 꽃송이 하나하나마다 36백천억 광명이 나오느니라." _《불설무량수장엄청정평등각경》(비움과소통)

님께서 이 연꽃 한 송이를 가지고 와서 접인하신다. 연꽃은 아미타부처님께서 심으신 것이 아니고, 우리 자신의 정업淨業이 변하여 나타난 것이다. 칠보 연못과 팔공덕수는 모두 아미타부처님께서 우리에게 제공하시는 수학환경이다. 그래서 진정으로 지혜가 있는 사람, 철저히 깨달은 사람은 마땅히 일체를 내려놓고 착실히 염불해야 한다.

극락세계에 태어나 연꽃으로부터 화생하고 극락세계의 모든 사람과 같이 모두 금강의 무너지지 않은 몸이고, 상호는 장엄하며, 수명은 무량하고, 신통과 덕능德能은 아미타부처님과 거의 동일하다. 그곳에서 기후 변화는 마음이 하고자 하는 바·자신의 심원心愿에 따른다. 천상의 음악이 공중에 울리고 아름다운 보배 꽃이 분분이 땅을 향해 떨어지고 곳곳마다 기묘한 향내음을 발한다. 그곳에는 병의 고통이 없고, 번뇌가 없으며, 불선不善의 사람·일·물건이 없으니, 즐거움은 더 이상 견줄 것이 없다.

극락세계에 태어나면 아미타부처님께서 우리의 스승이고 관세음·대세지·문수·보현 등 대보살이 우리의 학장이다. 서방극락세계에 가면 무량무변한 제불여래와 가까이 지내고, 한 분 한 분 부처님마다 한 마디 법문을 설해주시어 무량무변한 묘법妙法을 들을 수 있는데, 이러한 제불의 설법은 결정코 근기에 계합한다. 그래서 극락세계에 가면 지혜가 빨리 열리고 자신의 덕능·상호를 회복하여 일생에 원만한 불과를 성취한다. 어떠한 불국토도 극락세계와 견줄 수 없다. 극락세계는 시방 일체세계의 아름다움을 집대성한 곳이니, 시방의 일체제불여래가 이구동성으로 아미타부처님을 찬탄하고, 극락세계를 찬탄하며, 시방세계에서 염불하여 왕생한 사람 한 명 한 명 모두 찬탄하거늘 우리가 왜 염불하여 왕생을 구하지 않겠는가?

4. 「공중장엄空中莊嚴」[47]

서방극락세계의 공중에서는 꽃이 비 오듯 내린다. 공중에서 떨어지는 것은 향꽃·보배꽃이다. 꽃이 지면에 떨어져서 저절로 카페트처럼 깔리고, 저절로 아름다운 도안을 배열하니, 아름답기 그지없다. 이러한 도안은 또한 마음이 하고자 하는 대로 무슨 도안이든 당신이 좋아하는 도안을 이루어 깔릴 것이다.[48] 보배꽃은 "부드럽게 빛나고 정결하여" 발로 그 위를 밟으면 마치 면화를 밟는 듯하다. "도라면兜羅綿[49]과 같이 꽃들을 밟으면 손가락 네 마디 정도 깊이 빠진다." 발로 꽃 위를 밟으면 아래로

---

47) "그리고 공덕의 바람이 칠보 나무숲에 불어오면 흩날리는 꽃잎이 무리를 이루어 갖가지 색깔과 광명으로 불국토를 두루 가득 채우고, 꽃은 색깔에 따라 순서(도안)를 이루어 어지럽게 뒤섞이지 않으며, 부드럽게 빛나고 정결하여 마치 도라면과 같으니라. 꽃들을 밟으면 손가락 네 마디 정도 깊이 빠졌다가, 발을 든 후에는 다시 처음과 같게 되느니라. 일정한 시간이 지난 후 그 꽃들은 저절로 사라져서 대지는 청정해졌다가 다시 새로운 꽃비가 내리는데, 밤낮 여섯 때에 따라 또다시 꽃비가 내려 대지를 두루 덮어 이전과 다름없이 아름다운 모습이니, 이와 같이 여섯 차례 순환하느니라." 제20품 「공덕의 바람 불고 꽃비 내리다」_《불설무량수장엄청정평등각경》(비움과소통)

48) "보배 꽃과 보배 옷, 비 오듯 내려 장엄하고 무량한 향이 두루 훈습합니다." 이러한 보배 옷과 보배 꽃이 땅 위에 떨어져 저절로 매우 아름다운 도안을 이루니, 마치 꽃무늬 담요를 깐 것과 같습니다. 게다가 그것은 부드러워서 사람이 그 위를 걸어가면 다리가 네 치 정도 쑥 들어갔다가 다리를 들면 그것은 원상으로 회복되는 탄성이 있습니다. _《왕생론 강기》(비움과소통)

49) 인도산 식물로 버드나무 꽃과 비슷하며, 솜처럼 매우 부드럽고, 매우 가늘다.

빠지다가, 이 다리를 들어 올릴 때 또한 원래 상태로 돌아간다. 꽃비는 반복해 내려 대지를 가득 덮은 후 오래지 않아 꽃은 저절로 사라지고, 잠깐 동안 또한 새로운 꽃이 떨어진다. 극락세계에서 여섯 때에 꽃비가 내리고 한 매듭 시간 사이를 두고 날마다 중단 없이 공중에서 꽃이 떨어지니, 아름다움이 지극하다.

5. 「장엄청정이 시방 일체세계를 뛰어넘느니라(超逾十方)」

극락세계에는 온갖 괴로움과 어려움이 없고, 지리환경은 실제로 너무나 아름다워 정말 경전에서 말씀하듯이 "미묘·기특·화려하여 장엄청정이 시방 일체 세계를 뛰어넘는다." 왜 시방제불세계를 뛰어넘는가? 시방 제불세계는 부처님의 원력과 중생의 선善·악惡·무기無記의 업業이 변하여 나타난 것이고, 서방극락세계는 부처님의 원력과 왕생자의 공덕력이 성취한 것으로 정업淨業이 감득하는 것이다. 인因이 같지 않으면 과보는 다르다. 그래서 시방의 일체제불찰토를 뛰어넘는다.

우리가 거주하는 사바세계는 고난으로 가득하다. 단지 괴로움만 있고, 즐거움은 없다. 모든 즐거움은 괴고壞苦이다. 괴로움이 이따금 중단되면 매우 즐겁다고 느끼지만, 실제로 그것은 즐거움이 아니다. 괴로움이 잠깐 멈추면 즐거움을 느낀다. 이는 미혹된 전도이고 사실·진상을 분명하게 알지 못한 상태이다. 부처님께서 경전에서 죽음의 괴로움을 형용하듯이 신식神識이 신체를 여의는 고통은 살아있는 거북이의 껍질을 벗기는 것과 같다. 그래서 명종(命終; 보충법문 참조)에 임할 때 대단히 고통스럽다.

그러나 염불하여 왕생한 사람은 죽지 않고 살아서 아미타부처님께서 접인하러 오시는 모습을 보고 너무나 기뻐하며 아미타부처님을 따라 가니, 몸은 더 이상 필요하지 않다. 생로병사는 안의 괴로움(內苦)50)이니, 위로 제왕에서부터 아래로 거지에 이르기까지 사람마다 모두 피하지 못한다.

서방극락세계, "저 국토의 중생들은 어떠한 괴로움도 없고 오직 온갖 즐거움만 누린다." 괴로움이 없음은 곧 즐거움이다. 이것이 극락세계가 특별히 수승한 연유이다. 그곳에는 삼악도도 육도도 없다. 일상생활은 곧 경전강설과 설법을 듣고 연구하고 토론하며, 시방세계에 가서 위로 일체제불께 공양하고 일체중생을 교화하는 일로 가득하고 다른 일은 없다. 온갖 괴로움을 영원히 여의고 마음의 청정이 절정에 이르러 사람마다 누리는 이익(受用)은 아미타불과 다르지 않다.

극락세계의 수승함을 알고서 마땅히 깊이 믿고 발원하여 가르침대로 수행하여야 한다. 우리는 이번 생에 곧 이 사바세계에서 육도 윤회 이면의 최후신이고, 다음 생에는 더 이상 윤회하지 않고 육도를 초월한다. 그래서 왕생을 금생 제일의 큰일이라 여기면 다른 세상사는 모두 언급할 가치가 없다. 우리는 무량겁 이래 이번 생에 정토법문을 만나 진지하게 파악하지 않으면 그냥 지나쳐 버릴 것이다. 이번 생을 헛되이 보내면 장래에

---

50) "안의 괴로움에 두 종류가 있으니, 몸의 괴로움과 마음의 괴로움이다. 몸의 괴로움이란, 몸이나 머리의 통증 등 404종의 병으로서 이것을 몸의 괴로움이라 한다. 마음의 괴로움이란, 근심·걱정·성냄·두려움·질투·의심 등이니, 이런 것들이 마음의 괴로움이다. 이 두 가지 괴로움이 합쳐서 안의 괴로움이 된다."_《대지도론》

이런 기연機緣을 일겁을 기다려야만 함을 어찌 모르는가! 진정으로 "백천만겁에도 만나기 어렵다." 무슨 생각이든 모두 내려놓아야 한다. 단지 이 한마디 부처님 명호를 꽉 쥐기만 하면 당신이 가장 사랑하는 육친권속(원친채주冤親債主)을 당신이 제도하고 교화할 능력이 생긴다. 이런 기연을 놓치면 육도에서 영원히 서로 원한을 갚아도 끝이 없다.

왜 귀중한 세월을 놓치고 염불을 잘 하지 못하는가? 모든 망념을 전부 버리면 곧 참 염불이다. 정토법문은 우리의 일과 생활에 아무런 지장을 주지 않고, 걷거나 눕거나 앉거나 언제든지 염불할 수 있다. 한가한 때도 염불할 수 있고, 일할 때도 염불할 수 있다. 모든 수행법문에서 확실히 어떠한 법문도 이렇게 상황에 잘 맞는 것은 없다. 우리는 과거 세상에 불법을 듣지 못해 무량무변한 중생을 해쳤지만 다행히도 금생에 정토법문을 들었으니, 수학한 공덕을 전부 원친채주冤親債主에게 회향하여야 한다.51) 바라건대 그들이 와서 우리가 염불하는 것을 방해하지 않고, 우리는 장래에 서방극락세계에 왕생하여 반드시 그들을 먼저 제도할 것이다. 동시에 또한 그들에게 다 같이 함께 보리심을 발하여 분노와 원망을 내려놓고, 서로 원한을 갚겠다는 생각을 내려놓고, 같이 진성심으로 아미타불 명호를 염하여 서방극락세

---

51) "우리가 수없이 많은 세월을 걸쳐 원한을 맺거나 애정으로 얽혀진 존재들이 이번 생에 우리들에게 진 빚을 갚으라고 찾아올 수 있습니다. 이러한 존재들을 「원친채주」라고 합니다. 우리들 자신이 빚진 것, 우리들 자신이 사로잡혀 있는 것, 다른 사람들이 우리를 붙잡고 있는 것, 끝내지 못한 여러 인연들이 모두 장애가 되어 우리들의 극락왕생을 성취하지 못하게 할 수 있습니다. 그러므로 우리는 염불을 통해서 이번 생에 그들에게 빚지고 있는 은혜와 그들에게 빚지고 있는 원한을 모두 갚아주어야 합니다." _《정토참법·원친채주참회발원문》(비움과소통)

계에 왕생하길 구하여 영원히 육도윤회를 벗어나 함께 무상보리
를 증득할 것이다.

[보충법문]

1. 명종삼위命終三位

임종에서 명종에 이르기까지 사람의 심식에는 이른바 세 단계가 있으니,
곧 명료심위明了心位 · 자체애위自體愛位 · 난심위亂心位이다.

첫째는 명료심위明了心位다. 명종 상태에 가까워질 때 전5식인 안이비
설신에는 여전히 작용이 남아 있고, 제6의식도 여전히 주인 노릇을
할 수 있으며 심식도 뚜렷하게 깨어있기 때문에 「명료심위」라 부른다.
그러나 이때는 곧 사망에 이르게 되면서 사대와 오온이 흩어지기 시작하
기 때문에 몸과 마음은 극심한 고통을 받게 되지만, 다른 방면에서는
또 아주 분명하게 자신이 곧 죽게 된다는 사실을 알고 있기에, 처자식과
재산 등 평생을 사랑하던 사람이나 물건을 마주할 때 마음속으로 차마
헤어질 수가 없어서 참으로 엄청난 고통을 느끼게 된다.

둘째는 자체애위自體愛位이다. 첫째 단계에서 온갖 극심한 고통에 시달
리다가 이때가 되면 몸과 마음은 더욱 더 허약해지고, 전5식은 이미
작용을 일으키지 않아서 눈으로 볼 수도 없고 귀로 들을 수도 없으며,
오직 제6의식의 미세한 생각만 존재하게 된다. 이때는 이미 자신의
일만으로도 힘에 벅차기에 처자식과 재산 등에 대한 생각도 내버리고서
오로지 한 가지 생각, 즉 자신의 몸에 애착하고 자신의 목숨을 아끼는
마음만 있게 되기 때문에 「자체애위」라고 부른다.

셋째는 난심위亂心位로, 죽는 순간을 말한다. 몸에 대해 아무리 집착하
고 아껴 봐도 보존할 수가 없기에, 이때가 되면 모든 신체기관들이
기능을 멈추게 되며, 제6의식 역시 신체기관의 기능들이 사라짐에

따라 사라지게 된다. 제6의식의 작용이 없으면 윤회환생을 좌우하는 아뢰야식이 떠오르게 된다. 이때 금생 및 세세생생의 선업과 악업들이 떠오르게 되는데, 마치 꿈을 꿀 때 제6의식이 비교적 약하기 때문에 순서와 논리, 조리가 전혀 없고, 시간 공간도 모두 매우 혼란하여 이를 통제할 수 있는 주인이 하나도 없는 것과 같다. 사람이 이때가 되면 자신의 뜻대로 할 수 없기 때문에 이른바 전도된 현상이 나타나게 된다. 악한 생각이 일어나기도 하고, 삿된 견해가 생겨나기도 하고, 미련이 생겨나기도 하고, 난폭해지기도 하고, 부부간의 애정이 생겨나기도 하는데, 이때에 원친채주冤親債主들도 이 기회를 노리고 와서 방해를 하여 정념을 잃게 만든다.

_《아미타경핵심강기》, 정종법사

2. 염불은 망심을 버려야 한다

염불에서 가장 중요한 것은 망심을 버리고 진심을 내는 것이다. 어떤 것이 망심인가? 탐하는 마음 · 성내며 원망하는 마음 · 질투하는 마음 · 어리석은 마음 · 나를 높이고 남을 낮추어 보는 마음 · 성패와 득실을 따지는 마음, 날마다 이러한 마음을 쓰면서 고생하다 죽는다. 이는 업을 짓는 삶이다! 진심은 청정심이자 평등심이다. 이러한 마음을 쓰면 얼마나 자재한 삶인가!

오늘날 정부는 삶의 질을 향상시킬 것을 제창하지만, 어디로부터 제기하는가? 염불해야 비로소 삶의 질을 향상시켜서 진정으로 행복하고 아름다운 인생을 영유할 수 있다. 염불은 결코 우리의 삶과 연관성을 잃지 않는다. 염불은 곧 우리의 실제생활이다. 그러나 당신이 망심을 버리지 않으면 어떻게 생각하든지 이러한 좋은 점, 이익을 얻을 수 없다.

당신이 염불하는데 만약 탐욕이 끝이 없고, 성내고 질투하며, 어리석고 오만하다면 당신은 다음 생에 여전히 삼악도에 떨어진다. 단지 아뢰야식

阿賴耶識에 몇 개의 염불 종자를 심었을 뿐이고, 당신은 여전히 업력의 과보를 받아야만 한다. 종전에 이병남李炳南 거사께서는 늘 말씀하셨다. 일만 명의 염불인 중 진정으로 왕생하는 사람은 단지 2명 3명분이니, 원인이 무엇인가? 가르침대로 봉행할 수 있는 사람이라야 왕생할 수 있고, 가르침대로 봉행할 수 없는 사람은 왕생할 수 없다.

마음속에 여전히 탐진치와 오만이 있으면 진심이 아니라 망심을 쓰게 된다. 단지 염불하기만 하고 가르침대로 봉행하지 않으면 과연 무슨 쓸모가 있겠는가? 이러한 이치를 우리는 분명하게 알아야 한다. 진심은 청정심이자 평등심이다. 만약 당신이 경계 내에서 분별이 있으면 이런 마음은 청정하지 않고, 만약 당신이 경계 내에서 평등하지 않으면 이런 마음은 청정하지 않다. 청정심의 상은 반드시 평등하고 반드시 분별이 없다. 당신은 이러한 원리를 잘 알면 일상생활 속에서 아침부터 저녁까지 일 년 내내 경계에서 이것을 연단할 수 있다.
_《정공법사 법문집》

[제29법문]

어떻게 염불하는가?

염불은 (부처님 명호를) 입으로 염하는 것이 아니다. 「염念」의 위쪽은 지금 금今 자이고, 아래쪽은 마음 심心자이니, 곧 금심今心이다. 이는 '현재의 마음'을 뜻한다. 따라서 현재의 마음속에 부처님께서 계심을 「염불」이라 부른다. 입술에서는 염불하지만, 마음속에 부처님께서 계시지 않으면 염불이 아니다.

염불이란 무엇인가? 부처님께서 말씀하신 이치, 부처님께서 말씀하신 교훈, 부처님께서 말씀하신 경계가 나의 현재 마음에 정말 있어서 자나 깨나 염함을 「염불」이라 부른다. 이와 같은 염불이어야 정말 성불할 것이다. 부처님께서 일체법은 심상心想에서 생긴다고 말씀하셨다. 우리의 마음속에 부처님의 교훈이 있고, 부처님의 경계가 있어 이 마음속에 진정으로 부처님이 계시면 당연히 부처가 될 것이다. 염불은 이렇게 염해야 한다.

부처님 명호는 어떤 곳에서 생겨나는가? 깊은 믿음과 발원한 마음에서 생겨난다. 또한 무상보리심 속에서 이 한마디 부처님 명호가 생겨난다. 입으로 염하고, 귀로 들어가 들리며, 마음속에서 부처님 명호가 명료하여 섭심攝心할 수 있으면 우리가 망상을 끊고 번뇌를 조복하도록 도와 선정을 얻게 할 수 있다.52) 이를테

---

52) 염불을 함에 있어 마음을 귀일시키기 어렵지만, 마음을 거두어들여 간절히 염하기만

면 "일념에 상응하면 일념이 부처이고, 염념마다 상응하면 염념마다 부처가 된다(一念相應一念佛 念念相應念念佛)." 「아미타불」 한마디 부처님 명호를 또렷하게 염하고 자자구구 분명하게 알아차려야 한다. 이것이 곧 선정과 지혜를 나란히 지님(定慧等持)·선정과 지혜를 나란히 배움(定慧等學)이자 무상의 법문이다.

부처님이 《화엄경》에서 이르시길, 십법계 의정장엄依正莊嚴은 어디에서 오는가? "오직 마음이 나타난 것이고 오직 식이 변화된 것이다(唯心所現 唯識所變)." 우리의 마음속에 어떤 경계를 생각하면 어떤 경계가 나타나게 될 것이다. 이로써 우리가 마음속에 부처님을 생각하면 부처님께서 현전하신다. 《능엄경》에서 "부처님을 잊지 않고 기억하며, 부처님을 심념에 매어둔다면 현전이나 당래에 반드시 부처님을 친견한다(憶佛念佛 現前當來 必定見佛)"고 잘 말씀하셨다. 이것이 곧 염불성불念佛成佛의 원리이다.

번뇌를 끊지 않고 (업을 지닌 채) 서방극락세계에 왕생함을 「대업왕생帶業往生」[53]이라 한다. 지니는 것(帶)은 신업新業이 아니라 구업

하면 저절로 귀일시킬 수 있다. 마음을 거두어들이는 법은 가장 먼저 지성심으로 간절하여야 한다. 지성심으로 염불하지 않으면 마음을 거두어들이고자 하여도 방법이 없다. 그런데 이미 지성심으로 염불하는데도 생각이 아직 순일하지 않으면 마땅히 귀를 거두어 들여 염불소리를 자세히 들어야 한다(攝耳諦聽). 소리를 내어 염하든 마음속으로 염하든 모두 염불이 마음속에서 일어나고, 염불하는 소리가 입에서 나와 귀로 들어가야 한다. 마음속으로 염하는 경우에도 비록 입을 움직이지 않지만 마음속에서 염불하는 모습이 있어야 한다. 그렇게 마음속으로 염하고, 입으로 똑똑히 염하며, 귀로 똑똑히 들으면서 이와 같이 마음을 거두어 염불하면 망념은 저절로 사라질 것이다.(제61칙) _《인광대사 문초청화록》(비움과소통)

53) 제2부 [제10법문] 정토법문의 불가사의, [보충법문] 대업왕생帶業往生이란 무엇인가? 참조

舊業이다. 지니는 것은 과거의 업이고, 현행하는 업을 지녀서는 안 된다. 이래야 왕생할 수 있다. "인연에 따라 옛날에 지은 업(舊業)을 없애고 더 이상 새로운 화(新殃)를 짓지 말라."54)

지심至心으로 한마디 「나무아미타불」 명호를 소리 내어 염하면 80억겁 생사중죄를 없앨 수 있다. 중요한 것은 지심至心에 있다.55) 지심至心은 곧 성심誠心으로 심지가 청정하여 망념이 전혀 없다. 이러한 청정심·지성심으로 한마디 부처님 명호를 소리내어 염하면 80억겁 생사중죄를 없앨 수 있다.

부처님의 마음·부처님의 행은 모두 경전에 있다. 그래서 경전의 뜻을 또렷이 이해하여 부처님의 말씀에 비추어 행하는 것이 학불學佛이다.

염불의 첫째 목표는 마음이 청정에 이르도록 염불하여 하루 종일 마음속에 「아미타불」 부처님 명호가 끊어지지 않고, 의심하지 않음(不懷疑)·뒤섞지 않음(不夾雜)·중단하지 않음(不間斷), 이 아홉 글자를 진실로 실천하여야 한다. 이것이 곧 공부성편功夫成片으로 결정코 왕생한다.

[보충법문] 아미타불을 어떻게 염하는가?

---

54) 《완릉록宛陵錄》에 이르길, "다만 인연에 따라 옛날에 지은 업을 없애고 더 이상 새로운 화를 짓지 않으면 마음속이 아주 밝을 것이다. 그래서 지금까지의 견해를 모두 반드시 버려야 한다(但隨緣消舊業 更莫造新殃 心裏明明 所以舊時見解總須捨却)." 《유마경》에 이르시길, "방 안에 있는 모든 것을 치웠다(除去所有)."《법화경》에 이르시길 "이십 년 동안 늘 똥을 치우게 했다(二十年中常令除糞)."
55) [제11칙] (보충) 무엇을 지심至心이라 하는가? 지심의 표준은 무엇인가? 참조 《인광대사 문초청화록》(비움과소통)

전청前淸시대 자운관정慈雲灌頂 법사께서는 《관경직지觀經直指》에서 "업장이 깊고 무거운 사람이 일체 참회법으로는 모두 참회할 수 없는 업장도 철저히 참회하여 없앨 수 있는 방법이 여전히 하나 있으니, 그것이 곧 「염불」이다." 말씀하셨다. 염불의 공덕은 불가사의하다!

어떤 이는 묻는다. 도대체 「아(워 ; 소리)미(미- ; 소리)타불」이라 염하는가, 아니면 「아(아 ; 소리)미타불」이라 하는가? 「아(아 ; 소리)미타불」은 범음이다. 불교가 중국에 전래된 후 중국은 땅 면적이 광대하여 방언이 매우 많아 「아(워 ; 소리)미타불」이라 염하는 사람이 앉아서 왕생하고 서서 왕생한 사람이 매우 많았다. 그래서 우리는 소리에 집착할 필요가 없다. 청정심을 중시하여야 한다. 소리가 아무리 옳다 해도 반드시 왕생할 수 있는 것은 아니다. 왜냐하면 왕생의 조건은 「마음이 청정하면 국토가 청정하다(心淨則土淨)」는 이치에 있다. 《아미타경》에서 말씀하시는 왕생의 조건은 「깊은 믿음 · 간절한 발원 · 명호 집지」이다.

「명호를 집지(持名)」하여 염념마다 아미타불을 잊지 않아야 한다. 그래서 「아」를 염해도 왕생할 수 있고, 「워」를 염해도 왕생할 수 있다. 담허倓虛대사는 영구營口 사람으로 그는 「아(워 ; 소리) 미(미 ; 소리)타불」이라 염하고 앉은 채 왕생한다. 이는 곧 마음이 진성眞誠이면 마음은 진실로 부처님께서 계신다고 설명한다.

「념念」자에서 위쪽은 「금今」이고, 아래는 「심心」이다. 이는 나의 현재 마음속에 부처님께서 계신다는 뜻이다. 염념마다 부처님에 대한 상(佛相)이 있으면 여전히 안 된다. 단지 선근을 심을 뿐이다. 염념마다 부처님의 마음이 있으면 나의 마음은 부처님의 마음과 같다. 부처님의 마음은 무엇인가? 평등심이다. 그래서 우리의 마음은 청정 · 평등하다. 이는 염불, 부처님의 마음을 염함이다.

「원願」은 부처님의 원을 염함이니, 아미타부처님의 본원을 자신의

본원으로 변화시키는 것이다. 나의 심心·원願·해解가 아미타불의
심·원·해와 같으면 아미타부처님과 공통의 인식(共識)을 건립한다.
또한 《정토삼부경》에서 말씀하신 이치를 자신의 사상과 견해로 변화시
킨다. 우리의 「심心·원願·해解·행行」은 《정토삼부경》의 말씀을
따라 수정하여 일체 업장을 철저히 참회하여 제거한다.

우리가 평소 부처님 명호를 염하는 가운데 「심·원·해·행」이 모두
들어 있다. 또한 「신信·원願·행行」 삼자량은 한 마디 부처님 명호에
들어 있다. 이러할 뿐만 아니라 「삼학三學·육바라밀六度·십대원왕
十大願王」도 모두 이 한 마디 부처님 명호에 들어있다. 이 한마디
부처님 명호에 들어있는 뜻은 무량무변하다. 그래서 명호의 공덕은
불가사의하다!

그래서 염念에는 염할 줄 앎이 있고 염할 줄 모름이 있다. 염할 줄
모르면 입술에서 염하는 것으로 상응하지 못한다. 염할 줄 알면 「심·
원·해·행」이 전부 상응한다. 그래서 "일념에 상응하면 일념이 부처
이고, 염념마다 상응하면 염념마다 부처가 된다(一念相應一念佛 念念
相應念念佛)." 이는 진정으로 업장을 참회하여 제거함이고, 진실한
수행이다.
_《보현행원품집요소청화普賢行願品輯要疏菁華》에서 발췌

[제30법문]

가르침대로 봉행하면 불과를 증득(왕생)할 수 있다

세존께서는 늘 "사람 몸은 얻기 어렵고, 불법은 듣기 어렵다." 말씀하셨다. 이는 우리가 다행히 사람 몸을 얻었을 뿐만 아니라 부처님의 정법을 들을 기회가 생겼으니, 마땅히 이런 수승한 인연을 귀중하게 여겨야 한다는 말이다. 최근에 우리는 부처님의 교훈을 착실하게 학습하여 현실생활에서 증명할 수 있었다. 가장 얕은 상식으로 부처님께서 설하신 인연과보因緣果報를 우리가 매우 냉정하고 세심하게 관찰하면 재보시財布施로 부귀의 과보를 얻고, 법보시法布施로 총명과 지혜의 과보를 얻으며, 무외보시無畏布施로 건강·장수의 과보를 얻는 것이 확실하다. 이러한 이치를 명백히 알고 사실·진상을 또렷이 이해할 수 있으면 세상에 생활하면서 마음은 저절로 차분해 것이다. 이른바 심안이득心安理得으로 도리를 명료히 안 후 마음이 차분해질 것이다.

《요범사훈了凡四訓》에서 요범了凡 선생과 운곡雲谷 선사는 선방에서 3일 낮밤을 좌선하여 망념이 하나도 일지 않았다. 이는 보통사람이 행할 수 없는 경지이다. 보통사람은 망념이 흩날리고 분별 집착이 너무나 많다. 이는 경전에서 말씀하신 범부, 불쌍한 자이다. 운곡 선사는 "그대는 공부를 잘 했다"고 말하였다. 그는 "내가 공부가 없었다면 나의 운명은 공 선생孔先生이 산정算定한

대로 따라갔을 것이다." 말하였다. 일생의 길흉화복은 모두 운명
속에 잘 안배되어 있다. 망념을 일으키면 아무런 쓸모가 없다.
그래서 망념을 일으켜서는 안 된다. 요범 선생은 비록 사실·진상
을 명백히 알았지만 투철하게 밝히지 못하였다. 다시 말해 그
소당연(所當然 ; 우주 만물이 마땅히 그래야 하고, 또 그럴 수밖에 없는
존재론적·윤리적·과학적 원리)은 알았지만 그 소이연(所以然 ; 법칙이
우리 눈앞에 펼쳐지게 된 근본적인 까닭)은 알지 못하였다. 그래서
운곡 선사는 그를 위해 법문하여 소이연의 이치를 그에게 알려주
었다. 그는 선사의 가르침대로 착실히 노력하여 정말 운명을
바꾸었다. 그래서 이치와 사실·진상을 분명하게 알아야 운명을
바꿀 수 있고, 운명을 창조할 수 있다.[56]

보살은 51계급이 있다. 매 계급마다 또렷이 이해하는 이치와
사실·진상은 모두 다르다. 불법에서 가장 낮은 계급인 원교초신
圓敎初信 위의 보살이 분명하게 아는 것은 요범 선생보다 훨씬
더 우수하다. 여래과지如來果地에 이르러야 구경원만하게, 철저하
게, 분명하게 알 수 있다. 그래서 불교의 교학은 단지 우리에게
우주와 인생의 실상을 또렷이 이해하라고 가르치는 것에 지나지
않는다. 실상을 진정으로 분명하게 알면 법신대사法身大士로서,
원교초주圓敎初住보살이 증득한 과위이다. 초주 이하는 비록 분명
하게 알지라도 철저하지 못하여 단지 해오解悟일 뿐, 증오證悟에
도달하지 못하였다. 예컨대 "일체 중생이 자신의 법신"이라고
말씀하셨다. 우리가 이를 의심하지 않고 깊이 믿는 것은 해오解悟
이지만, 진실을 증득함이 없어 여전히 일체 중생을 정말 자신으로

---

56) 《운명을 바꾸어 마음먹은 일을 이룬다(改造命運 心想事成)》, (정공법사의 요범사훈
  강술)(삼보제자) 참조

여기지 못하고 중생과 자신의 사이에 여전히 차별이 존재한다. 일체 중생과 대대對待함이 정말 자신과 대대하는 것과 같으면 곧 증오證悟이다. 이것이 법신대사이다.

우리는 현재 비록 이러한 이치를 잘 알고 있지만 여전히 해내지 못한다. 이는 곧 증오證悟가 아니라 해오解悟이다. 이병남 스승께서는 늘 말씀하셨다. "해오는 아무런 쓸모가 없다. 필시 어떤 생사일 것이다." 여전히 어떤 생사이기에 윤회를 벗어날 수 없다. 증오라야 윤회를 벗어날 수 있다. 윤회를 벗어날 뿐만 아니라 십법계를 벗어나고, 일진법계를 증득한다. 일진법계라야 진정으로 대자재를 얻고, 행복하고 아름답고 원만한 삶을 얻는다. 십법계의 행복하고 아름답고 원만한 삶은 진실하지 않고, 진선미와 지혜는 유명무실하다. 일진법계라야 진실하다. 일진법계의 진선미와 지혜는 모두 사실이다. 불타께서 우리에게 거는 기대 및 격려는 우리가 일생동안 증득하길 바라는 데 있다. 부처님께서 말씀하신 것은 우리가 반드시 해낼 수 있는 것인데, 문제는 당신이 기꺼이 해내는가 여부이다. 부처님께서는 우리에게 심량을 개척하여 자신을 사랑하듯이 일체중생을 사랑하라고 가르치셨다. 이것이 곧 행行이다. 해解와 행行이 상응하여야 증득할 수 있다.

세상의 일부 야심가는 세계의 주재자가 되고 싶어 하는데, 해낼 수 있을까? 해낼 수 있다. 부처님께서는 경전에서 말씀하셨다. 이 세상에서 가장 큰 국왕은 금륜왕金輪王이다. 그는 사천하四天下를 통치하니 곧 태양계를 통치한다. 왜 윤왕輪王이라 부르는가? 그는 윤보輪寶를 교통수단 및 무기로 사용하기 때문이다. 이는 우리로 하여금 최근 몇 십 년 세계각지에서 들리는 비행접시를 연상케 한다. 이는 곧 윤왕의 윤보로 윤왕은 이것으로 각지에 부하를 파견하여 순시할 수 있다. 그는 윤보를 타고서 하루 낮밤에 태양계인 사천하를 두루 다닐 수 있다. 이것이 일반적인 견해이다. 황념조黃念祖 거사의 견해에 따르면 단위세계는 은하계이다. 다시 말해 금륜왕이 통치하는 범위는 은하계로 그의 윤보는 24시간 안에 은하계 전체를 두루 다닐 수 있다. 윤왕은 이렇게 큰 세계를 어떻게 통치할 수 있는가? 경전에서는 그는 십선업도十善業道와 사무량심四無量心으로써 이렇게 큰 복보를 얻는다고 말씀하신다. 마혜수라천왕은 천왕 중에서 복보가 가장 크고, 금륜성왕은 인간 중에서 복보가 가장 크다. 이는 모두 공덕을 쌓아 성취한 것으로 무력이나 패도霸道로써 성취한 것이 아니다.

중국 진시황은 패도로 통치하여 30여 년만에 나라가 망했다. 근대 독일의 히틀러도 패도로 통치하여 또한 마찬가지였다. 일본인도 패도로 중국에 전쟁을 일으키고 8년만에 거의 멸망에 이르러 최후에는 무조건 항복하였다. 이는 패도로 성취할 수 없음을 실증한 역사적 사실이다. 중국 역사상 왕조 건립 시간이 가장 오래된 것은 주나라로 8백년을 누렸다. 주나라는 인정仁政을 실행하여 오륜팔덕五倫八德으로 천하를 다스렸다. 주나라 말기의 자손들은 선조의 교훈을 준수하지 않고 인의仁義를 실행하지 않아 결국 망국을 초래하였다.

인자仁慈·진성眞誠·애인愛人의 마음으로 아무런 조건 없이 다른 사람을 돕고, 다른 사람을 성취시키는 것이 세간·출세간의 진실한 복보이다. 진정한 복보는 자신이 누리는 것이 아니라 일체중생이 누리는 것이다. 왜냐하면 일체중생이 곧 자신이기

때문이다. 마치 자손을 진정으로 사랑하고 보호하는 노인이
스스로 부지런히 경작하고 일하는 것은 자손이 행복하고 아름답
고 원만한 삶을 살길 바라는 것에 있음과 같다. 그는 자손을
자신으로 여기고, 자손이 누리는 것을 자신이 누리는 것으로
여긴다. 이것이 세상 사람이다. 일체 제불보살은 일체 중생을
자신으로 여긴다. 실제로 일체 중생은 진정 자신이다. 이는 생명
은 하나의 개체이고, 진허공·변법계는 자기 생명의 공동체이자
또한 그대로 일체라는 설명이다. 만약 허공법계를 한 사람의
몸으로 여긴다면 일체 중생은 곧 몸의 하나하나 세포이고 하나하
나 세포는 모두 자신이니, 하나하나 세포는 모두 평등하다. 비록
각각의 공능은 같지 않아 눈으로 볼 수 있고 귀로 들을 수 있지만,
눈·귀·코 혹은 내장·사지·피부·손톱이든 최후까지 분석
하면 모두 분자·원자·전자로 바뀌니, 모든 세포는 완전히
같고, 평등하다. 그래서 진허공·변법계는 하나의 자신이다.
이는 부처님의 지견이다.

화엄종에서는 늘 「법계관을 지음(作法界觀)」[57]을 말한다. 과거
륭천隆泉법사·지광智光법사와 남정南亭법사와 같은 몇몇 법사는
모두 《화엄경》을 학습하였다. 그들은 《화엄경》에서 조사·대덕
들이 말한 「화엄관을 지음(作華嚴觀)」을 보았다. 화엄관이란 무엇
인가? 일상생활에서 진허공·변법계는 하나의 자신임을 착실히
실천하고, 성실히 배우는 것이 화엄관이다. 모든 일체 중생은
신체 각 부위의 세포와 같다. 다른 집단은 다른 기관과 같다.
하나의 기관이라도 잃으면 사람은 병에 걸리게 된다. 그래서

---

57) 법계관法界觀을 닦아 법계정法界定을 얻으면 일진법계의 현묘한 이치를 투철하게
    깨닫는다.

각각의 다른 조직 집단은 서로 협력하여 원만하고, 아름답고, 완전한 생명 공동체를 일으켜야 한다. 이러면 당신은 일체 다른 집단의 중생을 사랑하게 될 것이다. 그래서 우리는 갖가지 다른 문화 · 집단 · 종교에 대해 진성심眞誠心으로 사랑하고 보호하며 전심전력을 다해 도와야 한다. 이것이 곧 《화엄경》의 실현이다. 이른바 실현이란 곧 《화엄경》의 증과證果이다. 신해행증信解行證에서 증證이 곧 실현이다. 완전한 실현은 현실생활 가운데 있다. 현실생활이 곧 「불화엄佛華嚴」이라야 우리는 진정한 이익(受用)을 얻는다.

석가모니부처님께서 세상에 계실 적에 시현하신 모범을 우리는 세심하게 체득하고, 착실히 학습하여 일생 동안 불보살의 생활을 보내야 한다. 이러면 당신은 부처가 되고, 보살이 되어 앞길에 광명이 무한할 것이다. 이는 제불여래께서 우리에게 거는 기대로 단지 진정 가르침대로 봉행하기만 하면 누구나 이번 생에 결단코 불과를 증득(왕생)할 수 있다. 부처님께서 우리에게 해야 할 것은 착실히 하라고 가르치고, 우리에게 하지 말아야 할 것은 결코 하지 말라고 가르치셨다. 이러면 경전에서 말씀하신 사실 · 진상을 실증할 수 있고, 불법의 진실한 이익(受用)을 얻을 수 있을 것이다.

_《조찬법문》에서 발췌

[제31법문]

독경의 이익

학불學佛은 지식을 학습하기 위함이 아니라 자성을 회복하기 위함이다. 자성을 회복하면 일체가 저절로 원만하다. 어떤 방법으로 학불하는가? 우리는 염불·독경 이러한 방법으로 학불한다. 특별히 독경할 때 마음속에는 경문만 있을 뿐 쉽게 망상에 빠지지 않는다.

1. 독경의 목적

경전은 본성으로부터 흘러나온 문자로 더없이 지극히 높다. 경전은 진실한 말로 시공을 뛰어넘고 영원히 변하지 않는다. 경전에 의미가 있는가? 의미는 없지만, 그것을 염송한 후에는 오히려 무량한 뜻이 생긴다. 경전을 읽으면서 무엇을 하는가? 망상·분별·집착을 버린다. 마음속에 경문만 있어서 망상·잡념이 나아가지 못하면 청정심·평등심을 회복한다. 이는 암송을 하는 것이 아니다. 암송은 수반되는 것으로 오래도록 읽으면 저절로 외울 수 있다.

예컨대 나는《무량수경》회집본會集本을 학습하였다. 경문을 삼천 번 읽으면서 뜻을 해석하지 않고, 단지 독송만 하였다. 글자를 잘못 잃지 않고, 빠뜨리지 않으면서 삼천 번 읽은 후 청정심이 현전하였다. 청정심이 현전하면 지혜가 생길 수 있다.

2. 독경의 수승한 이익

극락세계에 왕생함은 일생에 구경원만한 무상보리를 증득함이다. 《아미타경》에 이르시길, "적은 선근·복덕·인연으로는 저 불국토에 태어날 수 없느니라." 하셨다. 우리는 오늘 기연機緣이 있어 만났지만, 수학 공부하여도 득력하지 못한다. 머릿속에는 하루 종일 세간법을 생각하는 시간이 많고, 불법을 생각하는 시간은 적다. 왜 우리는 선뜻 독경을 하지 못하는가? 시간이 있으면 망상에 빠질 뿐 독경할 시간이 없다. 시간이 있으면 윤회하는 업을 짓고 염불하여 왕생을 구할 시간이 없다. 최후에 이르러 성취하지 못해 이번 생을 헛되이 보내고, 내생 후세에 어느 일년 일겁에 불법을 만날지 모르니, 얼마나 애석한가! 이는 신심이 모자라서이고, 곧 선근이 부족해서이다.

선근善根이란 무엇인가? 진정으로 서방극락세계가 있다고 믿고 진정으로 아미타부처님이 계시다고 믿어 조금도 의심이 없는 것이다. 털 한 올의 의심이 있어도 선근이 부족한 것이다. 부족하면 어떻게 보안하는가? 유일한 방법은 곧 경전을 많이 읽는 것이다. 경전을 많이 읽어 숙지하면 믿음과 발원이 생겨난다.

복덕福德이란 무엇인가? 극락세계에 태어나는 품위이다. 우익대사께서는 우리에게 왕생할 수 있는지는 "전적으로 믿음과 발원의 유무에 달려있다." 말씀하셨다. 믿음이 있고 발원이 있으면 결정코 왕생한다. 극락세계에 태어나는 품위의 높이는 "전적으로 명호를 집지함의 깊이에 달려있다." 곧 염불공부가 깊으면 품위가 높다. 진정으로 노력하는 사람은 하루에 10시간 경전을 읽는 것을 보는데, 이는 극락세계를 10시간 생각하는 것과 같다. 날마다 이와 같이 독경하여 10년, 20년 끊임이 없으면 그의 번뇌는 바뀌어 법희가 충만하다.

3. 독경의 방법

우리는 어떤 방법으로 독경하는가? "책을 천 번 읽으면 그 뜻이 저절로 보인다." "일문에 깊이 들어가 오랜 시간 몸에 배이도록 닦는다(一門深入 長時熏修)." 천만번 기억하여 일문에 깊이 든다! 많은 문이어서는 안 된다. 많으면 망친다. 많으면 뒤섞이고, 산란하며, 통하지 않는다. 일문이라야 통하게 된다. 일문에 정말 통하면 일체 경에 전부 통한다. 하나에 통하면 일체에 통한다. 그래서 반드시 경전 하나여야 한다. 둘이면 안 된다. 분별을 일으키고 번뇌를 일으켜 마음이 청정하지 못하고 선정을 얻을 수 없다. 이는 우리가 왕생할 수 있는지와 관계한다. 이는 대사일 수 있기에 반드시 알아야 한다.

일천 번 읽을 때 경전의 의미가 저절로 현전하여 고금 대덕의 평주를 볼 수 있다. 평주가 어떻게 되어있어도 볼 수 있는 능력이 생긴다. 다시 일천 번을 읽으면 공부가 깊어져 더 깊이 볼 수 있고 더 넓게 볼 수 있다. 그런 다음 다시 일천 번을 읽는다. 삼천 번을 읽은 후에는 저절로 이 경전을 강설할 수 있고, 고인의 강설과 견주어 차이가 없다. 만약 평주를 쓰면 후세에 전할 수 있다. 그래서 "책을 천 번 읽으면 그 뜻이 저절로 보인다."

말한다. 저절로 보임은 곧 개오(開悟 ; 명심견성)이다. 《무량수경》의 경전 제목에 「청정평등각清淨平等覺」이 보이는데, 여기서 각覺은 곧 개오이다. 청정심은 소오小悟이고, 평등심은 대오大悟이다. 삼천 번 이상 읽으면 대철대오大徹大悟할 수 있다. 삼천 번을 읽으면 더 읽지 않는가? 아니다. 뒤에도 여전히 4천 번, 5천 번, 6천 번 왕생에 이를 때까지 줄곧 읽는다.

《무량수경》의 평주는 어떻게 읽는가? 최소한 처음부터 끝까지 삼천 번을 읽는다. 어느 때 비로소 득력할 수 있는가? 최소한 일백 번 읽어야 한다. 처음부터 끝까지 일백 번 읽어야 한다. 날마다 최소한 10시간 이상 읽는다. 이것이 곧 오랜 시간 몸에 배이도록 닦음이다. 이렇게 공부하면 득력할 수 있다. 이렇게 독송을 거치면 우리의 번뇌는 저절로 사라지고 바깥을 향해 확장하지 않고 조복하여 머문다. 일백 번 번뇌를 조복하면 왕생할 자신이 생긴다. 만약 개오에 도달하고 싶으면 고인의 표준인 일천 번을 에누리해서는 안 된다. 《무량수경》을 평주를 곁들여 일천 번 읽으면 설사 대철대오·명심견성할 수 없어도 대오大悟가 열림을 장담할 수 있다. 철오徹悟이면 성불이고, 대오大悟이면 보살이다.

정토종의 6대 조사인 영명연수永明延壽대사께서는 젊었을 때 《법화경》을 일만 삼천 번 독송하셨는데, 어떻게 개오하지 않았겠는가! 당연히 대철대오·명심견성하셨다. 미국에 사시는 재가 여거사 한 분은 《무량수경》을 독송하였는데, 여러 해 시간을 들여 6천 번을 완전히 읽었다. 6천 번을 독송한 후 완전히 암송하였다. 매우 어려웠지만, 그녀에게는 이러한 결심이 있었고 이러한 끈기가 있었다. 암송할 수 있게 된 이후 경본에 의지할 필요가 없어 경행하면서 암송할 수 있었고, 좌선하면서도 암송할 수 있었다. 그러면 방편이 매우 많아진다. 다시 6천 번을 암송하여 이 경전을 매우 잘 강설할 수 있었다. 이것이 곧 학불하여 진실의 이익(受用)을 얻는 것이다. 그래서 선조께서 우리에게 말씀해 주신 이렇게 학습하는 이념과 방법은 대단히 중요하다!

세간 및 출세간법에는 복덕이 없을 수 없다. 불법은 세간에서 일체 중생이 괴로움을 여의고 즐거움을 얻도록 돕는다. 복덕이 없으면 괴롭다. 그래서 부처님께서는 언제나 먼저 복덕을 닦을 것을 권하셨다. 세간과 출세간에서 누구의 복덕이 가장 큰가? "천상천하에 부처님만한 분은 없다." 부처님과 견줄 수 없다. 부처님은 복덕과 지혜가 구경원만하다. 옛 성인과 이전 현인은 심량이 크면 복덕이 크고 심량이 적으면 설사 복덕이 클지라도 오래 누리지 못한다 말씀하셨다. 부처님의 심량은 "마음은 태허를 감싸고 도량은 항하사 세계에 두루 하다(心包太虛 量周沙界)." 그의 심량은 자성에 원래 갖추고 있다. 현수賢首국사는 《망진환원관妄盡還源觀》에서 우리에게 세 가지 두루 미침(周遍)을 알려주셨는데, 이는 성덕性德이다. 첫째는 「법계에 두루미침(周遍法界)」, 둘째는 「생겨남이 다함이 없음(出生無盡)」, 셋째는 「공과 유를 함용함(含容空有)」이다. 이러한 심량은 공과 유를 함용하고, 이러한 복덕은 너무나 크다! 그래서 인간 천상에서 크게 부유하고 크게 귀중한 복덕은 모두 불문에서 닦는 것이다.

성불成佛은 이족존二足尊이라 한다. 「이二」는 곧 지혜와 복덕이고, 「족足」은 곧 원만이다. 즉 지혜가 원만하고 복보가 원만하면 성불한다. 우리가 학불함은 곧 복덕과 지혜를 구하기 위함이다. 복덕과 지혜가 원만해야 중생을 널리 제도할 수 없다. 복덕은 있지만 지혜가 없으면 중생을 제도할 수 없다. 반드시 복덕과 지혜가 원만하여야 한다. 학불은 진정으로 시간을 장악하여 하루도 헛되이 보내지 않으면 십년이면 공덕을 이룬다. 이것이 곧 고인이 말씀하신 대로 "십년동안 차가운 창문아래 공부하였지만, 단번에 천하에 이름을 이루었다(十載寒窓 一擧成名)." 세간의 독서인은 십년에 성취하는데, 불법의 수행도 십년이 필요하다. 이러한 십년에 뿌리 깊게 근본에 자리 잡아 자신의 계정혜를 성취한다. 계는 덕행이고, 정은 삼매이며, 혜는 대철대오·명심견성이다. 진정으로 이러한 방법에 따라 수행하면 십년이면 성취가 없을 수 없다. 성취가 없으면 잘못 마음을 썼기 때문이다. 십년 동안 비록 일문에 깊이 들어가 오랜 시간 몸에 배이도록 닦을지라도 당신의 공부 속에 반드시 뒤섞임이 있으면 마음은 청정하지 못하고 평등하지 않아 성취가 수승하지 않다. 만약 당신의 심지心地가 정말 청정·평등을 유지하면 이러한 성취는 진실하고, 이러한 성취는 사람들이 찬탄할 만하다. 진정으로 성인이 되고 현인이 되며, 부처가 되고 보살이 되길 희망하는 동학 동수들은 십년을 잘 배우면 공덕을 성취할 것이다. 현재 CD가 있고, 평주가 있어 당신에게 도움이 되려면, 반드시 한 경전에 통하면 일체 경전에 통함을 깊이 믿어야 한다. 일문에서 일으키고 일문에서 뿌리를 내리려면 너무나 많은 것을 배워서는 안 된다. 너무나 많이 배우면 배운 것이 뒤섞이고, 사상이 어지러우면 삼매를 얻을 수 없고, 지혜가 열릴 수 없다. 고인의 가르침을 준수하면 성공할 수 있다. 만약 스스로 총명하다고 여겨 십년을 헛되이 보내면 아무것도 얻을 수 없다.

일문에 깊이 들어가 오랜 시간 몸에 배이도록 닦기 위해서는 대승경전을 선택하여야 한다. 왜 그러한가? 대승경전은 하나하나 모두 자성을 통달한다. 바꾸어 말하면 대승의 법문 하나하나 경전 하나하나는 모두 당신이 명심견성·대철대오하도록 도울 수 있다. 《금강경》에 이르시길, "일체 법은 평등하여 높고 낮음이 없다(是法平等 無有高下)." 하셨다. 대승법문은 평등하여 높고 낮음이 없다. 당신이 어느 한 경전에 기뻐하여 일문에 끝까지 깊이 들어가면 명심견성·견성성불하고, 불과를 증득할 수 있다.

대승은 큰 지혜를 대표한다. 대승의 지혜는 자성에 본래 갖추고 있는 지혜이다. 지혜가 얼마나 큰가 하면 세간·출세간 일체법의 가장자리와 바닥까지 다할 수 있다. 바꾸어 말하면 세간·출세간 일체 법을 철저히 통달하여 분명하게 한다. 일반 종교에서는 신에 대해 「무소부지無所不知·무소불능無所不能·전지전능全知全能」, 이 한마디 말로 찬미한다. 이것이 대승의 의미이다. 그러나 지혜가 없으면 대덕大德·대능大能·대복大福이 있을 수 없다. 이로써 지혜가 제일이고, 지혜에서 대덕·대능·대복이 생겨날 수 있다. 이는 곧 우리가 현재 말하는 가치관이다. 불법의 가치관은 대지혜이다. 불법을 학습하며 구하는 것은 다른 것이 아니라 지혜를 구함이다. 지혜가 있으면 갖가지가 갖추어진다.

「무량수無量壽」에서 수壽는 복보의 일종이다. 중국인은 늘 "오복이 집 앞에 이르길(五福臨門)"이란 글처럼 가정의 복을 비는 문구를 대문 위에 쓴다. 오복에서 첫째는 장수이다. 고래의 조사·대덕들은 우리에게 서방정토를 소개했는데, 서방정토의 첫째 대덕은 무엇인가 하면 수명의 장구함이라 말한다. 무릇 서방극락세계에 왕생하는 사람의 수명은 부처님과 같다. 이것이 서방세계의 첫째 덕이다. 단지 이 한 조목에만 의지하여 서방극락세계에 꼭 가야한다! 부처님 명호에서 드러내 보이는 것은 무량수가 주체이다. 수명이 없다면 일체 무량이 모두 허사가 되는데 누가 가서 누리겠는가? 그래서 수명은 일체 무량의 체이다. 무량한 수명이 있어야 모든 무량이 이익(受用)을 얻을 수 있다.

「장엄莊嚴」에서 "장莊이란 공恭이고, 정正이고, 성식盛飾이다. 엄嚴이란 존尊이고, 숙肅이고, 장裝이다. 장엄 두 글자는 세속말로 존중·공경·정숙 등등의 선미로 이를 장식함이라 해석할 수 있다."《정토대경과주》) 우리 세상 사람은 늘 진선미를 말하지만, 지혜가 없어 진선미가 원만하지 않다. 지혜가 있으면 진선미는 원만하다. 극락세계에서는 「진선미眞善美·혜慧」 네 글자가 모두 구경 원만하여 쇠퇴하지도 변하지도 않는다.

우리가 사는 세상은 왜 진선미와 지혜가 아닌가? 환경은 심성이 변하여 나타나는 것으로 우리의 마음이 진선미와 지혜가 아니기 때문이다. 진眞의 경우 마음이 진실하지 않고, 망심·표면적인 호의로 마음에 진실이 없다. 선善의 경우 하루 종일 선하지 않은 생각이 일어나고, 망상을 하거늘 어디에 선이 있겠는가? 미美의 경우는 더 말할 나위가 없고, 미혹·전도되어 지혜가 없다.

서방극락세계에는 이런 사실이 있으니, 어떻게 닦아야 하는가? 한 마디 「아미타불」로 자심自心을 장엄하고, 자심을 청정하게 함은 곧 「아미타불」, 이 한마디 부처님 명호로 청정심·평등심·각오심을 닦는 것이다. 그래서 청정·평등·각도 모두 「아미타불」 이 한마디 부처님 명호로 닦고, 진심眞心도 「아미타불」 부처님 명호, 이 방법으로 닦고, 선심善心도 「아미타불」로 닦는다. 미심美心·혜심慧心도 「아미타불」 이 한마디 부처님 명호에 전부 원만히 갖추고 있다. 이렇게 수승한 법문은 일체 경론 중에서 찾을 수 없다. 일체 경전에서 오직 당신에게 청정심을 닦으라고 가르치는 것은 있지만 반드시 평등을 얻을 수 있는 것은 아니고, 당신에게 평등심을 닦으라고 가르치는 것은 있지만 반드시 지혜가 생길 수 있는 것은 아니다. 오직 이 한마디 아미타불은 하나를 닦으면 일체를 닦으니, 이는 너무나 기묘하다. 그래서 학불은 소극적이지 않고, 절대 현실을 기피하지 않는다. 불법은 진선미와 지혜의 생활이고, 일체 인심이 향해가는 행복하고 즐거운 생활이다.

이체理體 상에서 말하면 제불여래의 지혜와 덕상은 일체 중생이 본래 자신에게 갖추고 있다. 세존께서는 《화엄경》에서 "일체 중생은 모두 여래의 지혜·덕상이 있지만, 망상·집착으로 증득할 수 없다." 말씀하셨다. 우리가 망상·분별·집착을 내려놓기만 하면 성불하지 않겠는가? 자성의 지혜와 덕상이 현전하는 것이다. 극락세계의 진상이 이렇게 되는 일이라면, 아미타부처님과 모든 극락세계에 왕생하는 사람은 모두 망상·분별·집착을 내려놓는다. 그래서 극락세계는 아미타부처님의 자성 청정심이 성취한 것이다. 자신의 청정심과 아미타부처님의 청정심은 하나의 마음이고, 하나의 자성청정원명체自性清淨圓明體이다(보충법문 참조). 하나의 체體에서 두 개의 용用을 일으키니, 불가사의하다.

이번 생에 진정으로 광대하고 깊고 미묘한 진실의 이익을 획득하고 싶다면 반드시 청정심을 닦아야 하고, 평등심을 닦아야 하며, 자비심을 닦아야 한다. 어떤 방법으로 닦는가? 「아미타불」이 한마디 부처님 명호로 뒤섞인 마음·산란한 마음·물든 마음을 버리고 자신의 청정·평등각을 회복하고 왕생하여 불퇴전지에 올라 성불할 수 있다.

행문行門에는 자신을 이롭게 함이 있고, 중생을 이롭게 함이 있다. 번뇌가 줄어들고 지혜가 늘어남은 자신을 이롭게 함이고, 십악을 끊고 십선을 닦음은 자신을 이롭게 함이고, 남을 위해 연설함은 중생을 이롭게 함이다. 자신을 이롭게 함(自利)과 중생을 이롭게 함(利他)은 한 가지 일이고 두 가지 일이 아니어서 영원히 나누어지지 않는 것이다. 나는 불제자로서 일상생활 속에서 걷거나 머물거나 앉거나 눕거나 모두 규칙이 있어 모두 일체중생에게 모범이 되어주고 전형이 되어줄 수 있다. 이는 곧 진정으로 유정중생에게 내세에 이익이 되고, 현세에 즐거움이 된다. 이것이 보살의 사업이다. 그렇지 않다면 불법은 일종의 지식으로 변해버려 한 평생 배워도 지혜가 아니라 여전히 범부의 지견이다. 당신이 쓰는 마음이 마음을 일으키고 생각을 움직여 윤회하는 마음이고, 윤회하는 마음이 윤회하는 업을 짓거늘 어떻게 성취가 있겠는가? 이《무량수경》일문에 깊이 들어가 한 평생 바꾸지 않고 새겨서 버리지 않으면 당신의 성취를 일체제불께서 모두 찬탄하실 것이다. 이 경전을 통하면 일체경전에 모두 통하고 세간법도 모두 통한다. 이러한 학문은 사람마다 배울 수 있고, 사람마다 배워서 몸에 익힐 수 있다.

사서四書는 중국 선조들의 지혜의 결정체이다. 이는 중용中庸의 도를 말한다. 중용의 도는 어느 곳에서 응용하는가?《대학大學》에서 격물格物·치지致知·성의誠意·정심正心·수신修身·제가齊家·치국治國·평천하平天下를 말하는데, 모두 중용을 여의지 않는다. 중용의 도는 너무나 크다. 이것이 곧 대승경전에서 말하는 중도中道 제일의제第一義諦이고, 일체제불과 법신보살이 밟는 길 (所履)로 자신이 행하고 중생을 교화함에 원만하지 않음이 없다. 대승불법 전체는 이《무량수경》에서 격물·치지·성의·정심 ·수신·제가·치국·평천하의 지혜·이념·방법·경험·효 과를 말하고 있고,《무량수경》에 전부 갖추고 있다.58) 이 경전은 출세간법에서는 당신의 일생성불一生成佛을 돕고, 세간법에서는 당신의 치국·평천하를 지도할 수 있다. 이 경전의 분량은 현대인에게 꼭 들어맞아 길지도 않고 짧지도 않으며, 내용이 풍부하다.《군서치요群書治要》는 중국문화의 정화인데, 이《무량 수경》은 전체 불경의《군서치요》이다. 우리는 이번 생에 다행히 만나 세간에서 성인이 되고 현인이 되며, 출세간에서 부처가

---

58) 유교 또한 보리심의 기초 위에 건립된다. 그 교학의 중심은 성의誠意·정심正心으로 불법에서 말하는 보리심과 약속이나 한 듯이 일치한다. 성의는 체이고, 정심은 용이다. 한 사람의 마음이 성誠을 다하지 않으면 유교에서 말하듯이 절대로 성인이 되지도 현인이 되지도 못한다. 개인마다 모두 진성의 마음을 다하고 그런 후에 수신修身(자신의 인품과 덕성·학문·수양의 성취)·제가齊家(가정이 아름답고 원만 함)·치국治國(국가의 정치제도가 궤도에 오름)·평천하平天下(천하의 사람이 모두 공평함을 얻어 의견 충돌이 있을 리 없고 천하가 태평함)에 도달한다. 이는 유교교학의 기초이자 이상이다.

진성심(보리심)은 어떻게 현전하는가? 반드시 두 가지 장애를 끊어야 한다. 번뇌장煩惱障 과 소지장所知障은 우리의 진심을 가로막아 진심이 현전하지 못하도록 한다. 유교에서 는 격물치지格物致知를 말한다. 격물은 불법에서 말하는 번뇌장을 끊음이고, 치지는 소지장을 깨뜨림이다. 격물에서 물物은 물욕(명성과 이익, 오욕육진)이고, 격格은 물욕의 생각과 싸워서 이겨냄이다. 물욕에 흔들리지 않고 그것과 싸워 이겨낼 수 있으면 당신의 번뇌는 사라진다. 내려놓음(放下)이 번뇌장을 끊음이고, 알아차림 (看破)이 소지장을 깨뜨림이다. 격물을 한 후 치지해야 한다. 격물은 번뇌를 끊는 것이고, 치지는 법문을 배움이다. 두 가지 장애를 돌파하면 성의誠意가 현전하고, 보리심을 비로소 진정으로 발할 수 있다. _《보현행원 염불성불》(비움과소통)

되고 보살이 된다. 이것이 진정 방동미方東美 선생이 말씀하신 「인생최고의 향수」로 이보다 더 높은 것은 없다.

불교란 무엇인가? 방동미 선생께서는 최고의 철학이자 최고의 과학이라고 말씀하셨다. 과학과 철학이 추구하는 종극의 목표는 원래 불법이다. 불법은 정말 문제를 해결할 수 있다. 우리 개인에게 말하면 생로병사의 문제를 해결한다. 우주를 말하면 무궁무진하고 변제가 없는 우주로, 이는 자성이 변하여 나타나는 것이고 자신의 심상에서 생겨난 것이며, 다른 사람과 상관이 없고 원래 전부 자신의 일이다.

성인 및 현인의 교육과 과학기술의 교육은 완전히 다르다. 과학기술은 진성심·공경심이 필요하지 않지만, 성현의 교육은 필요하다. 인광대사께서는 "일분의 진성·공경심이 있다면 일분의 이익을 얻고 십분의 진성·공경심이 있다면 십분의 이익을 얻는다."고 말씀하셨다. 당신이 의심을 품고 있다면 의심이 많을수록 골치가 아프다. 어떻게 우리에게 의심하지 않게 할 수 있는가? 이것이 큰 문제이다. 근대의 과학자는 확실히 매우 대단하다. 그들이 연구하여 얻은 결론과 불경에서 말하는 것은 완전히 같다. 바꾸어 말하면 불경에서 말하는 우주의 기원은 과학자가 증명해주었다. 부처님께서 3천 년 전에 말씀하신 것은 최근 30년간 과학자가 발견한 것과 완전히 같다.

현재의 과학, 물리학은 두 가지 방향으로 발전한다. 하나는 무한대를 향해 거시우주를 연구하는 것이다. 그들이 현대의 정밀한 기구로 관찰할 수 있는 우주는 실제상 전체 우주의 10%일 뿐이고, 여전히 90%의 우주는 보이지 않는다. 90%가 보이지 않는데 어디로 갔는가? 그들은 모른다. 그들이 발견할 수 있고 볼 수 있는 것은 모두 형상이 있다. 부처님께서는 거시적인 우주 형상이 극에 달한 것이 실보장엄토이고, 실보토가 더 상승한 것이 상적광토이며, 상적광토에는 형상이 없어 볼 수 없다고 말씀하셨다. 우리는 그 90%가 상적광으로 돌아가서 찾을 수 없다는 것을 알고 있다.

반대로 양자역학이 연구하는 것은 곧 미시세계이다. 부처님께서는 미시세계의 극한은 아뢰야阿賴耶이고 우주의 기원이며, 십법계 의정장엄의 기원은 제6의식으로 볼 수 있다고 말씀하셨다. 극한이 정말 보이는 것은 아라야의 삼세상三細相으로, **경계상은 곧 물질현상, 정신현상은 곧 아뢰야의 전상轉相, 아뢰야의 업상業相은 곧 에너지**이다. 업상의 구경은 무엇인지, 과학자는 또렷하게 말하지 못하지만, 불경에서는 매우 또렷하게 말씀하고 있다. 그래서 불경에서는 구경 원만한 철학이 있고, 구경원만한 과학이 있다. 불교는 정말 고등과학, 철학의 교육이지, 종교가 아니다.

불보살은 신선이 아니다. 불보살은 현대의 언어로 말하면 곧 과학자와 철학자이다. 부처님은 스승이고, 우리는 그의 가르침을 받아들인다. 부처님은 이 학파의 창시인이다. 불교가 사람에게 가져다주는 것은 확실히 방동미 선생이 말씀하신대로 「인생최고의 향수」이다. 당신이 일체를 통달하여 잘 이해하여 조금도 미혹하지 않아서 이런 세계에서 살면 번뇌가 없고, 우려가 없으며, 근심이 없다. 어떠한 압력도 없어 생활이 얼마나 아름답고 행복한가! 그래서 불법은 대학문이고, 구경원만하고 철저한 학문이다.

중국인의 선조는 대지혜가 있고, 대복덕이 있다. 중화민족 5천년 역사의 강에서 대대로 성현이 출현하였다. 그들은 후세의자손을 후덕하게 보살펴서 중화민족이 영원히 쇠퇴하지 않고 살게 할 뿐만 아니라 자손에게 대단히 풍부한 지혜와 가르침, 보배로운 문화자산을 남기셨다. 이러한 지혜와 가르침, 문화자산 중에서 가장 중요한 것은 효孝의 교육이다. 부모님에게 효양하는 효도孝道와 스승님을 존경하는 사도師道에 대해 진정으로 지성·공경심이 있다. 유교의《효경》에서는 "무릇 효란 덕의 근본이요, 가르침이 생겨나는 곳이다(夫孝 德之本也 教之所由生也)."라고 말씀하셨다. 효도는 도덕의 근본이고 교화는 반드시 효를 가르침에서 시작한다. 이는 옛 성인과 이전 왕이 천하와 잘 어울리기 위해 지극한 덕을 닦는 중요한 방도(至德要道)이다. 바로 중국인이 효의 토대가 됨으로 인해 선조들은 불법을 중국에 청한 이후 불법은 중국에서 뿌리를 내리고 꽃을 피웠을 뿐만 아니라 광대하게 발양하였다.

《화엄경》에서 이르시길, "사람에게 효경을 가르쳐 보이지 않게 만방을 이롭게 한다(教人孝敬 冥益萬方)." 하셨다. 그래서 그런 시대의 성현께서는 날마다 경전을 강설하고, 날마다 교육과 학문에 전념하셨다. 그래서 사람들을 모두 잘 가르침으로 인해 사람들은 망상도 없고 잡념도 없어서 마음을 일으키고 생각을 움직임이 모두 도덕의 표준에 부합할 수 있었다. 이런 표준은 유교에서는 곧 오륜오상五倫五常·사유팔덕四維八德이고, 불법에서는 곧 오계五戒·십선十善·육도六度·십원十願이다. 이 표준에 모두 부합할 수 있으면 천하는 태평하고, 인민은 안락하며, 재해와 역병이 일어나지 않을 것이다. 우리들 중국 선조는 이를 잘 이해하여 "나라를 세우고 백성에 군림함에 교육과 학문을 우선으로 삼으라

(建國君民 敎學爲先)." 제기하셨다. 국가의 정치와 시설은 전부 교육을 위해 복무한다. 일체가 교육을 위해 힘썼기에 사회가 안정되고 천하가 태평하였다. 그래서 우리 국가는 일찍이 태평성세를 거친 적이 있었다.

인민이 온화하고 선량하며 사회가 화해하려면 가장 중요한 일은 곧 힘껏 효도의 교육을 제창하는 것이다. 우리 자신이 진정으로 효도를 힘껏 행하고 효도를 선양하면 효심과 선의가 우주에 두루 미치고, 전체 허공법계 중생이 모두 이익을 얻을 수 있거늘 하물며 지구이겠는가! 우리 불문의 제자는 노력하며 효도를 실현하여야 비로소 선조를 저버리지 않고 본사 석가모니부처님의 간곡한 가르침을 저버리지 않을 것이다.

불법은 정신문명 중에서 견줄 수 없이 수승한 일환이다. 대승경전의 독송은 우리로 하여금 불보살의 자비·불보살의 지혜·불보살의 선교방편에 대한 인식이 생기게 한다. 불보살님께서 우리 말법중생에게 베푸시는 은덕이 무량한 줄 알아야 감사하는 마음이 생길 수 있다. 아미타부처님께서 과거 세세생생 부지런히 힘써 수행하고 48대원을 발하여 서방극락세계를 성취하심은 나 한 사람을 위함이지, 다른 사람을 위함이 아니다. 그래서 나는 은혜에 감사해야 하고, 지금 당장 실천해야 한다. 이 점이 대단히 중요하다! 이런 생각이 매우 절실하여야 이를 「일념에 상응하면 일념이 부처이고, 염념마다 상응하면 염념마다 부처가 된다(一念相應一念佛 念念相應念念佛)」고 한다. 아미타부처님께서는 정말 다른 사람을 위하는 것이 아니라 곧 나를 위한다. 나는 과거 세세생생 감사할 줄 모르고, 아미타부처님의 선한 마음·선한 발원은 나를 위한 것임을 모른다. 열심히 학습하지 않으면 아미타부처님을 저버리고, 선조를 저버리는 것이다. 현재 명백히 알고서 반드시 부처님의 은혜를 갚고 선조의 은혜를 갚아야 한다. 은혜를 갚으려면 반드시 극락세계에 왕생하여야 하고, 아미타부처님을 가까이 모셔야 한다. 이것이 참 보은이다.

[보충법문] 일체가 순전히 자성으로 자성청정원만체自性淸淨圓明體와 완전히 상응한다. 이를 일체의 진실이라 한다.

「진실의 궁극(眞實之際)이란 무위법신無爲法身이다. 극락의정極樂依正(의보와 정보)이란 진실의 지혜(眞實慧)가 흘러나와 나타난 것이다. 일체가 진실한 까닭에 진실의 이익(眞實之利)을 베풀어주실 수 있다.」 이러한 일체의 진실은 무슨 의미인가? 일체가 순전히 자성으로 자성청정원만체自性淸淨圓明體와 완전히 상응한다. 이를 일체의 진실이라 한다. 이렇게 원만하게 상응하고 구경으로 상응하는 이는 누구인가? 아미타부처님, 아미타부처님께서 해내셨다. 그래서 그의 명호도 상응한다. 명호는 곧 진실의 궁극이고, 진실의 궁극이 곧 그의 명호이다. 명호는 무위법신이고, 법신은 곧 아미타부처님이다.

그래서 앞에서 시방삼세의 일체제불여래가 말한 일체 경교는 당연히 석가모니부처님께서 49년 설한 일체 경교를 포함해 모두 《대방광불화엄경大方廣佛華嚴經》으로 모여 돌아갈 수 있다. 왜 그러한가? 왜냐하면 이 경전은 석가모니부처님께서 명심견성明心見性한 경계를 다 털어놓으신 것을 우리가 제대로 듣도록 상세히 말씀해주신 것이다. 세존께서 개오하신 경계, 이러한 경계는 곧 대승경전에서 말씀하신 「제법실상諸法實相」, 우주와 인생의 진상眞相으로 우리를 위해 말씀하셨다. 궁극적인 화엄의 원만, 이를 어떻게 말해야 당신이 석가모니부처님과 같이, 제불여래와 같이 화엄의 경계에 계입契入할 수 있겠는가?

우리는 《화엄경》의 말미에 보현보살 십대원왕十大願王이 극락으로 인도하여 돌아간다는 경문을 읽는다. 그래서 화엄은 정토를 얻어야 비로소 원만한 셈이다. 만약 정토가 없어 이런 경계를 말만 하고 증득할 수 있는 사람이 없다면 정말 단지 상상근기의 사람에게만 연분이 있고, 상중하 근기의 사람에게는 모두 연분이 없다고 말할 수 있을 뿐이다. 보현보살의「극락으로 인도하여 돌아감(導歸極樂)」은 보현보살뿐만 아니라 문수보살도 예외가 아니다. 문수보살께서도《화엄경》에서 최후에 정토에 왕생하여 아미타부처님을 가까이 모시겠다고 발원하여 우리에게 좋은 모범이 되어 주셨다. 그러면 우리는 시방삼세 일체여래께서 설하신 일체 경교, 그 최후의 총결總結은 곧《무량수경》이고 모든 경전의 가르침이 마침내 이 경으로 돌아감을 알 수 있다.

이 경전에서 하련거夏蓮居 거사는 우리를 위해 회집하여 48품을 이루었는데, 48품에서 어느 품이 가장 중요한가? 조사·대덕들은 모두 우리에게 제6품이 가장 중요하다고 알려주셨다. 제6품은 무엇인가? 48대원이다. 48대원에서 어느 원이 가장 중요한가? 고래의 조사대덕들이 말씀하셨듯이 제19원이《화엄》《법화》를 뛰어넘고, 제20원이 또 제19원을 뛰어넘으며 제18원이 또 제20원을 뛰어넘는다. 제18원은 무엇인가? 십념에 반드시 왕생한다는 원이다. 이는 곧 명호 공덕의 불가사의함이다. 최후에 무엇으로 돌아가는가?「나무아미타불」여섯 글자로 돌아간다.

만약 어떤 사람이 "무엇이 불교인가?" 묻는다면 당신은 그에게「나무아미타불」이라 말할 수 있다. 그는 이해할 수 없다. 어떤 사람이 이해하는가? 제불여래는 모두 고개를 끄덕일 것이다. "당신이 대답한 것은 조금도 틀림이 없다." 이 명호의 뜻은 대단하다! 불가사의하여 그 깊이와 넓이는 변제가 없다. 제18원은 곧 한 마디 명호이고, 곧《왕생론》에서 말하는 일법구—法句 청정구淸淨句 진실의 지혜인 무위법신이다. 무엇을 청정구라 하는가? 이 한마디 부처님 명호는 진실의 지혜인 무위법신이다! 그래서《무량수경》은 정말 전체 경 48품, 자자구구 모두가 진실의 지혜이다. _《정토대경해淨土大經解》, 정공법사

[제32법문]

정토에 자재왕생함이 유일한 진실이다

수행인이 일생 동안 수학하여도 만약 삼계를 벗어날 수 없으면 성취가 있다고 인정받지 못한다. 그러나 진정으로 삼계를 초월하기는 실제로 어려운 일이다. 정토는 이행도易行道라고 말할지라도 기타 법문과 견주어 쉽지만, 사실상 결코 쉽지 않다. 그래서 염불하는 사람이 많지만, 왕생하는 사람은 적다.

왕생하는 사람은 사실 두 부류의 사람이 있을 뿐이다. 한 부류는 상근기의 지혜가 예리한 사람은 사실·진상에 통달하여 명료히 알 수 있다. 그래서 의심하지 않고, 뒤섞지 않아 정념淨念이 이어간다. 이러한 사람은 왕생할 수 있다. 다른 부류는 우직한 사람이니, 일반적으로 시골의 할아버지·할머니를 말한다. 그들은 아무것도 모르고 알지 못하며 「나무아미타불」 한마디 부처님 명호를 죽을 때까지 철저히 염한다. 이러한 사람도 왕생할 수 있다. 그 가운데 일부 사람은 이미 상근기의 지혜를 지닌 사람도 아니고, 또한 하근기의 우직한 사람이 아닌데, 이들은 분별·지견의 장애가 있어 왕생하기 어렵다. 우리는 자신이 구경에 어느 부류에 속하는지 냉정하게 생각하고 생각해보아야 한다. 상근기의 지혜를 지닌 사람을 따라 배우기 힘들면 하근기의 우직한 사람을 따라 진정으로 기꺼이 배우려면 일체를 모두 내려놓아야 한다. 중요한 것은 명성과 이득을 내려놓아야 한다. 이득을 챙김에는 오욕육진五欲六塵을 포함하고, 명성을 챙김에는 권력과 지위를 포함한다. 우리는 전혀 관계가 없지만, 단지 줄곧 노실老實하게 염불하면서 대중에 복무할 뿐이다.

담허대사의 《염불론念佛論》에서 언급한 수무修無스님은 하근기의 사람으로 아무것도 알지 못하였지만, 담허倓虛법사·정서定西법사·체한諦閑법사는 그가 왕생한 모습을 직접 보았다. 그는 출가하기 전에 미장이로 일하였는데, 글자를 몰라 독경을 하지 못하였다. 출가한 후「나무아미타불」한마디 부처님명호를 염하는 것이 쉬움을 알고서 하루 종일 이를 염하여 마침내 자재하게 왕생하였다. 그들은 때가 이름을 미리 알고서 병에 걸리지 않고 왕생함을 보고서 감탄하였다!

청도青島 담산사湛山寺 장張씨라는 여장부는 인력거꾼으로 하루도 일을 하지 않으면 온 가족이 밥을 먹지 못했다. 매주 일요일 담산사에서 공수법회共修法會가 열렸는데, 그녀도 주방에 가서 일손을 도와 설거지를 하였다. 이렇게 힘든 노동을 하며 보냈지만, 그녀는 염불을 잘 하였다. 그녀는 마침내 때가 이름을 미리 알고 앉은 채로 왕생하였다. 이 얼마나 자재하고 얼마나 소탈한가!

우둔한 사람도 왕생할 수 있고, 대단히 총명하고 지혜로운 사람도 왕생할 수 있지만, 그 가운데 해당하는 사람은 너무나 어렵다! 모두 명성과 이득을 다투고 자신의 이득에 욕심을 내느라 자신이 조성한 장애이다. 우리는 정토법문을 만날 수 있었으니, 이는 희유한 인연이다. 자신의 희유한 인연을 면전에서 놓치다니,

너무나도 애석하다. _《조찬법문》

[보충법문] 노실하게 염불하는 아무런 지식이 없는 사람만 못하다

염불법문은 필사적으로 오만방자한 일체 지견을 내려놓을 수 있는 사람만이 이익을 얻을 수 있다. 지혜가 성인과 같을지라도 모두 내버려두고 「나무아미타불」 한마디 부처님 명호를 자신의 본명원진本命元辰으로 삼아 왕생을 구하겠다고 서원하여야 한다. 설사 죽음이 핍박하여 종래의 방법을 바꾸도록 할지라도 얻을 수 없다. 이래야 비로소 총명한 사람이라 할 수 있고, 실제 이익을 얻을 수 있다. 그렇지 않으면 많이 알고 많이 봄으로 말미암아 의심을 결단할 수 없고, 오히려 노실하게 염불하는 아무런 지식이 없는 사람만 못하니, 이들이 이익을 얻기 쉽다.
_《인광대사 문초 청화록》, 161칙

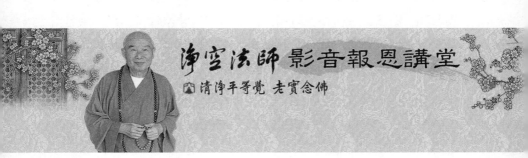

[제33법문]

몸과 마음이 연꽃 같이 청정하여 물들지 않다

내는 가장 먼저 학불學佛하면서 가까이 지낸 스승님은 장가章嘉대
사이다. 대사께서는 밀종의 대덕으로 나에게 육자대명주「옴마
니반메훔」을 전수해 주셨다. 나는 그분을 향해 가르침을 전해주
었다. "이는 무슨 뜻입니까?" 그분께서는 "옴은 몸이고, 마니는
연꽃이고, 반메는 지킴이고, 훔은 … 뜻이다." 말씀하셨다.

육자대명주는 우리로 하여금 자신의 몸과 마음을 연꽃처럼 시시
각각 지켜서 진흙에서 나와 물들지 않게 한다는 뜻이다. 육자대명
주를 염할 때 입으로 주문을 수지受持하고, 손으로 계인契印을
맺으며, 뜻으로 관상觀想하며, 삼밀三密이 상응하여 항상 자신의
몸과 마음이 연꽃처럼 정결淨潔하다고 생각한다. 이것이 육자대
명주를 수지受持하는 법이다. 관상하지 않고 착실히 수행하지
않으면 불법의 수승한 공덕과 이익을 영원히 얻을 수 없다.
  _《불법이 생활을 여의지 않는다(佛法不離生活)》에서 발췌

[제34법문]

중생을 위해 복무하는 삶

반야 지혜가 있으면 사람에 대해, 일에 대해, 물건에 대해 또렷하게 이해하고 분명하게 알 수 있으며, 미혹되지 않고 전도되지 않으며, 무슨 일이든 마땅히 어떻게 해야 하는지 알 수 있으며, 여리如理·여법如法하여 공정하고, 합리적이며, 법칙에 맞아 일체 중생을 이롭게 할 수 있다. 인생은 복무服務를 목적으로 한다. 누구를 위해 복무하는가? 일체 중생을 위해 복무한다. 일체 제불보살은 자신을 위하는 것이 아니라 일체 중생을 위해 복무한다.

_《말레이시아 홍법환경만찬법문》

[보충법문]

염불은 반드시 여리如理·여법如法하여야 진실의 이익을 얻을 수 있다. 무엇이 여리如理인가? 청정심이 그것이다. 정토법문은 곧 염불의 방법으로 자신의 청정심을 닦는 것이다. 이것이 곧 여리如理이다. 여법如法은 곧「모두 육근을 거두어 들여 정념을 이어감」이다. 구체적으로 말해 곧 의심하지 않고·뒤섞지 않으며·중단하지 않음이다.

[제35법문]

보살과 동행하는 삶

불법을 수학하면 반드시 진정으로 사리사욕 없이 행하고, 일체 제불보살과 융합하여 일체가 되어야 한다. 이것이 진정으로 수행을 아는 것이다. 어떻게 융합하는가?

미륵보살의 큰 심량과 큰 복보를 학습하여야 한다. 중국인은 미륵보살상을 빚을 때 포대화상의 상을 빚어 만든다. 그의 큰 배는 큰 심량과 큰 복보를 대표한다. 또한 지장보살의 부모님께 효도하고 스승을 존경하는 마음을 배워 진정으로 시시각각 효경 孝敬의 마음을 지닐 수 있다면 우리는 곧 지장보살이다. 관세음보살의 대자대비심을 학습하여 일체 고난중생을 제도함을 주도적으로 배워야 한다.

_《화엄경강기》

[보충법문] 포대화상

미륵보살의 상像을 상징하는 중국 오대五代 후량後梁의 포대布袋 화상이 뚱뚱하고 뱃살이 불룩 나온 몸에 방긋방긋 웃으며 큰 포대 하나를 맨 모습을 보인 목적은 중생을 깨닫게 함에 있습니다. 세상 사람의 심량은 너무나 작아서 사람을 포용할 수 없는데, 불룩 나온 뱃살은 모든 것을 포용할 수 있음을 표시합니다. 미륵보살은 또한 자씨慈氏라 불리는데, 자비를 대표합니다.

포대화상은 공양한 사람이 귀하거나 천하거나 잘나거나 못났거나 구분하지 않고 공양한 물건은 일률적으로 평등하게 포대 안에 넣었습니다. 어떤 사람이 화상에게 "무엇이 불법이오?" 하고 물으면 그는 포대를 땅 아래 놓습니다. 이는 방하放下를 표시합니다. 일체 망상 분별 집착을 내려놓아 마음속에 조금도 연연하는 것이 없습니다. "내려놓은 후에는 어떻게 하는가?" 그는 포대를 잡아들고 떠나갑니다. 그는 방하放下한 후 제기提起하여야 함을 표시합니다. 무엇을 제기하는가 하면 위로 불법을 구하고 아래로 중생을 교화함을 제기합니다.

사찰에 가면 미륵보살에게서 내려놓을 수 있고 잡아들 수 있음을 학습하여야 하고, 대자대비심으로 사람을 포용하고 물건을 포용함을 배워야 하며, 얼굴에 웃음이 가득하며 항상 환희심을 내어 일체 대중을 기쁘게 맞이함을 배워야 합니다.
_《지장보살본원경강기》

[제36법문]

만사에 형통한 삶

성인의 가르침은 다른 것이 없고, 곧 「통通」에 있나니, "가정이 잘 통하면 (집안사람의) 마음이 화합한다(政通人和)." 한 집안 사람이 어떻게 단결할 수 있는가? 통通에 있다. 서로 속임이 없이 솔직하게 함께 살아야 단결할 수 있다. 이러한 가족은 결단코 번창한다. 사람과 사람 사이에 오해가 생기면 서로 통하지 않고, 서로 왕래하지 않는다.

부부가 화합하지 않고, 또한 잘 통하지 않아 서로 속이고, 부부간에 진실한 말을 하지 않으면 최후에 이르러 가정이 틀어지고 만다. 한 집안의 형제자매가 서로 불신하고 진실한 말을 하지 않으며, 상대방에게 진실을 감추고 속이면 이런 가정은 몰락한다. 그래서 우리는 반드시 「통通」의 큰 이치를 알아야 한다.

_《일체중생이 빠짐없이 성불한다(一切衆生皆成佛)》

[제37법문]

학불하면 번뇌가 없다

무엇을 감로甘露라 하는가? 전하는 말에 의하면 이는 천상의 음료이다. 이러한 음료를 마신 후 장생불로長生不老하므로 감로라고 불린다. 고덕께서는 감로를 불법에 비유하여 부처님의 법은 감로법이라 말씀하셨다. 이런 비유는 조금도 과분하지 않다.

불법은 확실히 우리로 하여금 육도윤회를 영원히 벗어나고 십법계를 초월하여 대열반의 경계에 계입契入케 한다. 대열반의 경계는 곧 불생불멸不生不滅하여 우리로 하여금 번뇌를 영원히 벗어나게 한다. 견사번뇌見思煩惱·진사번뇌塵沙煩惱·무명번뇌無明煩惱를 영원히 끊어 청량자재를 얻는다. 번뇌는 어디로부터 오는가? 미혹하여 본성을 잃음으로부터 온다. 이것은 본래 없다. 왜냐하면 미혹하여 본성을 잃어 우주와 인생의 진상을 분명하게 알지 못하기 때문이다. 그래서 비로소 번뇌가 생겨난다.

_《화엄경 강기》

[제38법문]

염불하여 정토왕생을 구함은 고향으로 돌아감이다

"저희들은 다행히 들었습니다. 이 모임에 참가한 우리 대중은 TV 앞에서, 인터넷 앞에서 법문을 들을 수 있어 정말 다행입니다. 이는 정말 무량겁 이래 만나기 어려운 희유한 하루입니다." 이 말은 팽제청彭際清 거사가 한 말로 조금도 틀리지 않다 말할 수 있다. 무량겁 이래 만나기 어려운 희유한 하루! 이 하루는 우리가 오늘 맞닥뜨린 것이다. 이는 비할 바 없이 기쁜 하루, 무한한 기쁨이 솟는 하루이다. 왜 그러한가? 우리는 정말 자신이 있기 때문이다. 이번 생에 원만하게 성취하고, 자성으로 돌아가, 서방극락세계에 태어나면 틀림없이 상적광常寂光으로 돌아갈 것이다.

나는 극락세계에 거주하는 시간이 그리 길지 않고, 틀림없이 상적광으로 돌아간다고 믿는다. 극락세계의 보살은 순전히 법신보살이다. 일체 성인은 진허공·변법계에서 일체 중생과 감응도교感應道交할 능력이 있고, 무량무변한 신분으로 일체 중생과 화광동진和光同塵하고, 어떤 신분으로 제도 받음을 얻는 자에게 응하여 어떤 몸을 나타내는 이런 능력이 모두 있다. 실보토實報土의 보살도 모두 이러한 능력이 있거늘 하물며 적광토寂光土 속의 제불여래이겠는가! 이들 제불여래는 상이 없다. 그래서 관측할 수 없다.

상적광에서 그것은 물질도 아니고 정신도 아니다. 그래서 관측할
수 없다. 단지 무시이래 무명번뇌의 습기가 다 끊어지기만 하면
상적광토가 현전하고, 실보토는 나타나지 않는다. 이것이 서방
극락세계의 수승함이다. 극락세계는 우리의 고향이다. 우리가
염불하여 정토왕생을 구함은 고향에 돌아감이다. 죽음이 아니라
삶이니, 무량한 환희심을 내어야 한다! 이 세상은 난장판이니
빨리 벗어나야 하거늘 몸을 바꿔 다시 옴은 곧 법신보살이 와서
중생을 제도하는 것이다. 이는 조금도 거짓이 아니다. 우리가
진정으로 분명하게 알고 진정으로 또렷하게 알고서 더 이상
이 세상에 연연해하지 말길 바란다. 일체 고난 중생을 불쌍히
여겨 자신이 성취하고 비로소 일체 중생을 성취할 수 있으니,
제불여래와 마찬가지로 자신을 성취한다.

_《정토대경해연의淨土大經解演義》

[끝맺는 말]

E(전자)-시대에 어떻게 스스로 학불하여 인재가 되겠는가?

적지 않은 출가·재가의 동학·동수들이 나를 찾아왔다. 나는 진정한 홍법弘法인재를 육성하길 희망하였다. 홍법인재를 육성하는 공덕은 일체 제불여래가 아무리 말해도 다함이 없다!

젊은 시절 나는 북경을 첫 번째로 방문하여 조박노趙樸老와 만났다. 우리는 매우 연분이 있는 듯 만나자마자 오랜 친구와 같았다. 우리는 4시간가량 담소하였는데, 마음이 잘 맞았다. 나는 홍법인재 육성의 중요성을 주장하였다! 불법의 쇠퇴는 모두들 잘 알고 있지만, 계승할 인재가 없다는데 있다. 어떻게 해야 적극적으로 홍법인재를 육성할 수 있겠는가? 중국은 자고 이래로 조사·대덕들이 홍법인재를 육성하였다. 지금처럼 불학원(불교대학)을 열어 학생을 모집한 것이 아니라 사부대중 제자 가운데 확실히 근성과 능력이 있는지 오랜 시간 자세한 관찰을 거쳐 비로소 뽑아서 특별 육성하였다. 현재 내 나이는 많고 정신 체력은 부족하지만, 나는 학습하는 방법과 원리원칙을 공헌하고자 하니, 거룩한 가르침의 학습에 뜻이 있는 동학·동수께서 참고하시길 바란다!

우리가 사는 시대는 선지식이 드물다. 옛날처럼 정말 대덕과 고승이 있어 그들과 가까이 지내며 이익을 얻지 못한다. 스승님을 찾지 못하는데, 배울 방법이 있겠는가? 있다. 맹자시대에 맹자는 우리에게 좋은 모범이 되어 주셨다. 그는 공자께 배우려고 하였지만, 당시 공자는 이미 세상을 떠나버렸지만, 공자의 저술은 세상에 남아 있었다. 맹자는 날마다 공자의 책을 읽었다. 의심이 있고 문제가 있을 때 공자의 학생에게 가르침을 청하였고, 배워서 성공하였다. 그 성공의 비결은 곧 "몸에 배도록 익혀 성품을 이루다(薰習成性)."에 있다. 뿐만 아니라 그 성취는 공자의 다른 학생을 뛰어넘어 후인은 공자를 지성(至聖 ; 지와 덕이 지극히 뛰어난 성인)이라 불렀고 맹자를 아성(亞聖 ; 지와 덕이 버금가는 성인)이라 불렀다. 이는 스스로 배워 성공한 사례이다.

오늘날 현전現前함에는 매우 좋은 사례가 있다. 유소운劉素雲 거사(중국에서는 여성 신도 역시 거사라 부름), 그녀의 장점은 곧 「노실老實 · 청화聽話 · 진간眞幹」 여섯 글자에 있다. 그녀는 현대인으로서 첨단기술을 얻어 (내가 젊은 시절 싱가포르에서 강연한 60시간 분량의)《무량수경》CD 한 벌을 얻어 날마다 한 번 한 시간씩 반복해서 10번씩 들었다. 둘째 날 다시 한 장을 바꿨다. 60일 동안 이 경전을 원만히 들었다. 원만히 들은 후 처음부터 다시 들었다. 그녀는 「일문에 깊이 들어가 오랜 시간 몸에 배이도록 닦음(一門深入 長時薰修)」을 실천하였다.

그래서 그녀는 이 경에 대해 매우 숙독하였고, 믿음과 발원을 이렇게 다지기 시작하였다. 그녀에게는 아무런 의심이 없다. 「노실한 사람으로 · 진실로 잘 듣고 · 제대로 실천(염불 · 독경 등)하여」 그녀는 성공하였다. 사람들은 그녀가 강연하는 것을 듣고 모두 그녀의 입담이 좋은 것에 탄복하였다. 이는 곧 고인이 말하였듯이 "능숙해지면 기교가 생긴다(熟能生巧)."59) 함과 같다.

숙지하면 자신의 것으로 변한다! 그래서 그녀가 수학한 공부는 여전히 전통적인 오래된 방법으로 득력한 것이고, 다른 기교는 없다. 이런 방법은 대단히 교묘하다. 한 장을 열 번씩 들으면 60일 열 번으로 원만히 듣는다. 이렇게 원만히 들어서 생기는 힘이 얼마나 큰지 여러분이 실험할 수 있다면 옛 성인과 이전 현인이 교학하는 방법이 미묘하다는 것을 알게 될 것이다! 방법이 매우 투박해 보이지만, 정말 효과를 거둘 수 있다. 옛 성인과 이전 현인의 서적이 존재하고, 또한 첨단기술의 도움이 있다. 이는 좋은 방법이다. 우리는 힘껏 확대해야 한다!

제1기초 - 덕행德行

한 사람이 성취함에는 반드시 두 가지 기초가 있어야 한다. 하나는 덕행德行이다. 덕행이 없는 사람은 성취할 수 없다. 왜 그러한가? 그의 마음이 차분하지 못하기 때문이다. 다시 말해 청정평등각淸淨平等覺이 없기 때문이다. 청정·평등은 덕행이고, 각은 지혜이다. 그래서 마음은 반드시 청정하고 평등하여야 한다.

덕행을 수양하기 위해서는 《제자규ㅋ弟子規》·《감응편感應篇》·《십선업十善業》 및 《사미율의沙彌律儀》의 네 가닥의 선근을 뿌리내려야 한다. 《사미율의》에는 십계十戒·이십사문위의二十四門威儀가 있다. 이는 불법에서 말하는 스승을 존중하고 불도를 중시함이

---

59) 구양수歐陽修의 《귀전록歸田錄》에 나온다. "저 역시 특별한 솜씨라고 할 것도 없습니다. 단지 손에 익었을 뿐이지요." 손에 익으면 익숙하게 할 수 있다는 기름장수 노인의 말에서 유래했다.

다. 불법은 사도師道이다. 유교에서는 효도孝道를 말한다. 사도는 효도의 기초 위에서 건립된다. 효가 없으면 부처님도 없다. 부처님께서 계시면 반드시 효도 있다. 부모님께 효도하고 스승님을 존경하는 도리를 여의면 선근이 허물어져 버려서 어떤 노력을 하여도 성취할 수 없다. 재가인도 《사미율의》를 배울 수 있다. 이 네 가닥의 선근은 모두 계율에 속한다.

수학修學의 지름길은 부처님께서 경전에서 매우 또렷하게 말하고 있다. "계율로 인해 선정을 얻고, 선정으로 인해 지혜가 열린다." 계율은 기초이다. 이러한 기초가 없으면 선정을 얻을 수 없다. 선정이란 무엇인가? 청정심이다. 마음이 청정하지 않으면 마음은 평등할 수 없다. 평등하지 않으면 마음이 흔들리고, 청정하지 않으면 물든다. 마음이 물들고 흔들리거늘 어디에서 지혜가 오겠는가? 네 가닥의 선근은 그것을 외우고 말해보라는 것이 아니다. 그것을 일상생활의 작업공간에서 일하고, 사람을 상대하며, 물건을 접하는 가운데 실현하여야 정말 큰 이익(受用)을 얻을 수 있고, 선근이 상당히 깊게 뿌리내릴 수 있다. 마치 탁자에 네 개의 다리가 있어 매우 안정적인 것과 같다. 유학을 배우든 도학을 배우든 불학을 배우든 모두 위대한 성현의 사업으로 ,수행인은 이러한 인지를 갖추어 이런 방향 목표를 향해 노력하며 매진하여야 한다.

현대인은 이러한 이치를 잘 알지 못해 「선근 심기 교육(紮根教育)」에 역점을 두지 않는다. 이런 일을 소홀히 하여, 성현과 불보살의 선근이 사라졌다. 그래서 이런 시대에는 성현도 없고, 진정으로 인격이 고매한 사람도 출현하지 않는다. 설사 경론을 좀 더 많이 배웠을지라도 "말할 수 있을 뿐 행할 수가 없으면 참 지혜가 아니다." 지혜가 없거늘 어떻게 성취할 수 있겠는가? 그래서 반드시 「선근 심기 교육」에 역점을 두어야 한다.

[보충법문] 선근 심기 교육(棻根教育)

오성悟性은 반드시 한계가 있기 마련이다. 뿌리는 두 가지가 있다. 하나는 과거 세상의 선근으로 이번 생에 가지고 태어나는 것이다. 그의 마음은 매우 차분하다. 이러한 사람은 당신이 보기에 대단히 착실(老實)하고, 망념이 매우 적으며, 심지가 순수하고 올바르며, 어떠한 비뚤어진 심안도 없어 사람을 해칠 리가 없다. 또한 그는 투박하고 매우 착실하여 마치 매우 우둔한 사람처럼 대단히 바보스러워 보이지만, 인연을 만나면 지혜가 열린다.

혜능대사와 같은 분도 나무하러 가는 나무꾼처럼 보인다. 이러한 직업은 현재 없다. 매일 산에 올라가 나무를 베어 시내에 나가 팔거나 장작을 패어 팔고, 그 돈으로 쌀도 사고, 기름이나 소금도 사고, 집에 가서 하루를 보내며 매우 고생스럽게 살았다. 사흘 동안 산에 올라가 땔나무를 하지 않으면 집에 먹을 밥이 없어 아마도 하루하루 근근이 유지하는 매우 고통스런 삶이었을 것이다. 그래서 착실히 수행하는 사람의 뿌리는 숙세의 선근이다.

다른 하나는 이번 생에 양성하는 것이다. 어릴 때부터 양성하여야 한다. 먼저 덕행을 양성하는 것이 대단히 중요하다. 덕행은 어디로부터 배우는가? 부모님, 특히 어머님으로부터 나온다. 그래서 어머니는 자녀의 첫 번째 담임선생이다. 어느 때부터 가르쳐야 하는가? 어린애가 태어나 눈을 뜰 때부터 가르쳐야 한다. 당신이 아이를 가르칠 의향이 있어서가 아니라, 아이가 눈을 뜨면 보고 귀를 기울이면 들려서 어른의 말과 행동을 보고, 마음에 새기고, 흉내를 내고, 공부하고 있다.

그래서 속담에 "세 살 버릇 여든 간다."(세살에 선근을 심으면 이러한 선근이 팔십 세까지 변하지 않는다)하였다. 세 살 때 아이는 이미 천 일간 보았고, 천 일간 배워서 버릇이 매우 단단하게 뿌리 내렸다. 아이는 이를 통해 모두 배운다. 그래서 부모는 자녀들 앞에서 아이가 본 것이 무엇이고, 들은 것이 무엇이며, 접한 것이 무엇인지를 알아야 한다. 나아가 반드시 윤리도덕을 실천하여야 하고, 이를 자녀에게 보여주어야 한다. 다시 말해 곧 (인仁 · 의義 · 예禮 · 지智 · 신信의) 오륜五倫과 오상五常(예禮 · 의義 · 염廉 · 치恥 · 효孝 · 제悌 · 충忠 · 신信)의 사유四維와 팔덕八德, 인간으로써 지녀야할 기본 덕행을 실천하여 보여주어야 한다. 이를 「선근 심기 교육(紮根敎育)」이라 한다.

제2기초 - 문언문文言文

덕행德行이 있어도 고인과 소통하는 열쇠 한 뭉치가 있어야 한다. 그렇지 않으면 성현과 불보살은 아득히 먼 곳에 있어…, 당신은 가까이 다가설 방법이 없다. 이러한 열쇠는 무엇인가? 문언문(文言文 ; 고전 문어체 한문)이다. 옛 성인과 이전 현인의 도덕과 학문은 모두 문언문으로 기록되어 있다. 이는 오래된 선조의 진실한 지혜와 경험의 도구를 전달한다. 이것이 제2의 기초이다.

문언문은 견줄 바 없이 수승한 발명이고, 선조가 우리에게 남겨주신 가장 큰 유산, 가장 풍부한 보장寶藏이다. 이는 전 세계에 어떤 국가나 민족에도 없는 것이다. 이러한 발명은 진정으로 대단하다! 중국의 선조는 과학기술을 발명한 것이 아니라 문언문을 발명하였다. 이는 선조들이 언어와 문자는 시대를 따라 바뀐다는 사실을 알았기 때문에 이러한 문언을 발명하였다. 언어는 바뀌지만, 문언은 영원히 바뀌지 않고 공간을 초월하고 시간을 초월한다. 이러면 당시 고인의 지혜와 견식見識을 후인에게 참고하라고 남겨줄 수 있어 고인이 면대면으로 전수하는 것과 마찬가지로 뜻을 잘못 이해하지 않게 된다. 이것이 곧 문언문의 장점이다.

우리는 다른 국가에도 고문이 있음을 알고 있다. 2천년 이전의 이러한 문자(헬라어, 히브리어, 산스크리스트어 등)는 모두 고고학자와 전문 인재의 재능과 판별을 필요로 하여 중국인처럼 이렇게 편리한 것은 없다. 이는 중국의 선조들이 후세의 자손을 위해 주도면밀하게 생각한 것으로, 전 세계에 없는 것이다. 우리가 문언문을 읽을 능력이 있으면 옛 성인과 이전 현인이 남기신 서적을 모두 우리 자신의 지혜의 보고로 바꾸어 확실히 학문을 늘리고 견식을 늘릴 수 있다. 만약 우리가 문언문을 내버리면 어떻게 선조를 떳떳하게 대할 수 있겠는가? 만약 우리가 문언문을 잘 알지 못해 언어에 장애가 있으면 옛 성인과 이전 현인의 가르침을 읽고 이해하기가 매우 어렵고 심지어 불가능하니, 어떻게 실현할 수 있겠는가? 어떻게 자신의 인생관·세계관으로 바꿀 수 있겠는가? 이러한 이익을 얻을 수 없다. 그래서 진정으로 불법의 이익을 얻고자 한다면 반드시 이런 도구를 얻어야 한다.

문언문은 학습하기 어려운가? 조금도 어렵지 않다. 문언문을 배우는 비결은 독송하면서 언제나 생각하여야 한다. 단지 인내심을 지니고 2~3년 공부하기만 하면 문언문은 읽을 수 있으면 통달할 수 있다. 일전에 이병남李炳南 스승님께서는 우리에게 《고문관지古文觀止》에서 선택하여 고문을 50번 읽으면 문언문을 열독할 수 있는 능력이 생긴다고 권하셨다. 고문을 100번 암송할 수 있으면 문언문을 서사할 수 있는 능력이 생긴다.

문언문을 파악하는 것은 옛 성인과 이전 현인들의 문화의 보배창고를 여는 열쇠와 견줄 수 있어서 《대장경大藏經》, 《사고전서四庫全書》를 읽는데 아무런 걸림이 없다. 이는 수백 년의 울퉁불퉁 험한 길을 닦음이고, 가시나무 길의 가시를 잘라내고 길 위의 기와들을 치움이다. 그래서 이러한 열쇠를 반드시 입수하여야 하고, 경전 속에 보존된 선조의 지혜와 경험을 입수하지 않으면 안 된다. 이는 무진장의 보장寶藏이다. 선조가 정말 후대에게 떳떳한 견줄 수 없는 은덕이거늘 당신이 배우지 않는다면 선조에게 떳떳하겠는가? 세세생생 전승하는 사람에게 떳떳하겠는가? 그래서 나는 젊은 동학 동수 여러분에게 문언문을 잘 배우길 권한다. 일주에 한 번씩 배우면 1년이면 독해할 능력이 생기고, 2년이면 작문할 수 았는 능력이 생긴다.

일문에 깊이 들어가 오랜 시간 몸에 배이도록 닦는다.

우리는 이러한 두 가지 조건이 있으면 스스로 닦을 수 있다. 팔만사천 법문과 유불선 삼교의 서적 중에서 어느 하나를 선택하든지 일문에 깊이 들어가 인내심과 끈기로 하나의 목표, 하나의 방향으로 장기간 몸에 배이도록 익히면 여러 차례 되풀이 없이 성취할 수 있다. 왜 그러한가? 이는 당신의 자성 본정(自性本定 ; 자성에 본래 갖추어져 있는 선정)을 찾아 회복할 수 있기 때문이다. 자성본정은 곧 청정심·평등심이다. 청정심·평등심을 찾아 회복하기만 하면 각(覺 ; 보리)이 저절로 출현한다. 각이란 무엇인가? 각은 개오(開悟 ; 명심견성明心見性)이다. 심지가 청정하면 계율을 구족하고, 심지가 평등하면 선정을 얻는다. 계율이 있고 선정이 있으면 지혜가 열린다. 지혜는 일체 문제를 해결할 수 있다.

"일문에 깊이 들어가 오랜 시간 몸에 배이도록 닦는다(一門深入長時薰修)." 이는 심성心性 상에서 하는 공부이고, 선근 심기(繫根)는 사상事相 상에서 하는 공부이다. 이는 섞어서는 안 된다. 섞으면 망가지고 만다. 「몸에 배이도록 익혀 성을 이루는 것(薰習成性)」[60]이 중요하다. 한 번 한 번 그 번거로움을 싫증내지 말고 횟수가 많아질수록 반드시 개오開悟를 목표로 삼아야 한다. 당신이 진정으로 고인이 우리를 위해 알려준 선정의 이러한 규칙을 믿고, 의심하지 않고 가르침대로 봉행하여 적어도 십년간 「일문에 깊이 들어가 오랜 시간 몸에 배이도록 닦을」 수 있으면 십년 후 반드시 성취가 있을 것이다. 이러한 성취의 목표는 중국의 옛 성인 이전의 현인들이 늘 말씀하신 것으로 7년이면 작은 성취를 이루고, 9년이면 큰 성취를 이룬다. 작은 성취는 무엇인가? 불법에서 말하는 「삼매三昧」이다. 당신이 《무량수경》을 배우면 「염불삼매」를 얻고, 《화엄경》을 배우면 「화엄삼매」를 얻으며, 《법화경》을 배우면 「법화삼매」를 얻는다. 이것이 작은 성취이다.

---

60) 심성心性은 일체이며, 또한 둘이라고 말할 수 있다. 심은 주체이고, 성은 공능이다. 일반적으로 말하면 심心은 운행의 통합이고, 성性은 바깥으로 드러나는 작용의 표현이다. 그래서 성을 닦음은 곧 심을 닦음이니, 양자는 서로 보충하여 서로 이룬다고 말할 수 있다. 마음 닦음만 말하면, 뜻을 일으키고 생각을 움직이는 자성을 관조함이 곧 이것이고, 성을 닦음만 말하면 개체 관찰의 직접 표현이 곧 이것이다. 마음의 닦음은 자성을 관조한 후 훈습함이고, 성을 닦음은 돌이켜 관한 후의 배양이다. 그래서 일반적으로 말하는 「수심양성修心養性」이 곧 이러하다. 심성이 일체인 것은 체용이 둘이 아니기 때문이다. 심의 체는 곧 성의 용이고, 성의 용은 또한 심의 체이다. 「심心은 곧 오래도록 익히면 성性을 이룬다」. _《세각수원世覺修圓》, 선불성진仙佛聖眞

큰 성취는 무엇인가? 큰 성취는 개오開悟이다. 설사 철오徹悟는 없을 지라도 대오大悟는 가능성이 많다. 대오에 이를 때 거의 일체 경전을 단지 접하기만 하면 통달하고 조금도 장애가 없다. 왜 그러한가? 지혜가 현전하기 때문이다. 개오는 곧 지혜가 열림이다. 개오가 없으면 줄곧 염해 나가되, 조급하지 말아야 한다. 이러한 일은 조급해서는 안 된다. 왜냐하면 조급함은 번뇌이고 조급함은 장애이기 때문이다. 고인의 표준은 천 번이다. 조사·대덕은 항상 삼천 번을 말한다. 만약 삼천 번을 염하고 난 뒤에도 여전히 개오하지 않으면 어떻게 해야 하는가? 삼천 번 더 하면 된다. 당신이 항상심이 있고 끈기가 있어 이렇게 견지堅持해 나가면 개오하지 못할 리 없다. 이것은 자신이 반드시 구비해야 할 조건이다. 오랜 시간 몸에 배이도록 닦으면 청정평등각淸淨平等覺을 얻을 수 있다.

[보충법문] 사마타奢摩他, 자성본정自性本定의 진리

아난에게 이르시길, "그대가 비록 기억력이 뛰어날지라도 단지 많이 들음만 더욱 늘렸을 뿐, 사마타와 미세하고 면밀한 관조에서는 마음속으로 아직 깨닫지 못하였다. 그대는 이제 자세히 들어라. 내가 그대를 위해서 분별하여 (지관법문을) 열어 보이겠다."(告阿難言 汝雖強記 但益多聞 於奢摩他 微密觀照 心猶未了 汝今諦聽 吾當爲汝 分別開示。)

여기서는 아난에게 많이 들었을 뿐 아직 참 지혜가 열리지 않았다고 책문하고 계신다. 아난에게 이르시길, "그대는 비록 뛰어난 기억력이 있을지라도 많이 들음만 더욱 늘렸을 뿐이다. 사마타奢摩他, 자성본정自性本定의 진리와 일으킨 미세하고 면밀한 관조(위파사나), 마음의 본체를 환히 비추는 참 지혜에서는 마음속으로 아직 또렷이 깨닫지 못하였다. 이것은 곧 참 지혜가 아직 열리지 않은 것으로 황급히 미묘한 닦음(妙修)

을 보여서는 안 되고, 반드시 먼저 원만한 이해(圓解)가 열림을 마땅히 해야 할 급한 일로 삼아야 한다. 또한 미세하고 면밀한 관조는 곧 진리라 불린다. 일으킨 것은 참 지혜로 이해를 열어 비추어 보는 자성본정으로 식심識心이 분별 각관覺觀하여 거칠고 들떠서 밖으로 드러내는 것과 다르다. 그래서 「미세하고 면밀함(微密)」이라고 말한다. 곧 망념을 여의고 상을 끊어 마음의 비추는 본체가 홀로 나타나면 지금 보고 있음의 봄은 봄이 아니고, 곧 미세하고 면밀한 관조이다.

아난은 단지 견성見性이 진념임을 알았을 뿐 왜 진념인지 모른다. 또한 견성이 망념임을 들었을 뿐 왜 망념인지 몰랐다. 당연히 미혹하고 답답하여 마음속은 아직 깨닫지 못하였다. 아직 유猶 자를 관하여 부처님께서는 또한 미혹과 답답함이 조급함이기에 먼저 여래지견을 열어보여서 원만한 이해가 널리 열리도록 하여 비로소 닦음을 일으키는 근본으로 삼았다! 그래서 이를 경책하여 말씀하시길, "그대는 지금 스스로 자세히 듣고 들어 가르침대로 마음을 관하여 이치를 통달하라. 나는 그대를 위해 진견眞見·망견妄見을 분별하여 사마타와 자세하고 면밀한 관조의 뜻을 열어 보이겠다."

_《대불정수능엄경강의》, 원영圓瑛대사

진성·공경심이 있어야 진실의 이익이 있다.

현재 이런 시대에 경교經敎를 학습하는 사람이 갈수록 줄어들고 있다. 우리는 법륜을 굴려주시길 청하겠다(請轉法輪)고 발심하여야 한다. 이를 위한 으뜸은 스님을 육성하는 것이다. 진정으로 발심한 젊은이를 만나면 가장 먼저 1년 안에 네 가닥의 선근이 뿌리내리도록 도와야 한다. 이는 근본이다. 네 가닥의 선근이 없으면 기꺼이 배울 수 없다. 왜 그러한가? 성의가 없고, 공경심이 없기 때문이다. 진성 · 공경심은 네 가닥의 선근 가운데 완전히 체현된다. 네 가닥의 선근으로부터 당신에게 얼마간 진성 · 공경심이 있다고 생각한다. 그런 후 당신이 장래 얼마간 성취가 있음을 알 것이다. 성취가 있는 사람일수록 심지가 진성이고, 태도가 겸허해질수록 사람에게 공경심으로 대한다. 중국 옛사람의 말처럼 "학문이 깊어지면 의기가 평온해진다(學問深時意氣平)." 절대로 조금도 마음이 들뜨고 조급함이 없어야 한다. 마음이 들뜨고 조급하면 공부가 덜 되었다는 표현이다.

선생이 학생을 볼 때, 어떤 학생이 성취가 있는지, 어떤 학생은 성취가 없는지 무엇을 보는가? 진성 · 공경심을 본다. 진성 · 공경심은 스승에 대한 것은 아니고 자신에 대한 것이다. 내가 학습하는 것은 주어진 일에 공경하는 정신이다. 나는 이 일문의 공과를 공경하는 마음을 품고 중시하며, 이 일문 공과의 스승을 공경하는 마음을 품고 존경하며, 이 일문 공과를 학습하는 동학 동수를 공경하는 마음을 품고 존중한다.

만약 주어진 일에 공경을 다하는 정신이 없거나 또는 게으르고 마음 씀이 전일專一하지 못하며, 진정으로 배우려고 하지 않으면 진정한 성취는 있을 수 없다. 인광대사께서는 "일분의 진성 · 공경심이 있다면 일분의 이익을 얻고 일분의 진성 · 공경심이 있다면 십분의 이익을 얻는다"고 잘 말씀하셨다. 의심을 품고 진성 · 공경심이 없으면 불보살님이 와서 가르쳐도 당신은 이익을 얻을 수 없다. 그래서 우리는 이러한 이치와 방법을 잘 알아야 한다. 고인을 스승으로 삼아 가르침대로 수학하면 결단코 성취가 있을 것이다. _《정공 노화상 강연집》에서 발췌

[제2부]

정토법문, 나의 선택

반종광潘宗光 교수

[들어가는 말]

정토법문, 나의 선택

비가 억수같이 내리던 그날, 우리는 조금 딱한 모습에 축축하게 젖은 채로 은퇴 후 자선사업을 하던 그의 사무실로 걸어 들어갔다. 반 교수께서는 사무실에서 마중 나오면서 별안간 미소를 지어 보여 매우 편한 느낌을 주었다. 또한 방문 내내 그의 편안하고 여유로운 미소는 깊은 인상을 남겼다. 이는 예전에 미간을 찡그렸던 모습과는 조금 차이가 있었다.

반 교수께서는 우리의 이번 인터뷰가 정토종과 관련이 있음을 알고서 곧 자발적으로 자신이 수행 경로에서 찾은 것을 이야기하였다. 그는 과거 다른 정좌靜坐명상방법을 두루 섭렵하고 추적하길 즐겼다고 한다. 심지어 미얀마 선룡사에 가서 근엄한 남전불교의 타좌법을 2주간 배웠다고 했다. 자신은 "정좌 방면의 수행에서도 괜찮았다."고 묘사하였다. 그는 또한 스스로 불교도가 되어 보시布施 · 지계持戒 등 육바라밀에 대해서도 많이 해내야 한다고 느꼈고, 또한 일상적으로 자신의 특수한 신분으로 강좌를 열어 불법을 홍양하기도 했다.

그러나 불교도로서 그는 물었다. 자신이 구경에 추구할 것이 무엇인가? 다만 선을 행하고, 법회에 참가하면서 이고득락離苦得樂을 추구하고 인천의 복보를 얻는 것이 과연 자기 신앙의 최후목

표인지? 설령 닦아서 천상에 올라가 복을 누릴 수 있을지라도 다시 한평생 인연이 있어 거듭 인간으로 임해 부처를 닦을 수 있을지 보증할 수 없고, 만약 불행하게도 삼악도에 태어나면 어떻게 할 것인가? 그래서 그는 한 동안 매우 곤란을 느꼈다고 한다. "실제로 불경에서는 매우 또렷하게 말씀하고 있죠, 삼악도에 떨어져 환생할 기회는 매우 크지만, 사람이 될 기회는 매우 막막합니다. 그래서 매우 많은 불교도의 이상은 이번 생에 윤회에서 벗어나기를 희망합니다. 이는 저의 추구이기도 합니다."

반 교수는 참선과 정좌명상에 적지 않은 노력을 써서 비록 성적이 괜찮았지만, 이렇게 수행해가면 도대체 금생에 윤회를 벗어날 수 있겠는가? 의문이 들어 물었다. 그는 거듭 불경 등 각 방면의 자료를 검증하고서 자신의 지금 수행으로, 자신의 역량에만 기대어 마땅히 해낼 수 있는 능력이 없고 이에 실망감이 들었다고 한다.

정토는 말법시대에 잘 들어맞는다.

반 교수는 자신이 곤란에 부딪힐 때마다 관세음보살에게 도움을 구하였다고 한다. 이번에도 관세음보살의 인도를 얻길 희망하였는데 갑자기 영감이 떠올랐다. "관세음보살은 서방삼성의 한 분으로 늘 정토에 머물면서 억만의 화신으로 널리 중생을 제도하고, 아미타부처님께서 중생을 접인하심을 지지한다. 이왕 이러한 이상 길은 이미 매우 뚜렷하니, 관세음보살이 화신으로 사바세계에 와서 우리가 정토에 가는 것을 도와줄 것이다. 이런 소식은 나에게 강렬한 울림을 주었다."

이는 4년 전 그의 생각 중 하나였다. 그때 그는 정토에 대해 아는 것이 하나도 없었고, 수많은 사람과 마찬가지로 정토종은 몇몇 지식이 없는 노인의 염불왕생법문에 불과할 뿐이라 생각하였다. "저 자신은 과학자이고, 대학 교장이기도 합니다. 저는 이전에 정토를 닦는 것은 타당하지 않다고 생각했지만, 제가 이전에 가던 길이 막혔음을 발견한 후 저는 자신이 반드시 생각을 바꿔야 한다고 느꼈습니다."

그는 정토법문이 무엇인지? 연구를 해볼 필요가 있다고 느꼈다. 노력한 결과, 그는 매우 뚜렷한 소식 하나를 얻었다. "불타께서는 매우 많은 경전을 강설하셨지만, 당시 경전강설의 대상은 모두 몇몇 대비구·대보살이었고, 당시 그들의 선근·복덕 및 부처님의 가지加持로써 윤회를 벗어나는 것에 성공할 수 있었지만, 정법시대 5백년과 상법시대 1천년을 경과하여 현재의 말법시대에 이르기까지 사람들이 부처님과 떨어진 거리가 멀어질 수록 업력이 무거워졌고, 공업共業이 더욱 더 나빠졌으며, 환경이 매우 나빠졌다. 이와 같은 오탁악세 하에서 불법은 비록 좋을지라도 우리의 근기에는 맞지 않다. 방법이 맞을지라도 만약 선근·복덕 및 기연이 없다면 마찬가지로 일을 이룰 수 없다." 상황은 매우 뚜렷하다. 말법시대 오탁악세에서 생활하는 사람은 자신의 수행에 의지해서는 윤회를 벗어나기 매우 어렵다.

극락정토로 이민하는 방편수행

불타의 설법은 다섯 시의 단계가 있으니, 이른 바 「화엄 최초 21일, 아함 12년, 방등 8년, 21년 반야이야기, 법화·열반

총 8년」이다. 불타께서는 최초로 《화엄경》을 강설하셨는데,
이는 매우 높은 층차의 불보살 경계이다. 그런 다음 《아함경》을
강설하셨다. 그 대상은 외도, 소승인 등으로 고집멸도苦集滅道·
십이인연十二因緣·사성제四聖諦·삼십칠도품三十七道品을 강설하
였다. 그들은 괴로움을 여의고 즐거움을 얻어 열반에 이르고자
하였다. 곧 이어서 대승의 방등과 반야를 강설하셨고, 최후에
다시 《법화경》, 《열반경》을 강설하셨다. 불타께서는 말법시대의
중생은 이러한 대·소승의 수행방법을 따라서는 해낼 수 없다고
느끼셨다. 그래서 곧 정토법문을 개시하시고 정토삼부경을 강설
하셨다.

반 교수는 "아미타부처님께서는 매우 자비로우셔서 성불하신
과정에서 시방세계의 중생은 자신의 역량에 기대어서는 생사를
끝마치고 개오開悟하여 끝내 성불하기가 매우 어렵다는 사실을
아셨다. 그래서 정토법문을 열어 중생을 제도하셨다. 즉 정토를
건립하고 다른 방법으로 다른 중생을 접인하여 그들 모두를
도와 그의 정토로 이민 오게 하셨다. 그곳에는 삼악도가 없고,
여러 대보살과 아라한 등 대선인大善人들이 모두 한곳에 모여서
지냄을 보증하셨다. 환경이 너무나 청정하고 함께 수행할 수
있으며, 정과正果를 이루어 능력이 생기면 다시 사바세계로 돌아
와 중생을 제도한다. 이렇게 중생을 제도하는 효과가 더욱 좋아지
므로 저는 이 방법이 괜찮다고 느꼈다"라고 해석한다.

정토법문을 닦는 것은 미신인가? 도대체 극락세계정토는 존재하
는가? 아미타불 부처님 명호를 염하기만 하면 극락에 왕생할
수 있는가? 극락세계는 우리로부터 십만억 불토와 떨어져 있거
늘 이렇게 먼데 갈 수 있는가? 등 여러 의문에 대해서 반 교수는

오늘날 과학자의 시각에서 모두 문제가 아니라 이미 원만한 답안을 찾아냈다.

믿기 어려운 법, 행하기 쉬운 도

왜 모두 문제가 아닌가? 반 교수는 이렇게 생각한다. "불교를 포함해서 어떤 종교이든 상관없이 첫째 조건은 곧 믿음이다. 믿지 못한다면 전혀 다른 종교에 못 미친다. 불교도는 무엇을 믿는가? 불타(석가모니부처님)를 믿는다. 만약 연이어 불타께서 강설하신 경전을 모두 믿지 않는다면 곧 방법이 없다. 불타께서 설법하실 때 정토삼부경을 또렷이 말씀하셨다. 불타께서는 거짓말을 하셨을 리가 없다. 삼부경 속에서 정토에 대한 묘사는 지극히 생생하다. 보리수와 팔공덕수, 극락세계 모든 생명의 수승함을 말하지 않음이 없다. 만약 이런 것들이 존재하지 않는다면 왜 불타께서 이야기를 꾸며대어 사람들을 속이겠는가?

이럴 필요가 없다. 예컨대 어떤 사람이 대비주를 염송하고 대비주 법회에 참가하는 것은 왜일까? 그는 불보살의 대비주를 통해서 가지를 얻을 수 있고 힘을 구하길 희망해서이다. 그는 또한 대비주 한편 염송하면 그에게 힘을 가져다 줌을 어떻게 알까? 이는 그의 믿음을 필요로 한다. 불보살의 원력이 중생을 도울 수 있음을 믿고, 방법은 대비주 염송임을 믿는다. 또한 어떤 사람은 육자대명주를 즐겨 염송하는데, 왜일까? 왜 효과가 있을까? 이 또한 믿는 가운데 불보살의 원력이 그들을 도울 수 있다. 모든 주문은 다 마찬가지이다. 단지 우리가 믿고 이런 주문을 염송하기만 하면 매우 큰 가지력加持力을 얻을 수 있다. 이미 대비주·육자대명주·준제주 등을 믿을 수 있는 이상 왜 아미타불 주문을 믿지 못하겠는가? 즉 아미타불 명호를 염송하여도 부처님의 가지를 얻을 수 있지 않겠는가? 선택적으로 믿지 못한다는 말은 개인의 편견에 속하지 않는가?"

반 교수는 정토삼부경을 완독한 후 마침내 불타께서 경전 상에 이미 매우 상세하게 말씀하셨음을 또렷이 이해하였다. 오늘날 이 시대에 정토를 닦는 것은 해탈에 가장 잘 들어맞고 상응할 수 있다. 그러나 불타께서는 또한 정토는 오히려 "믿기 어려운 법문이고, 어려운 일 중에서 어려운 일로 이 보다 더 어려운 일은 없다(難信之法 難中之難 無過此難)."고 말씀하셨다. 왜냐하면 "부처님의 힘에 의지해서 해탈을 얻는 것은 이행도易行道이고, 자신의 힘에 의지해서 닦는 것은 난행도難行道이다. 정토를 믿는 이 방법은 너무나 수승하고 너무나 간단하다. 말법시대의 중생은 매우 이기적이고 자신이 매우 대단하다고 여기거늘, 이렇게 어리석은 촌부의 미신과 같아 보이는 방법을 그들이 어떻게 믿겠는가?"

오늘날 홍콩 사회에서 생활하는 매우 많은 사람들은 아직도 정토법문을 받아들이지 않고 믿지 않는다. 그래서 반 교수는 또한 사람들이 정토를 잘 이해할 수 있도록 도울 수 있길 희망한다. "저 자신은 아주 작은 지식 밖에 없고, 과학자이자 대학 교장인 한 사람에 불과합니다. 다른 종교에 대해서도 알고 있지만, 저는 정토를 선택하였습니다. 저 자신이 하나의 모범이 되어 감히 저 자신이 반드시 옳다고 말할 수는 없지만, 저는 곧 이렇게 길을 찾으면서 걸어왔으니, 말이 없는 가르침이라 할 수 있을 겁니다. 때로는 당신이 아무리 말해도 듣는 사람이 없으면 곧 이렇게 모범이 되어 사람에게 잘 보여주어야 합니다. 사람의 집착과 자아가 장애를 형성합니다. 오르지 통한다고 여겨야 인연 있는 사람이 믿게 될 것입니다."

관세음보살께서 의심을 푸는 방법을 계시하다

그것은 그에게 정토에 인연이 있음을 표시하는가? 반 교수는 자신이 세심한 고려를 거친 후 이미 선택이 없음을 느꼈다. "이는 유일한 방법이었고, 또한 관세음보살께서 제게 주신 계시 입니다. 그래서 저는 관세음보살께 대단히 감사합니다." 반 교수 는 그가 정토 홍양의 선행자가 되기를 바란다고 말했다. 그래서 그는 이번 강좌의 제목에서 특별히 「나의 선택」을 강조하고, 더욱 많은 사람이 이 강좌를 듣고 난 후 많이 고려해 보길 희망한 다. 그것을 단번에 배척해서는 안 된다.

믿음의 과정에서 발부둥치며 분투한 적이 있는가? "저는 많은 시간을 써서 정토와 간접적으로 그리고 직접적으로 관련이 있는 경문 및 정토 대덕의 저작을 보았습니다. 우리와 인연이 있는 4대 보살 중에서 지장보살의 특별한 대원을 제외하고 문수·보 현·관세음 세 분의 보살이 모두 우리를 정토에 돌아가라고 권하십니다. 회상을 해보면 왜 불교도는 만나면 「나무아미타불」 한마디를 말하는가? 분명한 것은 우리 문화 속의 매우 많은 불교도는 일찍 아미타불의 영향을 받았고, 보통사람들과 가장 연분을 가진 관세음보살도 서방삼성의 한분이라는 사실입니다. 만약 우리가 일찍 이 두 분 서방극락의 성인과 깊고 두터운 인연이 아니라면 어떻게 만나자마자 서로 아미타불을 염하며 인사하겠는가? 고통이 있고 어려움이 있을 때 관세음보살을 찾으며 구해 달라 하겠는가? 곧 제가 관세음보살에 대해 과거의 신뢰와 덧붙여 가장 최근 나에게 준 계시로 인해 저는 조금도 의문 없이 정토법문을 받아들였고 다시 경문을 볼 때마다 언제나 딱 들어맞게 달라질 수 있었습니다."

반 교수는 다시 해석하였다. "한 시대의 경전을 볼 때마다 모두 정토에 대한 언급이 있을 것이다. 《화엄경》을 예로 들면 보현보살은 선재동자를 인도하여 정토로 가서 관세음보살의 사자가 되게 하고, 보현보살 대행원을 닦아 부사의한 해탈 경계에 들어가는 대보살이 되게 하는데, 아미타부처님의 가지加持가 있어야 해낼 수 있습니다."

아래는 인터뷰하는 동안 우리가 반 교수에게 정토종과 관련이 있는 몇 가지 의문에 대한 해답 및 사람들과 함께 나누고 싶은, 4년간 정토를 수습하여 얻은 그의 심득心得사항을 청한 내용이다.

온 : 자신이 정토에 왕생할 것에 대한 믿음이 있습니까?

반종광 : 저는 정토에 대한 믿음이 확고합니다. 아미타부처님께서는 제18원에서 매우 또렷하게 말씀하셨습니다. 우리가 신원행(信願行 ; 행은 지명염불)을 충분히 해내기만 하면 정토왕생은 그분의 약속이고 그분의 책임입니다. 그래서 저는 자신이 반드시 극락에 왕생할 수 있다고 굳게 믿고 조금도 걱정하지 않습니다. 제가 잘난 체 한다고 말씀하셔도 괜찮습니다. 이렇게 된 이상 저는 저의 친구도 인연이 있는 중생도 모두 생각해 보고, 극락에

함께 올라갔으면 합니다. 그래서 저의 염불하는 마음은 갈수록 청정해져서 다른 잡념이 없었습니다. 경전에서도 이러한 발원이 있기만 하면 천룡팔부가 모두 와서 당신을 보호할 것이라 말씀하십니다. 아미타부처님께서 성불하셨을 때 시방세계가 진동하였고, 성중이 다 같이 와서 찬탄·지지·보호하였습니다. 염불인은 누구나 왕생할 때 저절로 아미타부처님의 접인이 있고, 보살 및 천룡팔부의 보호가 있습니다.

온 : 어떻게 염불하십니까? 염불에는 어떤 방법이 있습니까?

반종광 : 은퇴를 하여서 매주 하루 내지 이틀은 집에서 폐관하고 염불하였습니다. 다른 특별한 계획이 없는 날은 제외하고 다른 날은 매일 약 4시간 정도 염불을 하였습니다. 이는 저 개인의 선택이지, 모든 사람이 나와 마찬가지로 같을 필요는 없습니다.

방법은 또한 일정한 표준이 없습니다. 시간과 달리 염불하는 방법은 같을 수 없습니다. 여섯 글자(나무아미타불)로 염불할 수도 있고 네 글자(아미타불)로 염불할 수도 있고, 가락을 붙여서 염송하는 방식으로 염불할 수도 있고 음악을 넣어 노래할 수도 있습니다. 마음속으로 염불하기만 하고, 회의하면서 염불할 수도 있습니다. 인연에 따라 염불하면 되지만, 가장 중요한 것은 견지하는 것입니다. 예컨대 정토를 닦는 신도들은 매일 정해진 시간에 일정한 시간, 한 시간 혹은 반 시간, 아침에 일어나 20분간 저녁에 잘 때 반 시간 염불하면 됩니다. 이렇게 하면 염불의 의의를 공고히 할 수 있습니다. 우리는 임종할 때 소리 내어 염불할 수 있을지 보증할 수 없고 만일 뜻밖에 죽거나 임종에 혼미하면 염불할 기회가 없습니다. 만약 평소에 우리가 많이 염불하면, 우리의 잠재의식이나 불교에서 말하는 제8 아뢰야식에 「아미타불」의 씨앗을 가득 심었을 것입니다. 자신이 이 부처님 명호와 녹아 일체가 되면, 곧 두려워할 것이 없습니다. 설령 언제 혼미하여 죽더라도, 그 잠재된 소리는 이미 우리의 왕생을 지니고 있을 것입니다.

온 : 일심불란—心不亂에 이르도록 염불하여야 합니까?

반종광 : 우리는 불경을 핵심지도사상으로 삼아야 합니다. 제18원에서는 "만약 저의 국토에 태어나지 못한다면 정각을 취하지 않겠나이다(若不生者 不取正覺)." 하셨습니다. 이는 아미타부처님의 매우 큰 약속입니다. 당신이 극락세계에 가지 못한다면 그는 성불하지 않겠지만, 아미타부처님께서 성불하신지 이미 십겁이고, 중생을 접인하겠다는 원을 이미 원만히 실현하였습니다. 그래서 그가 닦는 염불방법으로 반드시 정토에 갈 수 있을 것입니다. 저는 아미타부처님께서 우리에게 어려운 어떠한 난관도 배치하였을 리 없다고 느낍니다. 비록 《아미타경》에서 "일심불란에 이르도록 명호를 집지하라(執持名號 一心不亂)." 말씀하셨을지라도 독경은 경으로써 경을 해석하여야 합니다. 다시 말해 삼부의 정토경전을 서로 이해하여야 합니다. 왜냐하면 《아미타경》은 매우 짧기 때문에 당신이 성심으로 아미타불을 염하고 마음속으로 아미타부처님을 생각하면서 멈추지 않고 염한다면 저절로 부처님과 감응하게 된다는 뜻입니다.

일심불란은 당신이 잡념과 망상이 없도록 마음을 닦아야 한다는 뜻이 아닙니다. 왜냐하면 사람은 반드시 잡념과 망상이 있기 마련입니다.

일반인은 매우 이기적이고 믿음이 부족하여 오직 염불만으로 부족하지 않은지? 의심합니다. 그래서 여러 개 보험을 들어 염불을 제외하고 주문을 염송하고 참선을 닦습니다. 선도대사께서는 일심불란에 대해 일문에 깊이 들어가 더 이상 많은 수행에 시간을 들이지 말고 순수하게 닦고 · 청정하게 닦아야 한다고 해석하셨습니다. 염불할 때 잡념과 망상을 우연히 지니는 것은 자연적입니다. 잡념과 망상이 없으면 곧 성인입니다. 설령 사선팔정四禪八定에 이를지라도 망상 · 잡념을 완전히 벗어날 수 없거늘 하물며 범부이겠습니까?

온 : 아미타부처님 48대원의 종지宗旨는 무엇을 말합니까?

반종광 : 멀고 먼 옛날, 한 국왕이 중생을 널리 제도하고 싶어 출가하여 법장비구法藏比丘가 되었습니다. 그때 세자재왕불世自在王佛 앞에서 중생이 괴로움을 여의고 즐거움을 얻도록 수승한 정토를 건립하겠다고 발원하였습니다. 세자재왕불께서 신통으로 그를 데리고 2백10억 불토를 참관시켜서 그에게 각 불토의 특색을 참고하고, 5겁의 시간이 경과하도록 사고하여 48대원을 발하게 하였습니다. 이를 네 가지로 종합하면 1) 제로에서 시작하여 수승한 세계 하나를 건립하길 희망하였습니다. 이 세계는 오탁악세처럼 혼탁하지 않고, 축생 · 아귀 · 지옥 삼악도가 없습니다. 그 내부는 어느 것이나 모두 아름답고, 개개인 모두 대선인大善人입니다. 2) 시방세계 모든 중생을 접인하여 그들이 정토로 이민 가도록 돕습니다. 왜냐하면 시방세계에는 다른 유형의 중생이 있으니, 보살 · 아라한 · 대선인 · 대악인이 있고, 축생이 있으며, 아귀 등등이 있습니다. 그래서 다른 접인방법을 설계하였습니다. 3) 48대원을 원만히 수행한 후 성불하였습니다. 4)

몇몇 수행인은 잠시 정토에 꼭 이민하려는 것은 아니고, 오히려 그 자신의 세계에 머물며 수행하고 중생을 제도하려 합니다. 부처님께서도 또한 그를 존중하여 그를 가지하고 도와 그 자신의 세계에서 보살정신을 완성하여 홍법하도록 합니다.

그 가운데 가장 중요한 것은 제18원입니다. "제가 부처 될 적에 시방세계 중생이 지심至心으로 믿고 좋아하여 저의 국토에 태어나길 발원하여, 내지 십념에 저의 국토에 태어나지 못한다면 정각을 취하지 않겠나이다. 다만 오역죄를 짓고 정법을 비방하면 제외될 것이옵니다." 다시 말해 우리가 지성심至誠心이 있어 극락정토의 존재가 있다고 깊이 믿고, 자신의 역량에 기대는 것은 충분하지 않은 것이라 깊이 믿으며, 아미타부처님의 자비로운 제도는 가능한 것이라 깊이 믿고서 좋아하는 마음을 내고, 극락세계에 왕생하겠다고 발원하여야 합니다. 만약 당신이 이미 깊이 믿지만 발원하지 않으면 아미타부처님께서도 와서 당신을 잡고 갈 수 없습니다. 그래서 발원하여야 합니다. 왕생원을 발하고, 염불이란 정화도구를 갖추면 십념十念은 숫자의 개괄에 불과합니다. 얼마나 염불해야 합니까? 선도대사께서는 또렷하게 해석하셨습니다. 현재부터 임종까지 줄곧 염불하여 십년 수명이 있으면 십념을 염불하고, 단지 1시간이 있으면 1시간 염불하되, 중단 없이 염불하고 마음이 아미타부처님과 극락세계로 쏠려 염불하길 희망합니다. 심전心田의 의식이 충분히 강대하고, 감응이 저절로 커지며, 자신이 반드시 극락에 갈 수 있다고 보장하는 경지에 이르도록 염불하십시오.

그래서 가장 먼저 깊은 믿음을 지니십시오. 말법시대에 갖가지 수많은 스트레스와 번뇌에 시달려서 자신에 의지해서는 윤회를 벗어날 수 없음을 믿고, 오직 아미타부처님의 자비를 믿고 아미타부처님 극락세계의 존재를 믿고서 그것에 의지해 발원과 염불을 해나가면 극락세계에 갈 수 있고, 신통 및 큰 능력을 획득한 후 다시 세간으로 돌아와 중생을 제도할 수 있습니다. 만약 우리가 신원행信願行, 이 세 가지 자량을 충분히 갖추었는데도 극락세계에 가지 못한다면 아미타부처님께서는 성불하시지 않습니다. 이는 여래의 책임입니다. 그래서 우리는 걱정할 필요가 없습니다.

온 : 《관무량수경》에서 정토에 왕생하기 위해 부모님께 효순하고, 스승과 어른을 존경하며, 보리심을 발함과 같은 삼복三福을 닦아야 한다고 말씀하시는데, 어떻게 이해하십니까?

반종광 : 실제로 부처님께서는 우리에게 매우 많은 경로를 알려 주셨습니다. 주로 지명염불持名念佛이지만, 믿음은 어느 정도에 이르러야 하겠습니까? 《관무량수경》에 근거하여 지성심至誠心·심심深心·회향발원심回向發願心의 삼심三心을 갖추어야 합니다. 즉 당신의 마음 경계는 진실하고 간절한 상태, 불순물이 없는 상태에 깊이 들어가 정토왕생에 회향하여야 합니다. 이런 삼심의 마음상태로써 믿음과 발원을 세우지만, 몇몇 사람은 반드시 염불을 선택하지는 않습니다. 그 경로는 《관무량수경》에 근거하여 부지런히 세복世福·행복行福·계복戒福의 삼복을 닦습니다. 세복世福은 「부모님께 효순하고 스승과 어른을 받들어 모시며 자심慈心으로 살생하지 않고 십선업을 닦는 것」입니다. 세복을 닦으면 인천의 복보를 얻을 수 있고, 천상에 환생하여 복을 누릴 수 있습니다. 계복戒福은 「삼귀의를 수지하고, 온갖 계행을 구족하며, 위의를 범하지 않는 것」입니다. 행복行福은 「보리심을

발하고서 인과를 깊이 믿고 대승경전을 독송하며 염불왕생을
권진勸進하는 것」입니다. 만약 그들이 최후에 정토에 회향하면
그들이 삼복을 닦은 몰입 및 효과에 근거하여 또한 정토의 여섯
개 다른 품위에 왕생하는 기회가 있습니다. 상품상생 상품중생
및 상품하생은 행복行福을 닦은 경우이고, 계복戒福을 닦은 경우
중품하생 및 중품중생에 태어나며, 세복世福을 닦으면 중품하생
에 이를 수 있습니다. 하품은 악업을 지은 경우입니다. 만약
과거 세상에 부처님과 인연이 있으면 임종할 때 그에게 염불하라
권하는 선지식을 만나면 왕생할 수 있습니다. 이것들은 모두
다른 경로입니다.

염불하여 왕생함이 가장 직접적이고 온당한 경로입니다. 기타
삼복을 닦아 왕생하면 비교적 간접적인 경로로, 또한 절대로
왕생이 보증되지 않습니다. 저는 다시 강조합니다. 보시와 지계
는 불교도마다 마땅히 실천해야 하지만, 이것들은 정토왕생과
직접적인 관계가 없습니다. 바꾸어 말하면 정토왕생의 가장
주요한 것은 믿음과 발원 및 염불에 의지하는 것입니다.

온 : 극락정토에 가면 구품의 층차를 구분합니까?

반종광 : 다른 설법이 있습니다. 제가 이해하기로는 정토왕생은
연화화생蓮花化生으로 접인을 받아 연꽃에 왕생하는 자는 극락세
계 연화지蓮花池에 이릅니다. 상품상생은 염불을 포함하여 육념六
念을 잘 수행한 이로 이 품위는 즉시 꽃잎이 열리고 부처님을
친견하며 무생법인無生法忍을 얻습니다. 기타 품위는 곧 일정한
시간이 지나야 꽃잎이 열리고 부처님을 친견하는데, 그 시간의
길고 짧음은 품위와 관련이 있습니다. 하품왕생은 나쁜 일을

한 적이 있어 곧 오랜 시간이 지나야 꽃잎이 열릴 수 있습니다. 꽃이 열리기 전 시간에는 불보살의 가지加持와 자신의 검토로 신념을 강화하고 업장을 참회하는 등등을 거쳐서 적당한 시간에 되어야 꽃잎이 열릴 수 있습니다.

그러나 저는 이런 것들이 가장 중요한 것이 결코 아니라고 생각합니다. 왜냐하면 우리 범부의 눈으로 어떻게 서방 극락정토의 경계를 이해할 수 있겠습니까? 크게 따질 것도 없이 정토 피안에 도달할 수 있는 것이야말로 지극히 중요한 것입니다.

온 : 오역십악五逆十惡의 죄인이 임종할 때 염불하기만 하여도 극락에 왕생할 수 있음을 어떻게 이해하십니까?

반종광 : 이는 곧 그의 연분緣分입니다. 만약 어떤 사람이 과거생에 부처님과 인연이 있었다면 이 인연으로 임종할 때 때마침 선지식이 그의 침상 앞에 와서 그에게 염불을 권합니다. 그 때 그는 이미 지옥의 옥졸이 그를 쇠사슬로 묶는 모습을 보고서 곧 아무런 선택이 없고 오직 아미타부처님만이 그를 구제할 수 있음을 믿습니다. 그는 곧 선지식을 따라 매우 열심히 염불하게 됩니다. 이는 곧 「지심至心으로 믿고 좋아하여 저의 국토에 태어나길 발원하여, 저의 이름을 내지 십념(至心信樂 欲生我國 乃至十念)한다」는 조건에 부합하거늘, 당신은 어찌 이러한 큰 죄악을 지은 죄인이 아니라고 의심합니까?

사실은 꼭 그렇다고 할 수 없습니다. 십악을 지은 사람이 임종할 때 선지식을 만날 수 있는 경우가 얼마나 있겠습니까? 그에게 매우 큰 인연이 있어야 합니다. 그는 일찍이 여러 세상에 걸쳐 적지 않은 선인을 심었습니다. 이렇게 부처님과 인연이 있어

지금 세상의 적당한 때에 인연이 화합하면 아미타부처님께서 와서 그를 도와줄 것입니다.

아미타부처님께서는 대자대비하십니다. 모든 중생은 그가 사랑하는 자녀입니다. 착한 자녀는 걱정하지 않아도 되지만, 나쁜 아이는 오히려 더 걱정하게 되어 온갖 방법을 다 생각해내어 도와주려고 하는 것이 이치에 맞을 것입니다. 부모가 되는 사람은 누구나 자신의 아이가 아무리 나빠도 그가 기꺼이 고개를 이 언덕으로 돌리기만 하면 온갖 방법을 다 생각해내어 그를 도와주려고 할 것임을 알게 될 것입니다.

같은 이치로 형제인 사람으로서 만약 부모님이 나쁜 짓을 하는 수족을 돕는다고 나무라면 불교의 자비희사慈悲喜捨 정신을 제대로 아시길 바랍니다. 당신은 다른 사람이 어려운 가운데 구제받는 모습을 보고 기뻐할 줄 알아야지, 질투하지 말아야 합니다. 부처님께서는 당신에게 조금도 손해가 되지 않게 그를 도와 고통에서 벗어나게 할 수 있습니다. 당신은 그를 위해 마음을 열고자 하지만, 사람은 질투가 있기 마련입니다.

부처님께서도 제도할 수 없는 세 가지 상황이 있습니다. 첫째, 인연이 없는 사람은 제도할 수 없습니다. 그래서 큰 악을 지은 사람이 임종할 때 염불함은 부처님과 인연이 있기 때문입니다. 그의 인연이 무루 익어야 선지식이 염불에 대해 가르칠 수 있습니다. 둘째, 인과를 무너뜨릴 수 없습니다. 셋째, 일체 중생을 다 제도할 수 없습니다.

_《따뜻한 인간溫暖人間》 2015.1.15

허공虛空 법계法界 전체가 자기自己다

나(我), 이것은 무엇입니까?
법성(法性)이야말로 나입니다.
선종에서 말하는 "부모님이 낳기 전 본래면목"이야말로 나입니다.
곧, 부모님이 낳기 전 본래면목이 법성입니다.
법성, 이것은 무엇입니까?
온 법계 허공계에 두루 존재하는 일체법의 본체입니다.
온 법계 허공계에 두루 존재하는 일체의 법은 어디서 옵니까?
법성이 변화한 것입니다.
화엄경에서는 "우주 삼라만상 전체는 오직 마음이 현현한 것이고
식識이 변화된 것이니, 마음이 바로 성性이고, 식識 또한 성性이다"
설하고 있습니다.
불가사의한 성식(性識), 이것이야말로 진정한 자기입니다.
이 자기를 어떻게 찾아내는지 알게 되면
허공법계 전체가 자신임을 깨닫습니다. _정공淨空 큰스님

[제1법문]

아미타불의 홍원

아미타부처님과 본사 석가모니부처님께서는 우리 범부에게 가장 익숙한 두 분 부처님입니다. 두 분 부처님께서는 모두 우리 사바세계와 지극히 깊은 연분이 있습니다. 한 분 한 분 부처님께서 인지因地[61]에서 수행하실 때 반드시 중생을 제도하겠다는 홍원弘願[62]을 발하게 됩니다. 부처님께서는 홍원(원바라밀)을 발하여 백절불굴의 견지堅持를 갖추어 우주 간에 불가사의하고 풍부한 위신역량(역바라밀)으로 감화시키고, 오랜 기간 육도만행六度萬行을 거치면서 원만히 완성하여 성불할 수 있습니다.

무량겁 이전 보장寶藏여래 시대에 한 전륜성왕과 그의 첫째 태자 「불현不眴」 및 둘째 태자 「니마尼摩」가 있어 보장불 이전에 다른 대원을 발하였습니다. 보장불은 또한 선후로 그들 세 분을 위해 수기를 주셨으니, 전륜성왕은 「아미타불」이었고, 「불현」은 「관세음보살」, 「니마」는 「대세지보살」이었습니다. 이로부터 전륜성왕은 무량겁을 거쳐 갖가지 신분을 시현하면서 보살도를 닦았습니다.

---

61) 범부지凡夫地에서 처음 발심하여 수학하는 것에서부터 원만히 성불하는 이전에 이르기까지 일단의 수학기간을 모두 인지因地라 부른다.

62) 부처님의 본원 가운데 근본이 되는 서원을 말한다.

《무량수경》에 따르면 「세자재왕불世自在王佛」의 시대에 이르러
「세요왕世饒王」이란 왕이 있어 부처님의 설법을 듣고 결심하여
무상보리심無上菩提心을 발하고서 왕위를 버리고 출가하여 「법장
비구法藏比丘」라 이름하였습니다.

「세자재왕불」께서는 그에게 다른 불국토의 상황을 광설하셨고,
부처님의 가지加持 하에 법장비구는 2백10억 불국토를 세심하게
관찰하여 그 가운데 다른 국토의 정화精華를 섭취하였습니다.
5겁의 시간에 깊은 사유를 거치면서 수승하고 장엄한 서방극락
세계의 청사진 및 시방중생을 접인하여 정토에 왕생하게 하는
다른 방법을 건립하고 조성하였습니다.

이를 합쳐서 법장비구는 「세자재왕불」 앞에서 그의 48대원을
선설하여 시방세계 모든 중생(즉 부처님 이외의 구법계 중생으로
보살·성문·연각·천인·아수라·인간·축생·아귀·지옥중생)을 구
제하고, 정토에 왕생하게 하여 영원히 이고득락케하고, 마침내
성불하도록 하였습니다.

법장비구는 조재영겁兆載永劫의 길고 긴 시간을 거치면서 갖가지
공덕을 닦아 그의 48대원을 원만히 완성한 후 성불하니, 명호가
「아미타불阿彌陀佛」입니다. 이 48대원은 네 가지 주요 강령을
포함합니다.

1) 하나의 매우 수승한 극락세계를 건립한다. 그곳에는 완전히
   삼악도가 없고, 그곳의 중생은 모두 보리심을 널리 발한 성인
   이다.
2) 시방세계 각 부류 중생을 접인하여 극락세계에 왕생하게
   하는 다른 방법을 건립한다.

3) 극락세계의 중생이 빨리 성불하도록 돕는다.
4) 타방세계에 있지만 부처님과 인연이 있는 보살이나 정토로부
터 자비의 배를 갈아타고(倒駕慈航)63) 와서 중생을 제도하는
보살을 가지加持하고 도와 그들의 보살행을 완성한다.

이상 네 가지 강령을 완성할 때 법장비구는 비로소 수승하게
장엄한 아미타부처님이 됩니다.

비록 매 원마다 매우 중요하지만 우리 범부의 관점에서 보면
가장 중요한 것은 마땅히 제1원(국중무악도원國中無三惡道願) 및 제
18원(십념개생아국원十念皆生我國願)입니다.

우리 범부는 곧 이 사바세계를 싫어서 버리고 육도윤회의 괴로움
을 벗어나 완전히 삼악도의 괴로움이 없는 경지에 도달하여
보살행을 닦고 마침내 성불하길 바랍니다. 그래서 제1원에 대하

---

63) 도가자항倒駕慈航 : 수행의 목적은 삼계를 벗어나고 인간세상의 고해를 벗어나
극락정토에 왕생하여 영원한 해탈을 얻고자 하는 것이다. 그러므로 일반적으로
수행자는 속히 이 인간세상의 고해를 벗어나 영원히 다시 오지 않기를 간절히
바라지만, 그러나 불보살께서는 자비하시어 비록 자신이 수행하여 성취하셨을지라도
중생을 불쌍히 여기시기 때문에, 안락한 정토에서 도리어 고난의 인간세상으로
돌아와 모태에 들어가 사람으로 태어난 후에 출가하여 법사가 되어 경전을 강설하고
법을 설하여 중생을 제도한다. 비유하면 자신이 고해를 건넜지만 다시 돌아와
고난의 사람이 고해를 벗어나도록 돕고자 하기 때문에, 불보살의 이러한 행위를
"도가자항倒駕慈航"이라 한다. 관세음보살이나 문수보살 등은 모두 고불古佛이 자비
의 배를 갈아타시고 이 인간 세상에 와서 고난을 구제하는 것이다. 간혹 고승대덕을
찬탄할 때, 또한 "도가자항倒駕慈航"을 가지고 형용하기도 한다. 다시 말하면, 이미
정과正果를 증득한 성인이 다시 육도로 돌아와 사람들을 고해에서 벗어나도록 돕는
것을 가리킨다. "도가倒駕"는 그는 과지果地에 있으면서 대원大願에 따라 응당 있어야
하는 극락세계에서 우리가 사는 고해 속으로 와서 "자항慈航(자비의 배)"이 되는
것을 말한다.

여 극락세계에 삼악도가 없음을 보증하는 것이 우리에게 가장 중요합니다.

이 밖에 설사 매우 완전히 아름다운 극락세계가 있을지라도 만약 제18원의 접인원接引願이 없다면 우리는 쉽게 가지 못합니다. 그래서 제18원이 또한 지극히 수승합니다.

반대로 말하면 접인원은 있지만, 「무삼악도원無三惡道願」이 없다면 우리 범부는 또한 꼭 가고 싶지 않을 것입니다.

우리는 다음 법문에서 우리 범부를 접인하여 극락세계에 왕생하게 하는 제18원을 상세히 소개할 것입니다.

_《따뜻한 인간溫暖人間》 제413호

[제2법문]

접인 · 정토왕생원

아미타부처님께서 인지因地에서 발한 48대원은 광의로 시방
구법계 중생(제1법문 참조)을 제도하는 것이고, 실제로는 보살·
성문·연각·천인·인간의 오승중五乘衆을 접인하기 위함입니
다. 《무량수경》(강승개 역본)에서는 이미 헤아릴 수 없는 보살
및 성문이 극락정토에 왕생하고 보살행을 닦았다고 합니다.
왜냐하면 보살 성문 및 범부, 이 세 부류는 완전히 다른 중생이기
때문입니다.64)

그래서 저는 48원 중에서 제18원은 주로 우리 범부를 접인하기
위함이고, 제19원의 대상은 보살중이며, 제20원은 성문중이라
고 생각합니다.

범부의 접인 · 왕생

제18원 : "만약 제가 불과를 얻어도 시방세계 중생이 지심至心으
로 믿고 좋아하며 저의 국토에 태어나길 발원하여, 제 이름을
내지 십념하여도 저의 국토에 태어나지 못한다면 저는 정각을
취하지 않겠나이다. 다만 오역죄를 짓고 정법을 비방하면 제외될

---

64) 문장에서 성문은 광의로 연각을 포함하고, 범부는 또한 천인을 포함한다.

것이옵니다(我得佛 十方衆生 至心信樂 欲生我國 乃至十念 若不生者 不取正覺。唯除五逆 誹謗正法)."

제가 체득한 것은 이렇습니다.

1. **[믿음]** 우리 범부는 자신의 역량으로만 이번 생에 윤회를 벗어나는 것은 매우 어렵고 심지어 불가능함을 진심으로 믿어야 한다. 그래서 다행히도 정토법문을 접하였음에 기뻐하여야 하고, 극락정토의 존재 및 아미타부처님의 자비로우신 접인을 깊이 믿어야 한다.
2. **[발원]** 극락정토에 왕생하겠다고 지성至誠으로 발원하여야 한다.
3. **[염불]** 성심誠心으로 「아미타불」 혹은 「나무아미타불」 명호를 염하고 또 이 염불공덕을 회향하여 자신 및 일체중생이 모두 극락정토에 왕생할 수 있길 발원한다.

우리가 끊임없이 이상의 세 가지 일, 「믿음·발원·염불」을 실천하면 아미타부처님께서 반드시 우리를 접인하여 극락세계에 왕생하게 하십니다. 그러나 그와 동시에 오역대죄 및 불법비방을 범한 사람은 곧 부처님께 접인 왕생을 받는 인연이 없습니다.65)

석가모니부처님의 말씀에 따르면 정토법문은 여러 불법 중에서

---

65) 선도善導대사는 부처님께서는 다함없는 자비를 베푸시어 중생이 오역·불법비방의 중죄를 범하여 곧장 지옥에 떨어져 벗어날 기약이 없을까 걱정하시어 왕생할 수 없다 말씀하시어 중생이 이런 중죄를 범하는 것을 억지하기 위함이지만, 정말 이런 중죄를 범하면 임종할 때 인연이 있어 일깨워주는 선지식을 만난다면 여전히 왕생할 수 있다고 생각하였다.

사람이 가장 믿기 어려운 법문입니다. 왜냐하면 범부는 늘 범부의 관점에서 부처님을 인식하고 정토법문을 이해하며, 게다가 의심이 심하고 너무 자기 중심적이며 너무 따지는 등 부정적인 마음가짐이 있어 이토록 수승하지만 간단한 법문이 있다는 것을 쉽게 믿지 못하도록 하기 때문입니다. 석가모니부처님께서 정토법문이 진실하여 허망하지 않은 것이라고 여러 차례 강조하셨지만, 믿을지 여부는 각자의 인연을 살펴보아야 합니다.

보살중菩薩衆의 접인왕생

제19원 : "제가 부처가 될 적에 시방세계 중생들이 보리심을 발하여 여러 공덕을 닦고, 지심至心으로 저의 국토에 태어나기를 발원하거늘 그 사람이 수명이 다하는 때 제가 대중에게 둘러싸여 그 사람 앞에 나타나지 않는다면 정각을 취하지 않겠나이다(設我得佛 十方衆生 發菩提心 修諸功德 至心發願 欲生我國。臨壽終時 假令不與 大衆圍跣 現其人前者 不取正覺)."

제가 체득한 것은 이렇습니다.

보살중의 특징은 보리심을 발하여 십바라밀을 닦으면서 자신을 제도하고 타인을 제도함에 있습니다. 그들이 적당하다고 생각하는 때 극락정토에 왕생하겠다고 발원하면 부처님 명호를 염하지 않았을지라도 아미타부처님께서 또한 대단히 기뻐하며 그들을 맞이하여 정토로 돌아가 계속 보살행을 닦아 마침내 성불하도록 헙니다.

성문중聲聞衆의 접인왕생

제20원 : "제가 부처 될 적에 시방의 중생이 저의 명호를 듣고 저의 국토를 계념(繫念)하여 여러 공덕의 근본을 심고서 지심至心으로 회향하여 저의 국토에 태어나고자 하거늘 그 사람이 마침내 왕생의 과보를 이루지 못한다면 정각을 취하지 않겠나이다(設我得佛 十方衆生 聞我名號 繫念我國 植諸德本 至心迴向 欲生我國。不果遂者 不取正覺)."

제가 체득한 것은 이렇습니다.

성문은 자기의 수행 밖에 모르는 사람(自了漢)으로 발보리심의 중생을 제도하는 정신이 없습니다. 그들은 37도품道品을 닦아 마침내 아라한을 이룹니다. 성문중이 극락세계의 수승한 장엄을 듣고서 공덕을 정토왕생에 회향하길 발원하면 부처님 명호를 염하지 않을지라도 아미타부처님께서 그들을 접인하여 극락세계에 왕생하게 합니다. 정토에 이르면 그들은 저절로 보리심을 발하고 보살행을 닦아 마침내 성불하게 됩니다.

제19 및 20원은 염불을 요구하지 않고 또한 오역 및 불법 비방을 언급하지 않습니다. 왜냐하면 보살 및 성문은 이런 죄를 범하지 않기 때문입니다. 매우 많은 수행인은 아미타부처님의 주된 접인 대상은 범부라고 생각하지만, 저는 이 세 가지 접인원接引願의 대상은 각각 다르다고 생각합니다.

_《따뜻한 인간溫暖人間》 칼럼 : 부처님 인연 아래 살기(제414호)

[보충법문] 지심至心이란 무엇인가?

무엇을 지심至心이라 할까요? "나는 매우 지심으로 염불하고 있다. 매우 열심히 염불하고 있다." 이러면 지심이라고 할 수 있나요? "내가 하루 십만 번 소리내어 염하면 지심으로 염불하고 있다"고 할 수 있나요? 이것이 우리가 깊이 이해해야 할 부분입니다. 지심至心, 이 두 글자는 대승경전에서 모두 볼 수 있습니다. 《지장경》을 포함해서 매우 많은 대승경전에서 이 두 글자를 볼 수 있습니다. 어떻게 해야 지심이라고 할 수 있나요? 그것의 표준은 어디에 있을까요? 이전에 저도 이러한 경전을 계속 찾아보았습니다. 그 후 저는 《점찰선악업보경 占察善惡業報經》을 보았는데, 이 경전에서 지심을 가장 상세하게 해석하고 있습니다. 《점찰선악업보경》에서 부처님이 '지심'을 해석하는 것을 인용하겠습니다. 《점찰경》은 부처님께서 지장보살에게 설법을 청한 경전입니다.

"이때 견정신堅淨信 보살마하살이 지장보살에게 여쭙길, '말씀하신 지심至心은 몇 가지 차별이 있습니까? 얼마나 지심이어야 좋은 서상을 얻을 수 있습니까?'" 이는 《점찰경》의 경문 한 단락입니다. 견정신보살은 우리를 대신하여 지장보살에게 청문합니다. "보살이시여, 지심에는 도대체 몇 가지 종류가 있습니까? 무엇을 지심이라 합니까? 어느 정도의 지심이어야 좋은 상을 얻을 수 있습니까?"

저는 이 경문에서 바로 제가 찾던 답안을 보았습니다. 지장보살마하살께서 답하시길, "선남자여! 내가 말한 지심이란 간략히 두 가지가 있다. 어떤 것이 둘인가? 첫째 막 학습을 시작하는 **구원지심**求願至心이고, 둘째 의근을 거두어 전일하게 정진하여(專精) 용맹심을 성취하는 **상응지심**相應至心이니라. 이 둘째 지심을 얻은 자는 좋은 서상을 얻을 수 있느니라. 이 둘째 지심에는 다시 하중상 세 가지 차별이 있느니라."

지장보살께서 견정신 보살에게 지심은 대략 두 가지가 있다고 말씀하셨습니다. 첫째는 초시학습初始學習 구원지심求願至心입니다. 초시학습은 곧 우리가 막 학습을 시작한다는 뜻이고, 구원求願은 매우 간절히 발원한다는 뜻입니다. 즉 매우 간절하게 발원하여 막 학습을 시작하는 구원지심입니다. 우리가 현재 경전의 말씀을 듣고 발원하여 매우 진지하게 불보살의 거룩한 명호를 염하는 것과 같습니다. 둘째는 의근을 거두어 순수하게 전념하여 용맹심을 성취하는 상응지심相應至心입니다. 이 둘째 지심에서 비로소 좋은 서상을 획득할 수 있습니다. 말하자면 두 번째 지심에서 그것의 효과가 비로소 현전하게 됩니다. 첫째 지심에서는 여전히 감응이 없고, 두 번째 지심이면 감응이 있습니다.

둘째 지심에는 또한 세 가지 차별이 있는데, 하·중·상 세 가지 지심으로 나뉩니다. "무엇이 셋인가? 첫째는 일심一心이니, 이른바 망상을 매어 어지럽지 않고, 마음이 또렷하고 분명한 상태에 머무는 것이니라." 이와 같이 첫째 지심은 일심이라 합니다. 《아미타경》에서는 일심불란一心不亂이 보입니다. 무엇을 일심불란이라 할까요? 망상(想)을 매어 어지럽지 않게 하여 마음이 또렷하고 분명한 상태에 머무는 것입니다. 상想은 곧 망상입니다. 망상이 섞여 들어오지 않도록 「나무아미타불」 한마디 부처님 명호로 이미 번뇌·망상을 조복시켜 마음을 머물게(伏住) 할 수 있습니다. 마음을 일으키고 생각을 움직이면 곧 부처님 명호인 한마디 아미타불 혹은 관세음보살을 제외하고는 다른 어떤 생각도 없이 텅 비어 어지럽지 않는 경지가 곧 일심불란입니다. 이것이 첫째 일심입니다.

"둘째는 용맹심이니, 이른바 전일하게 구함에 게으르지 않고 신명을 돌보지 않는 것이니라." 둘째 지심은 용맹심이라 합니다. 이 용맹심은 전일하게 구함에 게으르지 않고 신명을 돌보지 않고 목숨을 내걸고 염불합니다. 그러나 어떤 사람은 정말 매우 용맹하여 며칠 몇 밤을 잠자지 않으며 염불하지만 경전에서 말하는 이런 효과에 도달하지 못합니다. 출가자든 재가자든 매우 용맹한 사례를 많이 보지만, 마에 붙어 미쳐버리기도 하고 염불할 수록 번뇌·습기가 늘어가기도 합니다. 이는 바로 마음을 잘못 사용하여 마음상태가 틀리기 때문입니다. 관조觀照를 얻을 줄 몰라 잘못된 마음상태가 출현합니다. 이것이 나타나지 않아도 당신은 옳다고 여기고 이런 상태가 발전하여 마지막에 이런 결과를 초래합니다.

「나무아미타불」 한마디 부처님 명호를 보리심과 상응하도록 염하면 반드시 경전에서 말한 효과에 도달할 것입니다. 번뇌심과 상응하여 끝까지 염하면 정말 관정대사께서 말씀하신 것처럼 아비지옥에 가는 일이 생길 수도 있습니다. 경전에서는 우리에게 분명히 "보리심을 발하여 일향으로 전념하라(發菩提心 一向專念)" 말씀하십니다. 번뇌심을 발하여 일향전념하면 당연히 염불하여 성불할 수 없을 뿐만 아니라 지옥에 떨어질 수도 있으니, 이는 정말 억울한 일입니다. 그래서 이러한 관건이 되는 경문은 반드시 또렷이 잘 이해하여야 합니다. 지심으로 용맹정진하여 목숨을 돌보지 않고 반드시 생사를 끝마치는 이런 보리심과 상응하는 마음으로 염불하면 이런 효과에 도달할 것입니다.

셋째 "깊은 마음이니, 이른바 법과 상응하여 구경에 물러나지 않는 것이니라." 셋째 지심은 최고인 깊은 마음입니다. 깊은 마음은 바로 법에 상응하여 구경에 물러나지 않습니다. 깊은 마음은 곧 상응입니다. 번뇌를 끊고 심지어 무명을 깨뜨리면 법과 상응합니다. 《관무량수경》에서는 보리심은 바로 지성심至誠心, 심심深心, 회향발원심迴向發願心이라고 말씀하십니다. 깊은 마음은 곧 개오開悟하여 법과 상응합니다.

"만약 어떤 사람이 이 참회법을 수습함에 있어서 내지 하지심下至心을 얻지 못한 자는 청정한 좋은 서상을 끝내 얻지 못할 것이니라." 하지심, 곧 일심으로 망상을 매어 어지럽지 않도록 하여 공부성편功夫成片에 도달하지 않으면 좋은 서상에 이르지 못합니다.

_《천수천안관세음보살 광대원만무애대비심다라니경》 절록, 오도悟道 법사,

[제3법문]

관세음보살의 계시啓示

저는 과거 여러 차례 수련을 거치면서 현재 좌선하는 효과도 괜찮아 마음이 매우 쉽게 고요해지고, 또 몸이 아무런 중량도 없이 공중에 떠다니는 것 같습니다. 그런데 한 번은 좌선하는 기간 마음속에 갑자기 매우 큰 의문이 들었습니다. '내가 이렇게 계속 좌선한다고 해서 이번 생에 생사를 끝마치고 윤회로부터 벗어날 수 있을까?'

나는 대승보살행을 닦음에는 십신十信 · 십주十住 · 십행十行 · 십회향十回向 · 십지十地를 거쳐 등각 · 묘각에 이르는 51계위가 있는데, 팔지八地에 이르도록 닦아야 진정으로 생사를 끝마치고 윤회를 벗어날 수 있다고 생각합니다. 불경에 따르면 처음부터 줄곧 48계위에 이르도록 매우 길고 긴 시간을 닦아야, 불교의 술어로 「2대아승지겁二大阿僧祇劫」을 거쳐야 합니다. 그래서 저는 지금 세상에서 통달할 수 없는 것이 마땅하다고 생각합니다.

소승의 성문인은 사성제四聖諦 · 37도품道品을 닦아 또한 사선팔정四禪八定, 즉 색계천의 4선禪 · 4정定(초선初禪 · 이선二禪 · 삼선三禪 · 사선四禪) 및 무색계천의 4정(공무변처정空無邊處定 · 식무변처정識無邊處定 · 무소유처정無所有處定 · 비상비비상정非想非非想定)이 있는데, 제8정인 비상비비상정을 닦을지라도 여전히 경미한 망념을 제거할 수 없어 윤회하여야 합니다. 제9정, 즉 멸진처정滅盡處定까지 닦아야 진정으로 생사를 끝마치고 윤회를 벗어나 아라한을 이룹니다. 이는 확실히 한줄기 지극히 길고 긴 고된 길입니다. 저는 금생에도 해낼 수 없다고 믿습니다.

소승의 연각은 「십이인연十二因緣」을 닦아 혜근慧根이 무르익고 기연機緣이 도래하면 곧 12인연의 환멸還滅을 체증體證하고 돈오 頓悟할 수 있고, 생사를 끝마치고 윤회를 벗어나 벽지불辟支佛을 이룹니다. 저는 제가 금생에 또한 이 혜근으로 돈오할 수 없을까 두렵습니다.

여기까지 생각하니, 마음속에 '어찌 엄청난 윤회의 괴로움을 마주하지 않겠는가?' 하는 놀랍고 두려운 마음을 금치 못하였습니다. 설사 지금 세상에서 내가 온힘을 다해 선한 일·독경·좌선·홍법을 실천해도 인천의 복보를 닦을 뿐 여전히 윤회를 벗어날 수 없습니다. 비록 두 번째 세상에 다시 사람이 되고 복보를 누리거나 천상에 태어날 수도 있겠지만, 두 번째 세상에 복보를 누릴 때 꼭 불연을 만나 수행을 할 수는 없습니다. 이른바 부자가 삼대 못 간다 하였으니, 두 번째 윤회할 때 곧 삼악도에 떨어질 수도 있거늘 어찌 이전의 공덕을 다 써버리고 처참하기 짝이 없지 않겠습니까! 우리는 세세생생 그렇게 운이 좋아 삼악도에 떨어지지 않으리라고는 장담할 수 없습니다. 이렇게 생각하니 더더욱 두려운 느낌이 들었습니다.

어려서부터 관세음보살님을 믿고 받드시는 할머님의 보살핌으로 인해 저는 풀리지 않는 문제를 만날 때마다 곧 관세음보살에게 계시啟示를 베풀어 달라고 기도하는 습관을 기를 수 있었습니다.

저는 어떻게 하여야 윤회의 괴로움에서 벗어나는지, 관세음보살께서 저를 안내해주시길 성심으로 구하고 있을 때, 저는 관세음보살님이 저에게 "내가 무엇을 위해 인간 세상에 오는가?" 물으시는 것을 느꼈고, 저는 "괴로움에서 구하고 어려움에서 구하기 위해서 오십니다!" 대답하였습니다.

당시 저는 즉각 관세음보살이 중생을 괴로움에서 구하고 어려움에서 구함은 보통의 괴로움과 어려움, 즉 명성을 구함·재물을 구함·재난을 막음·장수를 구함·자녀를 구함 등등을 구함에 역점을 두는 것이 아니라 중생이 가장 큰 괴로움에서 벗어나고 가장 큰 어려움을 풀도록 돕는 것, 즉 우리가 윤회를 벗어나도록 돕는 것이어야 함을 깨달았습니다!

이어서 저는 관세음보살님께 "어떻게 해야 윤회의 괴로움과 어려움에서 벗어날 수 있습니까?" 여쭈었습니다. 저는 관세음보살께서 저에게 주신 정보가 곧 중생을 접인하여 극락정토에 왕생하고 이에 따라 윤회의 괴로움과 어려움에서 철저히 벗어나는 것임을 느꼈습니다. 이미 관세음보살의 지시를 받고서 저는 곧 「정토삼부경」, 즉《무량수경》·《관무량수경》·《아미타경》을 상세히 독송하기 시작하였고, 동시에 또한 정토종 대사들의 저술, 그 가운데 정토종 제2조이신 당나라 선도대사, 제13조이신 청나라 인광대사, 근대 대만의 대안법사와 인환법사 및 홍콩의 정공법사와 관운법사 등의 저술을 보았습니다.

앞으로 여러 회에 걸쳐 저는 제가 정토경서를 읽고 체득한 점을 이야기하겠습니다.

_《따뜻한 인간(溫暖人間)》칼럼 : 부처님 인연 아래 살기(제440호)

[제4법문]

아미타부처님의 약속

수년 전에 저는 정토 저작들을 자세히 읽어보기 시작하고서 정토법문이 바로 아미타부처님께서 우리에게 준 최고의 약속임을 발견했습니다.

이를 위해 저는 아미타부처님과 그의 48대원을 먼저 소개하겠습니다. 아미타부처님께서는 매우 오래 전에 국왕이었는데 왕위를 버리고 출가하여 법장비구가 되어 중생을 널리 제도하겠다고 발원하였습니다. 그는 당시 부처님이신 세자재여래世自在如來에게 어떻게 하면 더 나은 이상을 실현할 수 있는지 가르침을 청했습니다.

세자재왕여래는 그를 데리고 2백10억 불국토를 두루 돌아다니면서 각 불토의 장점을 총결하고 그런 다음 최고의 이상세계를 건립·조성하길 희망하였습니다. 법장비구는 5겁이라는 매우 오랜 시간을 사유하여 48대원을 구상하였는데, 이는 매우 많은 공덕을 쌓아야만 완성할 수 있는 대단히 훌륭한 대원이었습니다.

이 48대원에는 다섯 가지 중점사항이 있습니다.

1. 제로에서 대단히 수승한 극락세계를 건립하였다. 일체가 모두 완전하고 삼악도가 없으며, 모든 천인은 윤회를 이미 벗어나

금강불괴金剛不壞의 몸을 보유하고 겸해서 신통 등등을 갖춘 대선
지식·아라한·대보살이다.

2. 시방세계 각 부류의 중생을 접인하여 극락정토에 왕생하게
하는 다른 방법을 구상하였다.

3. 정토 중생이 빨리 성불하도록 돕는다.

4. 시방세계 아미타부처님과 인연이 있는 몇몇 보살들은 당분간
정토를 생각하지 않고, 오히려 자신의 세계에서 수행하면서
중생을 널리 제도하려 한다. 아미타부처님께서도 그들의 뜻을
존중하여 그들이 보살도를 완성할 수 있도록 가지加持하고 돕는
다.

5. 법장비구는 48대원을 원만히 수행한 후 곧 아미타불이 되었
다.

우리 범부를 접인하는 관점에 보면 48대원의 핵심원은 제18원
입니다.

"만약 제가 불과를 얻어도 시방세계 중생이 지심至心으로 믿고
좋아하고 저의 국토에 태어나길 발원하여, 제 이름을 내지 십념하
여도 저의 국토에 태어나지 못한다면 저는 정각을 취하지 않겠나
이다. 다만 오역죄를 짓고 정법을 비방하면 제외될 것이옵니다."

我得佛 十方衆生 至心信樂 欲生我國 乃至十念 若不生者 不取正覺。唯除五逆
誹謗正法.

즉 법장비구가 성불하려 한다는 말은 시방세계의 중생(즉 부처님
이외의 일체 구류중생으로 오역대죄를 범하고 불법을 비방하는 중생을 제외하고
보살, 성문, 천인, 인간, 축생, 귀신 등을 포함한다)이 지성심으로 극락정토
가 있다고 믿고, 아미타부처님께서 그들을 구제할 것이라 믿고

기뻐하며, 극락정토에 왕생하겠다고 발원하고, 단지 아미타불 명호를 열 마디 염하기만 하면 왕생한다는 말입니다. 그렇지 않으면 법장비구는 결코 성불하지 않겠다는 말입니다.

그래서 이 정토법문에는 세 가지 책임 및 한 가지 약속이 있습니다. 먼저 우리가 책임져야할 세 가지 사항은,

첫째, 「지심신요至心信樂」 즉 「신信」으로 아미타부처님께서 우리를 제도하여 극락정토에 왕생하게 된다고 믿고, 의심하지 말아야 한다.
둘째, 「욕생아국欲生我國」 즉 「원願」으로 극락정토에 왕생하겠다고 성심으로 발원하여야 한다.
셋째, 「내지십념乃至十念」 즉 「행行」으로 아미타불 부처님 명호를 염하길 노력하고 행동하여야 한다.

믿고·발원하고·성심으로 아미타불을 염하기만 하면 우리는 책임을 다한 것입니다.

그리고 아미타부처님의 「약속」은 곧 「약불생자若不生者 불취정각不取正覺」(왕생하지 못한다면 정각을 성취하지 않겠다)입니다.

단지 성심으로 「신信·원願·행行」을 완성하기만 하면 우리는 근본적으로 더 이상 걱정할 필요가 없습니다. 아미타부처님께서 우리에게 반드시 왕생할 수 있다고 약속하셨습니다. 이는 그분의 책임입니다. 그분은 이미 십겁에 성불하였다고 하셨으니, 이미 그의 대원을 원만히 성취한 것이나 마찬가지입니다.

저는 이러한 이치를 알고 난 후 갑자기 기분이 상쾌해졌습니다.

하지만 이내 정토법문이 너무 간단하고, 너무 쉽고, 너무 수승하며, 너무 편한 것 같다고 생각했습니다! 석가모니부처님께서도 경전을 강설하실 때 말법시대, 즉 현대인은 정토법문을 쉽게 믿지 못한다고 말씀했습니다. 몇몇 사람들은 자신이 학문과 지식이 있는데, 어떻게 다른 사람에게 의지해야 수지할 수 있겠는가! 생각합니다. 또 몇몇 사람들은 이 세상에 너무 많이 지불하지 않아도 큰 이익이 있는 일이 있다고 믿지 않습니다.

그래서 석가모니부처님께서는 이어서 "애석하게도, 믿는 사람은 매우 적다!" 말씀하셨습니다. 왜냐하면 범부의 마음상태는 의심이 너무 많고, 이기적이며, 지나치게 따지기 때문입니다. 그러나 불타께서는 지극히 자비롭고 포용적이며 평등하시어 마치 자상한 아버지처럼 일심으로 우리를 돕고 싶어 합니다. 그리고 저는 또한 다행히 불타의 계속된 인도를 받아 의문을 내려놓고 정토법문을 성심으로 수지하고 있습니다.

석가모니부처님께서는 여러 차례 이것이 진실임을 강조하셨지만, 믿는지 믿지 않는지는 곧 우리의 연분을 보아야 합니다. 이는 저에게 정토법문에 좀 더 깊이 들어가 이해하고 싶게 하였습니다.

_《따뜻한 인간(溫暖人間)》 칼럼 : 부처님 인연 아래 살기(제441호)

[제5법문]

정토왕생은 말법시대의 법문이다

정토의 불경과 대덕에 관한 저작을 자세히 읽은 후 저는 두 가지 중요한 결론을 깨달았습니다. 하나는 말법시대에는 자신의 수련에 의지할 수 없다는 것이고, 다른 하나는 일체제불과 보살들이 모두 정토법문을 추천한다는 것입니다.

일반적으로 우리의 이런 세계에서 불교의 유통은 네 개의 시대로 나눌 수 있다고 말합니다. 석가모니부처님께서는 2천5백 여 년 전에 태어나셨습니다. 세존께서 태어나신 후부터 서기 원년인 처음 5백년까지가 「정법시대正法時代」입니다. 그 시대에 사람의 선근은 깊고, 복보가 있으며, 사람의 마음은 청순하고, 부처와 멀리 떨어져 있지 않아 부처님의 가지加持를 얻기만 하면 쉽게 득도하고, 윤회에서 벗어날 수 있었습니다.

그 다음 1천년은 「상법시대像法時代」로 즉 서기 원년부터 1천년까지입니다. 사람의 마음은 더 이상 단순하지 않고, 나쁜 습관이 많으며, 악업이 비교적 중한 편이지만, 그래도 진정한 수행에 영향을 줄 정도로 엄정하지 않습니다. 그래서 상법시대에는 많은 선근과 복보가 있는 사람들이 최종적으로 수행을 통해서 도를 얻었습니다. 예컨대 육조 혜능慧能대사는 당나라 서기 6백년의 사람이었고, 자신의 수행에 의지해 제대로 된 성과를 이룰 수 있었습니다.

서기 1천년부터 현재 및 이후의 1만 년은 「말법시대末法時代」입니다. 큰 환경은 매우 열악하고, 죄악이 매우 많습니다. 사람들의 선근과 복보는 얕습니다. 자신의 노력만으로는 제대로 된 성과를 이루기가 매우 어렵습니다. 심지어 불가능합니다. 요즘 홍콩처럼 계속 사회가 혼란할 것인지, 매우 불행할 것인지, 몇 년이 지나면 어떻게 될지 저도 상상할 수 없습니다. 요컨대 말법시대에는 자신의 능력만으로는 제대로 된 성과를 내기 어렵습니다.

마지막은 「멸법시대滅法時代」로 모든 불경이 다 소멸됩니다. 다행히도 본사 석가모니부처님께서는 대단히 자비로우셔서 가지加持를 베풀어 《무량수경》이란 한 경전이 세상에 일정기간 남아 인연 있는 중생을 구제할 수 있도록 확고히 보장하였습니다.

《정법염경正法念經》에 이르시길, "행자가 일심으로 불도를 구할 때 마땅히 때와 방편을 관찰해야 하느니라." 하셨습니다. 도작道綽대사께서는 해석하시길, "곧 지금이 어느 때인가? 마땅히 어떤 방편으로 해탈을 얻어야 하는가?"라고 하셨습니다. 우리는 어떤 시대에는 마땅히 어떤 방법으로 닦아야 하는지 알아야 합니다. 말법시대에 정법시대와 같은 방법으로 수행하면 매우 곤란하고 심지어 불가능합니다.

《대집월장경大集月藏經》에 이르시길, "말법시대에는 수억의 중생이 행行을 일으켜 도를 닦아도 득도할 사람은 단 한 사람도 없을 것이니라." 하셨습니다. 이는 말법시대에는 자신의 능력만으로 불도를 닦아 공덕을 이루기가 매우 어렵다고 합니다.

《상법결의경像法決疑經》에 이르시길, "정법正法 오백년에는 지계持戒를 견고히 닦고, 상법 일천년에는 선정禪定을 견고하게 닦고, 말법 일만년에는 염불을 견고하게 닦을지라." 하셨습니다. 이는 정법시대인 오백년에는 지계를 견고히 닦고, 상법시대인 일천년에는 선정을 닦으면 모두 득도할 기회가 있지만, 말법시대인 일만년에는 염불에 의지해야만 정토에 왕생할 수 있다는 뜻입니다.

다른 시대의 수행인은 각각 다른 방법을 닦아야 효과가 있습니다. 석가모니부처님께서는 49년 설법하면서 3백여 회 불도를 강설하셨습니다. 이는 단지 다른 근기의 사람에게 순응하여 다른 수행방법을 강설하셨을 뿐입니다. 부처님께서는 당시 대보살, 대비구, 대수행자를 직접 대면하셨습니다. 그들은 당연히 순조롭게 부처님의 설법에 따라 수행해 득도할 수 있었습니다.

그러나 말법시대의 우리는 무시이래의 업력에 이끌림을 많이 받아 전체 악업 또한 너무나 무거워 보살의 수행방법으로 수행하려 해도 마음만 있을 뿐 힘이 없습니다. 이는 아인슈타인의 상대성 이론이 아무리 수승하여도 초등학생에게 말하면 근기가 맞지 않아 근본적으로 이해할 수 없는 것이나 마찬가지입니다! 수행은 법法과 기機의 두 가지 일을 알아야 합니다. 법法은 불법입니다. 기機는 곧 기연機緣, 근기(根機 ; 품행), 지혜가 잘 맞는지 살펴야 합니다.

말법시대에 우리는 「무아상無我相·무인상無人相·무중생상無衆生相·무수자상無壽者相」[66]을 실천할 수 있는가? 예컨대 실천하

---

66) 「아상我相·인상人相」: 아상·인상은 상대를 따라 임시로 세운 것이다. 「중생상衆生相」: 중생은 곧 일체의 만사·만물이다. 만사·만물은 온갖 인연이 화합하여 나타나는

지 못하면《금강경》의 요구에 통달할 수 없습니다. 또한 예컨대
우리는《반야심경》에서 "관자재보살께서 깊은 반야바라밀다를
행하실 때 오온五蘊을 비추어 모두 공함을 깨달아 아시고, 일체
괴로움과 재난을 건너갔느니라." 이 첫 번째 문구의 말씀을
잘 알고 있습니다. 우리는「오온개공五蘊皆空」의 표면적인 뜻은
알 수 있지만, 관세음보살께서 증득한「깊은 반야바라밀다」의
경계에 통달하지 못하고, 또한 닦을 수 없습니다.67) 경문이

상이다. 그래서 이런 중생은 광대한 중생, 광대한 사람을 가리키는 것이 아님을
알아야 한다. 이른바 동물·식물·광물, 나아가 모든 일체 자연현상이 모두 중생상이
다. 비가 내리고 바람이 부는 것도 모두 중생상이다. 인연이 화합함으로 말미암아
임시로 세운 것이다.「수자상壽者相」: 수자壽者는 시간이 상속相續함으로 말미암아
임시로 세운 것이다.

사상四相은 모두 임시(假)적인 것이다. 아我와 인人은 상대적인 임시이고, 중생은
인연화합의 임시이며, 수자는 상속하는 임시이다. 당신이 집착하는 대상인 물질은
임시적인 것이고, 당신이 집착하는 주체인 마음도 임시적인 것이거늘 해볼 만한
가치가 있는 것이 무엇이 있겠는가? 집착할 것이 무엇이 있겠는가? 내려놓지 못하는
것이 무엇이 있겠는가? 만약 이러한 사실을 전부 다 명백히 하여 신심과 세계
일체를 내려놓으면 당신은 마음속으로 곧 대자재를 얻는다. 바꾸어 말하면 당신의
진심이 현전하고 망심은 사라지며, 그것이 허망하고 얻을 수 없음을 철저히 이해할
것이다. _《금강반야연습보고金剛般若研習報告》, 정공 큰스님

67)「깊은 반야바라밀」이란 삼지일심三智一心 가운데 얻는 것으로 권교의 삼승은
함께 할 수 없다. 그래서 깊다고 이름한다. 이는 행하는 대상인 법을 전체적으로
설명한다. …「오온」이란 소관의 경계를 개별적으로 설명한 것이다. 곧 문자반야이다.
「모두 공함」이란 드러내는 대상인 진리를 개별적으로 밝힌 것이다. 곧 실상반야이다.
오온은 공가중空假中에 즉하지 않음이 없어 사구(四句; 분별)를 모두 여의고, 백비百非
의 자체성을 끊음을 억지로 공이라 할 뿐이다. _《반야바라밀다심경석요般若波羅蜜多
心經釋要》.

비록 좋고, 설사 알지라도 근기가 맞지 않으면 여전히 닦을 수 없습니다! _《따뜻한 인간溫暖人間》칼럼(제442호)

가장 어려운 건 무량수경을 접하는 것이다
이보다 더 어려운 건 정토법문 만나는 것
행복한 나라에 태어나기도 어려운데
정법 만나기 더욱 어려워라
현명한 스승 만나기 어렵고
불법 만나기 어려우며
인간의 몸 얻기 어렵고

－정공淨空 큰스님

[제6법문]

제불보살이 추천하는 정토법문

불교에는 게송 한 수가 있는데, 이는 석가모니부처님께서 경전을 강설하신 선후 순서 및 시간의 길이를 근거로 다섯 단계를 이끌어 내었습니다.

"화엄경은 최초 21일간 설법하셨고, 아함경은 12년, 방등경은 8년을 설법하셨고, 반야경은 22년 간 설법하셨으며, 법화경과 열반경은 합쳐서 8년을 설법하셨다(華嚴最初三七日 阿含十二方等八 二十二年般若談 法華涅槃共八載)."

다섯 계단은 화엄·아함·방등·반야 및 법화·열반입니다.

부처님께서는 매 시기마다 경전을 강설하심에 다른 취향取向이 있었지만, 모두 간접적으로 혹은 직접적으로 이 서방극락정토 법문을 언급하셨습니다.

《대방광불화엄경大方廣佛華嚴經》〈보현보살행원품普賢菩薩行願品〉에 따르면 선재동자는 53분의 선지식에게 구도求道하였는데, 문수보살로부터 시작하여 최후에는 문수보살 및 보현보살로 돌아갑니다. 보현보살은 십대행원十大行願을 행지行持하여 극락정토로 인도하여 돌아가고 불가사의한 해탈경계에 들어가며, 아미타부처님의 가지加持를 얻어야 십대행원을 진정으로 수지할 수 있다고 가르쳤습니다.

그래서 보현보살은 선재동자에게 극락정토 왕생을 격려하고 그에게 관세음보살의 시자가 될 것을 추천하여 관세음보살의 중생을 널리 제도함에 동행하도록 했습니다. 또한 모든 화엄해회華嚴海會 성중에게 모두 극락정토로 귀의할 것을 권하였고, 보현보살 자신도 또한 극락정토에 왕생합니다.

《문수사리발원경文殊師利發願經》에 따르면 문수사리법왕자도 극락정토에 왕생하길 발원하였습니다.

보타산의 관세음보살, 오대산의 문수보살, 구화산의 지장보살과 아미산의 보현보살 등 우리와 가장 연분이 있는 네 분의 대보살을 생각해보면, 지장보살께서 지옥중생을 다 제도하겠다는 대원을 발하신 것을 제외하고, 나머지 세 분의 대보살께서는 모두 극락정토에 왕생하라고 권면하셨습니다. 우리와 가장 인연이 깊은 본사 석가모니부처님과 우리가 가장 신뢰하고 존경하는 세 분의 대보살도 정토왕생을 권하고 계시는데, 왜 우리는 그들의 말씀을 듣지 않습니까? 그들의 추천을 받아들이지 않습니까?

다른 경문도 살펴봅시다. 용수보살龍樹菩薩(서기 2백년에 인도에서 출생)의 수양과 실천은 대단히 높아 일반적으로 그는 제2의 석존이라 불립니다. 우리는 중관中觀·유식唯識 및 일반 대승경전은 모두 용수보살로 말미암아 광대하게 발양하였다고 생각합니다.

용수보살께서는 《십주비바사론十住毗婆沙論》〈이행품易行品〉에서 불법을 두 가지 범주로 구분하였습니다.

1) 자력수행에 의지함이 난행도難行道이다.

2) 대비원력(타력)의 섭지攝持에 의지함이 이행도易行道이다.

그 자신도 또한 극락정토에 왕생하길 발원하였습니다. 그는 자신의 역량에만 의지하여 득도하기가 지극히 곤란하고, 단지 아미타부처님의 대비원력에 의지해 극락정토에 왕생하여야 윤회를 벗어난다고 장담할 수 있음을 깨달았습니다.

《아미타경》에서는 동·남·서·북·상·하 육방의 무수한 부처님께서 모두 서방극락정토에 왕생하길 추천하셨다고 말씀하십니다.

이미 시방삼세제불과 여러 대보살이 모두 정토법문을 강력하게 추천하셨는데 우리는 여전히 무엇을 의심하여야 하겠습니까? 그래 정말 자신의 수행에 의지해 윤회의 괴로움을 벗어날 수 있단 말입니까?

_《따뜻한 인간溫暖人間》 칼럼 : 부처님 인연 아래 살기(제443기)

[제7법문]

정토왕생의 세 가지 조건

수많은 사람들은 염불왕생이 실제로 지극히 어렵다고 생각합니다. 《아미타경》에 따르면 염불하여 왕생하려면 다음 세 가지가 필요합니다.

1. 선근善根 · 복덕福德 · 인연因緣이 있어야 한다.
2. 일심불란一心不亂에 이르러야 한다.
3. 임종臨終할 때 마음이 전도顚倒되지 않아야 한다.

먼저 선근 · 복덕 · 인연이 없으면 정토법문을 접할 수 없습니다. 세상에 불법을 아는 사람은 많지 않고, 정토법문을 접할 수 있는 사람은 더욱 더 적으며, 정토를 믿고 닦을 수 있는 사람은 적고 또 적습니다. 지금 여러분이 정토법문의 오묘함을 이해할 수 있는 것은 이미 지극히 얻기 어려운 연분입니다! 우리가 「나무아미타불」 부처님 명호를 염할 때, 명호에 저장되어 있는 무궁무진한 선근과 복덕을 우리에게 무조건 선사합니다.

우리는 범인이지 보살이 아니라 언제나 망상과 잡념이 있으므로 일심불란에 이르기 어렵습니다. 임종할 때 대부분의 사람들은 모두 두려운 마음을 금할 수 없고, 육친과 이별하기 아쉽고 자신이 보유한 물건을 버리지 못합니다. 그때가 되면 두려움이나 아쉽고 버리지 못해 마음이 전도되고 맙니다.

그러면 어떻게 해야 일심불란에 이르고 마음이 전도되지 않을 수 있겠습니까? 참선과 정토를 쌍수雙修하는 사람들은 단지 좌선과 염불을 함께 닦아야 자신의 마음을 안정시키고 극락정토에 왕생하는데 도움이 된다고 생각합니다. 어떤 사람은《아미타경》을 근거로 먼저 자신의 역량에 의지하여 일심불란에 이르러 마음이 전도되지 않도록 수지해야만 비로소 정토에 왕생할 수 있다고 해석합니다! 그러나 우리는 극락정토 왕생이 자신의 역량만으로는 안 된다는 것을 알아야 합니다. 우리는 단지 자신의 본분을 잘 해내기만 하면 됩니다. 즉 심심深心으로 믿고·성심誠心으로 발원하며·노실老實하게 염불하면 충분합니다. 왕생 여부에 관해서는 아미타부처님의 대비원력에 완전히 의지합니다. 왕생할 수 있다는 믿음은 아미타부처님의 약속에 기초하여 세워집니다.

《무량수경》에서 (법장비구가) "만약 저의 국토에 태어나지 못한다면 정각을 취하지 않겠나이다(若不生者 不取正覺)." 서원한 제18원은 만약 우리가 「신信·원願·행行」의 본분을 다했음에도 정토에 가지 못한다면 아미타부처님께서 성불하시지 않겠다는 의사표시입니다! 이것은 그의 약속이자 책임입니다. 아미타부처님께서는 성불하신지 이미 십겁이나 지났습니다. 그래서 우리는 단지 「신信·원願·행行」의 본분을 잘 해내면 반드시 왕생할 수 있습니다. 설령 난관이 겹겹이 있을지라도 아미타부처님께서는 반드시 우리가 순조롭게 정토에 도착할 수 있도록 도와주실 것입니다. 그렇지 않으면 「제18원」을 만족시킬 수 없고, 성불하지 않을 것입니다.

선도대사께서는 방금 전에 언급한 왕생의 세 가지 조건에 대해 잘 해석하셨습니다.

「일심불란一心不亂」은 염불법문을 전심으로 닦는 것을 가리킵니다. 우유부단함은 사람의 습성입니다. 오늘은 염불을 닦고, 내일은 좌선을 하며, 모래는 다라니를 외웁니다. 이렇듯 갖가지 방편을 모두 닦고, 모두 시도합니다. 선도대사께서는 우리에게 "잡수雜修하지 말고 마땅히 일문에 깊이 들어가라!" 권유하고 훈계하셨습니다. 잡념이나 망상이 없는 상태를 구해야 하는 것이 아니라 단지 한 가지 불법에 전념해야 한다는 것입니다. 임종할 때 마음이 뒤바뀌지 않는다는 것은 임종할 때 부처와 보살이 와서 위안을 주고 마음이 편안해지고 뒤바뀌지 않아 혼자 힘으로 염불할 수 있다는 뜻입니다. 그래서 온 마음을 다 기울여 뜻을 하나로 모아(專心一意) 일문에 깊이 들어가 불법을 수지하여야 합니다. 따라서 「임종 시에 마음이 전도되지 않음(臨終時 心不顚倒)」은 임종할 때 부처님과 보살님들이 모두 앞에 와서 큰 위안을 주시어 마음이 자재함을 얻고 전도되지 않게 하심을 가리킵니다. 그렇지 않고 단지 자신의 역량에 의지해서는 실천할 수 없습니다.

우리가 일반적으로 독송하는 《아미타경》은 구마라집 법사의 역본(진역본)입니다. 현장법사의 역본(당역본)에서는 「심부전도心不顚倒」에 대해 다른 역본이 있으니, 「자비가우慈悲加祐 영심불란令心不亂」입니다. 곧 부처님과 보살님께서 임종자에게 자비로 가지·호우하시어 그 사람이 전도되지 않게 하신다는 말씀입니다.

사람이 속세의 인연(塵緣)이 다했을 때 그렇게 수승한 극락정토에 「왕생」할 수 있으니, 얼마나 얻기 어려운 복보이겠습니까? 현대인은 아무리 오래 살더라도 모두 정토에 비해 상대적으로 짧습니다. 명예·지위·재산, 절친한 사람과 사랑하는 사람은 더더욱 전부 가지고 갈 수 없고, 결국 여전히 혼자서 걷는 길입니다! 사람이 임종할 때 집착하여 보유한 일체를 내려놓지 못하고 아미타부처님을 따라 떠나려고 하지 않으면 곧 왕생할 희망이 없습니다. 정말 이 세상의 일체는 극락정토의 것과 견주어 조금도 중요하지 않고, 모두 짧은 기간입니다. 이러한 세상의 사물에 집착하여 왕생할 기회를 놓쳐서는 안 됩니다.

우리가 「정토인」이 되기만 하면 우리는 불가사의한 신통력을 보유하게 되고, 이 사바세계로 돌아와 절친한 친구들을 구제하고, 심지어는 자비심을 발하여 증오하고 원망하던 사람들을 구제하게 될 것입니다. 그래서 눈앞의 소유물에 집착하지 말고, 장래를 위해 되도록 일찍 준비를 하여야 합니다.

_《따뜻한 인간溫暖人間》칼럼 : 부처님 인연 아래 살기(제444호)

[보충법문] 자비로 가지·보우하시어
　　　　　그 마음이 산란하지 않게 하신다(慈悲加祐 令心不亂)

"또 사리자여! 만약 어떤 청정한 믿음을 지닌 선남자 선여인이 이와 같은 무량수불의 무량무변한 불가사의한 공덕의 명호와 극락세계의 공덕 장엄을 듣고, 듣고 나서 사유하여 만약 하루 밤낮이나 이틀이나 사흘이나 나흘이나 닷새나 엿새나 이레 동안 생각을 매어두고 산란하지 않는다면 이 선남자 선여인이 목숨을 마치려 할 때, 무량수불께서 그 무량한 성문제자·보살성중에게 앞뒤로 둘러싸여 그들과 함께 그의 앞에 와서 머무시면서 자비로 가지·호우하시어 그 마음이 산란하지 않게 하시고, 이미 목숨을 마치고 나서는 아미타부처님과 청정해회

성중을 따라 무량수불의 극락세계 청정불토에 태어날 것이니라."
_《칭찬정토불섭수경 稱讚淨土佛攝受經》

비록 우리들이 이렇게 수행을 잘 하지 못했을지라도 만약 위에서 말한 것처럼 부처님을 생각하고 극락국토를 생각하길, 하루 내지는 칠일 동안 한 마음으로 계념繫念할 수 있다면 아미타 부처님과 감응할 수 있다.

임종에 이를 때 아미타부처님과 수많은 성문중·보살성중들이 자기의 몸을 둘러싸고 계신다. 당신이 한번 부처님을 친견하게 되고 부처님의 자비 가피를 입을 때 부처님의 힘이 당신의 마음속으로 주입됨으로 말미암아 당신은 문득 큰 위안을 느끼게 되어 두려워하지도, 당황하고 산란하지도 않을 것이다. 그때 정념正念이 분명하여 마치 선정의 경계에 들어간 것과 같이 몸과 마음이 기쁘고 안락하다.

이렇게 되면 부처님과 성중을 따라 극락세계에 왕생할 수 있다. 우리들이 수많은 「왕생전往生傳」을 보면 재가자이든 출가자이든, 지식이 있든 지식이 없든 임종 때에는 모두 세상을 매우 잘 떠난다. 이는 불력佛力의 가지加持가 지극히 불가사의함을 증명하고, 염불인이 임종할 때에 마음이 당황하고 산란하지 않으며 정념상태에서 왕생할 수 있음을 증명한다.
_《아미타경 심요》(비움과소통)

[제8법문]

선근 · 복덕 · 인연이 있어야 한다

저는 앞에서 여러분과 정토왕생의 세 가지 조건에 대해 이야기를 나누었습니다.

이번 호에서는 지면이 제한되어 있어, 저는 단지 「선근 · 복덕 · 인연」, 이 조건에 대해 매우 간단하게 해설할 수 있을 뿐입니다. 실제로는 「정토법문」에서 이는 꽤 쟁점이 있는 논제입니다.

《아미타경》께서는 이르시길, "사리자여, 적은 선근 · 복덕 · 인연으로는 저 불국토에 태어날 수 없느니라." 하셨습니다. 저는 앞 편에서 정토종 제2조 당나라 선도대사님의 해석을 인용하였습니다. 선도대사께서는 아미타부처님의 화신이라 전해질 정도로 「정토법문」에 미친 영향은 지극히 깊고 거대합니다. 대사는 우리 범부도 아미타부처님께서 중생을 제도하심을 온 마음으로 믿고 성심誠心으로 정토왕생을 발원하여 전심專心으로 염불한다면 이미 정토에 왕생할 수 있는 선근 · 복덕 · 인연을 갖추고 있다고 생각하셨습니다.

그래서 앞에서 간단히 언급하였지만, 「선근 · 복덕 · 인연」이 없으면 정토법문을 접하지 못합니다. 세상에 불법을 아는 사람은 많지 않고, 정토법문을 접할 수 있는 사람은 더욱 더 적으며,

정토를 믿고 수지할 수 있는 사람은 적고 또 적습니다. 지금 여러분이 정토법문의 오묘함을 듣고 이해할 수 있는 것은 이미 지극히 얻기 어려운 연분입니다.

《관무량수경》에 따르면, 만약 중생이 극락정토에 왕생하겠다고 발원하면 마땅히 세 가지 마음, 즉 지성심至誠心·심심深心·회향발원심回向發願心을 발해야 한다고 합니다. 이와 동시에 또한 정업삼복淨業三福, 즉 세복世福(부모님께 효양하고, 스승을 받들어 모시며, 자심으로 살생을 하지 말고, 열 가지 선업을 닦아야 한다)·계복戒福(삼귀의를 수지하고, 온갖 계행을 구족하고 위의를 범하지 말아야 한다)·행복行福(보리심을 발하고서 인과를 깊이 믿고 대승경전을 독송하며 염불왕생을 권진勸進한다)을 닦아야 합니다. 부처님께서 이르시길, "이 세 가지 업은 과거·현재·미래의 삼세제불께서 닦는 정업淨業의 정인正因이니라." 하셨습니다.

그래서 수많은 고승 대덕들은 다 정토에 왕생하려면 아미타부처님의 「타력」만 의지해서는 안 되고, 수행자는 또한 「자력」으로써 보조를 맞춰야 한다고 생각하셨습니다. 그들은 또한 생활 속에서 정업삼복淨業三福을 많이 닦아서 「선근·복덕·인연」을 증장시킬 필요가 있습니다. 이밖에도 극락정토는 가장 수승한 대승의 수행도량입니다. 그래서 정토에서는 수행자마다 모두 대보리심을 발하고 끝내 성불하여 중생을 널리 제도합니다.

이러한 고승대덕들은 「정토법문」을 닦는 수행자는 오직 자기 해탈만을 추구하는 소승인의 마음가짐을 보유하여서는 안 되고, 반드시 먼저 발보리심을 기초로 삼아야 비로소 선근을 견고히 하고, 쉽게 물러나지 않으며, 진정한 대승의 극락세계로 계입契入

할 수 있다고 생각하였습니다.

부처님과 보살의 경계는 나 같은 일개 범부가 알 수 있는 것이 아닙니다. 그래서 저는 저의 개인적인 체득을 함께 나눌 수 있을 뿐입니다. 저는 불법은 이치에 계합(契理)함과 근기에 계합(契機)함을 추구하여 개인의 「근기」로 인해 가장 좋은 「이치」를 맞출 수 있다고 생각합니다. 저는 선도대사의 해석으로써 먼저 자신의 마음을 안정시키고, 정토왕생이 유망함을 알게 되었습니다. 저는 또한 불교의 핵심사상은 지혜와 자비라는 것도 알고 있습니다.

불교에서는 또한 계율을 강조하여, 불교도로서 어떤 법문을 닦을지라도 모두 계를 지켜야 합니다. 가장 기본적인 것은 오계를 지키는 것(살생 · 도둑질 · 음행 · 거짓말 · 음주를 범하지 말아야 함)입니다. 자비심이 있으면 곧 저절로 다른 인연 있는 중생이 괴로움을 여의고 즐거움을 얻으며, 함께 극락정토에 왕생하도록 돕습니다. 이것이 곧 가장 기본적인 보리심입니다.

우리는 문을 닫고 염불만 하여 단지 자신의 정토왕생을 구해서는 안 되고, 자신의 역량에 수순하여 십선업十善業을 닦아야 하고, 또한 인연이 있는 사람에게 부처님을 믿고 정토법문을 수지할 것을 권면해야 합니다. 회향 발원할 때마다 모두 자신 및 인연 있는 중생이 함께 정토에 왕생하여 빨리 보리도菩提道를 성취하고, 다시 이 사바세계로 돌아와 인연 있는 사람을 제도하고, 마침내 도를 닦아 성불하여 중생을 널리 제도하기를 기원하였습니다.

_《따뜻한 인간溫暖人間》 칼럼 : 부처님 인연 아래 살기(제445호)

[제9법문]

정토법문은 염불하며 죽음을 기다리는 수행이 아니다

수많은 사람들은 「염불법문」은 염불하며 죽음을 기다려 정토에 왕생하는 소극적인 수행방법이라 오해합니다.

아미타부처님의 제18원을 자세히 살펴보면 경문에 매우 또렷하게 묘사되어 있습니다. "지심至心으로 믿고 좋아하며 저(법장비구)의 국토에 태어나길 발원하여, 제 이름을 내지 십념하여도 저의 국토에 태어나지 못한다면 저는 정각을 취하지 않겠나이다." 우리가 「신信·원願·염불念佛」의 요구를 잘 실천하기만 하면 곧 반드시 왕생할 수 있습니다. 경문에는 죽음을 기다린 후에야 왕생할 수 있다는 명확한 말은 결코 없습니다.

《아미타경》은 이런 염불왕생 수행의 문제에 대해 또한 매우 또렷하게 총결總結 짓습니다. 「염불하면 반드시 왕생합니다.」 종결단계에 가까워질 때 곧 중점사항 하나를 가리킵니다.

"사리불아, 만약 어떤 사람이 아미타불 국토에 태어나겠다고 이미 발원했거나 지금 발원하거나 당래에 발원하였다면 모두 아뇩다라삼먁삼보리(무상정등정각)에 물러나지 아니하여서 저 국토에 이미 태어났거나 지금 태어나거나 당래에 태어날 것이니라. 그러므로 사리불아, 모든 선남자 선여인이 믿음을 내었다면 마땅히 저 국토에 태어나길 발원할지니라."

요컨대 "이미 발원했다면 이미 태어났고(已發願 若已生), 지금 발원한다면 지금 태어나며(今發願 若今生), 당래에 발원한다면 당래에 태어날 것이니(當發願 若當生), 모두 부처님의 가지加持를 얻어 영원히 물러나지 않고 마침내 성불할 것이다." 저는 이 경문을 "과거에 이미 발원한 사람은 이미 왕생하였고, 현재 발원하는 사람은 현재 왕생하고, 장래 발원하는 사람은 장래 왕생할 것이다."라고 이해합니다.

석가모니부처님께서는 우리에게 세존과 제불께서 하신 말씀을 신뢰하고 따라야 한다고 강조하셨습니다. 이 한마디 말씀을 하신 후 불타께서는 특별히 우리에게 마땅히 저 국토에 태어나길 발원하라고 강조하셨습니다.

제가 《아미타경》에 대해 개인적으로 체득한 것은 우리가 온 마음으로 믿고, 성심으로 서방극락정토에 왕생하길 발원하며, 아미타부처님께서 제18원에서 언급하신 「내지십념乃至十念」을 좇아 아미타불 명호를 염하고, 함께 정토에 왕생하길 중생에게 회향하면 우리는 반드시 왕생할 수 있다는 점입니다. 더욱 더 중요한 것은 우리는 사후를 기다릴 필요 없이 이미 「정토인」이라는 점입니다.

우리의 수명은 아직 종결되지 않았고, 육신은 아직 죽어서 썩지 않아 여전히 우리는 사바세계에 살고 있습니다. 그러나 우리는 정토에서 이미 일체의 (극락국토 이민을 위한) 수속절차를 마쳤고, 또한 자신이 속한 연꽃 한 송이가 칠보 연못 안에 피어있습니다. 각자 세간에서 쌓은 염불성과와 기타 복보에 따라 각각의 연꽃

송이마다 그 성장이 달라질 수 있습니다.

우리가 온 마음으로 아미타부처님께서 대비원력으로 구제하심을 믿고, 지성至誠의 마음으로 정토왕생을 발원하여 노실하게 염불하고, 일체 중생에게 회향하여 함께 극락국토에 왕생하니, 저는 정신상으로 우리는 이미 정토에 왕생한 「정토인」이라고 믿습니다. 이것이 우리 범부의 제1차 정토왕생입니다.

임종에 이르러 육신이 머지않아 약해지고 죽어서 썩을 때 아미타부처님과 여러 보살 및 성중이 정토행자에게 속한 연꽃을 가지고 와서 우리의 신식神識(제8 아뢰야식)을 접인接引하여 우리로 하여금 업을 지닌 채 연꽃에 올라 극락세계에 왕생할 수 있게 하시니, 「중음신中陰身」의 단계를 거칠 필요가 없습니다. 이것이 우리의 제2차 정토왕생입니다. 장래에 또한 극락세계에서 자비의 배를 갈아타고(倒駕慈航) 이 사바세계로 돌아와 중생을 구제할 수 있으니, 곧 제3차 정토왕생의 기연機緣입니다.

극락정토는 가장 수승한 대승의 수행도량입니다. 정토에서는 수행자마다 대보리심을 발하여 마침내 성불합니다. 우리 염불인이 이미 「정토인」이라면 우리는 곧 보리심을 발하고서 (염불·성불의) 인과를 깊이 믿어 더욱 더 많은 사람들이 정토에 왕생할 수 있도록 돕고, 널리 자량을 쌓아 정토에 상품왕생하길 구해야 합니다.[68]

   _《따뜻한 인간(溫暖人間)》 칼럼 : 부처님 인연 아래 살기(제446호)

---

[68] 《관무량수경》에서 염불인을 상중하 삼품왕생으로 나누었는데, 품마다 상중하 삼생으로 세분하여 곧 구품왕생이라 불렀다.

[제10법문]

정토법문의 불가사의

앞에서 저는 「염불법문」은 소극적으로 사망할 때를 기다렸다가 염불하여 정토에 왕생하는 수행방법이 아니라는 점을 말씀드렸습니다.

제가 체득한 것은 우리가 심심深心으로 아미타부처님께서 자비로 구제하심을 믿고, 성심誠心으로 발원하여 노실老實하게 염불하며, 일체 중생에게 회향하여 함께 극락국토에 왕생하길 기도하기만 하면 정신상으로 우리는 이미 정토에 왕생한 「정토인」이란 사실입니다. 임종할 때 육신이 머지 않아 죽어서 썩어 아미타부처님과 여러 보살 및 성중이 자신에게 속하는 연꽃을 가지고 와서 우리의 신식神識(아뢰야식)을 접인하여 우리로 하여금 연꽃에 올라 극락세계에 왕생할 수 있게 하시니, 「중음신中陰身」의 단계를 거칠 필요가 없습니다.

《무량수경》에서는 염불하여 왕생함에 두 가지 불가사의한 특징이 있다고 또렷하게 말하고 있습니다.

첫째, 「업을 지닌 채 왕생한다는 것(帶業往生)」입니다. 일반적으로 수행인은 탐・진・치와 집착・망념 등 모든 악업을 제거해야 윤회와 환생에서 벗어나 성인의 경계로 진입할 수 있습니다.

그러나 얼마나 많은 사람들이 실천할 수 있겠습니까?

아미타부처님께서는 대단히 자비로우셔서 우리가 성인의 수행 경계에 도달하기 어렵다는 것을 아시고, 곧 조재영겁兆載永劫의 길고 긴 시간을 거치면서 닦은 공덕과 복덕으로 우리를 도우셨습니다. 우리가 그분을 믿고 그의 명호를 부른다면 설사 모든 죄를 깨끗이 제거하지 못하더라도 우리는 업을 지닌 채 왕생할 수 있습니다. 이는 대단히 수승한 약속입니다. 서방 극락정토는 중생이 업을 지닌 채 왕생하더라도 개의치 않습니다.

둘째는 삼계를 빠르고 신속하게 삼계를 횡으로 뛰어넘어(橫超三界)[69] 임종할 때 정토에 왕생하여 윤회를 벗어나는 것입니다. 아미타부처님께서는 불법이 좋지만, 일반 중생은 자신의 수행에만 의지해서는 반드시 지극히 오랜 다생·다세를 거쳐야만 윤회를 벗어날 수 있음을 깨닫고, 그 사이에 확실히 매우 많은 곤경과

---

[69] 횡초橫超란 첫째 「수출豎出」의 대칭이다. 타력에 의지해 차제次第를 경유하여 생사를 벗어나는 교의로 횡출橫出이라 한다. 이에 반해 자력으로써 계차階次를 경유하여 생사를 벗어나는 교의를 수출豎出이라 한다. 둘째 「횡출橫出」의 대칭이다. 진언종은 정토문의 이행도 가운데 다시 횡초橫超와 횡출橫出 두 길로 나뉘는데 타력 중에서 자력의 마음으로써 「정산定散」의 일체 제행을 수습하여 방편의 화토化土에 태어남을 횡출橫出이라 한다. 아미타부처님의 본원에 의지해서 깊은 믿음으로 의심하지 않으면 진실의 보토報土에 태어나니 횡초橫超라 한다. 횡초橫超는 곧 대나무 벌레가 위쪽을 향해 한 마디 한 마디 갉아먹지 않고 단지 곁을 향해 갉아 구멍을 내면 곧 벗어날 수 있다. 이러한 방법은 수직으로 벗어나는 것에 견주어 많이 수고를 덜 수 있다. 염불하는 사람도 또한 이와 같다. 견사번뇌를 끊어 제거하지 못할지라도 신信·원願·행行의 정토 삼자량三資糧을 갖출 수 있으면 임종할 때 아미타부처님을 감동시켜, 아미타부처님께서 그를 접인하시어 극락세계에 태어나게 할 수 있다. _《인광대사 문초 청화록》(비움과소통)

삼악도에 빠질 위기에 부딪치게 됩니다. 그래서 인연 있는 삼계(욕계·색계·무색계) 중생을 도와 임종할 때 곧장 극락정토에 도달하여 더 이상 사바세계로의 윤회·환생을 피하도록 하셨습니다.

범부의 관점에서 불법을 본다고 해서 반드시 부처의 이치를 완전히 이해할 수 있는 것은 아닙니다. 하지만 분명한 것은 아미타부처님께서는 대단히 자비롭고 포용력이 커서 무연대자無緣大慈·동체대비同體大悲70)를 베푸시지, 세상 사람과 마찬가지로 공리功利와 은혜를 베풀어야 하는 부가조건이 있을 리 없습니다.

《관무량수경》의 제9관에서는 무량수부처님의 신상과 광명을 관합니다. 그 가운데 한 단락의 경문에서는 "하나하나 광명마다 시방세계의 염불중생을 두루 비추어 그들의 마음을 섭취하여 버리지 않느니라(光明遍照十方世界 念佛衆生 攝取不捨)."라고 말씀하셨습니다.

《아미타경》에 따르면 아미타는 무량수無量壽 및 무량광無量光이라는 뜻으로 수명이 매우 길고 에너지가 매우 강하다는 뜻입니다. 우리가 심심深心으로 믿고, 성심誠心으로 발원하며, 노실老實하게 염불한다면 반드시 아미타부처님의 무량수 및 무량광의 가지加持와 보호를 받아 우리의 업장을 제거하는 데 도움이 될 것입니다. 우리가 끊임없이 노실하게 염불하면 아미타부처님과의 연계를 유지하여 생명력을 강화하고 생명을 개선하며 더욱 건강하고 평안하며 안락자재하게 만들 수 있습니다.

---

70) 무연無緣은 조건이 없음이다. 일체중생에 대한 사랑과 보살핌은 조건이 없다. 비悲는 일체중생을 연민하는 마음이다. _제1부 [제7법문] 불교의 전심법요傳心法要

염불하면 무량수 및 무량광과 감응이 생길 수 있습니다. 「무량수」는 우리의 마음을 고요하게 하여 오래도록 염불하면 선정의 경계(지止 ; 멈춤)에 도달케할 수 있습니다. 「무량광」은 우리의 에너지를 강화시켜 바깥과 마음속 변화를 깊이 관찰(관觀: 알아차림)할 수 있습니다. 그래서 오랫동안 성심으로 염불하면 우리는 점차 지관止觀의 염불삼매에 도달하게 됩니다.

가장 중요한 것은 우리가 소극적으로 죽음을 기다리며 정토에 왕생하기 위해 염불하는 것이 아니라는 사실입니다. 「정토법문」을 닦아 끊임없이 자신의 운명을 적극적으로 개선하고, 현세의 건강·평안 및 안락자재를 얻습니다. 이와 동시에 또한 수행인의 실제상황에 수순하여 보리심을 발하고 여러 공덕을 닦아 더욱 더 많은 사람들이 운명을 개선하고 정토에 왕생하도록 돕습니다.
  _《따뜻한 인간》 칼럼 : 부처님 인연 아래 살기(제447호)

[보충법문] 대업왕생帶業往生이란 무엇인가?

"염불법문은 불법 중에서 특별법문으로 부처님의 자비원력에 의지하여 업을 지닌 채 왕생할 수 있다. 사바세계를 근거로 말하면 아직 혹업을 다 끊지 못하였음을 「업을 지닌 채(帶業)」라고 한다. 만약 극락세계에 왕생한다면 얻을 수 있는 업이 없으니, 업을 지닌 채 서방극락으로 가는 것은 아니다. 공부가 깊은지 얕은지 관계없이 단지 진실한 믿음과 간절한 발원을 갖추어 지성심至誠心으로 「아미타불」 부처님 명호를 칭념하면 누구도 왕생하지 못하는 사람은 없다."

혹업惑業을 끊지 않음이 정종 대업왕생의 가장 수승한 점이다. 기타 종파는 모두 이 말씀이 없다. 타종파의 수행은 반드시 자력으로 견사혹을 말끔히 끊어야 비로소 삼계를 수직으로 벗어날 수 있고, 반드시 집착을 다 비워야 성불할 수 있다.

대업왕생帶業往生은 정종의 염불법문으로 보통법문에서 미혹을 끊으라고 말하는 것에 상대되는 법문이다. 대업의 「업」은 「혹업惑業」을 가리키는데, 견사見思 등의 혹 및 혹으로 인해 짓는 선악의 업을 포괄한다. 여기서는 악업의 업의 빚(業債), 즉 구업舊業(삼악도에 떨어지는 성죄性罪는 포함하지 않는다)에 치우쳐 가리키며, 신업新業은 지닌 채 왕생할 수 없다. 즉 혹업惑業이 현행現行하여 임종할 때 정념正念을 장애하는 까닭에 혹을 조복하여야 왕생한다.

미혹을 조복함에는 두 가지가 있다. 첫째는 자력의 삼매력으로 미혹을 조복하여 자재왕생할 수 있다. 둘째는 임종하는 즈음에 일심으로 부처님 명호를 계념繫念하여 왕생의 일을 주로 생각하고 기타 혹업이 현행하지 않으면 곧 왕생할 수 있다. 삼매력이 아니라 조복하지 않되 조복되어도 여전히 왕생할 수 있지만, 대부분 자재하지 못하다.

그 밖에 달리 대업왕생은 죄를 지낸 채 왕생하는 것이 아니다. 극락세계는 삼악도가 없어 삼악도에 떨어지는 죄악의 마음으로써 삼계를 횡으로 벗어나길 구하면 이러한 점은 없고 반드시 죄를 참회하고 왕생한다. 인광대사께서는 "아미타부처님께서는 단지 선한 부류를 거두시고, 악한 부류는 미치지 못한다." 법문하셨다. 또한 《관무량수경》에서 말씀하셨듯이, "선남자여, 그대가 부처님의 명호를 불렀기에 갖가지 죄업이 사라졌도다! 그래서 내가 와서 그대를 맞이하노라!" 하셨다. 무엇을 갖가지 죄업(諸罪)이라 하는가? 업의 빚(業債)은 상대방으로부터 맺혀진 것이고, 갖가지 죄업은 자심自心으로부터 맺혀진 것이니, 즉 삼악도에 떨어지는 "성죄(성죄性罪; 그 자체로 죄인 행위)"에 대응하는 갖가지 업을 짓는다. 번뇌로 인해 악업을 지어 죄를 맺음(結罪)에는 두 가지 방면을 포괄한다. 첫째 중생이 악연을 맺어 업의 빚을 짓는 것이다. 둘째는 심성에 죄를 맺는 것으로 계를 받았는지 여부에 관계없고, 단지 살생 · 도둑질 · 삿된 음행 · 거짓말을 범하기만 하면 모두 성죄性罪를 맺는다.

성죄性罪란 "성性이 선하지 않음으로 뒤섞여 물들여 타인에게 해를 끼치고 괴롭힐 수 있고 뒤섞여 물들여 자신에게 해를 끼치고 괴롭힐 수 있다. 비록 감추고 제지하지 못할지라도 현행이 있으면 곧 악취惡趣에 머물게 된다." 중생에게 원한을 맺든지 원수를 갚기 위해 빚 독촉을 하던지 여부에 관계없이 성죄가 무르익으면 반드시 삼악도에 떨어진다. 죄를 참회하고 왕생하느냐 혹은 죄를 없애고 왕생하느냐? 비록 업을 없애고 왕생함에 속하지만, 여전히 차별이 있다. 통상 말하는 업을 없앰은 미혹을 끊거나 비교적 미혹을 끊음에, 업을 끝내거나 비교적 업을 끝낸 경계에 속하는 것으로 반드시 업을 다하고 집착을 비운 경계로 왕생함을 포괄할 필요는 없다.

죄를 참회하고 왕생함은 미혹을 끊을 필요가 없고, 선악의 구업을 모두 지닐 수 있고, 반드시 업을 끝낼 필요는 없다. 아직 갚지 않은 업의 빚은 결코 왕생을 장애하지 않지만, 반드시 참회하여 삼악도에 떨어지는 죄의 마음을 없애야 한다. 극락은 삼악도가 없고 순수한 대승선근의 세계로 반드시 발보리심(분명히 발하거나 은밀히 맞음) 등의 방식으로 마음을 바꾸어야 한다. 진정으로 부끄러움도 두려움도 없는 삼악도에 떨어지는 죄를 지은 마음을 비교적 청정한 보리의 마음으로 바꾸어야만, 성죄性罪에 물든 경계가 제거되고 삼악도에 떨어지는 갖가지 죄가 저절로 소멸한다.

정종에서는 보리심을 발하고 믿음과 발원으로 염불하는 방식으로 죄를 참회하고 기타 참법은 필요가 없다. 만약 상응할 수 있으면 일념 내지 십념에 곧 마음을 바꾸고, 경계를 바꿀 수 있다. 만약 상응하지 않으면 부끄럼도 두려움도 없는 자가 보리심을 발한 체하는 경우 비록 지송으로 용맹하게 염불할지라도 마음으로는 참회하지 않아 마음을 바꾸기 어렵고, 마음을 바꾸지 않으면 곧 진실한 공덕이 생기지 않는다. 공덕이 없으면 죄가 사라질 수 없고 죄가 사라지지 않으면 자연히 왕생하기 어렵다.

어떤 사람은 염불하면 곧 죄가 사라진다고 말하는데, 이러한 오해는 염불이 죄를 없애는 심층원리를 알지 못한 연고이다. 또한 어떤 사람은 《관경》하품상생에서는 "갖가지 죄업이 사라진다."고 말씀하였지만, 하품중생 및 하품하생에서는 갖가지 죄업이 사라진다고 말씀하시지 않았다고 말한다. 이는 문구에 의지해 뜻을 해석한 것에 속한다. 지은 죄가 가벼우면 반드시 죄가 사라지고, 지은 죄가 무거우면 반드시 죄가 사라지는 것은 아니다. 이는 변형하면 부처님께서 사람에게 죄를 지으라고 격려하시어 지은 죄가 무거울수록 왕생하기 쉽다는 말이 아니겠는가? 이는 그야말로 부처님을 비방하고 불법을 비방하는 말이다.

천태지자대사 등 조사들은 하배삼품의 사람은 모두 참회하여 왕생한다고 명확히 법문하셨다. **참회는 곧 마음을 바꿈이다.** 마음은 형상이 없고 공空하여 바꾸기가 쉽지 않다. 그래서 반드시 보리 등의 연緣을 빌려 상에 머물러야 바뀐다. 마음을 깊은 믿음과 간절한 원에 머무르고, 한마디 부처님 명호에 머무르며, 진실한 보리심 상에 머물러서 보리에 수순하여 지성至誠으로 염불하여야 비로소 구경에 마음을 바꿀 수 있다. **마음이 바뀌면 저절로 경계가 바뀌니, 이것이 바로 위없는 참회이다.**

매우 많은 사람들은 비록 염불할 수 있을지라도 왕생에 성공하지 못한다. 그 원인을 궁구하면 대부분 임종할 때 죄를 참회하여 죄를 없앰에 있어 염불하면 곧 죄가 사라질 수 있다고 오해함에 있다.

_《인광대사문초 청화록》(비움과소통)

[제11법문]

정토법문에 대한 의심

근래에 와서 정토법문은 매우 많은 불교도들에게 중시되고 있지만, 몇몇 불교도들은 정토에 대해 매우 많은 의심을 갖고 있으며, 그것은 지식수준이 높지 않은 노인들 사이에 전해지는 미신적인 수행방법이라 생각하고 있습니다. 일반 범부는 정토법문에 대해 아래와 같이 네 가지 의문을 갖고 있습니다.

1) 정토는 정말 아미타부처님께서 제로에서 건립하셨는가? 정말 그렇게 수승한가?
2) 만약 정토가 끊임없이 시방세계 일체중생을 접인한다면 정토는 그렇게 많은 중생을 수용할 수 있는가?
3) 단지 아미타불 명호만 염하면 왕생할 수 있는가?
4) 정토는 우리와 십만억 불토나 떨어져 그렇게 요원한데, 갈 수 있겠는가?

저는 이러한 문제는 모두 아미타부처님께서 우리 앞에서 알려주시고 그의 신통력으로 정토를 전시하여 우리에게 보여주지 않고서는 직접 답안이 있을 수 없다고 여깁니다. 그래서 정토법문을 받아들일지 여부는 가장 주요한 것이 신심의 문제입니다.

불교도로서 저는 불타께서 거짓말을 하셨을 리가 없다고 절대로 믿습니다. 본사 석가모니불께서는 이미 2천5백여 년 전에 큰 문제 하나를 지적하셨습니다. 부처님께서 멸도하신 후 1천5백 년에서 1만 년에 이르는 말법시대에는 사회 환경이 점점 더 나빠져서 수행의 인연과 과보의 관점에서 볼 때 불법은 좋지만 중생은 선근이 약하고 복보가 얕아 조연助緣이 점점 더 박약해져서 일반 수행인은 자신의 노력만으로 윤회를 벗어나고 정과正果를 닦아 이루기가 어렵습니다.

석가모니부처님께서는 우리가 임종할 때, 더 이상 이 세상에 연연하지 말고 환경을 전환해서 이상적인 경지, 즉 서방극락정토로 왕생하여 계속해서 수행할 것을 격려했습니다.《아미타경》에서는 이르시길, "수많은 상선인들과 한곳에 모여 살 수 있다(諸上善人俱會一處)."하셨습니다. 그곳의 조연助緣은 수승하여 삼악도가 절대 없고, 모두 대보살·대선인이니, 우리가 빨리 정과正果를 닦아 이룰 수 있도록 절대로 도와주실 수 있습니다.

불타께서는 또한 그가 이 사바세계에서 성불한 주요 이유 중 하나는 믿기 어려운 수승한 정토법문을 인연 있는 사람에게 소개해야 하는 것이라 말합니다. 불타께서는 우리에게 시방삼세 일체제불은 모두 그들 불토의 중생에게 극락정토에 태어나길 구하라고 격려하였다고 알려 주십니다. 이 정토법문의 핵심은 아미타부처님께서 자비를 베푸시어 대단히 간단한 방법으로써 시방법계의 일체중생을 접인하여 그의 정토에 이르게 하는 것입니다.

불타께서는《정토삼부경》에서 극락정토의 갖가지 수승한 점을 매우 상세하게 소개하고 있습니다. 만약 극락세계가 정말 있는 것이 아니라면 불타께서 어떻게 상세하게 소개하실 수 있겠습니까? 정토법문은 본사 석가모니부처님께서 강력하게 추천하시고 아미타부처님께서 맞이하는 불가사의한 법문으로 두 분 부처님께서 대단히 드물게 협력하여 한 분은 밀고 한 분은 끈 성과입니다.

우리가 가장 존경하고 잘 아는 네 분의 대보살은 지장보살께서 지옥이 텅 비지 않으면 성불하지 않겠다고 서원한 특별한 대원을 제외하고, 대지大智 문수보살 · 대행大行 보현보살 · 대비大悲 관세음보살, 세 분의 대보살께서는 모두 우리에게 그들을 따라 극락정토에 왕생하라고 격려하셨습니다.

《상법결의경像法決疑經》에 이르시길, "정법正法 오백년에는 지계持戒를 견고히 닦고, 상법 일천년에는 선정禪定을 견고하게 닦고, 말법 일만년에는 염불을 견고하게 닦을지라." 하셨습니다. 이는 정법시대인 오백년에 계를 지키면 득도할 수 있고, 상법시대인 일천년에는 도를 닦아야 하지만, 말법시대인 일만년에는 염불에 의지해야만 정토에 태어나 윤회의 괴로움을 벗어날 수 있다는 뜻입니다.

사실상 과학자들의 우주에 대한 인식은 불타의 2500여 년 전 가르침에 점점 가까워지고 있습니다. 다음 편부터 저는 현재 인류가 가지고 있는 최신 과학 지식으로부터 정토에 대한 범부의 4대 의문점을 하나씩 탐구해 보려고 합니다.

_《따뜻한 인간溫暖人間》 칼럼 : 부처님 인연 아래 살기(제448호)

[제12법문]

아미타부처님은 제로에서 극락세계를 건립하셨는가?(1)

앞에서 저는 일반 범부는 정토법문에 대해 네 가지 의문을 가질 수 있다고 언급하였습니다. 저는 현대 인류가 파악한 최신 과학지식으로부터 정토에 대한 헷갈리는 생각을 하나씩 탐구하고 토론해보려 합니다.71)

의문 (1) : 정토는 정말 아미타부처님께서 제로에서 건립하셨는가? 정말 그렇게 수승한가?

지금 매우 인기 있는 과학과제는 인류의 의식과 우주의 관계입니다. 과학자는 우주는 독립한 객관적 존재가 아니라 인류의 의식에 영향을 받을 수 있는 것이라 믿습니다. 생명이 없고 의식이 없으면 곧 진실한 세계는 없습니다. 이러한 부류의 사유는 주로 「양자역학」(Quantum Mechanics)의 이론탐구에 근거하여 나온 것이지만, 여기에서는 지면이 제한되어 있어 단지 상관된 개념을 중점적으로 소개할 수 있을 뿐입니다.

「양자역학」의 이론에 따르면 일체 사물은 모두 분자로 조성되어 있고, 분자는 전자, 쿼크 등과 같은 아주 미세한 소립자로 조성되어 있습니다. 20세기 초 중기에는 「양자역학」이 성공적으로

---

71) 반종광, 《불교와 과학 증보판》, 2016

미시세계의 일체 현상을 해석하였습니다. 일반인에게 말하면 아마도 이해하기 어려울지 모르지만, 「양자역학」의 이론은 확실히 실험으로 증명할 수 있고, 또한 수많은 중요한 과학기술 범주(예컨대 전자 과학기술) 상에 응용될 수 있습니다.

「양자역학」은 공간 안에 있는 어떠한 기본 입자도 모두 고정된 상태가 하나도 없고, 또한 그것은 공간을 점유하는 입자지점(粒點)일 수도 있고, 공간을 점유하지 않는 미세한 에너지 파동일 수도 있다고 말합니다. 미시세계에서 입자가 나타내는 상태는 불가사의하고, 근본적으로 정확하게 기술할 수 없습니다.

그러나 해당 입자가 간섭이 일어나면 예를 들어 해당 입자가 관측(관찰자의 의식에 의해 유발된 동작)되면, 그것은 하나의 확정된 상태(예를 들어 어떤 형태로 확정된 곳에 출현하는 것)로 출현할 뿐이다. 간섭이 일어난 후 입자는 또한 불가사의한 자유 상태를 회복합니다. 이는 불타의 우주관처럼 일체는 모두 생겨나지도 멸하지도 않고, 오는 것도 없고 가는 것도 없으며, 대단히 오묘합니다.

「양자역학」은 우리로 하여금 인류(관측자) 의식의 중요성을 이해하게 합니다. 의식과 사실을 가를 수 없습니다. 걸출한 물리학자 호킹(Stephen Hawking) 박사가 말한 대로 사물의 진상은 전적으로 관측자의 의식에 의존한다는 모형 의존적 실재론(Model-dependent Realism)[72]과 비슷합니다.

---

72) "모형 의존적 실재론은 실재론과 반실재론이 벌여온 모든 논쟁과 토론을 우회한다. 모형 의존적 실재론에 따르면, 모형이 실재에 부합하느냐는 질문은 무의미하고, 오직 모형이 관찰에 부합하느냐는 질문만 유의미하다." 스티븐 호킹Stephen Hawking과 레너드 멜로디노우Leonard Mlodinow, 《위대한 설계(The Grand

「양자역학」은 또한 해당 두 개 입자 혹은 그 이상의 밀접한 관계가 있는 (원자 내의 각 전자와 같은) 입자는 아무리 멀리 혹은 아무리 오랜 시간 사이를 두고 있어도 그것들은 여전히 서로 밀접한 관계를 유지하고 심지어 서로 영향을 미칩니다. 만약 그것들이 모두 간섭을 받지 않는다면 곧 각자 갖가지 가능한 자유 상태에 처하게 됩니다. 그 중 입자 하나가 관찰되어 갑자기 어떤 확정된 상태가 나타나면, 그것과 관계있는 입자도 또한 즉시 그것들 자신도 간섭을 받는 것처럼 자신의 상태를 그것과 상응하게 조절하게 됩니다. 이런 관계를 「양자얽힘」(quantum entanglement)이라고 합니다.

「양자얽힘」의 응용 방면은 대단히 광범위하여 수많은 과학자들도 이 방면에서 깊이 있는 연구를 하고 있습니다. 간단히 말해 사이를 두고 있지만 얽힘의 관계가 있는 두 물질은 거리가 아무리 멀거나 아무리 오랫동안 서로 떨어져 있어도 어느 한쪽이 몇몇 정보를 접수하면 다른 한쪽도 즉시 감수하여 같이 상응하는 조정을 합니다. 이는 일상생활 속에서도 유사한 사례가 있습니다. 예를 들어 한 쌍둥이 자매는 그들이 아무리 멀리 떨어져 있어도 상대방의 몇몇 돌발 상황을 감응할 수 있는 때가 매우 많습니다.

최근 과학자 보니 바슬러(Bonnie L. Bassler) 및 피터 그린버그(E. Peter Greenberg)는 세균이 단독으로 활동하는 것이 아니라 동류와 기타 종과 소통하며 협조를 진행하면서 공격력을 강화한다는 사실을 발견했습니다. 그래서 최신 의약연구는 어떻게

Design)》

세균 간 소통을 저지하여 그들의 살상력을 줄이고 소멸시킬
수 있는가를 대상으로 하고 있습니다.
　_《따뜻한 인간》칼럼　: 부처님 인연 아래 살기(제449호)

우리 자신이 빚진 것, 우리 자신이 사로잡혀 있는 것,
다른 사람들이 우리를 붙잡고 있는 것,
끝내지 못한 여러 인연들이 모두 장애가 되어
우리의 극락왕생을 성취하지 못하게 할 수 있습니다.
그러므로 우리는 염불을 통해서
이번 생에 그들(원친채주冤親債主)에게 빚진 은혜와
그들에게 빚지고 있는 원한을 모두 갚아주어야 합니다.
- 정공법사, 〈당생성불〉 중에서

[제13법문]

아미타부처님은 제로에서 극락세계를 건립하셨는가?(2)

앞에서 저는 「양자얽힘」의 이론을 이야기하였습니다. 로저 펜로즈(Roger Penrose)나 스튜어트 하머로프(Stuart Hameroff)와 같은 당대의 걸출한 과학자들은 사람의 두뇌에는 서로 얽혀 있는 수많은 전자가 숨어 있다고 믿습니다. 그들은 원래 자유로운 상태에 처하였으나, 바깥세계에 접촉함으로 말미암아 예를 들어 몇몇 사물을 보고 듣거나 접하게 되면 관련된 뇌전자가 간섭을 받아 어떤 확정된 상태를 생기게 합니다.

이러한 확정된 상태는 간섭의 변화에 따라 변화하기도 하며, 다른 얽힘 관계에 있는 뇌전자(예컨대 기억 시스템을 처리하는 전자 등)도 즉시 그에 상응하는 조정을 하여 서로 영향을 미칩니다. 이러면 즉시 인류의 의식이나 생각을 구성하여 두뇌부의 일부 지역에 저장될 수 있습니다. 해당 외부의 간섭이 멈춘 후 예컨대 더 이상 보지 않거나 혹은 더 이상 듣지 않아 이런 뇌전자가 원래의 자유 상태를 회복하면, 의식이나 생각도 또한 약해지거나 사라집니다. 이와 같은 것이 쉬지 않고 맴돌면서 의식·생각이 끊임없이 생겨나고 사라집니다.

대뇌의 전자는 또한 신체 이외에 우주에 이르기까지 수많은 전자들과 서로 얽혀 있을 가능성이 높습니다. 왜냐하면 그들은 모두 동일한 근원인 우주의 「대폭발(Big Bang)」에서 나왔기 때문입니다. 그래서 뇌전자가 일단 의식을 생성시키면 그 정보는 또한 우주 각 방면으로 즉시 전달되어 완전히 시공간의 제한을 받지 않습니다.

걸출한 물리학자 존 휠러(John Wheeler)와 안드레이 린드(Andrei Linde)는 인류의 의식이 현실 세계에 영향을 미친다고 믿습니다. 인류의 의식은 진실한 세계에 참여 발전시키는 중요한 원소입니다. 의식은 우리 생활의 매 방면마다 깊은 영향을 미치고, 또한 끊임없이 자신의 운명과 몸이 처해 있는 세상을 고쳐나가고 있습니다.

그래서 개인마다 인식하고 있는 현실세계는 모두 완전히 같지 않습니다. 예컨대 사람마다 바깥 경계의 사건 하나하나가 절대 표준이 없고, 제가 느끼는 진홍색과 다른 사람의 진홍색은 같을 리 없습니다. 줄기세포 권위자인 로버트 란자는 최근 「생물중심주의」(Boicentrism)[73] 이론을 더욱더 제기하고 있습니다. 그는 생명과 생물이 진실한 세계의 중심이라고 말하였습니다. 인류의 의식은 우주를 창조하는 중요한 조건입니다. 의식은 세상을 의미 있게 변화시키고 시간과 공간은 단지 인간 의식의 도구일 뿐입니다.

한 사람이 긍정적인 에너지가 가득 찰 때 심박수의 파동이 안정되

---

73) 《생물중심주의Boicentrism》 로버트 란자Robert Lanza, 봅 베르만Bob Berman, 2009 ; 주자문朱子文 역譯 2012. 우주의 탄생과 본질을 의식을 보유한 생명의 관점에서 새롭게 해석한 책이다. "빅뱅이론은 왜 우주가 생명을 지지하도록 정교하게 미세 조율되어 있는가? 라는 우주에서 최대 비밀 중의 하나인 문제에 대해 답하지 못한다는 것이 더욱 잘 드러났다."

고, 두뇌는 체내의 모든 기본 주파수를 또한 움직이게 하여 같은 방향으로 진행시키고 긍정적인 에너지를 증가시킬 수 있음이 실험으로 증명되었습니다. 반대로 부정적인 정서나 마음이 불안한 상태 하에서는 심박수가 달라져 다른 체내 주파수도 또한 균형을 잃고 혼란된 상황이 나타나게 됩니다.

의식은 일종의 에너지로 자신의 진동 주파수가 있습니다. 해당 의식의 에너지가 강력할 때 그것은 우주의 다른 사물(에너지)을 끌어당길 수 있는데, 특히 그것과 얽힘의 관계가 있는 사물(에너지)과 공명을 발생시킬 수 있습니다. 그래서 공동의 희망과 같은 강력한 집단의식의 영향력은 더욱 더 커집니다.

「초끈 이론」(String Theory, 弦論)[74]에서는 매우 많은 해당 관련 기본입자(예컨대 전자, 질자 등)는 한 가닥 강력한 동력의 지휘 하에 조화되고 함께 진동하여 더 큰 에너지로 정합整合될 수 있다고 인식하고 있습니다. 아인슈타인의 에너지(E)와 질량(m)의 상관관계($E=mc^2$, c=광속)에 따르면 이 큰 에너지는 일종의 물질이나 현상으로 펼쳐질 수 있습니다.

아미타부처님께서는 길고 긴 수행여정을 거치면서 헤아리기 어려운 공덕을 쌓아 그 의식과 원력은 헤아릴 수 없이 강력합니다. 그래서 그는 제로에서 이상세계를 건립하기 시작하는 것이 완전히 가능하고 전혀 현대의 과학이론과 위배되지 않습니다.

---

74) 《우아한 우주 The Elegant Universe》 브라이언 그린Brian Greene,1999 ;《엘리컨트 유니버스》 초끈 이론과 숨겨진 차원, 그리고 궁극의 이론을 향한 탐구여행(승산출판). 「초끈(弦)」이 한 곳에 모여서 조화되고 함께 진동할 때 우주 만물을 형성한다.

《아미타경》에서 이르시길, "이러한 갖가지 새들은 모두 아미타부처님께서 법음을 널리 펴고자 위신력으로 변화하여 이루어진 것이니라." 하셨습니다. 본사 석가모니부처님은 아미타부처님께서 제로에서 갖가지 기묘하고 온갖 색이 뒤섞인 새를 변화하여 나오도록 하고, 덧붙여 여러 대보살 및 대선인이 끊임없이 극락세계에 왕생하여 이상 정토를 건립하고 구성하는 공동의식 및 원력이 갈수록 강력해진다고 또렷하게 말하였습니다. 훌륭한 의식이 결집하여 극락세계는 끊임없이 변하여 더욱더 수승해집니다(색즉시공)!

_《따뜻한 인간》 칼럼 : 부처님 인연 아래 살기(제450호)

[보충법문] 생물중심주의(Biocentrism) 이론의 일곱 원리

1. 우리가 실재(reality)라고 인식하는 것은 우리의 의식이 관여하는 과정이다.
2. 외부와 내부에 대한 우리의 지각은 밀접하게 뒤얽혀있다. 그것은 같은 동전의 다른 면으로 서로 분리될 수 없다.
3. 아원자亞原子 입자의 반응은 관찰자의 존재와 밀접하게 연결되어 있다. 자각하고 있는 관찰자가 존재하지 않는다면 그들은 기껏해야 확률파(probability waves)라는 미결정 상태로 존재한다.
4. 의식이 없으면 "물질(matter)"은 확률의 미결정 상태로 존재한다. 어떤 우주도 의식에 앞서 있다면 단지 확률 상태로 존재할 뿐이다.
5. 우주의 구조는 생물중심주의를 통해서만 설명 가능하다. 우주는 생명을 위해 미세하게 조율되므로 생명이 우주를 창조하는 것이지 그 반대가 아니라고 해야 그것을 완전히 이해할 수 있다. "우주"는 단순히 그 자체의 완벽한 시공간의 논리이다.
6. 시간은 육체 감각에 의한 지각을 제외하고는 실질적으로 존재하지

않는다. 그것은 우리가 우주에서 변화를 지각하도록 해주는 과정이다.

7. 공간도 시간처럼 독립된 대상이나 물체가 아니다. 공간은 우리의 육체적 이해의 다른 형태로 독립적인 실재를 가지고 있지 않다. 우리는 등껍질을 지닌 거북이처럼 시공간을 지니고 다닌다. 그래서 물리적인 사건이 생명과는 무관하게 발생하는, 스스로 존재하는 절대적 매트릭스는 없다. (모든 물질은 한 원자의 입자를 진동하게 만들고, 가장 작은 태양계와 같은 원자를 유지시켜주는 하나의 힘 덕택에 유래하고 존재한다. 우리는 이런 힘의 배후에 지각하고 지능이 있는 마음이 존재한다고 가정해야 한다. 이 마음이 모든 물질의 매트릭스이다. _막스 플랑크)

[제14법문]

정토는 접인한 시방세계 중생을 수용할 수 있겠는가?

의문 (2) 만약 정토가 끊임없이 시방세계 일체중생을 접인하면 정토는 그렇게 많은 중생을 수용할 수 있겠는가?

우리 범부는 사차원의 시공(길이 · 넓이 · 높이 및 시간)의 세계에서 생활하고 있습니다. 우리가 보고, 만지고, 느끼는 것은 모두 사유시공 안에 있고, 우리의 사유도 이 사차원 시공에 국한됩니다. 매우 많은 과학자는 우주 간의 점 하나하나는 아무리 크든 아무리 작든 상대적인 개념이라고 생각합니다. 예컨대 우리 지구는 거대해 보이지만, 우주 전체로 보면 지구는 미세먼지처럼 너무나 작을 뿐입니다. 같은 원리로 우리는 미세먼지 한 알을 보더라도 만약 그것을 확대해서 보면 하나의 세계입니다.

현재 많은 과학자들은 우주가 3차원 공간을 뛰어넘어 수학적 관점에서 볼 때 우주의 점 하나하나는 9차원 공간, 즉 길이 · 넓이 · 높이 및 6차원이 서로 꼬불꼬불한 미세한 공간이 있을 수 있다고 믿습니다. 그래서 작은 점 하나하나는 모두 미세먼지로 보이지만, 실제로는 점 하나하나는 모두 자신의 다차원 시공이 있을 수 있고, 다차원 시공은 각 부류에 적당한 중생의 수량을 수용할 수 있어 불가사의합니다.

《무량수경》에서 아난이 부처님께 묻기를, "세존이시여, 만일

저 국토에 수미산이 없다면 그 사천왕천과 도리천은 무엇에 의지하여 머무옵니까?"

부처님께서 아난에게 말씀하시기를, "야마천과 도솔천, 내지 색계·무색계의 일체 제천들은 무엇에 의지해 머무느냐?" 아난이 부처님께 아뢰기를, "불가사의한 업력의 소치이옵니다."

부처님께서 아난에게 말씀하시기를, "그대는 불가사의한 업력을 알고 있느냐? 그대 자신의 과보도 불가사의하고, 중생의 업보 또한 불가사의하며, 중생의 선근도 불가사의하고, 제불의 위신력과 제불의 세계 또한 불가사의하니라. 그 국토의 중생은 공덕과 선근의 힘에 의지하고, 아미타부처님의 행업으로 성취한 땅이며, 아미타부처님의 위신력으로 성취한 까닭에 이렇게 안온히 머물 수 있느니라."

시간과 공간의 신축성은 우리 범부의 지혜로는 이해할 수 있는 것이 아닙니다.

아미타부처님께서는 끊임없이 광대한 극락정토 및 이런 다차원의 공간을 잘 사용하여야 하는데, 또한 현재의 과학이론과 위배되지 않습니다.

_《따뜻한 인간》칼럼 : 부처님 인연 아래 살기(제451호)

[제15법문]

아미타불 명호를 염하면 곧 왕생할 수 있나?

저는 총 4회에 걸쳐 과학의 관점에서 일반 범부가 정토법문에 대해 갖는 몇몇 의문을 탐구해 보았습니다. 이번 회에서는 계속해서 제가 《따뜻한 인간》 448호(제10법문)에서 열거한 문제 중 마지막 두 가지를 토론해 보겠습니다.

의문 (3) 단지 아미타불 명호만 염하면 왕생할 수 있는가?

우리는 텔레비전을 통해 어떻게 방송국의 어떤 프로그램을 볼 수 있는지? 생각해봅시다.

방송사는 화면과 음성을 특정 주파수 한정 내의 에너지로 바꾸어 공기 중에 방영합니다. 바꾸어 말하면 공기 중에는 다른 주파수 범위의 전파가 매우 많은데, 우리는 텔레비전의 수신 주파수를 조정해 방송사의 주파수와 접속하면 곧 텔레비전 방송국의 정보를 수신하여 그것의 프로그램을 볼 수 있습니다.

극락세계가 하나의 초대형 방송국이고, 아미타부처님의 무진장의 에너지가 시공간을 통과하여 우리 지구까지 온다고 가정해 봅시다. 저는 본사 석가모니부처님께서 우리에게 이런 줄기의 에너지를 알려주는 주파수가 곧 「아미타불」 넉자 소리라고 생각합니다. 어떤 국어, 표준어, 영문 등등이든 그것들은 모두 고대

인도어의 번역어로 주파수는 매우 비슷합니다. 왜냐하면 소리도 에너지의 일종이기 때문에 우리가 「아미타불」 명호를 염할 때 곧 이 극락세계 에너지와 접속하면 감응이 생겨납니다.

우리가 「아미타불」 명호를 염하면 잠재의식이나 불교의 제8식에 종자 한 알을 파종하는 것이나 마찬가지입니다. 우리가 많이 염하기만 하면 자신의 수용 능력이 증대될 것입니다. 임종할 때 제8식에 저장되어 있는 아미타불의 수신 종자가 곧 몸을 떠나 공간속의 아미타부처님과 감응하여 우리의 신식(神識)이 서방극락정토에 왕생하도록 돕습니다.

또한 예컨대 우리는 패스워드로써 컴퓨터 한 대를 시작해야 합니다. 패스워드는 숫자나 소리 한 조로 이루어질 수 있습니다. 「아미타불」 명호를 염하면 극락세계로 가는 패스워드를 개통하는 것으로 볼 수 있습니다.

의식과 우주의 상호작용을 연구하는 범주에서 「육자대명주」를 외우면 불가사의한 감응이 생길 수 있음을 발견하였습니다. 즉, 주문을 외우면 우주의 어떤 에너지장과 접속될 수 있다는 표시이고, 「아미타불」이 주문을 외우면 극락세계의 에너지장과 접속될 수 있다는 것은 전혀 이상하게 여겨지지 않습니다.

　의문 (4) 정토가 우리와 십만억 불토나 떨어져 있는데, 갈 수 있겠는가?

범부의 관점에서 우리는 아무리 빠른 교통수단을 타도 갈 수 없습니다. 그러나 아인슈타인은 시간과 공간은 인간의 잘못된 이해라고 말하였습니다. 예컨대 공간은 휘어질 수 있습니다.

아인슈타인이 제안한 아인슈타인-로젠 브릿지(휠러는 벌레구멍 Wormhole[75])이라 불렀다)는 시공간을 통과하여 시공간의 서로 떨어져 있고 지극히 먼 두 점을 가까이 끌어당겨 연결할 수 있습니다.

양자얽힘의 관계[76]를 통과해 의식의 전달도 또한 시공간을 뛰어 넘을 수 있습니다. 정토왕생의 기본 요구사항은 「신信」·「원願」·「행行」을 갖추어야 합니다. 과학의 관점에서 이해하면 「신信」은 극도의 전념專念이고, 「원願」은 강렬한 동기입니다. 이로 인해 강력한 「행行」(즉 염불의식念佛意識)이 생겨납니다. 이 셋을 더하면 정토에 왕생하고자 하는 강렬한 의식이 생겨나서 곧 쉽게 시공간을 통과하여 관련 있는 에너지장과 감응이 생겨납니다.

현대과학은 우주의 이해에 대해 불타의 가르침에 점점 접근하고 있습니다. 정토법문은 미신처럼 보이지만, 실제로는 현대과학이론과 전혀 저촉됨이 없습니다!

_《따뜻한 인간》 칼럼 : 부처님 인연 아래 살기(제451호)

---

75) 웜홀(worm hole)은 우주의 시공간의 벽에 난 구멍으로 '벌레 구멍'이라는 뜻처럼 벌레가 사과의 정반대편으로 이동할 때 사과의 표면을 따라 가는 것보다 사과의 중심에 뚫린 벌레 구멍을 통하면 더 빨리 도달할 수 있다는 것이다.
76) 《불교와 과학》 증보판, 반종광 2016년 제11법문 참조

[제16법문]

서방극락정토는 이상세계이다

지난해 한 도반이 저에게 3시간에 달하는 SF영화 《인터스텔라》 (Interstellar)(별과 별 사이 공간 계시록, 별 여행)를 보라고 강력히 추천했는데 보고 난 후 저는 큰 충격을 받았습니다. 영화는 지구의 환경에 대해 이야기하는데, 지구환경은 인류의 끊임없는 파괴로 인류가 더 이상 살기에 적합하지 않아 과학자들은 우주 바깥에서 더욱더 이상적인 곳을 찾을 수 있기를 희망합니다. 영화는 상대성 이론, 양자역학, 다차원 시공간, 블랙홀, 웜홀 등 수많은 현대 자연과학 이론을 인용하며 탐험대가 시공간의 한계를 통과하여 유토피아를 찾는 임무를 지지합니다.

그러나 적절한 장소를 찾았더라도 우주선은 매번 승객을 태울 수 있는 한계가 있어 수많은 지구인을 어떻게 그 유토피아에 보낼 수 있느냐? 라는 문제가 있습니다. 결국 자원의 문제 때문에 극히 적은 수의 지구인만이 그 이상적인 신세계로 이주할 수 있습니다.

본사석가모니부처님께서는 이미 2천5백여 년 전에 적극적으로 우리를 위해 이상세계를 하나 찾아주었답니다. 그는 우리에게 이 세계에서 인생은 매우 괴로운 것이고, 지금 이 말법시대(서기 1,000년에서 1만년)에는 더욱더 괴로워 공업이 매우 무겁고 전체

환경이 나빠져 자신만 의지해서는 정과正果를 닦아 이루기 어렵다고 알려 주셨습니다. 그래서 불타께서는 우리에게 이 세계에 연연하지 말고 아무런 고뇌가 없는 이상적인 곳, 즉 서방극락정토로 왕생할 수 있는 것이 가장 좋다고 권면하셨습니다. 그곳에는 아미타부처님과 여러 대보살의 가지加持가 있어 보리심을 발하여 보살행을 닦고 정과正果를 이루기가 더욱 더 쉽습니다.

과학자가 말하는 이상적인 경지는 아마도 불타께서 말씀하신 서방극락정토일지도 모릅니다. 정토는 대단히 아름다워서 누구나 불타의 지시에 따라 실천하기만 하면 임종할 때 틀림없이 아미타부처님의 접인接引을 받아 그 정토에 도달하여 윤회와 환생의 고난을 벗어나고, 이와 동시에 부처님과 많은 보살들의 가지加持를 받아 빨리 정과正果를 닦아 이룹니다. 무엇보다 중요한 것은 서방극락정토로 가는 것은 자원에 제약받지 않고 누구나 가고 싶으면 모두 갈 수 있다는 점입니다.

1972년, 어느 겨울 밤 샤워하는 동안 저는 산소 부족에 따른 가스 중독으로 정신을 잃고 깨어나지 못한 기억이 있습니다. 정신을 잃은 상태에서 아내가 너무나 미약하게 부르는 소리가 어렴풋하게 들렸습니다. 그 후 부르는 소리는 점점 분명해졌습니다. 저의 청각이 약간 회복된 후에 다른 감각도 서서히 회복되는 것 같았습니다. 당시는 자신이 어두컴컴한 바다에 부침浮沈하면서 기슭까지 헤엄칠 힘이 없어 필사적으로 몸부림쳐도 수면 위로 나올 수조차 못하는 느낌이었습니다. 저는 마음속으로 끊임없이 관세음보살님께 구해 달라고 부르짖었는데, 너무나 기묘하게도 갑자기 부목 하나가 두둥실 떠올라 저로 하여금 붙잡도록 하였습니다. 저는 가지의 힘을 빌려 힘껏 부목을 붙잡고 해면 위로 솟구쳐 즉시 정신을 차렸습니다.

지금 돌이켜 보면, 고해苦海에서 부침할 때 너무나 미약한 부름과 관세음보살께서 저에게 주신 힘이 없이 자신의 힘만으로 아무리 분투하고 몸부림쳐도 고해를 뛰어넘어 벗어날 수 없었습니다. 이렇게 「타력에 의지해 고해를 벗어나는」 직접적인 경험은 저의 제8식 속에 깊숙히 심어져 있습니다. 6년 전 「타력에 의지해 왕생한다」는 정토법문을 접하게 될 때 그것을 받아들이고 믿는 것은 너무나 자연스러운 일이었습니다. 그래서 정토는 저에게 매우 깊은 연분이 있다고 느꼈습니다.

안타깝게도 말법시대에 정토법문을 믿는 사람이 매우 적습니다. 왜냐하면 범부의 마음상태에 의심이 많고, 너무나 이기적이며, 너무 따지고, 영원히 범부의 관점에서 부처님을 알고, 정토법문을 이해하는 것이기 때문입니다. 우리 범부들은 부처님께서 절대적인 자비, 포용 그리고 평등과 일심으로 오직 우리를 돕고자 하심을 알아야 합니다. 부처님께서는 우리에게 무연대자無緣大慈·동체대비同體大悲를 베푸십니다.

석가모니부처님께서는 여러 차례 정토법문은 진실하여 허망하지 않고, 더욱이 일체 불법 중에서 사람들이 가장 믿기 어려운 법문으로 범부는 말할 것도 없고 이승의 성문과 연각 수행자조차 반드시 믿지는 않는다고 하셨습니다. 그러나 이 법문은 확실히 불가사의하여 오직 불타만이 진정으로 알 수 있습니다. 결국 믿거나 말거나 하는 것은 여전히 각자의 인연을 보아야 합니다.

[제17법문]

염불왕생사례

지난 반 년 동안 저는 정토법문의 수행방법과 수승한 힘에 대해 여러분과 이야기를 나누었습니다. 이제 염불하면서 특별히 감응하는 사안이 생기면 경험을 나누어 보도록 합시다.

염불로 특별한 감응을 얻은 사례는 매우 많습니다. 특히 정종淨宗 스님이 편찬한 《염불감응록》과 남산사南山寺에서 출간한 《염불감응집》, 《대정신수대장경》이 출처인 《삼보감응요략록三寶感應要略錄》과 《정토성현록淨土聖賢錄》은 모두 염불하여 정토에 왕생하거나 병을 치유한 이야기를 수집하였습니다.

본인은 과학연구와 대학교육에 수년간 종사해오면서 실증되지 않은 이야기에 대해서는 감히 전재하지 않았습니다. 그런데 제가 이번 회와 다음 회에서 여러분과 이야기를 나눌 것은 3칙의 진실한 사안입니다.

먼저 홍콩 해피밸리(Happy Valley, 跑馬地) 동연각원東蓮覺苑 설립자인 하동작사何東爵士의 부인 장연각張蓮覺 거사(중화권에서는 여신도 역시 거사라 부름)의 왕생경과를 소개하겠습니다. 동연각원은 하동작사 부부를 기념하는 도량입니다. 장연각 거사는 수년간 성심으로 염불하였고 세상을 떠나기 1주일 전에 때가 이름을 미리 알고, 도반을 초대하여 일주일 내내 그녀 곁에서 도와주며 노실하게 염불하게 하였습니다. 떠나기 전에 그녀는 스스로 목욕하고 옷을 갈아입고서 앉은 채 합장하며 염불하였습니다.

가족과 친구들은 그녀를 둘러싼 채 부처님을 믿는 경우 함께 염불하였고, 부처님을 믿지 않은 경우 고요히 함께 했습니다. 그때 서상과 부드러운 빛, 기이한 향기가 온 방을 가득 채웠습니다. 예정된 시각이 되자 문득 보니, 그녀의 온 얼굴은 붉게 빛났고 기쁨으로 가득하였는데, 마치 불·보살께서 그녀를 마중하러와 접인하는 모습 같았고, 곧이어 머리를 늘어뜨린 채 왕생하셨습니다. 몸은 여전히 부드러웠고, 친구들은 정수리에서 한 다발 빛 그림자(光影)가 솟아올라 방안을 둘러 한 바퀴 돌고서 창문으로 빠져나갔습니다.

저는 이러한 일을 처음 듣고서 감히 경솔하게 믿을 수 없었습니다. 최근에 동연각원 방장스님인 철徹 법사님에게 미국에 사는 장연각 거사의 장손인 하홍의何鴻毅 선생에게 증명을 구해달라고 요청했습니다. 하 선생은 당시 그 자리에 계셔서 모두 진실임을 증명하셨습니다. 그래서 그는 또한 불교의 발전을 대단히 적극적으로 지지하기도 하셨습니다.

[보충] 2차 세계대전 후 생존했던 홍콩 하동작사何東爵士의 부인 장연각張蓮覺 여사는 하세례何世禮 장군의 어머니이십니다. 가족이 모두 기독교인이었지만, 오직 하 부인만 불교를 믿었습니다. 자식들이 효자들이어서 집안에 불당이 놓여 있어도 서로 간에 충돌은 전혀 없었습니다. 당시 하 부인의 왕생은 홍콩 사람들에게 많은 일깨움을 주었습니다. 왕생하는 날, 하 부인은 자녀들과 친척들에게 모두 한 자리에 모이게 한 다음에 말하길, "우리 가족의 종교

신앙은 자유이다. 그렇지만 나는 오늘 서방극락세계로 갈 것이다. 그러니 너희들은 오늘 큰 소리로 염불을 하여 나를 보내다오." 하였습니다.

이 마지막 요구는 사람의 도리로 볼 때 공감할 수 있는 말이었습니다. 그 부인은 결가부좌를 하고 앉아서 15분이 채 지나지 않아 갔습니다. 그때부터 가족들은 모두 불교를 믿게 되었습니다. 할머니는 평소 말씀이 적었지만, 임종할 때 가족들에게 자신의 왕생을 보여줌으로써 그 결과 온 가족을 다 제도하였던 것입니다. 세상에는 그 어떤 일도 모두 가상이며, 단지 이 일만이 진실입니다.

_《무량수경친문기》(비움과소통)

예로부터 지금까지 염불하여 왕생한 사례는 매우 많습니다. 수많은 사람은 평생 염불하지 않았거나, 염불로 정진하지 않아서 임종할 때 미혹·전도되어 사후에 어떻게 될지 몰라 매우 걱정합니다. 또한 몇몇 사람은 임종할 때 중음신의 경계(陰境)77)에서 삼악도를 보고서 엄청난 두려움이 들기도 합니다.

그때 정토법문의 「조념助念」78)이 매우 큰 도움을 발휘할 수 있습니다. 조념단은 교대로 반을 짜 임종자 곁에서 끊임없이 「나무아미타불」 명호를 염하는 한편, 가족과 친구들에게 울지 말라고 권유하여 임종하는 자가 세상의 이별을 아쉬워하는 집착

---

77) 「음경陰境」이란 중음신中陰身의 경계로, 곧 명종命終에 임할 때 현생과 역겁에 지은 선악의 업력으로 나타나는 경계이다. 이러한 경계가 한번 나타나면 눈 깜짝할 사이 그 가장 맹렬한 선악의 업력을 따라 죽어서 선악도에 생을 받으니 털끝만큼도 스스로 주재할 수 없다. _《인광대사 문초 청화록》(비움과소통)

78) [질문] 조념助念 이 두 글자는 무슨 뜻입니까? [대답] 「조助」는 돕는다는 뜻이고, 「념念」은 정념正念을 말합니다. 합쳐서 설명하면, 임종을 맞이하는 사람을 도와 정념이 염념마다 현전하게 한다는 뜻입니다. _《임종조념 왕생성불》(비움과소통)

을 증가시키지 않도록 하고, 동시에 사바세계의 무상함과 몹시 괴로움, 극락정토의 수승함과 아미타불의 자비로운 구제를 간곡히 들려주어 임종자가 정토에 대한 믿음을 일으키고 정토왕생을 발원하도록 도와 임종자로 하여금 그 시각에, 따라 염불하게 합니다. (설사 임종자가 이미 혼미하여 따라 염불할 수 없을지라도 그의 신식神識은 옆에 있는 사람이 그를 염불하는 것을 느낄 수 있습니다.)

조념은 세상을 떠난 지 얼마 되지 않은 왕생자에게도 매우 큰 도움이 됩니다. 수많은 염불단의 경험은 장시간 동안 끊임없이 조념한 후 몇몇 왕생자의 눈에 띄는 변화를 본 것입니다. 검은색의 얼굴이 볼그레하게 변하고, 얼굴이 편안해지며, 뻣뻣한 몸이 조금 부드러워지는 등 나쁜 것에서 좋은 현상이 나타나면 조념이 이미 왕생정토를 도와주었을 가능성이 매우 높습니다.

[제18법문]

마음이 정성이면 영험하다

앞에서 동연각원 창립자인 하동작사 부인 장연각 거사가 염불로
왕생한 경과에 대해 이야기를 나누었습니다. 이번에는 염불로
병을 치료한 2칙의 진실한 사례를 이야기하겠습니다.

광동廣東성 화주華州시 남산사南山寺 주지 출신인 인환仁煥 님은
저서 《극락심법極樂心法》에서, 그는 본래 의사였으나 나중에 암에
걸려 너무나 고통스러워 편안히 잠을 잘 수 없었고 체중이 140근
에서 80근으로 떨어졌다고 밝혔습니다. 이에 그는 아미타불
불상 앞에 무릎을 꿇고 정토왕생을 빌었고, 염불 후 병이 나으면
곧 출가하여 부처님 은혜를 갚겠다고 빌었습니다.

너무나 신기하게도 염불 4일째에 그는 더 이상 통증이 생기지
않았습니다. 계속해서 성심으로 염불한 후 몸이 더욱더 좋아졌습
니다. 그의 간은 원래 종양이 7개로 가장 큰 것은 5.8㎝도
있었고, 폐도 종양이 2개, 가장 큰 것은 8.9㎝도 있었는데,
그 후 검사에서 종양이 전부 없어진 것으로 나타났습니다.

그는 예전에는 염불에 동의하지 않아 염불은 소극적인 행위로
죽음을 대비하기 위해 염불하고, 죽음이 다가오길 기다렸다
왕생한다고 믿었습니다. 나중에 암에 걸려 10년 동안 고생하다

가 그는 염불하며 즉시 죽어서 정토에 왕생하길 빌었습니다. 성심으로 염불하면 오히려 그의 병세가 천천히 호전될 것이라고 는 미처 생각하지 못했습니다.

인환 스님은 모두에게 염불할 것을 격려하길, "단지 죽어서 왕생하기 위해서가 아니라 무량광, 무량수의 가지加持를 얻어 현생에 몸과 마음이 평안하도록 보우해주길 비십시오. 당연히 염불로 임종할 때 정토에 왕생할 수 있음도 보장합니다."라고 말씀하셨습니다.

이밖에 정공 스님의 중국 내 큰 제자인 유소운劉素雲 거사(여신도임) 는 2010년 4월 4일 홍콩 불타교육협회에서 열린 1차 공개강좌 에서 그녀가 염불하여 불치병을 치료한 경험을 언급했습니다.

"저는 1999년 (자가면역질환인) 홍반성 루푸스 병에 걸렸습니다. 이 병은 사망률이 특히 높아 살 수 있는 사람이 극히 적었습니다. 제가 발병한 지 현재 벌써 11년이 되었는데, 지금 여러분 앞에 서 있으니, 여러분은 살아 있는 저를 보는 것입니다. 저는 오늘 바로 여러분에게 제가 11년을 살아 있을 뿐만 아니라, 점점 더 살수록 좋아지고 건강해진다고 말하려고 합니다.

저는 이 병에 걸렸을 당시 외모가 정말 흉했고, 머리카락이 거의 다 빠졌습니다. 머리에 두꺼운 딱지(흉터)가 있어 너무나 무서웠습니다. 두 손을 곧게 뻗지도 못하였고, 뼈마디가 유난히 굵었습니다. 다섯 손가락 사이에 큰 틈이 거의 없을 정도로 손가락이 부어올라 닭발처럼 뻗을 수도, 주먹을 쥐지도 못하였습니다. 다리와 무릎도 부어서 부은 만두처럼 주저앉지도 못하고 일어나지도 못하였습니다. 날마다 열이 났는데, 하루도 거르지 않았습니다.

나중에 의사도 저에게 "그 병을 어떻게 고쳤는지 말해 줄 수 없습니까? 얼굴의 얼룩은 어떻게 없어졌습니까?" 물었습니다. 저는 말했습니다. "저는 이미 주사를 놓을 수도 약도 먹을 수 없었죠. 저는 오직 「아미타불」만 잘 염했습니다." 그들은 모두 정말 놀라워 했습니다. 실제로 당시 그들은 믿을 수 없었지만, 현재 여러분 바로 앞에 앉아 있는 제가 보이시죠?

솔직하게 여러분에게 말하자면, "저의 이 병은 아미타불 명호를 염하여 나았다고 생각합니다. 마음이 정성이면 영험합니다. 저는 정말 성심으로 한 마디 「아미타불」 부처님 명호로 저의 이 병이 나았다고 생각합니다. 1999년부터 지금까지 11년 동안, 저 자신은 해가 갈수록 좋아졌고, 점점 더 좋아졌다고 느낍니다."

위에서 서술한 두 가지 사례는 의약으로 효과가 없을 때 아미타불 명호를 염하면 도움이 있을 수 있음을 설명해줍니다. 병자는 특히 「마음이 정성이면 영험하다」고 강조합니다.

저도 인환스님과 유소운거사와 그들의 직접 경험담을 이야기한 적이 있습니다. 정말 불가사의합니다. 유물론으로는 해석할 수 없습니다. 왜냐하면 종교는 일체 의학이나 과학의 분석을 상회하고 범부의 지혜와 능력을 뛰어넘기 때문입니다.

[제19법문]

정토오경

이상으로 연속해서 18편의 문장에서 제가 정토법문을 수지하게 된 인연, 수행방법과 과학적 관점에서 이 법문을 이해한 것을 간단히 소개하였습니다. 이번 회 법문부터 저는 여러분과 정토의 핵심경전에 대해 이야기를 나누어보길 희망합니다.

《무량수경》·《관무량수경》·《아미타경》을 합하여 정토삼부경이라 말합니다. 정토종 제13 조사인 청나라 인광印光대사(1861-1940)께서 《대방광불화엄경 보현보살행원품》 및 《대불정수릉엄경 대세지보살염불원통장》을 추가하여 정토오경淨土五經이 되었습니다.

지금 우리가 일반적으로 학습하는 정토삼부경은 모두 고승·대덕의 다른 주해註解가 매우 많습니다. 주해하는 과정에서 그들은 종종 개인의 체득을 더하기 때문에, 우리는 다른 주석 및 실제 수행에 기울인 노력을 많이 보고 자신의 이해를 쌓아야 합니다. 앞으로 읽게 될 여러 편의 문장 내용은 저의 개인적인 체득이며, 결코 다른 대덕의 말씀에서 연역演繹해 내어 전술轉述한 것이 아님을 강조하고 싶습니다.

본사 석가모니부처님께서 성불하신 후 가장 먼저 21일을 써서

《대방광불화엄경》을 소개하였습니다. 선재동자는 53선지식을 참학參學하였는데, 마지막으로 참학한 선지식이 바로 보현보살이었습니다. 보현보살은 선재동자와 화장해중華藏海衆 41분의 법신대사에게 서방극락세계 왕생으로 회향하며 불과를 원만히 이루라고 권진勸進하였습니다. 이것이 불타께서 최초로 정토법문을 소개한 근거이기 때문에 인광대사께서도 정토오경의 하나로 《화엄경 보현행원품》을 꼽았습니다.

정토삼부경은 전체 정토법문의 이론 근거입니다. 정토삼부경이 중국에 전해진 후로부터 매 경전 마다 모두 다른 번역본이 있는데, 현재 비교적 널리 독송되고 있는 것은 다음과 같습니다.

· 삼국 조위曹魏 강승개康僧鎧가 249년에 번역한 《무량수경》
· 요진姚秦 구마라즙이 401년에 번역한 《아미타경》
· 유송劉宋 강량야사畺良耶舍가 424년에 번역한 《관무량수경》

삼부경의 길이는 같지 않습니다. 내용의 취향 또한 같지 않습니다. 속칭 대경인 《무량수경》은 한번 독송하는데 1시간 30분 걸리고, 《관무량수경》은 대략 1시간 걸리며, 속칭 소경인 《아미타경》은 단지 6분이 걸릴 뿐입니다.

불타께서는 또한 《능엄경대세지보살 염불원통장》을 소개하시길, "시방세계 여래께서는 중생을 가엾게 생각하시길 어머니가 자식 생각하듯 하느니라. 만약 자식이 어머니로부터 도망쳐 달아나버리면 비록 어머니가 그리워한들 무슨 소용이 있겠는가? 자식이 어머니를 그리워하길 어머니가 자식을 그리워하듯 한다면, 어머니와 자식은 여러 생을 지내면서 서로 어긋나거나 멀어지지 않느니라.

만약 중생이 마음으로 부처님을 그리워하고 부처님을 생각하면 현전이나 당래에 반드시 결정코 부처님을 친견할 것이니라. 부처님과 멀리 떨어져 있지 않아, 방편을 빌리지 않고도 자성본연에서 마음이 열릴 것이니라. …… 오로지 육근을 모두 거두어 들여 정념이 서로 이어져서 삼마지를 얻는 것을 제일로 삼겠나이다."

그래서 인광대사께서도 《능엄경대세지보살 염불원통장》을 정토오경의 하나로 채택하였습니다.

《무량수경》은 정토 각 경문의 강요綱要입니다. 최초로 중국에 전래되었고, 역본도 가장 많아 총 12역본이 있습니다. 송원宋元 이후 5역본만 남았는데, 이 5역본의 내용도 약간의 차이가 있습니다. 예로부터 또한 각 역본을 한데 모은 대덕들이 있었는데, 민국 초년 하련거夏蓮居 거사의 회집본會集本인 《불설대승무량수장엄청정평등각경佛說大乘無量壽莊嚴淸淨平等覺經》이 가장 환영을 받았고, 또한 현대의 정공 큰스님께서 강력히 추천을 받아 전 세계에 널리 유통되고 있습니다.79)

그러나 여전히 수많은 정토종의 스승님들은 강승개의 무량수경 역본을 채용하고 있습니다. 본인은 이후의 문장에서도 이 역본을 채용할 것입니다.

[보충] 무량수경 회집본

79) 《불설대승무량수장엄청정평등각경》은 국내에서 「무량수여래회」에서 경전과 해설서를 번역 유통하고 있다. 한글역본은 《보급판 불설무량수경》, 《정토오경일론》이 있고 주석·해설서로는 《무량수경 친문기》, 《무량수경 심요》, 《무량수경 간주이해》, 《무량수경 청화강기》가 《아미타불 현세가피》있다.

"하련거 거사는 불법에 대한 안목이 원만히 밝았고, 문자에 대해 깊은 조예가 있었으며, 전일하게 공을 들여 오랫동안 수행하였고, 5종 원역본을 두루 탐색하였으며, 모든 회집본을 환히 살펴보았으며, 각 대장경 등을 망라하였다. … 5종 원역본 안에 있는 현의玄義와 미언微言, 깊은 문구와 심오한 뜻에 대해 한 마디 한 마디 상세하게 참구하지 않은 것이 없었고, 한 글자 한 글자 서로 대조해보지 않은 것이 없었다. 반드시 정확하고 이치에 합당하여 명확하고 확실한 근거가 있도록 힘썼다. 그래서 한 뜻이라도 원역본에 있지 않은 것이 없었고, 한 구절이라도 원역본 밖으로 넘쳐 흐른 것이 전혀 없었다. 이에 원역 속에 있지 않은 뜻은 하나도 없으며, 본경에서 벗어난 문장은 하나도 없다. … 이것은 모두 나와 혜명慧明 노법사께서 직접 눈으로 본 것을 말한 것이다. 그래서 그 정성에 감응하여 여러 번 상서로운 징조가 나타났으나, 여기서는 세상 사람들이 놀랄까봐 구체적으로 인용하지 않겠다."
_《불설대승무량수장엄청정평등각경》 서문

[제20법문]

정토삼부경

본사 석가모니부처님께서는 왕사성王舍城 기사굴산耆闍崛山에서 아난이 물은 것에 응하여 《무량수경無量壽經》(약칭 대경大經)을 설하셨습니다.

무량겁 이전 세자재왕불世自在王佛 시대에 한 국왕이 있었는데, 왕위를 포기하고 출가하여 법장비구法藏比丘가 되어 부처님을 향해 법을 구하였습니다. 부처님께서 그의 덕성이 높고 현명하고 뜻과 원이 깊고 광대함을 아시고, 신통으로 그에게 2백10억 불토를 전시하여 각 불국토의 우열을 관찰하게 하셨습니다.

법장비구는 5겁의 사유를 거치면서 각 불국토의 장엄을 섭취하였습니다. 그는 다시 세자재왕불 앞에서 48홍원을 발하여 수승한 극락세계를 건립하는 한편 시방세계중생이 극락정토에 왕생하도록 접인하고, 그들이 빨리 성불하도록 돕는 최상의 방편법문을 구상하였습니다. 이렇게 발원한 후 법장비구는 발원한 대로 불가사의하게 조재영겁兆載永劫의 길고 긴 시간을 거쳐 수행하면서 공덕을 쌓아 홍원 하나하나 모두 복덕과 지혜를 원만히 이룬 후 아미타부처님이 되었습니다.

불타께서 또한 부처님 법신의 장엄·보배나무·보배연못·팔

공덕수·강당·누각·천인과 성인의 과보…… 등 극락정토의 수승한 장엄을 상세하게 소개하셨습니다. 극락정토에 있는 성문과 보살의 수량이 얼마인지 추정할 수 없지만, 불타께서는 오히려 정토법문을 믿고 닦는 사람이 매우 적다는 사실에 세상 사람이 박복하다고 탄식하셨습니다.

불타께서는 미륵보살에게로 방향을 바꿔 말씀하셨습니다. "오탁악세五濁惡世에서 생활하는 중생들이 오악(五惡 ; 살생·도둑질·음행·거짓말·음주)에 깊이 빠져 오통五痛과 오소五燒를 초래합니다. 목숨이 다하면 삼악도에 빠져서 무량한 고통에 괴로워하며, 세세생생 누겁토록 벗어날 날 기약이 없으니, 해탈을 얻기 어렵고 고통은 말로 다할 수 없습니다.

불타께서는 마지막으로 대비심으로 중생에게 정토법문을 닦고 정토왕생을 구하라고 권유하셨습니다. 또 멸법시대에는 도가 다하여 멸하게 될 것이라 예언하셨습니다. 다행히 부처님과 조사의 자비로 특히 《무량수경》을 남겼기에 바라건대 인연 있는 중생은 그 인연으로 제도를 받으시길 바랍니다.

불타께서는 이어서 《관무량수경》(약칭 관경)을 해설하셨습니다. 불타께서는 왕사성 기사굴산에서 대비구와 보살중을 위해 설법하셨는데, 국태부인 위제희韋提希의 애원에 응해 기사굴산을 떠나 왕궁으로 가서 아난, 위제희 부인 및 5백 궁녀를 위해 《관경》을 강설하셨고, 극락정토에 왕생하기 위해 정업삼복淨業三福과 16관상觀想을 상세히 해석하셨습니다. 그 후 아난존자는 기사굴산으로 돌아가 다시 대중을 위해 《관경》을 전술하셨습니다.

수많은 고승대덕들께서는 모두 선도善導대사의 《관경사첩소觀經

四帖疏》를 가장 권위 있는 《관경》 주해로 인정하셨습니다. 대사께서는 일관日觀, 수관水觀……보수관寶樹觀, 보지관寶池觀……불진신관佛眞身觀, 관음관觀音觀, 세지관勢至觀 …… 등 처음 13관상은 관불삼매觀佛三昧를 종宗으로 삼아 이름을 「정선定善」이라 정하였고, 마지막 3관상은 정업삼복·구품왕생을 상술하고 염불삼매를 종으로 삼아 이름을 「산선散善」이라 정하였습니다. 이른바 「정산이문定散二門」은 모두 여러 공덕을 닦아 회향하여 정토왕생을 구합니다.

선도대사께서는 마지막으로 "이상으로 비록 정선定善과 산선散善 두 문의 이익을 선설하였지만, 아미타부처님의 본원에서 말하면 일체중생이 일향으로 「아미타불」 부처님 명호를 전념하길 바라는 마음이다." 말씀하셨습니다. 불타의 목적은 중생에게 염불법문을 닦고 정토왕생을 권유하시는 것입니다.

불타께서는 마지막으로 사위국 기수급고독원에서 무문자설無問自說로 《아미타경》(약칭 소경)을 강해하여 대경과 관경, 양경을 간단히 총결하셨습니다. 정토의 갖가지 장엄사상莊嚴事相을 말하고, 염불중생은 반드시 아미타부처님으로부터 무량수 및 무량광의 가지加持를 얻으니, 중생이 발원하고 염불하여 정토에 왕생하길 권하셨습니다. 불타께서는 동·남·서·북·상·하 육방의 일체제불이 모두 그들이 가르치는 삼천대천세계의 중생에게 정토에 왕생할 것을 권유한다고 말씀하셨습니다.

《아미타경》은 경문은 비교적 짧지만, 정토법문의 중요한 사상 및 교의를 포함하고 있고 쉽게 독송할 수 있어 정토를 닦는 행자가 정과定課로 받들어 매일 필독하는 경전입니다.

정토삼부경의 대상은 넓은 의미로는 사바세계의 오승五乘중생(보살 · 성문 · 연각 · 천인 · 범부)이지만, 불타의 본회本懷는 특별히 말법시대의 고난 받는 세상 사람을 보살피는 것입니다.

[보충법문] 오악 · 오통 · 오소

오악五惡이란 살생 · 도둑질 · 삿된 음행 · 거짓말 · 술로 이는 과보를 초래하는 인因입니다.

첫째, 「살생」으로, 질병을 가져다주어 수명이 짧습니다. 살생을 하지 않고 고기를 먹지 않으면 건강한 몸으로 오래 사는 과보를 얻습니다.

둘째, 「도둑질」로, 그 과보는 빈궁입니다. 부유하여 자신의 재산을 영원히 유지하며 잃지 않고 싶다면 그 인을 닦을 줄 알아야 합니다. 시시각각 훔치려는 마음을 간직한 사람은 결단코 재산을 오래 유지하지 못합니다. 기쁜 마음으로 보시하는 사람이 큰 재산을 얻게 마련입니다.

셋째, 「삿된 음행」입니다. 사람마다 가정이 원만하길, 가족이 번성하길 희망합니다. 이 목적을 달성하려면 반드시 삿된 음욕을 금지해야 합니다.

넷째, 「거짓말」입니다. 거짓말을 하지 말아야 합니다. 말을 하고 믿음이 있으면 사회에서 대중의 신임, 존경과 지원을 얻을 수 있고, 사업이 순풍에 돛을 단 듯 순조롭습니다.

다섯째, 「술」입니다. 술은 사람의 성품을 미혹케 합니다. 술이 취한 후 언행을 제어할 수 없어 왕왕 죄업을 짓고 엄중한 과실을 낳습니다. ……

「오통五痛」은 현세에 과보를 받는 화보花報이고, 「오소五燒」는 내세의 과보입니다. 인因이 있으면 반드시 과果가 있습니다. 이 다섯 가지 악인惡因을 지으면 반드시 괴로운 과보를 가져다줍니다. 「통

痛」은 현재 생활에서 겪는 고통이고, 「소燒」는 장래에 삼악도에서 겪는 괴로운 과보입니다. 악업을 지으면 현전에서 괴로울 뿐만 아니라, 장래의 과보가 훨씬 괴로움을 알 수 있습니다.
_《무량수경 청화강기》, 제41 청화법문 참조

'나무아미타불' 이 한마디 명호가 바로 '일체공덕법'입니다.
명호를 전개하면 48원이고 48원을 전개하면 《무량수경》이며,
《무량수경》을 전개하면 《화엄경》이고, 《화엄경》을 전개하면
석가모니부처님께서 49년동안 설하신 일체법입니다.
이 한마디 명호가 총강령입니다. 이 한마디 명호는
마치 산의 형세에서 그것은 산꼭대기와 같습니다.
우리들이 이것을 잡으면 일체법, 일체 경전, 일체 법문
모두를 잡는 것입니다. 이것은 당신을 안온히 머물게(安住)합니다.
-정공법사 〈무량수경 청화 강기〉(허만항 역) 중에서

[제21 법문]

아미타부처님의 48홍원

사바세계에서 성불하신 본사 석가모니부처님께서 정토삼부경을 말씀하신 주요 목적은 사바세계의 교주 신분으로 대비심을 발하여 오탁악세에서 고난 받는 중생에게 아미타부처님의 대비의 타력을 믿고, 발원하고 염불하여 서방극락정토에 왕생할 것을 권유하심입니다.

불타께서 《무량수경》을 열어 보이며 말씀하시길, "무량겁 이전에 법장비구는 48홍원弘願을 발원하여 수승한 극락정토를 건립하고 시방세계 일체 인연 있는 중생을 접인하여 왕생하게 하고자 하였다." 하셨습니다. 그래서 아미타불 48홍원의 주요 대상은 시방세계의 보살 · 성문 · 연각 · 천인 · 아수라 및 범부입니다.

저는 시방세계 인연 있는 범부의 관점에서 48홍원을 체득함에 마음이 쏠려있지만, 몇몇 대덕들은 사바세계 범부의 관점에서 이해하셨습니다. 그래서 어떤 발원문에 대해서는 예를 들어 제18, 제19, 제20의 3대 접인원接引願에 대해 다른 깨달음이 생길 수 있었습니다. (이후 저는 여러분과 이 3대 접인원에 대한 다른 주해를 분석할 것입니다.)

48홍원에는 네 가지 중점사항이 있습니다.

1. 부처님 법신의 장엄을 포함하여 대단히 수승하고 완전무결한
   극락세계를 건립한다.
2. 시방세계 일체중생을 접인하여 정토에 왕생하게 하는 다른
   방법을 구상한다.
3. 정토에 왕생한 자가 빨리 성불하도록 가지加持한다.
4. 타방세계 인연 있는 보살이 보살도를 성취하도록 가지加持한
   다.

지금 저는 여기서 48대원을 간단히 이야기하겠습니다. 서원
하나하나의 구성은 모두 "제가 불과를 얻을 적에…원하는 내용…
이 서원을 원만히 실현할 수 없다면, 정각을 취하지 않겠나이다."
는 세 부분을 포함하고 있다. 이는 「내가 성불할 때가 되면……나
의 어떤 서원이 실현될 것이다……실현되지 않으면 저는 성불하
지 않겠습니다.」는 뜻이다. 이미 아미타부처님께서 성불하신지
십겁이 지난 이상 그의 48원은 모두 원만히 성취하였다는 말입니
다.

제1원 (무삼악취원無三惡趣願) : "제가 부처가 될 적에 그 나라에
지옥 아귀 축생이 있다면 정각을 취하지 않겠나이다(設我得佛 國有地獄
餓鬼 畜生者 不取正覺)."

시방세계의 일체 중생이 윤회를 두려워하는 이유는 바로 지옥·
아귀·축생 이 삼악도에 떨어질까 두려워서입니다. 극락정토에
왕생하는 자는 악업을 짓지 아니하고 악도에 떨어지지 않습니다.
그래서 정토에는 삼악도가 없습니다.

제2원 (불갱악취원不更惡趣願) : "제가 부처가 될 적에 그 나라 속
천인이 수명이 다한 후 다시 삼악도에 떨어진다면 정각을 취하지

않겠나이다(設我得佛 國中天人 壽終之後 復更三惡道者 不取正覺)."

정토에 왕생하는 자는 영원히 삼악도에 떨어지지 않고, 그곳에 가면 보리심을 발하여 자비의 배를 갈아타고 사바세계로 돌아와 중생을 제도하는 왕생자이기에 아미타부처님께서 그들을 가지加持하고 그들의 마음을 편안하게 하여 그들에게 사바세계에 돌아가면 삼악도에 떨어지지 않을 것이고, 마지막으로 순조로이 극락정토로 돌아올 수 있을 것이라고 보증하십니다.

「그 국토에 있는 천인(國中天人)」은 모든 정토에 왕생한 자를 가리키지 천도의 사람을 가리키는 것이 아닙니다. 「수명이 다한 후(壽終之後)」는 정토에 왕생하는 자가 정토를 여의고 사바세계로 돌아간다는 뜻입니다.

제3원 (실개금색원悉皆金色願): "제가 부처가 될 적에 그 나라의 천인은 빠짐없이 진금색이 아니면 정각을 취하지 않겠나이다(設我得佛 國中天人 不悉眞金色者 不取正覺)."

범부의 큰 번뇌 하나는 특정 피부색을 더 좋아함에 근원합니다. 세상에는 백인종, 황인종, 흑인종 등 다른 피부색의 인종이 있습니다. 정토에 사는 천인은 한 사람 한 사람 모두 같은 진금색으로 피부색을 비교하고 차별하는 번뇌가 없습니다.

제4원 (무유호추원無有好醜願): "제가 부처가 될 적에 그 나라의 천인이 모습이 달라 잘나고 못난 사람이 있다면 정각을 취하지 않겠나이다(設我得佛 國中天人 形色不同 有好醜者 不取正覺)."

범부의 또 다른 번뇌 하나는 아름답고 추함의 비교입니다. 모든 정토에 사는 모든 천인의 생김새와 몸매는 모두 수승하게 장엄하여 아름답고 추함의 구별이 없습니다.

칭찬불가사의공덕 일체제불소호념경
稱讚不可思議功德 一切諸佛所護念經

아미타경의 종지는 믿음을 권하고, 발원을 권하며, 명호를 집지하여 정토에 태어나길 구함을 권합니다. 이 경은 「칭찬불가사의공덕」이라 하는데, 이 경의 불가사의공덕, 부처님 명호의 불가사의공덕, 이 한마디 아미타부처님을 염하는 사람의 불가사의 공덕입니다. 어떤 사람이 칭찬합니까? 일체제불이 칭찬하는 것이지, 보통사람이 칭찬하는 것이 아닙니다. 시방세계 모든 일체제불에서 하나도 빠지지 않고 하나하나 모두 이구동성으로 하는 칭찬입니다. 경의 불가사의, 명호의 불가사의 공덕, 이 경을 수지하고 명호를 집지하는 사람이 모두 다 불가사의 공덕입니다. 호념하지 않는 부처님은 한 분도 계시지 않습니다. 일체제불께서 모두 호념하시니, 호법신장과 용천이 어찌 보호하지 않을 도리가 있겠습니까?
_정공 큰스님 〈관경사첩소 강기〉

[제22법문]

아미타부처님의 제5원에서 제10원까지 홍원

지난 회에는 아미타부처님 48대원의 제1원에서 제4원까지 여러분과 이야기를 나누었는데, 이제 제5원에서 제10원까지 이야기를 이어가보도록 하겠습니다. 이 몇 가지 서원은 주로 극락국토에 왕생한 자들이 모두 보유하고 있는 숙명통·천안통·천이통·타심통·신족통 및 누진통의 여섯 가지 신통을 소개하고 있습니다.

제5원 (숙명통원宿命通願) : "제가 부처가 될 적에 그 국토에 있는 천인이 숙명통을 얻어 최하로 백천 억 나유타에 이르는 여러 겁에 생긴 일을 알지 못한다면 정각을 취하지 않겠나이다(設我得佛 國中天人 不識宿命 下至知百千億那由他諸劫事者 不取正覺)."

아미타부처님께서는 정토에 사는 모든 천인이 숙명신통을 보유하여 자신과 타인의 여러 세에 걸친 숙명을 관찰할 수 있고, 최소한 백천억 억(나유타는 억에 해당)의 겁 내에 발생한 일을 알 수 있습니다.

「숙명통宿命通」은 천인으로 하여금 자신과 타인이 세세생생 육도에 윤회하는 가운데 끝없이 부침하며 괴로움과 즐거움을 겪는 모습을 이해할 수 있게 합니다. 중요한 것은 그들이 이미 일체가 모두 인연과보因緣果報임을 명백히 깨닫고 보리심을 불러일으켜 자신을 제도하고 타인을 제도하는 것입니다.

제6원 (천안지통원天眼智通願) : "제가 부처가 될 적에 그 국토에 있는 천인이 천안통을 얻어 최하로 천억 나유타에 이르는 제불국토를 보지 못한다면 정각을 취하지 않겠나이다(設我得佛 國中天人 不得天眼 下至見百千億那由他諸佛國者 不取正覺)."

정토의 천인은 반드시 천안신통을 보유하여 어떠한 가로막히는 일도 받지 않아 최소한 백천억 억 모든 불국토의 일을 볼 수 있습니다. 그들은 제불국토 가운데 삼악도의 일체 괴로운 상황을 보고 보리심을 불러일으켜 자신을 제도하고 타인을 제도할 것입니다.

제7원 (천이통원天耳通願) : "제가 부처가 될 적에 그 국토에 있는 천인이 천이통을 얻어 백천억 나유타에 이르는 제불의 설법을 듣지 못하고. 빠짐없이 수지하지 못한다면 정각을 취하지 않겠나이다(設我得佛 國中天人 不得天耳 下至聞百千億那由他諸佛所說 不悉受持者 不取正覺)."

정토의 천인은 반드시 천이신통을 보유하여, 최소한 백천억 억의 제불의 설법을 들을 수 있고, 신수봉행할 수 있습니다. 그들은 불법을 들을 수 있어 지혜를 상승시키고, 또한 괴로움에 시달리는 중생의 울음소리를 들을 수 있어 보리심을 불러 일으켜 자신을 제도하고 타인을 제도할 것입니다.

제8원 (타심통원他心通願) : "제가 부처가 될 적에 그 국토에 있는 천인이 타심신통을 얻어 백천억 나유타에 이르는 제불국토 중생의 심념을 알지 못한다면 정각을 취하지 않겠나이다(設我得佛 國中天人

不得見他心智　下至知百千億那由他諸佛國中衆生心念者　不取正覺)."

정토의 천인은 반드시 그의 타심신통을 보유하여, 최소한 백천억 억 제불국토 중생의 심념心念80)을 알 수 있습니다. 일반적인 숙명통·천안통·천이통은 중생의 표면적인 반응만을 볼 수 있지만, 중생의 내면세계와 복잡한 사유는 겉모습만으로 깨달을 수 없습니다. 타심통은 정토의 천인으로 하여금 일체 중생의 속마음과 사유를 또렷이 알게 할 수 있습니다. 이미 천인이 서로 상대방의 마음과 사유를 알 수 있는 한 그들은 저절로 성실하고 믿을 수 있는 사람이 됩니다. 이는 수행상 큰 조연助緣의 하나입니다.

제9원 (신족지통원神足智通願)："제가 부처가 될 적에 그 국토에 있는 천인이 신족신통을 얻어 일념의 짧은 순간에 백천억 나유타에 이르는 제불국토를 뛰어넘을 수 없다81)면 정각을 취하지 않겠나이다 (設我得佛 國中天人　不得神足　於一念頃　下至不能超過百千億那由他諸佛國者　不取正覺)."

정토의 천인은 반드시 신족신통을 보유하여 일념의 짧은 시간 내에 최소한 백천억 억에 이르는 불국토를 비행하여 뛰어넘을 수 있습니다.

---

80)「심념心念」이란 마음과 심소心所를 겸한다. 그래서 《이역異譯》에 이르길 "마음과 심소의 법을 안다(知心心所法)."_《불설무량수경견해佛說無量壽經甄解》, 도은道隱법사
81)「하지下至」문은 또한 육취六趣까지 포함한다.「초과超過」등은 이치와 실제가 무량무변 불국토를 뛰어넘는다. 그래서 경에서는 일념의 짧은 순간에 시방 무량세계에 가서 찾아뵙는다고 말한다. 이 원이 성취되는 것이다. 그래서 시방에 이르러 불사(공양·설법청문·중생제도)를 베푸는 까닭이다._《불설무량수경견해》

신족통은 실제적으로 빨리 날아가는 것에 그치지 않고, 한 번의 생각으로도 분신하여 억억의 제불국토에 갈 수 있는 것도 포함합니다. 그래서 극락국토의 천인은 보현 십대행원을 성취할 수 있습니다. 예컨대 무량무수 일체제불께 동시에 예경할 수 있습니다.

제10원 (누진통원漏盡通願): "제가 부처가 될 적에 그 국토에 있는 천인이 상념想念을 일으키고 몸에 탐착한다[82]면 정각을 취하지 않겠나이다(設我得佛 國中天人 若起想念貪計身者 不取正覺)."

정토의 천인은 반드시 아집我執을 내려놓을 수 있습니다. 중생의 번뇌는 아집을 통해서 오니, 아집 때문에 탐, 진, 치를 초래합니다. 그래서 《반야심경》에서는 오온五蘊을 비추어 모두 공함을 깨달아 알 수만 있다면, 일체 괴로움과 재난을 건너갈 수 있다고 말씀하셨습니다.

---

82) 이에는 두 가지 해석이 있다. 1) 준제准諸는 해석하길, 이는 인집人執이다. 「상념想念」이란 곧 견혹見惑이고, 「탐계신貪計身」은 사혹思惑이다. 2) 지광智光은 이르길, 망상인 탐진치 등을 일으키지 않고 아我와 아소我所를 헤아린다. _《불설무량수경견해》

[제23법문]

아미타부처님의 제11원에서 제14원까지 홍원

지난 두 회에 걸쳐 아미타불 48대원의 제1원에서 제10원까지 여러분과 나누었는데, 이제 제11원에서 제14원까지 이야기를 이어가보도록 하겠습니다.

제11원 (필지멸도원必至滅度願): "제가 부처가 될 적에 그 나라 속 천인이 정정취正定聚에 머물지 못해 반드시 멸도에 이르지 않는다면 정각을 취하지 않겠나이다(設我得佛 國中天人 不住定聚 必至滅度者 不取正覺)."

정토의 천인은 반드시 정정취正定聚83)에 안온히 머물 수 있어 곧 마음에 다른 향지向地가 없이 보리심을 발하고, 마음을 굳게 먹고 오도悟道하여 물러섬이 없다. 더욱 더 부처님의 가지加持를 얻어 마지막으로 불과佛果를 증득합니다.

사바세계에서의 수행은 자력만으로는 마의 장벽을 거역하기 매우 힘들며, 이른바 「수양이 한자 높아지면 그에 따른 유혹이 한길이나 더 높아지니(道高一尺 魔高一丈)」, 쉽게 동요하고 심지어 수행의 심원心願에서 물러나기도 합니다. 그래서 정정취正定聚의 원은 수행인에게 대단히 중요한 지속수행을 위해 보호하는 것입

---

83) 의거하는 이론과 수행하는 방법이 정확한 까닭에 반드시 과보가 결정되어 있다.

니다.

제12원 (광명무량원光明無量願) : "제가 부처가 될 적에 광명이 한량이 있어 최하로 백천억 나유타에 이르는 제불국토를 비추지 않는다면 정각을 취하지 않겠나이다(設我得佛 光明有限量 下至不照百千億那由他諸佛國者 不取正覺)."

이 서원은 자비로 중생을 제도하는 무한한 원력이며, 불신의 광명을 무량무변하게 하고, 최소한 백천억 억 제불국토를 두루 비추게 할 수 있어야 합니다. 《아미타경》에서 이르시길, "저 부처님께서는 무량한 광명을 시방세계 불국토에 두루 비추시어 장애가 없느니라. 이러한 인연으로 명호가 「아미타」이니라." 하셨습니다. 부처님께서 《무량수경》에서 아난에게 이르시길, "무량수불의 위덕·신력·광명은 가장 존귀하고 제일이니, 시방제불의 광명이 모두 미칠 수 없는 것이니라(無量壽佛 威神光明 最尊第一 諸佛光明 所不能及)."

《관무량수경》에서 이르시길, "하나하나 광명마다 시방세계의 염불중생을 두루 비추어 그들의 마음을 섭취하여 버리지 않느니라(一一光明 遍照十方世界念佛衆生 攝取不捨)." 하셨습니다. 범부가 노실하게 염불하면, 불광의 가지加持를 얻게 되어 한 평생 건강, 평안 및 안락자재를 보우하고 임종할 때 정토에 왕생할 수 있습니다.

제13원 (수명무량원壽命無量願) : "제가 부처가 될 적에 수명에 한량이 있어 최하로 백천억 나유타 겁에 이르면 정각을 취하지 않겠나이다(設我得佛 壽命有限量 下至百千億那由他劫者 不取正覺)."

이는 장엄한 불신佛身의 원이니, 부처님의 무한한 수명으로 끊임 없이 중생을 제도함에 최소한 백천억 억겁이나 오래 되었습니다.

부처님에게 법신·보신·화신의 세 몸이 있으니, 법신은 시작도 없고 끝도 없고, 보신은 시작은 있지만 끝도 없고, 화신은 시작도 있고 끝도 있습니다. 부처님 화신의 수명은 부처님께서 인지에서 발한 서원에 따라 각각 다릅니다. 《아미타경》에 따르면 「아미타」 는 무량광 및 무량수를 대표합니다.

부처님께서는 괴로움에 시달리는 중생의 수행에 불가사의한 가지역량이 있으며, 아미타부처님의 무량수는 아미타부처님의 비원이 무궁무진함을 대표함이자 무한한 미래 중생에 대한 일분 의 위로와 보증으로 중생의 정토왕생을 더욱더 격려합니다.

제14원 (성문무수원聲聞無數願) : "제가 부처가 될 적에 그 나라 속 성문을 계량할 수 있고 내지 삼천대천세계 중생이 빠짐없이 연각이 되어 백천 겁에 빠짐없이 전부 계교하여 그 수를 알 수 있다면 정각을 취하지 않겠나이다(設我得佛 國中聲聞 有能計量 乃至三千大千世界衆生悉成緣覺 於百千劫 悉共計校 知其數者 不取正覺)."

소승의 수행인인 성문 및 연각은 인아人我가 공함을 증득하여 개오開悟하고 윤회를 벗어나서, 공적 열반의 경계를 누렸으나, 오히려 성불할 기회가 없습니다. 아미타부처님께서 대단히 자비 로우셔서 이미 소승과위를 증득한 무량무변한 수행인을 섭수하 여 극락정토로 오게 하여 그들로 하여금 대승으로 전향시켜 마침내 성불할 수 있게 하십니다. 섭수한 수량이 얼마이든 신통· 지혜가 아무리 높은 성자이든 혹은 얼마나 오랜 시간이 지났는지 계산하여도 또한 완전히 실질적인 수량을 세어 알 수 없습니다.

정토에서 모든 수행인은 자신을 제도하고 타인을 제도하는 보살 중이지, 더 이상 성문이나 천인 등의 구별이 없습니다.《무량수경》에서는 "그 일체 성문·보살·천인은 지혜가 높고 신통에 통달하며, 모두 동일한 부류로 형상이 같지만, 타방세계에 수순하는 까닭에84) 천인의 이름이 있다(其諸聲聞菩薩天人 智慧高明 神通洞達 咸同一類 形無異狀 但因順餘方 故有天人之名)." 하셨습니다. 다만 방편을 위하여 성문·연각 및 천인 등의 명상이 계속 남아 있지만, 실제로는 정토에서 그들은 완전히 동일한 부류의 대승수행인입니다.

---

84) 당석唐譯에 이미 이르길, "순여방속順餘方俗 유천인명有天人名." 석가세존께서 섭화攝化하신 풍속에 의탁하여 가명자假名字로 차별의 상을 가립한 것으로 이는 여전히 평등 일상一相 가운데 가명자 차별상을 시현한다. 인천의 차별명이 있어도 평등을 방애하지 않는다. 그래서 「가명假名」이라 한다. 인천의 가명상假名相뿐만 아니라 보살성문의 명자 또한 차별 가명자일 뿐이다. _《불설무량수경견해》

[제24법문]

아미타부처님의 제15원에서 제17원까지 홍원

이제 아미타불 48대원의 제15원에서 제17원까지 이야기를 이어가보도록 하겠습니다.

제15원 (권속장수원眷屬長壽願) : "제가 부처가 될 적에 그 국토에 있는 천인의 수명에는 한량이 없겠지만 그 본원에 따라 (수행하는 시간의) 길고 짧음에 자재할 수 있으면 제외될 것이옵니다. 만약 그렇지 않다면 정각을 취하지 않겠나이다(設我得佛 國中天人 壽命無能限量。除其本願 修短自在。[85]若不爾者 不取正覺)."

---

85) 저 국토 세계는 무위열반無爲涅槃이 상주하여 거주하는 유정 또한 생멸이 없지만 권속장수원眷屬長壽願에서 「수단자재修短自在」라고 함은 생멸을 시현하여도 생멸하지 않음을 방해하지 않고 생멸에 자재하다는 뜻이다. 권속의 장수가 이미 이러하거늘 부처님께서 어찌 수명의 길거나 짧음에 자재하지 않겠는가? 이런 까닭에 경 속에 처음에는 권속의 장수에 길고 짧음의 자재함을 말하고, 나중에는 부처님의 장수에 입멸을 말하여 부처님의 길고 짧음에 자재한 상을 드러낸다. 그래서 입멸을 보이고 생멸에 자재함을 알지만 열반여화涅槃如化의 상일뿐이다.
_《불설무량수경견해》, 도은스님
「대원으로 자재력이 있는 까닭이다(以有大願 自在力故)」: 대원력에 의해 미혹을 남겨주고 생사를 보임에 길거나 짧고 연장하거나 촉박하여 자재한 힘이 있기 때문에 그런 것이요, 중생들이 업력에 의해 끌려 다니는 그런 것은 아니라는 것이다.
_《대승기신론 강화》, 월운스님

아미타부처님의 대비심은 모든 왕생자의 수명이 부처님과 동일함을 보장합니다. 즉 수명에 한량이 없어 왕생자로 하여금 부처님의 가지加持를 받아 성불할 수 있는 충분한 시간을 가질 수 있도록 합니다.

아미타부처님께서는 또한 고려하셨습니다. 몇몇 왕생자는 일찍 대비원을 발원하여 극락정토에서 어느 단계까지 수행하면 다시 사바세계로 돌아와 괴로움에 시달리는 중생을 제도하고 보리도菩提道를 성취합니다. 그래서 왕생자는 그 본원에 따라 극락정토에서 수행하는 기간(수명)을 결정하니, 길수도 짧을 수도 있습니다.

《무량수경》에서는 오탁악세五濁惡世에서 육바라밀六波羅蜜을 하루 낮 하루 밤 닦으면 극락정토에서 백 살이 되는 것보다 낫다고 말씀하셨습니다. "왜 그러한가? 저 부처님의 국토는 무위가 저절로 이루어져 다 온갖 선이 쌓이므로 악이란 털끝만큼도 없기 때문이니라(所以者何？彼佛國土 無為自然 皆積衆善 無毛髮之惡)." 그래서 대비심을 발하여 자비의 배를 갈아타는(倒駕慈航) 보살은 다시 생사의 세계에 들어가 자신을 제도하고 타인을 제도하여 빨리 그들이 정과正果를 이룰 수 있도록 합니다.

제16원 (무제불선원無諸不善願) : "제가 부처가 될 적에 그 국토에 있는 천인이 내지 불선의 이름이 있음을 듣는다면 정각을 취하지 않겠나이다(設我得佛 國中天人 乃至聞有不善名者 不取正覺)."

우리 범부 안에 있는 불선不善의 종자가 악한 외연外緣을 만나면 악업惡業을 짓게 됩니다. 이미 아미타부처님의 자비심으로 범부가 업을 지닌 채 왕생하는 것인 만큼 극락세계에 가는 왕생자가 악업을 짓는 것을 방지하기 위해서 가장 유효한 방법은 정토에 완전히 악연이 전혀 없도록 하는 것입니다. 불선의 이름은 일체 유형과 무형의 악한 인연, 악한 사람, 악한 일과 갖가지 불선의 이름을 개괄하여 가리키는 것으로 이는 모두 들을 수 없습니다.

왕생자는 선한 인연을 보고 듣고 마음속 선한 씨앗을 불러일으켜 선업을 행합니다. 제3원 및 제4원은 모든 왕생자의 피부색과 생김새와 몸매가 모두 똑같아 더 나은 것이 없고, 더욱이 남녀의 구별로 남녀의 정욕으로 인한 번뇌를 야기함이 없음을 가리킵니다. 정토에서는 모든 왕생자가 무엇을 원하면 곧 저절로 얻어지는 것이지, 욕심이나 성내는 마음을 일으키지 않습니다.

제17원 (제불칭양원諸佛稱揚願) : "제가 부처가 될 적에 시방세계 무량한 제불이 빠짐없이 저의 이름을 찬탄하며 부르지 않는다면 정각을 취하지 않겠나이다(設我得佛 十方世界無量諸佛 不悉咨嗟 稱我名者 不取正覺)."

우리는 아미타부처님 극락국토의 수승한 장엄 및 시방세계의 중생을 접인하여 정토에 왕생하게 하는 불가사의한 법문을 어떻게 알 수 있습니까? 이 서원이 시방세계 일체제불로 하여금 모두 그들에게 가르치려고 하는 것은 삼천대천세계의 중생이 아미타부처님의 공덕과 정토왕생을 칭찬하는 법문입니다.

우리의 본사 석가모니부처님을 제외하고 그밖에 《아미타경》에서는 동·남·서·북·상·하 육방의 무량제불(즉 시방제불) 모두 그들에게 가르치는 것은 중생이 이러한 정토법문을 칭찬하는 것입니다. "너희 유정들은 모두 이와 같은 「칭찬불가사의불토공덕·일체제불섭수법문」을 믿고 받아들일지니라."

아미타부처님께서 무량무변한 부처들을 초청하여 함께 정토법
문을 널리 소개하는 것은 정말 불가사의한 일입니다. 부처님께서
는 삼천대천세계의 교주 한 분, 한 분으로 가장 신뢰성이 높을
수 있어 그분이 중생에게 정토를 수지하도록 추천하는 것이
효과가 확실히 가장 좋을 것입니다.

覺海虛空起娑婆業浪
流若人登彼岸極樂有
歸舟

淨宗時年八有四

공경심으로 무량수경을 한번 읽으면 아미타부처님이 우리에게 한번 관정
(灌頂: 지혜를 전수함)할 분만 아니라, 일체 제불 역시 우리에게 관정 한다.
만약 항상 독송한다면 자신도 모르는 사이에 모든 부처님의 가피를 받게 되며,
이것이 바로 감응感應이다. _정공법사 〈무량수경 심요〉

[제25법문]

아미타부처님의 제18홍원

제18원 (염불왕생원念佛往生願) : "제가 부처가 될 적에 시방세계 중생이 지심至心으로 믿고 좋아하며 저의 국토에 태어나길 발원하여, 제 이름을 내지 십념하여도 저의 국토에 태어나지 못한다면 저는 정각을 취하지 않겠나이다. 다만 오역죄를 짓고 정법을 비방하면 제외될 것이옵니다(設我得佛 十方衆生 至心信樂 欲生我國 乃至十念 若不生者 不取正覺 唯除五逆 誹謗正法)."

《아미타부처님의 약속》(제4법문)이라는 글에서 저는 이미 제18원은 시방세계 일체 중생을 접인하여 극락세계에 왕생하는 가장 직접적인 방법이며, 더욱이 지금 말법시대 악업이 깊은 범부가 윤회의 괴로움에서 벗어나는 유일한 길이라고 간략히 소개하였습니다.

이 서원의 핵심은 이러합니다.

1. 우리는 자신이 죄악범부이고, 말법시대에는 자신의 역량만으로는 한 평생의 수행에 기대어 윤회를 벗어나기 매우 힘들다는 사실을 깊이 믿어야 한다. 그러나 극락정토의 존재와 아미타부처님의 자비로운 접인을 깊은 믿음으로 믿고 좋아하는 마음이 생기기만 하면, 곧 윤회를 벗어날 가능성이 있다.
2. 지성至誠의 마음으로써 극락정토에 왕생하길 발원한다.

3. 지성의 심념으로써 「아미타불」명호를 염하고 이 염불공덕을
   회향하여 자신 및 일체 중생이 모두 그 극락정토에 왕생할
   수 있길 원한다.
4. 우리가 이상 세 가지 일, 즉 「신信 · 원顯 · 행行(염불)」을 해내기
   만 하면 아미타부처님께서 반드시 우리를 접인하여 그의 극락
   세계에 왕생하게 함을 보증하신다.
5. 그러나 오역대죄86) 및 불법 비방(특히 정토법문을 비방함)을
   동시에 범한 사람은 곧 접인을 받지 못한다.

제18원은 오역대죄와 불법 비방을 동시에 범한 사람은 접인을
받지 못하지만,《관무량수경》에서는 오역대죄를 범한 사람이
임종할 때 인연이 있어 선한 지식을 만나 그에게 성심으로 염불할
것을 가르치면 또한 극락정토에 왕생할 수 있다고 말씀하십니다.

우리는 아미타부처님은 자비로운 아버지이시어 한 명의 중생도
버리지 않음을 알아야 합니다. 따라서 이 「다만 오역죄를 짓고
정법을 비방하면 제외될 것이옵니다」는 문구는 비록 이러한
큰 죄를 범한 중생이라도 자신을 포기하지 말고, 이전의 잘못을
철저하게 고친 후에 여전히 득도할 기회가 있다고 믿어야 합니다.

다시 제18원을 봅시다. "…제 이름을 내지 십념하여도 저의
국토에 태어나지 못한다면 저는 정각을 취하지 않겠나이다."
원문에는 죽음을 기다린 후에야 왕생할 수 있다는 명확한 말은
결코 없습니다. 즉 「염불법문」은 근본적으로 소극적으로 염불하
며 죽음을 기다리는 수행이 아니라는 말입니다.

---

86) 오역대죄五逆大罪는 아버지를 죽임 · 어머님을 죽임 · 아라한을 죽임 · 부처님의
    몸에서 피를 냄 · 화합승을 깨뜨림이다.

〈정토법문은 염불하며 죽음을 기다리는 수행이 아니다〉(제9법문)라는 글에서 저는 이미 《아미타경》에서 "과거에 이미 발원한 사람은 이미 왕생하였고, 현재 발원한 사람은 현재 왕생하고, 장래에 발원할 사람은 장차 왕생할 것이다." 또렷하게 말하고 있다고 언급하였습니다. 저의 개인적인 체득은 우리가 「신信·원願·염불念佛」만 잘하면 우리는 반드시 왕생할 수 있다는 것입니다. 임종을 기다릴 필요가 없고, 정신상으로 이미 「정토인」입니다. 이는 우리 범부의 **제1차 정토왕생**입니다.

왜냐하면 우리의 수명은 아직 종결되지 않았고, 육신은 아직 죽어서 썩지 않았기 때문에 그래서 여전히 사바세계에 살아있는 것은 우리가 정토에서 이미 일체 수속을 잘 처리하였고, 또한 자신에게 속한 연꽃 한 송이가 칠보 연못 안에 있는 것과 같습니다. 연꽃 송이 송이마다 성장은 각자가 범부·세간에서 쌓아올린 염불성과에 따라 다른 복보와 달라짐이 있습니다.

임종할 때 몸이 죽어서 썩어 아미타부처님과 여러 보살 및 성중이 자신에게 속하는 연꽃을 가지고 와서 우리의 신식神識을 접인하여 우리로 하여금 업을 지닌 채 연꽃에 올라 극락세계에 왕생할 수 있게 하시니, 「중음신中陰身」의 단계를 거칠 필요가 없습니다. 이것이 우리의 **제2차 정토왕생**입니다. 몇몇 왕생자는 장래 극락세계로부터 다시 사바세계로 돌아와 중생을 구제하는 길을 선택하여 또한 다시 **제3차 정토왕생**의 기연機緣이 생길 수 있습니다.

[제26법문]

아미타부처님의 제19원에서 제20원까지 홍원

아미타불 48대원 중에서 제18원, 제19원, 제20원은 중생을 접인하여 극락정토에 왕생토록 하겠다는 결심을 또렷이 표현하고 있습니다. 지난 회에서는 여러분과 제가 제18원에 대해 체득한 점을 나누었는데, 지금 제19원 및 제20원에 대해 이야기를 이어가보도록 하겠습니다.

정토삼부경을 소개하고 있는 수많은 저작에서 공통된 특색을 어렵지 않게 발견할 수 있습니다. 저자는 일반적으로 사바세계 범부의 관점에서 정토삼부경을 상세히 해석하고 있습니다. 48대원 중 3대 접인원, 즉 제18원, 제19원 및 제20원에 대한 주해는 절대 다수의 저작에서는 아미타부처님께서 범부중생을 접인한다고 선설하고 있습니다.

저는 오히려 이 3대 접인원에 대해 다르게 체득한 점이 있어 여러분과 깊이 토론하길 희망합니다. 아미타부처님께서 인지因地에서 법장비구가 공개적으로 48대원을 발하는데, 넓은 의미로는 시방법계 일체 중생을 극락정토로 접인하시지만, 실질적으로는 보살·성문(연각 포함) 및 범부중(천인 및 아수라 포함)의 육승중六乘衆 3대 부류로 구별하여 접인하십니다.

《무량수경》은 "성문·보살, 그 수는 헤아리기 어렵고, 말할 수 없다."라고 매우 또렷하게 말씀하시고 있습니다. 즉 다 셀 수 없는 성문 및 보살중이 극락정토에 왕생함을 나타냅니다. 제14원에서는 "제가 부처가 될 적에 그 나라 속 성문에 계량할 수 있고 내지 삼천대천세계 중생이 빠짐없이 연각이 되어 백천겁이 지나도록 전부 계교하여 그 수를 알 수 있다면 정각을 취하지 않겠나이다." 말씀하셨습니다.

《아미타경》에서도 또한 "사리불아, 저 부처님께는 무량무변의 성문 제자들이 있나니, 모두 아라한으로 그 수는 헤아려 알 수 있는 것이 아니고, 모든 보살대중도 또한 이와 같으니라."

이를 통해 극락세계에는 이미 시방세계에서 온 보살과 성문중의 수량이 많아 헤아릴 수 없이 많음을 알 수 있습니다. 이는 바로 아미타부처님의 접인대상은 범부중생 뿐만 아니라 보살과 성문중 또한 아미타부처님의 접인 목표임을 나타냅니다.

제19원 (수제공덕원修諸功德願) : "제가 부처가 될 적에 시방세계 중생들이 보리심을 발하여 여러 공덕을 닦고, 지심至心으로 저의 국토에 태어나기를 발원하거늘 그 사람이 수명이 다하는 때 제가 대중에게 둘러싸여 그 사람 앞에 나타나지 않는다면 정각을 취하지 않겠나이다(設我得佛 十方衆生 發菩提心 修諸功德 至心發願 欲生我國 臨壽終時 假令不與大衆 圍繞現其人前者 不取正覺)."

나는 이 서원은 불타의 주요 접인대상은 시방세계에서 보리심을 발하여 자신을 제도하고 타인을 제도하는 보살중임을 명확히 가리킨다고 생각합니다. 그들은 자비의 배를 갈아타는(倒駕慈航) 정토보살이 되거나 아미타부처님의 강력한 가지加持를 받는 타방

보살이 될 수 있습니다. 이러한 보살은 아미타부처님 및 극락정토와 벌써 매우 깊고 두터운 연분이 있습니다. 어떤 사람이 이번 생에 임종할 때 정토에 왕생하고 싶기만 하면 아미타부처님께서 반드시 매우 환영할 것이며, 친히 다른 보살과 함께 그를 영접할 것입니다.

당연히 보리심을 발해 부지런히 선업 및 공덕을 닦는 범부중생도 또한 부지런히 선한 직업과 공덕을 닦는 범부중생도 이런 원을 통해 왕생할 수 있습니다. 이런 부류의 범부는 매우 드물고, 그들의 수행은 보살이나 다름이 없습니다. 그래서 염불할 필요도 없고, 지심至心으로 회향 발원하기만 하면 부처님과 보살중이 반드시 친히 내영하여 접인하고 정토에 왕생할 것입니다.

제20원 (계념정생원繫念定生願) : "제가 부처가 될 적에 시방중생이 저의 명호를 듣고 저의 국토를 계념(繫念)하여 여러 공덕의 근본을 심고서 지심至心으로 회향하여 저의 국토에 태어나고자 하거늘 그 사람이 마침내 왕생의 과보를 이루지 못한다면 정각을 취하지 않겠나이다(設我得佛 十方衆生 聞我名號 繫念我國 植諸德本 至心回向 欲生我國 不果遂者 不取正覺)."

제가 체득한 점은 이 서원의 주요 접인대상은 시방세계에서 소승을 닦는 성문 및 연각중입니다. 아미타부처님께서 대단히 자비로우셔서 소승의 성인을 정토로 접인하고, 그들이 대승으로 전환하여 닦아 마침내 성불하도록 돕습니다.

이런 부류 중생의 특색은 공덕의 근본(德本)87)을 심는데 있습니

---

87) 대승보살은 육바라밀을 공덕의 근본으로 삼고, 소승은 「계정혜」 삼학을 근본으로

다. 그들이 만약 인연이 있어서 부처님 명호를 듣고 극락세계를 찬탄하며, 지심至心으로 회향발원하면 반드시 정토에 왕생할 수 있습니다. 만일 범부가 똑같이 여러 공덕의 근본을 심을 수 있다면, 또한 이 서원을 통해 왕생할 수 있습니다.

총괄적으로 말해 아미타부처님의 제18원은 갖가지 중생을 널리 접인하기 위한 것입니다. 「신信·원願·염불念佛」을 구족하기만 하면 틀림없이 왕생할 수 있습니다. 우리 속세의 범부는 이러한 접인원을 의지해 정토에 왕생할 수 있습니다.

제19원은 특히 수행이 매우 깊은 보살을 접인하기 위한 것으로 아미타부처님께서 대단히 기쁜 마음으로 그들이 임종할 때 친히 영접하여 그들을 빨리 성불할 수 있도록 합니다. 제20원은 특히 소승의 수행인을 보살피기 위한 것으로 아미타부처님께서 그들이 소승에 집착하여 닦지 않고, 그들을 접인하여 극락정토에 왕생하게 하여 대승으로 전환하여 닦게 함으로써 마침내 성불하기를 희망합니다.

삼습니다. 정토종에서는 명호를 집지하여 부처님과 상응함을 근본으로 삼습니다. 다시 말해 부처님 명호로써 자신을 일깨워 자신의 심원心願을 부처님과 같게 하고 해행解行을 부처님과 같게 하여 명호의 공덕을 완전히 남김없이 드러내는 것이 바로 공덕의 근본입니다. 비록 경전에 담긴 이치에 익숙하지 않을지라도 착실히 염불하여 명호를 집지할 수 있다면 명호를 염하는 까닭에 마음에서 일체 망상과 집착이 일어나지 않고 심지에 청정한 광명이 비치니, 또한 「덕본德本」의 뜻에 부합합니다. _《무량수경 청화강기》(비움과소통)

[제27법문]

아미타부처님의 제20원에서 제24원까지 홍원

이번 회에서는 아미타불의 제21원에서 제24원까지 이야기를 이어가도록 하겠습니다.

제21원 (구족제상원具足諸相願) : "제가 부처가 될 적에 그 국토에 있는 천인이 32대인 상을 빠짐없이 원만히 이루지 못한다면 정각을 취하지 않겠나이다(設我得佛 國中天人 不悉成滿 三十二大人相者 不取正覺)."

범부의 큰 번뇌 하나는 더 나은 것을 좋아하는 것에 근원합니다. 아미타부처님께서 모든 정토의 천인은 피부색(제3원)이나 생김새와 몸매(제4원)가 모두 수승하고 장엄하며 피차간에 분별이 없음을 보장합니다. 제21원은 한발 더 나아가 정토의 천인은 전부 부처님 및 대보살과 마찬가지로 32대인大人의 상相임을 보증합니다.

32대인의 상을 보유하면 더욱 더 자신을 장엄하고, 불심에 계입契入하여 빨리 불과를 성취할 수 있습니다. 동시에 또한 포섭 절복(攝服)시키는 힘도 있어 제도를 받는 자의 믿음을 증장시킬 수 있고, 중생을 이롭게 하고 제도·교화할 수 있습니다.

제22원 (환상외향원還相回向願) : "제가 부처가 될 적에 타방 불국토의 여러 보살중이 저의 국토에 와서 태어난다면 구경에는 반드시 일생보처一生補處에 이르지만, 그 본력에 따라 자재로이 변화하여 중생을 위한 까닭에 공덕의 근본을 쌓아서 일체 중생을 제도 해탈하겠다고 크나큰 서원의 갑옷을 입고, 여러 불국토에 다니면서 보살행을 닦아 시방 제불여래께 공양하고 항하사의 무량중생을 개화하여 그들이 무상정진도(無上正眞道 ; 무상정변도)[88])에 설 수 있도록 상륜常倫(보살)제지의 행을 뛰어넘어 보현보살의 덕을 수습하여 현전한다면 제외될 것이옵니다. 그렇지 않다면 정각을 취하지 않겠나이다(設我得佛 他方佛土 諸菩薩衆 來生我國 究意必至 一生補處 除其本願 自在所化 爲衆生故 披弘誓鎧 積衆德本 度脫一切 遊諸佛國 修菩薩行。供養十方 諸佛如來 開化恒沙無量衆生 使立無上正眞之道 超出常倫諸地之行 現前修習普賢之德。若不爾者 不取正覺)."

이 서원에서는 먼저 시방세계의 극락에 왕생한 보살이 마침내 반드시 일생보처의 최고 보살품위를 성취할 수 있다고 보증합니다. 보살은 초발심으로부터 십신十信·십주十住·십행十行·십회향十回向·십지十地를 거쳐 최후 51계위의 등각等覺보살, 즉 장차 멸도하게 될 부처님의 빈 자리를 채워 성불하는 일생보처一生補處로 증득해 들어갑니다. 현재 도솔천 내원에 계시는 미륵보살은 장차 사바세계로 와서 성불하시어 석가모니부처님의 불위佛位를 채우게 됩니다. 관세음보살께서도 또한 극락세계에서 아미타부처님의 자리를 채워 성불하시고, 대세지보살께서는 다시 관세음보살의 뒤를 이어 부처님의 자리를 채우게 됩니다.

그러나 어떤 보살들은 정토에서 다시 사바세계로 돌아오는 천인

---

88) 범어 「아눅다라(무상無上)삼먁(정正)삼(변遍)보리(도道)」, 이를 「무상전진도無上正眞道」라 한다. 앎이 진실하면 앎이 없고(眞知無知) 두루 하지 않은 것이 없다. 그래서 「변遍」은 「진眞」이라 말한다. 부처님이 얻은 도는 「무상정진도無上正眞道」라 하고 보리의 마음을 구함을 「의意」라 하니, 곧 보리심이다.

을 포함하여 중생을 제도하겠다는 대원을 발하는데 그들은 반드시 아미타부처님의 가지를 받아 여러 불국토를 다니면서 보살행을 닦고, 무량무변한 중생을 널리 제도하여 중생이 아미타부처님의 무상정진의 불도에 안온히 머물 수 있도록 돕습니다. 그들은 보현보살의 십대행원을 닦아 제불여래의 무량공덕의 필요조건을 획득하지만, 그들은 반드시 자신이 일찍 불과를 증득함을 구하지 않고, 먼저 중생을 다 제도하여야 성불하겠다고 발원하니 예컨대 지장보살의 대원은 「지옥이 텅 비지 않으면 결코 성불하지 않겠나이다(地獄不空 誓不成佛)」입니다.

보현보살의 십대행원은 원마다 모두 "이와 같이 허공계가 다하고 중생계가 다하고, 중생의 업이 다하고, 중생의 번뇌가 다하여야 (나의 이 원도) 다하려니와 허공계 내지 중생번뇌가 다하지 않는 까닭에 (나의 이 원도) 궁진함이 없어서 염념마다 이어져서 끊어짐이 없고, 몸과 말과 뜻 삼업에 지치거나 싫증내는 마음이 없느니라."라고 말씀하십니다.

그래서 극락세계에는 일생보처의 보살이 매우 많지만 타방세계에서는 먼저 중생을 다 제도하여야 불과를 증득하는 대보살의 수량도 적지 않습니다.

　[보충] 「제보살의 무량행원을 갖춤」이란 영影은 「육바라밀 사섭법 등의 행, 무량보리원」이라 하였고, 상祥은 「십지무량행원을 구비한 까닭에 행원을 갖춤이라 한다」 하였다. 각각 한 뜻에 근거하였다. 지금 「상륜常倫 (보살)제지諸地의 행行을 뛰어넘는다」 말한다. 「제보살諸菩薩」이란 제지諸地, 혹 지전地前·지상地上 혹 초지初地·이지二地·삼지三地 등 보살제지의 행원은 무량하다는 말과 같다. 그래서 「무량행원」이라 한다. 이 행원은 상륜 (보살)제지의 행을

뛰어넘는 까닭이고, 일행이 일체행을 구족하고 일체행이 일행을 구족하는 까닭이며, 「구具」, 원만히 구족하여 부족하거나 줄어듦이 없는 까닭이다.

이른바 상륜을 뛰어넘는 행원이란 네 가지 바른 수행이 여래로부터 생겨나니, 해법解法이 여여如如한 까닭에 행하지 않되 행하는 행원이다. 《보현행원품》에 이르시길, "극락세계에 가면 곧 아미타부처님을 친견하여 일념 가운데 모든 행원을 다 성취할 수 있다(到極樂世界已 即見阿彌陀佛 於一念中 所有行願皆得成就)." 이는 아미타부처님의 선교 방편을 통해서 무량행원을 성취할 수 있음을 드러낸다.

_《불설무량수경견해》 도은 스님

제23원 (공양제불원供養諸佛願): "제가 부처가 될 적에 그 국토에 있는 보살이 부처님의 위신력을 입고, 일체제불께 공양하되 한 끼의 시간에89) 무수무량 나유타의 제불국토에 두루 이를 수 없다면 정각을 취하지 않겠나이다(設我得佛 國中菩薩 承佛神力 供養諸佛 一食之頃 不能遍至 無數無量億那由他諸佛國者 不取正覺)."

제24원 (공구여의원供具如意願): "제가 부처가 될 적에 그 국토에 있는 보살이 일체제불의 앞에서 그 공덕의 근본을 나타냄에 여러 구하고자 하는 공양물을 만약 뜻대로 갖추지 못한다면 정각을 취하지 않겠나이다(設我得佛 國中菩薩 在諸佛前 現其德本 諸所欲求供養之具 若不如意 者 不取正覺)."

제23원 및 제24원은 모두 아미타부처님께서 극락세계 보살중에게 가지加持하여 그들이 보현십대원왕의 예경제불원 및 광수공양원을 원만히 닦을 수 있도록 할 것입니다. 제23원으로 보살중이

---

89) 「일식경一食頃」 한 끼 식사를 먹는 시간으로 매우 짧은 시간을 형용함.

한 끼의 시간 내에 무량한 불국토를 다니면서 제불께 공양을 할 수 있도록 하고, 제24원으로 여러 보살중이 그 심원을 따라 향화, 과일, 보당 등등 일체 희망하는 공양품이 그들 면전에 나타나도록 보장합니다.

이 두 가지 서원은 또한 천인 사이를 비교하는 번뇌를 면합니다. 예컨대 얼마나 많은 부처님께 공양하는지 어떤 공양품을 준비하였는지 비교합니다.

한마디 아미타불은 바로 위없이 깊고 깊은 무상심묘선(無上甚深禪)이다.
한마디 아미타불은 위없이 깊고 깊은 주문의 왕이다.
한마디 아미타불을 염하면 정淨을 닦을 뿐만 아니라 선禪도 닦고, 밀密도 닦는다.
당신이 닦는 선은 원만구경의 선이고,
당신이 닦는 밀은 대원만의 밀이다.
- 정공 법사

根塵齊攝寶王禪
육근과 육진을 나란히 거두어들이는 보왕선

[제28법문]

아미타부처님의 제25원에서 제30원까지 홍원

이번 회에서는 다음으로 아미타불 제25원에서 제30원까지 이야기하도록 합니다.

제25원 (설법여불원說法如佛願) : "제가 부처가 될 적에 그 국토에 있는 보살이 일체지一切智를 연설할 수 없다면 정각을 취하지 않겠나이다(設我得佛 國中菩薩 不能演說一切智者 不取正覺)."

이 서원은 불타의 대단히 수승한 은사恩賜로 그의 보호는 정토의 보살 한 분 한 분마다 모두 부처님과 같은 지혜를 보유하여 경전을 강설하고 설법함에 있습니다.

제26원 (득나라연역원得那羅延力願) : "제가 부처가 될 적에 그 국토에 있는 보살이 금강나라연那羅延의 몸을 얻지 못한다면 정각을 취하지 않겠나이다(設我得佛 國中菩薩 不得金剛那羅延身者 不取正覺)."

나라연은 힘이 센 천신의 명칭입니다. 금강나라연의 몸은 불보살의 신체를 나타내는 말로 쓰입니다. 금강처럼 견고하고 힘이 세며 훼손해도 무너지지 않습니다. 이 서원은 정토의 보살에게 수명(제15원), 신상(제4원 및 제21원), 피부색(제3원)이 부처님과 차이가 없을 뿐만 아니라 신체의 견고함, 강건함도 부처님과 같기를 축원하는 것입니다. 이러면 곧 보살은 금강의 무너지지 않은 몸으로 도처에서 홍법할 수 있음을 보증할 수 있습니다.

제27원 (국토난량원國土難量願) : "제가 부처가 될 적에 그 국토에 있는 천인과 일체 만물은 장엄 · 청정하고 빛나고 화려하며, 형상과 색깔이 수승하고 특별하며, 미세함이 궁진하고 미묘함이 지극하여 헤아릴 수도 없도록 하겠나이다. 여러 중생이 비록 천안을 구족하였다 할지라도 그 이름과 수량을 분명히 알고 분별할 수 있다면 정각을 취하지 않겠나이다(設我得佛 國中天人 一切萬物 嚴淨光麗 形色殊特 窮微極妙 無能稱量。其諸衆生 乃至逮得天眼 有能明了 辯其名數者 不取正覺)."

정토의 천인은 심신이 장엄 수승할 뿐만 아니라 정토의 정자와 누각, 화초와 수목 등 일체 만물은 모두 무량하게 장엄하고, 빛나고 화려하며, 가장 미세한 부분조차도 모두 미묘하여 견줄 수 없습니다. 그것은 아마 천안신통을 가진 중생도 또한 정토에 이토록 미묘하고 수승 장엄한 이름과 숫자가 얼마나 있는지 이루 말할 수 없습니다.

제28원 (지견도량수원知見道場樹願) : "제가 부처가 될 적에 그 국토에 있는 보살은 내지 적은 공덕자일지라도 그 도량수는 무량한 광명 빛깔이고 그 높이가 4백만 리나 됨을 알아볼 수 없다면 정각을 취하지 않겠나이다(設我得佛 國中菩薩 乃至少功德者 不能知見其道場樹 無量光色 高四百萬里者 不取正覺)."

도량수道場樹는 부처가 앉은 채 불도를 이룬 나무를 일컫는 말로 일반적으로 보리수菩提樹라고 통칭합니다. 부처님의 원력에 따라 각 보리수마다 다른 특색이 있고, 아미타부처님께서 불도를 이루신 보리수는 높이가 4백만 리나 되고, 온갖 진귀한 보배로 이루어져 광명 빛깔이 모두 장엄하기 그지없습니다. 산들바람이 불어와 보배나무 가지와 잎을 흔들면 무량한 홍법의 묘음을 냅니다.

수행자, 수행의 깊이에 따라 볼 수 있는 도량수는 다르듯이, 부처님의 몸 또한 수행의 정진 정도로 인해 각기 차이가 있습니다. 일반적으로 대보살이어야 수승한 도량수를 볼 수 있고, 도량수의 불가사의한 조연助緣을 느끼며 일찍 불과를 증득합니다.

아미타부처님께서는 대단히 자비로우셔서 수행이 높지 않은 적은 공덕자도 또한 직접 도량수를 볼 수 있도록 합니다.

제29원 (송불경법원誦佛經法願) : "제가 부처가 될 적에 그 국토의 보살들이 경전의 교법을 받아 읽고 외우고 지니고 설하되 변재와 지혜를 얻지 못한다면 정각을 취하지 않겠나이다(設我得佛 國中菩薩 若受讀經法 諷誦持說 而不得辯才智慧者 不取正覺)."

불경을 독송하고 사람을 위해 설법함은 자신을 제도하고 타인을 제도하는 중요한 지름길입니다. 청정심과 무분별심으로 불경을 독송할 수 있어야 점차 부처님의 마음에 계입契入하여 지혜를 높일 수 있고, 또한 웅변의 재능을 보유할 수 있고 설득력을 갖추어 듣는 이로 하여금 즐겁게 하고 느끼게 할 수 있습니다.

아미타부처님께서는 대자비로 정토보살을 가지加持하여 그들이 경법을 수지 독송하거나 다른 사람에게 설법 법문할 때 모두 변재와 지혜를 보유하여 선교방편으로 자신을 제도하고 타인을 제도할 수 있도록 합니다.

제30원 (지변무궁원智辯無窮願) : "제가 부처가 될 적에 그 국토에 있는

보살이 갖춘 지혜와 변재에 한량이 있다면 정각을 취하지 않겠나이다
(設我得佛 國中菩薩 智慧辯才 若可限量者 不取正覺)."

아미타부처님께서는 정토보살을 가지加持하여 그들로 하여금 지극히 높은 지혜를 보유하여 경전을 강설하고 설법하며(제25원), 불경을 독송하며 설법할 때는 웅변의 재능을 보유하여 법을 듣는 자를 설복할 수 있으며(제29원) 설득할 수 있는 웅변의 재능을 보유하고 있으며, 제30원은 주로 정토보살을 가지하여 학식과 지혜가 넓고 풍부하여 한량이 없습니다.

예컨대 유마힐維摩詰 거사는 그의 넓고 풍부한 지혜와 변재로 여러 대성문과 보살을 주춤하게 합니다. 아미타부처님께서는 또한 정토보살을 가지하여 무량한 학식, 변재와 지혜를 보유할 수 있도록 합니다.

[제29법문]

아미타부처님의 제31원에서 제34원까지 홍원

이번 회에서는 다음으로 아미타불 제31원에서 제40원까지 이야기하도록 하겠습니다.

제31원 (국토청정원國土淸淨願) : "제가 부처가 될 적에 국토가 청정하여 시방의 일체 무량 무수한 불가사의한 제불세계를 마치 맑은 거울로 그 면에 영상을 보듯이 다 빠짐없이 비춰 볼 것입니다. 그렇지 않다면 정각을 취하지 않겠나이다(設我得佛 國土淸淨 皆悉照見十方一切無量無數不可思議諸佛世界 猶如明鏡 睹其面像。若不爾者 不取正覺)."

극락세계는 일체가 다 청정 수승하여 어떠한 땅 한 덩어리도 나뭇잎 하나도 모두 맑고 깨끗한 거울 면과 같습니다. 극락세계 왕생자라면 마음을 따라 어떤 세계의 경치를 보고자 하면 거울에서 자신의 얼굴을 보는 것처럼 또렷합니다.

왕생자는 타방세계 보살의 일체 선행을 보면 잘 학습할 수 있고, 악행을 보면 자신을 반성하여 악을 짓지 않도록 할 수 있습니다.

제32원 (만물엄식원萬物嚴飾願) : "제가 부처가 될 적에 지상에서 허공에 이르기까지 궁전과 누각, 연못과 시냇물, 꽃과 나무 등 국토에 있는 일체 만물은 모두 무량한 여러 가지 보배와 백천 가지 향기로써 함께 합하여 이루어져 장엄과 장식의 기묘함이 여러 천인을 뛰어넘습니다. 그 향기가 시방세계에 널리 배여 보살이 이를 맡으면 모두 부처행을 닦을 것입니다. 만약 그렇지 않다면 정각을 취하지 않겠나이다(設我得佛 自地以上 至於虛空 宮殿 樓觀 池流 華樹 國中所有 一切萬物 皆以無量雜寶 百千種香 而共合成 嚴飾奇妙 超諸天人。其香普薰十方世界 菩薩聞者 皆修佛行 若不爾者 不取正覺)."

극락세계의 지상에서 허공에 이르기까지 흐르는 물과 나무, 정자와 누각 등 일체만물은 모두 갖가지 진기한 보배와 미묘한 향기가 어우러져 장엄하고 미묘하고 아름다워 천상인간의 가장 좋은 경관을 훨씬 뛰어넘습니다.

매우 많은 염불에 성취가 있는 사람은 염불, 배불拜佛, 송경 등과 같은 불사佛事를 지을 때 진기한 향을 맡을 수 있으면 번뇌의 습기가 줄어들고 도심道心이 더욱 강해집니다. 이 서원은 아미타 부처님의 불가사의한 향을 접촉하면 타방세계 보살을 가지하여 일승불법一乘佛法의 부처 행(佛行)을 수증修證할 수 있음을 포함합니다.

제33원 (촉광유연원觸光柔軟願) : "제가 부처가 될 적에 시방의 무량 불가사의한 제불세계에 사는 중생들로서 저의 광명을 입고 그 몸에 접촉한 자는 몸과 마음이 부드러워 천인을 뛰어넘을 것입니다. 만약 그렇지 않다면 정각을 취하지 않겠나이다(設我得佛 十方無量不可思議諸佛世界衆生之類 蒙我光明 觸其身者 身心柔軟 超過天人。者不爾者 不取正覺)."

아미타부처님께서 이미 제12원을 통해 그의 광명이 무한한 시방을 두루 비추며 중생이 노실하게 염불하도록 가지加持합니다. 그리고 제33원은 한 발 더 나아가 부처님의 광명을 접촉한 신자들로 하여금 몸과 마음이 부드럽고 안락 자재하여 천상의 인간을 뛰어넘는 일체 즐거움을 보유할 수 있게 합니다.

호스피스(臨終關懷) 조념단은 망자가 아미타불 명호를 염한 후 무량광의 가지를 얻어 죽은 뒤의 모습이 뻣뻣하게 죽어 경직된 잿빛의 두렵고 고통스러운 얼굴에서 불그스름하고 부드러운 평온한 미소 띤 얼굴로 변하게 되는 매우 많은 사례를 종종 목격합니다.

제34원 (문명득인원聞名得忍願) : "제가 부처가 될 적에 시방의 무량 불가사의한 제불세계에 사는 중생의 부류가 저의 이름을 듣고서 보살의 무생법인無生法忍과 여러 깊은 총지總持를 얻지 못한다면 정각을 취하지 않겠나이다(設我得佛 十方無量不可思議諸佛世界衆生之類 聞我名字 不得菩薩無生法忍諸深總持者 不取正覺)."

인忍은 안온함으로 마음이 어떠한 사물에도 움직이지 않은 상태를 나타냅니다. 무생법인無生法忍은 곧 어떠한 사물에도 집착하지 않고 번뇌를 일으키지 않음을 뜻합니다.

아미타부처님께서는 대단히 자비로우셔서 극락세계를 왕생하는 자로 하여금 불퇴전지不退轉地를 얻어 정정취正定聚에 머물게 하고(제11원)에 머물게 할 뿐만 아니라 설령 정토에 왕생하지 못하는 중생일지라도 인연이 있어 「아미타불」 명호를 귀로 들으면 보살의 무생법인無生法忍 및 수선지악修善止惡의 깊고 깊은 총지법문(總持法門 ; 총지는 다라니라 부르기도 함)을 획득할 수 있습니다.

[제30법문]

아미타부처님의 제35원에서 제37원까지 홍원

이번 회에서는 그 다음으로 아미타불의 제35원에서 제37원까지 이야기하도록 하겠습니다.

제35원 (여인왕생원女人往生願) : "제가 부처가 될 적에 시방의 무량 불가사의한 제불세계에 사는 그 어떤 여인이 저의 이름을 듣고 기뻐하고서 믿고 좋아하며 보리심을 발하여 여인의 몸을 싫어하는데, 수명이 다한 후 다시 여인의 모습이 된다면 정각을 취하지 않겠나이다 (設我得佛 十方無量不可思議諸佛世界 其有女人 聞我名字 歡喜信樂 發菩提心 厭惡 女身 壽終之後 復爲女像者 不取正覺)."

불교는 원칙상 남성 여성의 양성은 전부 아라한과를 증득하고, 대보살의 계위를 성취할 수 있지만, 여신도는 수행 상 종종 남신도보다 더욱 더 많은 장애에 부딪치기 때문에 매우 많은 여신도는 다음 세상에 더 이상 여자의 몸으로 태어나지 않길 희망합니다. 실제로 극락세계에서 연화화생한 왕생자는 이미 남성의 모습도 없고 또한 여성의 모습도 없는 중성입니다. 그래서 정토에는 남녀의 욕망으로 인해 생기는 일체 번뇌가 없습니다.

제35원은 시방세계의 무량 무수한 여신도를 위로할 수 있습니다. 그녀들이 인연이 있어 부처님 명호를 듣고 마음으로 기뻐하고서 아미타부처님의 자비를 깊이 믿고 보리심을 발하여 여성의 몸을 싫어하면 수명이 다한 후 반드시 더 이상 여자의 몸이 되지 않습니다. 정토에 왕생하면 반드시 원대로 빨리 불과佛果를 증득할 수 있습니다.

[보충법문] 《관세음보살 보문품》 범어본 추가 게송 제5수

저 국토에는 여성이 없고
오직 부처님의 자식들만 있을 뿐,
모두 다 연꽃에서 화생하여
청정한 연못의 연꽃에 앉아 있네.

彼國無女人 惟有諸佛子 從蓮花化生 皆坐淨蓮池

저 국토에는 여성이 존재하지 않고
성교(maithuna)의 법이 전혀 없나니,
승리자의 아들로서 화생으로 나타나
연꽃의 청정한 태에 앉아있네.

na ca istriṇa tatra saṁbhavo nāpi ca maithunadharma sarvaśaḥ | upapāduka te jinorasāḥ padmagarbheṣu niṣaṇṇa nirmalāḥ

_《관세음보살보문품 심요》(비움과소통)

제36원 (상수범행원常修梵行願) : "제가 부처가 될 적에 시방의 무량 불가사의한 제불세계에 사는 여러 보살중이 저의 이름을 듣고 수명이 다한 후 항상 범행을 닦아 불도를 성취함에 이를 것입니다. 만약 그렇지 않다면 정각을 취하지 않겠나이다(設我得佛 十方無量不可思議諸 佛世界諸菩薩衆 聞我名字 壽終之後 常修梵行 至成佛道。若不爾者 不取正覺)."

이 서원의 핵심은 시방세계의 모든 보살중을 가지加持하여 인연이 있어 아미타불의 홍명洪名을 듣고 신수信受하기만 하면 수명이 다한 후 세간에 윤회하든지 불국토에 왕생하든지 관계없이 청정 무욕의 범행梵行을 계속 수습하여 성불에 이를 수 있도록 하는 것입니다.

범행梵行은 범천의 청정하고 욕망을 끊는 행위를 가리킵니다. 수행의 가장 큰 장애는 남녀의 음욕행위입니다. 만약 삿된 음행의 금계를 범하면 가장 중요한 것은 불보살 앞에서 성심으로 참회하고 더 이상 영원히 범하지 않고, 노실하게 염불하면서 부지런히 정업삼매淨業三福90)를 닦을 수 있으면 더욱 이상적이고, 임종할 때 또한 업을 지닌 채 정토에 왕생할 수 있습니다.

매우 많은 보살들, 특히 초발심보살은 과거 생의 기억을 잊는 격음지미(隔陰之迷) 때문에 다음 생에 계속 범행을 견지하며 수습할 수 없고, 물러나는 마음을 내어 보리도 상에 진퇴를 반복하여 끝내 불도를 이루기 어렵습니다.

아미타부처님께서는 대단히 자비로우셔서 인연이 있는 보살을 가지하여 그들의 신념과 선정력을 견고히 하고, 세세생생 부지런히 범행을 닦아 불도를 이루게 하십니다.

제37원 (인천치경원人天致敬願) : "제가 부처가 될 적에 시방의 무량 불가사의한 제불세계에 사는 여러 천인 인민들이 제 이름을 듣고 오체투지하고 머리 조아려 예를 올리며 기뻐하고서 믿고 좋아하며

---

90) 정업삼복淨業三福은 간단히 말하면 십선업十善業의 세복世福, 계를 범하지 않는 계복戒福 및 보리심을 발하고 중생을 제도하는 행복行福을 닦는 것을 가리킵니다.

보살행을 닦을 것이니, 여러 천인 세상 사람들이 공경하지 않는 자가 없을 것입니다. 만약 그렇지 않다면 정각을 취하지 않겠나이다 (設我得佛 十方無量不可思議諸佛世界諸天人民 聞我名字 五體投地 稽首作禮 歡喜 信樂 修菩薩行 諸天世人 莫不致敬。若不爾者 不取正覺)."

이 서원은 시방세계의 천인과 범부를 가지하여 그들에게 인연이 있어 아미타불의 홍명을 듣고 기뻐하고 공경심을 일으켜, 오체투지五體投地하며 예불하고[91] 부처님을 견고히 믿고 보살행을 닦습니다. 동시에 곧 천인 및 세상 사람의 존경을 받고 마음이 편안하고 자재하며 염려하는 일 없이 불법을 닦습니다.

말법시대에는 불법을 닦기 곤란합니다. 중생들은 사회 전반의 가치관을 가지고 명성과 이익을 중시하고 유흥에 몰두합니다. 그들은 수행이 세상의 향락을 추구하는 것을 점차 내려놓고 세상을 피하는 소극적 행위라고 생각하고, 염불인에 대해서는 더욱더 미신의 행위라 굳게 믿습니다. 홍콩 사회는 불교를 그다지 중시하지 않고, 많은 지식인과 전문인들은 사람들에게 그들이 불교를 믿는 것을 알리고 싶지 않습니다.

90년대 초기에 저는 고조된 억양으로 "저는 불교를 믿습니다!"라며 공개하였는데, 많은 사람들이 저에게 기이한 눈길을 보냈습니다. 더군다나 어떤 사람은 "당신은 과학자이자 대학 총장인데, 왜 불교를 믿습니까?"라고 물었습니다. 홍콩이 반환된 후 상황이 개선되기 시작하였고, 현재는 불교를 믿는 것이 좀 더 보편화되었고 사회의 존중을 받고 있습니다.

---

91) 오체투지란 왼쪽 무릎과 오른쪽 무릎, 왼쪽 손바닥과 오른쪽 손바닥 및 얼굴을 땅에 대며 존경을 표시하는 대례大禮를 가리킨다.

[제31법문]

아미타부처님의 제38원에서 제40원까지 홍원

이번 회에서는 우리에게 아미타불의 제38원에서 40원까지 알아보겠습니다.

제38원 (의복수념원衣服隨念願) : "제가 부처가 될 적에 그 국토에 사는 천인이 의복을 얻고자 하면 생각하는 대로 즉시 이를 것입니다. 부처님께서 찬탄하신대로 법도에 맞는 미묘한 의복이 저절로 몸에 입혀질 것입니다. 만약 그 옷에 바느질·염색·빨래한 흔적이 있다면 정각을 취하지 않겠나이다(設我得佛 國中天人 欲得衣服 隨念即至。如佛所讚 應法妙服 自然在身。若有裁縫 擣染、浣濯者 不取正覺)."

아미타부처님께서는 자비로 정토에 사는 사람들이 일체제불에게 공양하는 공구 공양물(제24원)이나 부처님께서 입으면 아름답다고 찬탄하시는 의복(제38원)에 마음을 쓰지 않아도 되기를 발원하셨습니다. 생각만 해도 완벽하게 마음에 들어 인위적으로 바느질·염색·빨래가 필요 없는 옷이 저절로 몸에 걸쳐집니다.

이 서원의 함의는 정토의 천인이 입고 있는 의복뿐만 아니라 천인이 필요로 하는 음식, 거처 등을 대표합니다. 생각을 바꾸기만 하면 기본적으로 필요한 일체가 모두 생각에 응해 이룹니다. 생각을 다시 바꾸면 필요하지 않으면 곧 저절로 사라집니다.

천인은 서로 비교할 필요가 없고 마음속으로 희망하는 것은 모두 저절로 얻어집니다.

아인슈타인의 에너지·질량 상호전환 방정식($E=mc^2$, E는 에너지, m은 질량, mc^2는 빛의 2차방정식)에 따르면 아미타부처님께서 무량광(광 즉 에너지)을 가지加持하시어 생각은 곧 에너지이니, 물질로 전환될 수 있습니다. 《아미타경》에서도 "온갖 새들은 모두 다 아미타불께서 그것으로 하여금 무량한 법음을 선양하고자 변화로써 지은 것이다."라고 말씀하고 있습니다. 그래서 이 서원은 매우 많은 사람이 과학에 위배되는 미신이라고 생각하는 것과 전혀 다릅니다.

제39원 (수락무염원受樂無染願) : "제가 부처가 될 적에 그 국토에 있는 천인이 받는 즐거움이 누진비구와 같지 않다면 정각을 취하지 않겠나이다(設我得佛 國中天人 所受快樂 不如漏盡比丘者 不取正覺)."

누진비구漏盡比丘는 이미 구차제정九次第定[92]을 증득한 아라한으로 이미 윤회에서 벗어날 수 있습니다. 그들은 견사이혹見思二惑의 번뇌를 다 끊어버려 세간 일체에 대해 어떠한 집착도 없고, 출세간의 몸과 마음이 자재한 열반적정涅槃寂靜快의 즐거움을 누리는 경계에 상주합니다.

극락정토는 대승보살이 수행하여 부처가 되는 도량입니다. 아라한은 소승 성인의 과위(聖果)이기에 정토에 왕생할 수 있는 아라한

---

92) 선정에는 얕고 깊은 동등하지 않은 차제가 있는데, 9개 등급으로 나뉩니다. 삼계 내에는 색계천의 사선四禪(4등급)·무색계천의 사정四定(4등급)이 있는데, 구차제정九次第定은 삼계를 벗어납니다. 아라한 벽지불이 증득한 것이 구차제정입니다. _《보현행원 염불성불》(비움과소통)

은 모두 대승으로 전환하여 보살행을 닦습니다. 제39원에서 언급하는 누진비구는 일종의 비유로 아미타부처님께서 우리에게 하신 보증의 하나입니다. 정토에 사는 사람은 반드시 번뇌가 다한 아라한처럼 청정하여 물들지 않아 몸과 마음이 편안하고 자재하여 전심으로 부처님의 과위(佛果)를 닦아 이룹니다.

제40원 (견제불토원見諸佛土願) : "제가 부처가 될 적에 그 국토에 있는 보살이 뜻대로 시방의 무량한 장엄 청정한 불국토를 보고자 하면 때에 맞추어 원하는 대로 보배나무 가운데 마치 맑은 거울로 그 면에 영상을 보듯이 다 빠짐없이 비추어 볼 것입니다. 만약 그렇지 않다면 정각을 취하지 않겠나이다(設我得佛 國中菩薩 隨意欲見十方無量嚴淨國土 應時如願 於寶樹中 皆悉照見 猶如明鏡 觀其面像。若不爾者 不取正覺)."

이 서원은 제31원과 대단히 유사하여 모두 정토보살로 하여금 마음이 원하는 대로 타방불토를 시찰할 수 있도록 하여 마치 맑은 거울에서 자신의 얼굴 생김새를 비춰보는 것처럼 뚜렷합니다. 이 서원은 특히 정토의 보배나무에서 각 방위의 불국토를 비춰 볼 수 있다는 점을 강조하고 있습니다.

아미타부처님께서는 이 서원을 빌려 정토보살에게 문을 닫고 자신만 닦지 말고, 시방세계 각 방위의 정토와 예토의 상황을 시찰하여 이미 정화精華를 섭취할 수 있으면 또한 중생의 괴로움을 이해할 수 있으니, 그리하여 지혜와 자비를 상승시켜 수행을 도울 수 있다고 가르치십니다.

법장비구는 세자재왕불 시절에 210억의 다른 불국토를 시찰하고, 5겁의 사유를 거쳐 48대원을 구상하고, 다시 조재영겁兆載永劫

동안 실제 수행을 통하여 점차 48대원을 원만히 실현하여 아미타
부처님이 되셨습니다.

염불하면서도 여전히 망상이 일어나더라도
그것에 상관하지도 아랑곳 하지도 마시고
단지 부처님 명호에만 주의를 기울이고
망상에 신경을 쓰지 마십시오.
망상에 주의를 기울이면 망상은 갈수록 많아집니다.
근본적으로 망상에 아랑곳 하지 마시고
단지 생각을 부처님 명호에 관조합니다.
이렇게 하다 보면 망상이 점차적으로 줄어들고
부처님 명호를 불러서 점차 득력합니다.
- 정공법사

[제32법문]

아미타부처님의 제41원에서 제45원까지 홍원

이번 회에서는 아미타불 제41원에서 45원까지 이야기를 이어가 도록 하겠습니다.

제41원 (구족제근원具足諸根願): "제가 부처가 될 적에 타방세계 국토에 있는 여러 보살중이 제 이름을 듣고 부처가 됨에 이르러 육근에 결함이 있거나 구족하지 못한다면 정각을 취하지 않겠나이다 (設我得佛 他方國土諸菩薩衆 聞我名字 至於得佛 諸根缺陋 不具足者 不取正覺)."

제42원 (주정공불원住定供佛願): "제가 부처가 될 적에 타방세계 국토에 있는 여러 보살중이 제 이름을 들으면 다 빠짐없이 청정한 해탈삼매를 얻고 이 삼매에 머물러 한번 생각하는 순간에 무량 불가사의한 일체제불 세존을 공양하되 선정을 잃지 않을 것입니다. 만약 그렇지 않다면 정각을 취하지 않겠나이다(設我得佛 他方國土諸菩薩 衆 聞我名字 皆悉逮得清淨解脫三昧 住是三昧 一發意頃 供養無量不可思議諸佛世 尊 而不失定意。若不爾者 不取正覺)."

제43원 (생존귀가원生尊貴家願): "제가 부처가 될 적에 타방세계 국토에 있는 여러 보살중이 제 이름을 들으면 수명이 다한 후 존귀한 가문에 태어날 것입니다. 만약 그렇지 않다면 정각을 취하지 않겠나이다(設我得佛 他方國土諸菩薩衆 聞我名字 壽終之後 生尊貴家。若不爾者 不取正覺)."

제44원 (구족덕본원具足德本願) : "제가 부처가 될 적에 타방세계 국토에 있는 여러 보살중이 제 이름을 듣고 뛸 듯이 기뻐하고 보살행을 닦아서 공덕의 근본을 구족할 것입니다. 만약 그렇지 않다면 정각을 취하지 않겠나이다(設我得佛 他方國土諸菩薩衆 聞我名字 歡喜踊躍 修菩薩行 具足德本。若不爾者 不取正覺)."

제45원 (득정견불원得定見佛願) : "제가 부처가 될 적에 다른 방향의 국토에 있는 여러 보살중이 제 이름을 들으면 다 빠짐없이 보등삼매普等三昧를 얻고 이 삼매에 머물러 성불에 이를 때까지 항상 무량 불가사의한 일체제불을 뵙게 될 것입니다. 만약 그렇지 않다면 정각을 취하지 않겠나이다(設我得佛 他方國土諸菩薩衆 聞我名字 皆悉逮得普等三昧 住是三昧 至於成佛 常見無量不可思議一切諸佛。若不爾者 不取已覺)."

아미타부처님께서 계속해서 제41원에서 제45원까지 원마다 그의 자비를 드러내시어 정토의 중생을 가지加持할 뿐만 아니라 마찬가지로 타방국토의 인연이 없는 보살중을 보살핍니다. 그들이 「아미타불」 부처님 명호를 듣기만 하면 반드시 부처의 가지를 받습니다.

제41원은 보살을 가지하여 육근六根을 갖추게 합니다. 아미타부처님께서는 수행자가 닦아 지니는 과정에서 쉽게 과거세 악업惡業의 영향을 받아 육근(六根 : 안·이·비·설·신·의)이 온전하지 못해 수행에 지장이 되며, 또한 그들이 경전을 강설하고 설법하여 중생을 제도하는 효과와 이익을 약화시킵니다.

아미타부처님께서는 여러 보살중이 세세생생 수행하여 성불에 이르는 과정에 과거생의 악업을 없애고 육근을 온전하게 유지하여 잘 수행할 수 있도록 보증합니다.

제42원은 보살중이 청정해탈 삼매(정정正定)의 경지로 증득해 들어갈 수 있도록 가지加持하여 보살중으로 하여금 그 심원心願을 따라 일념의 순간에 분신하여 무량한 불국토에 이르러 일체제불께 공양하고 마음으로 삼매정三昧定의 경계를 유지하게 합니다.

제43원은 보살중이 세세생생 존귀한 가문에서 자랄 수 있도록 가지합니다. 특히 초발심 보살을 가지합니다. 성취가 높은 보살은 자신의 축적된 복덕에 의지해 저절로 존귀한 집안에서 태어나 그들에게 비교적 높은 사회적 지위와 인지도가 생기고, 중생을 널리 제도하고 중생을 교화시키는 효과와 이익이 생깁니다.

석가모니부처님께서 출가하시기 전이 싯다르타 태자였듯이 고귀한 신분을 보유하면 황실 귀족 및 학문 덕행을 가진 사람을 끌어당겨 그들을 따라 학불 수행하는데 더욱 효과가 있을 수 있습니다.

제44원은 보살중을 가지하여 그들이 육도만행을 부지런히 닦고 무량한 성불의 복덕 근본을 쌓음을 확고히 합니다.

제45원은 제42원과 매우 유사합니다. 이 서원은 보살중이 보등삼매普等三昧로 증득해 들어갈 수 있도록 가지합니다. 보등삼매는 정토법문에서 염불삼매라고 이해할 수 있습니다. 세세생생 아미타불을 칭념함은 곧 시방삼세제불을 칭념하는 것과 같습니다. 아미타불을 상견함은 또한 곧 시방삼세 무량제불을 상견합니다.

중생이 지성심至誠心으로 극락정토의 수승한 장엄과 아미타부처님의 대비원력으로 제도함을 믿고, 심심深心 및 회향발원심回向發願心으로 정토왕생의 대원大願을 발하고, 심혈을 기울여 한 마디

한 마디 「나무아미타불」 육자대홍명六字大洪名을 염하여 마음이
정성이면 영험하고 반드시 부처님을 친견할 수 있습니다.

《능엄경 대세지보살염불원통장大勢至菩薩念佛圓通章》에서 말씀하
시길, "자식이 어머니를 그리워하길 어머니가 자식을 그리워하
듯 한다면, 어머니와 자식은 여러 생을 지내면서 서로 어긋나거나
멀어지지 않느니라. 만약 중생이 마음으로 부처님을 그리워하고
부처님을 생각하면 현전이나 당래에 반드시 결정코 부처님을
친견할 것이니라. 부처님과 멀리 떨어져 있지 않아, 방편을 빌리
지 않고도 자성본연에서 마음이 열릴 것이니라."

[제33법문]

아미타부처님의 제46원에서 제48원까지 홍원

우리는 이번 회에서 아미타부처님 최후의 세 가지 대원을 이해하고자 합니다.

제46원 (수의문법원隨意聞法願) : "제가 부처가 될 적에 그 국토에 있는 보살이 그 뜻과 원을 따라 듣고자 하는 법을 저절로 들을 수 있사옵니다. 만약 그렇지 않다면 정각을 취하지 않겠나이다(設我得佛 國中菩薩 隨其志願所欲聞法 自然得聞。若不爾者 不取正覺)."

극락정토는 가장 불가사의한 대승의 수행도량이니, 보살의 다른 근성에 근거하여 그들의 취향에 따라 언제든지 모두 듣고 싶은 불법을 들을 수 있습니다.

《아미타경》에서 말씀하시길, "……저 국토에는 늘 갖가지 기묘한 여러 빛깔의 새들이 있나니, ……여러 온갖 새들이 밤낮으로 여섯 때에 평안하고 단아한 소리를 내어서 그 소리가 오근·오력·칠보리분·팔정도 등 이와 같은 법을 연설하나니, 그 국토의 중생들은 그 소리를 듣고서 부처님을 생각하고 불법을 생각하며 승가를 생각하느니라." 또 말씀하시길, "저 불국토에는 미묘한 바람이 불어와 모든 보배 나무와 보배 그물이 흔들리며 미묘한 소리가 나니, 이는 비유컨대 백천 가지 하늘 음악이 동시에 연주되는 것과 같으니라. 이 소리를 듣는 이는 모두 다 부처님을 생각하고, 불법을 생각하고, 승가를 생각하는 마음이 저절로 생기느니라." 하셨습니다.

《아미타경》은 극락국토에 칠보연못이 있고 팔공덕수가 그 가운데 충만하다고 말씀하시고, 《무량수경》에서는 더욱더 상세한 묘사가 있습니다. "······보배연못에 들어가면······그 물결은 무량한 자연의 미묘한 소리를 내며 일렁거려 그 응함에 따라 듣지 않은 자가 없으니, 혹 부처님의 소리를 듣거나, 혹 불법의 소리를 듣거나, 혹 승가의 소리를 듣거나,······이와 같은 여러 소리가 있어 그 들은 것을 칭송하면 기쁨이 한량이 없느니라." 그래서 극락국토 중생은 때에 따라, 땅에 따라, 사물에 따라 모두 뜻대로 법을 들을 수 있습니다.

제47원 (득불퇴전원得不退轉願): "제가 부처가 될 적에 타방세계 국토에 있는 여러 보살중이 제 이름을 듣고서 곧 불퇴전지에 이르는 것을 얻지 못한다면 정각을 취하지 않겠나이다(設我得佛 他方國土諸菩薩 衆 聞我名字 不即得至不退轉者 不取正覺)."

아미타부처님께서는 제11원을 통해서 정토의 천인을 영원히 퇴전하지 않도록 가지加持하고, 제47원은 무량한 타방세계 보살중을 가지加持하여 단지 인연이 있어 아미타불 명호를 듣기만 하면 영원히 불퇴전의 자리를 얻는다고 보증합니다.

사바세계에서 수행함은 특히 말법시대에는 공업共業이 너무 무거워 갖가지 유혹에 마주하면 수행인은 동요하기 매우 쉽습니다. 아미타부처님의 이러한 가지加持는 수행자로 하여금 항상 불퇴전을 유지할 수 있게 하니, 지극히 수승합니다.

제48원 (득삼법인원得三法忍願) : "제가 부처가 될 적에 타방세계 국토에 있는 여러 보살중이 제 이름을 듣고서 곧 제일·제이·제삼 법인法忍을 얻지 못하고, 여러 불법에 있어서 곧 불퇴전지를 얻을 수 없다면 정각을 취하지 않겠나이다(設我得佛 他方國土諸菩薩衆 聞我名字 不即得第一第二第三法忍 於諸佛法 不能即得不退轉者 不取正覺)."

이 서원은 제34원과 유사한 점이 있습니다. 아미타부처님께서는 제34원으로 무량한 타방세계 보살중을 가지하여, 인연이 있어 아미타불 명호를 듣기만 하면 보살의 무생법인無生法忍을 얻을 수 있습니다. 이 서원은 무량한 타방세계 보살이 세 가지 법인을 얻어 절대 퇴전하지 않도록 가지加持하십니다.

인忍은 간단히 이해하면 마음이 어떠한 사물에도 동요되지 않고 법에 안온히 머문다는 뜻입니다.

《무량수경》에서 말씀하시길, "산들바람이 서서히 여러 보배 나무에 불어와 무량한 묘법의 소리를 연설하나니 ……그 법음을 듣는 이는 깊은 법인法忍을 얻어 불퇴전지에 머물러 불도를 이룰 때까지 육근이 청정하고 여러 고뇌 우환이 없느니라. 저 국토의 천인이 이 나무를 보면 삼법인三法忍을 얻나니, 첫째는 음향인音響 忍이요 둘째는 유순인柔順忍이요 셋째는 무생법인無生法忍이니 라."

그래서 제48원의 세 가지 법인은 음향인, 유순인 및 무생법인입 니다. 음향인音響忍은 음성의 법어를 듣고 증도證道함을 말합니다. 유순인柔順忍은 청정심으로 수순하여 깊이 들어가 제법이 모두 공함을 관조하여 실상을 깨침을 뜻합니다. 무생법인無生法忍은 유순인을 부지런히 닦아 실상을 깨치고 상을 여의어 불생불멸의 진여실상에 안온히 머묾을 뜻합니다.

충심으로 여러분께서 아미타부처님의 자비 가지를 이해하신 후 더욱더 정토를 듣는 연분을 소중히 여기고 성심으로 닦아 지녀서 반드시 극락정토의 수승함을 누리시길 바랍니다.

제 (정공법사)가 《화엄경》을 절반 정도 강의하였을 때, 화엄회상에 참석한 모든 보살들이 염불하여 정토에 왕생하기를 원하였음을 처음으로 알게 되었습니다. 문수보살과 보현보살은 화엄세계의 등각보살이며, 그들 또한 정토에 왕생하기를 발원하였습니다.
이 사실을 안 후에 저는 이 염불법문이 모든 부처님이 중생을 구제하여 생사윤회를 끝마치고 불도를 이루게 하는 제일의 법문임을 믿게 되었습니다.
- 정공법사

[제34법문]

구품왕생九品往生

〈아미타부처님의 약속〉(제4법문)에서, 저는 성심으로 「신信·원願·염불(행行)」을 완성하면, 아미타부처님께서는 우리가 반드시 정토에 왕생할 수 있다고 약속하셨습니다.

《관무량수경》에서는 우리에게 범부 염불인은 상·중·하 삼품 왕생으로 구분할 수 있고, 품 하나하나마다 상·중·하 삼생으로 세분할 수 있는데, 곧 속칭 9품 왕생이라 합니다. 품 하나하나마다 왕생의 상황은 지극히 다릅니다.

가장 수승한 것은 상품상생입니다. 임종할 때 아미타불·관세음보살·대세지보살 및 수많은 보살·성문·제천이 친히 내영하여 접인하시어 금강대 위에 올라 부처님 뒤를 따르니, 손가락 퉁기는 순간 정토에 왕생하고 칠보연못에 연꽃이 곧 열려 부처님 및 여러 보살의 색신을 보고 설법을 듣고서 즉시 개오開悟하여 무생법인無生法忍을 얻습니다.

가장 낮은 것은 하품하생입니다. 오역십악五逆十惡을 범한 중생은 본래 마땅히 삼악도에 떨어져야 하지만, 임종할 때 인연이 있어 염불을 가르치는 선지식을 만나니, 그는 마음속으로 괴로움에 시달려 선택지가 없어 성심으로 염불할 수밖에 없습니다. 명종命

終하는 때 금색 연꽃을 보고, 일념의 순간에 또한 극락세계에 왕생할 수 있지만, 12대겁을 지나야 연꽃이 비로소 열려 부처님은 친견하지 못하고, 관세음보살 및 대세지보살만 친견합니다. 두 보살이 그를 위해 제법실상을 연설하여 죄법을 없애는데, 그때 보리심을 발하여 수행하기로 결심합니다.

다른 일곱 가지 품의 가장 큰 차이점은 꽃이 열려 부처님을 친견하는 시간이 각각 다르다는 점입니다. 예컨대 상품중생은 하룻밤을 지나야 꽃이 열려 부처님을 친견하고 법을 듣고, 다시 1소겁이 지나야 비로소 무생법인을 얻습니다. 상품하생은 하루 낮, 하룻밤93)을 지나야 연꽃이 열리고, 칠일 후에 부처님을 친견하여 불법을 듣고, 다시 3소겁이 지나야 백법명문百法明門을 얻어 환희지歡喜地에 머뭅니다.

중품중생은 7일이 지나야 연꽃이 비로소 열리고, 부처님을 친견하고 법을 듣고서 수다원 초과를 얻고 반 겁을 거쳐 아라한이 됩니다. 하품상생은 49일이 지나야 연꽃이 열리고, 관세음보살과 대세지보살을 친견하는데, 두 보살이 그를 위해 12부경을 연설하여 곧 보리심을 발하고 10소겁을 지나 초지初地보살의 품위를 얻습니다.

《관무량수경》은 보리심을 발하고 정업삼복淨業三福을 닦는 중생은 다른 수행에 따라 상품 삼생으로 왕생할 수 있다고 말씀하십니다. 이른바 정업삼복淨業三福에서 첫째 세복世福은 부모님께 효순하고 스승과 어른을 받들어 모시며 자심慈心으로 살생하지 않고 십선업을 닦는 것입니다. 계복戒福이란 삼귀의를 수지하고, 온갖

---

93) 정토의 하루 낮, 하루 밤은 사바세계의 길고 긴 시간이다.

계행을 구족하며, 위의를 범하지 않는 것입니다. 행복行福은 보리심을 발하고서 인과를 깊이 믿고 대승경전을 독송하며 염불왕생을 권진勸進하는 것입니다. 계복과 세복을 닦는 중생은 중품상생 및 중품중생으로 왕생할 수 있고, 세복만 닦는 중생은 중품하생으로 왕생할 수 있습니다.

일반 죄악범부는 임종할 때 인연이 있어 염불을 가르치는 선지식을 만나도 또한 왕생할 수 있고, 또 죄악의 정도에 따라 하품상생, 하품중생 및 하품하생으로 극락세계에 왕생할 수 있습니다. 그래서 우리 범부는 「신·원·염불」을 완성하는 것 이외에 또한 나쁜 일을 피하려면 더욱 더 보리심을 발하여 자신을 제도하고 타인을 제도하여야 하며, 계를 범하지 않고 널리 십선업十善業을 닦아야 함을 단단히 기억하여야 합니다. 이렇게 하면 더욱더 높은 품위로 정토에 왕생할 수 있습니다.

[끝맺는 말]

염불하는 마음가짐

「신·원·염불(행)」은 정토법문의 기본 수행 안내자입니다. 어떻게 염불하거나 어떤 마음가짐으로 염불하는지에 관해서는 고승대덕별로, 도량별로 다른 방법이 있습니다.

《아미타경》에서는 염불인은 「아미타불」 명호를 집지執持하여 일심불란一心不亂에 이르러야 한다고 가르쳤습니다. 그래서 어떤 스님은 염불할 때 일심불란한 경계에 도달해야 왕생할 수 있다고 하였는데. 이러한 표준에 따르면 염불하는 사람은 매우 많지만, 왕생할 수 있는 사람은 오히려 매우 적습니다. 이와 달리 어떤 스님은 일문에 깊이 들어가 염불을 전수專修하기만 하면 곧 이미 일심불란의 요구를 달성하였다고 생각합니다. 그래서 만 사람이 닦아 만인이 왕생한다는 낙관적인 견해가 생깁니다.

《무량수경》에서는 "시방세계 제천의 인민, 그 중에는 지심至心으로 저 나라에 태어나기를 바라는 근기(機)가 있다(十方世界諸天人民 其有至心願生彼國)."고 말씀하십니다. 무릇 상·중·하 (근根의) 삼배三輩가 있는데, 배 하나 하나마다 모두 보리심을 발하여 무량수불을 전념專念하여야 합니다. 어떤 스님은 보리심을 발함과 「아미타불」 명호를 염하는 것이 두 가지 왕생의 정인이라고 생각합니다. 그러나 《관무량수경》에 따르면 일반 죄악범부는 임종할 때 인연이 있어 그에게 염불을 가르치는 선지식을 만나기만 하면 설령 보리심을 발하지 않아도 또한 하품삼생으로 왕생할 수 있습니다. 이 또한 어떤 스님으로 하여금 보리심은 왕생의 필수조건이 아니라고 생각하게 합니다.

몇몇 스님은 염불횟수를 매우 중시하여 날마다 수천, 수만 번 소리 내어 부처님 명호를 염하는 것을 목표로 삼고 많을수록 좋다고 합니다. 이와 달리 어떤 스님은 염불의 품질을 강조하면서 많이 염불하길 추구하지 않고 부처님 명호를 한 마디 한 마디 성심으로 염할 뿐이라고 합니다.

정토법문은 대단히 수승하고 불가사의한 법문으로 일반 범부는 이해할 수 있는 경계가 아니라 부처와 부처의 경계입니다. 저는 일개 죄악 범부로 당연히 이러한 수승한 경계를 또렷이 알 수 없습니다. 단지 여러 스님의 안내를 세심하게 체득하고, 자신이 파악할 수 있는 이론에 근거하여 느끼고 실천한 경험을 통하여 자신에게 적합한 염불방법을 발전시킬 수밖에 없습니다.

저는 이미 70세가 넘어 풍부한 인생역정을 살고 있고 이제 이미 아무런 아쉬움이나 걱정 및 내려놓지 못하는 일이 없어 기꺼이 지금 당장이라도 혹은 언제든지 이 사바세계를 떠나서 더욱 더 수승한 극락정토로 왕생하고 싶습니다. 저의 염불하는 마음가짐도 또한 이것을 기초로 삼고 있습니다. 인환仁煥스님께서 말씀하신대로 생명을 걸고 전부 맡기는(捨命全交) 마음으로 염불합니다. 저는 열심히 「나무아미타불」 육자 대홍명을 염하고 있고, 부처님 명호 한 마디 한 마디를 호흡과 맞춘 채 호흡에 집중합니다. 호흡은 우리의 생명을 대표합니다. 염불은 곧 생명을 부처님께 맡기고 극락정토에 고정시키는 것을 유일한 궁극목표로 삼습니다.

우리가 부처님 명호를 한 마디 한 마디 염하는 것은 정토에 왕생하길 바라고 영원히 사바세계를 떠나겠다는 결심입니다. 마침내 어떻게 되는가는 아미타부처님께서 안배하시는 대로 이지만, 저는 정신적으로 우리가 이미 정토인이라는 사실을 깊이 믿습니다(제9법문 참조). 만약 수명이 다하지 않았다면 우리들도 아미타부처님의 무량광, 무량수 및 무량각의 가지加持를 받아서 우리를 더욱 더 건강하고 즐겁게 살 수 있도록 할 것입니다.

정토인으로서 우리는 세간에서 곧 정토인의 책임을 지고, 정업삼복淨業三福을 닦아야 합니다. 그래서 염불하는 마음가짐은 자신이 정토인이라고 굳게 믿고, 염불하여 부처님 은혜를 갚으며 마땅히 살아서 이미 왕생하여 계속 염불하는 것이지, 염불하며 임종할 때 왕생을 구하는 것이 아닙니다.

2015년 1월부터 나는 《따뜻한 인간(溫暖人間)》에서 독자 여러분과 인연을 맺기 시작했는데, 최초 36편의 글은 저의 불교 교리에 대한 이해와 두 분 은사님(성운星雲대사와 정혜淨慧장로)에 대한 그리움에 대한 것이었고, 그 후 34편의 글은 정토법문에 대한 저의 개인적인 경험 일부를 나누어 보았습니다.

최근 일로 매우 바쁜데다가 국내 사찰에 가서 일상적으로 마음을 고요히 하며 학문과 덕행을 닦아야 하기에 《따뜻한 인간》 칼럼 연재를 당분간 중단하기로 결정하였습니다. 머지않은 장래에 다시 여러분과 인연을 맺길 희망합니다.

여러 독자님, 몸과 마음이 건강하시고, 하시는 일마다 뜻대로
순조롭게 풀리며, 법희 충만하시길 빕니다. 아미타불!

만약 육도윤회를 벗어나고 싶으면 일상생활에서
아무런 집착도 하지 말고, 분별하지도 말며,
우리와 아무런 상관이 없는 일에는
듣지도 않고 묻지도 않을 수 있어 모든 일을
반드시 담담하게 보아야 함을 알 수 있습니다.
이런 일들을 마음속에 두면 큰일입니다.
이렇게 말하는 것이 바로
'알아차리고(看破) 내려놓아라(放下)!'
라는 말의 뜻입니다.
-정공법사

南無阿彌陀佛

자금을 내거나 독송 수지하는 사람과
여러 사람 여러 장소에 유통시키는
사람들을 위해 두루 회향하는 게송

경을 인쇄한 공덕과 수승한 행과
가없는 수승한 복을 모두 회향하옵나니,
원하옵건대 전생 현생의 업이 다 소멸되고,
업과 미혹이 사라지고 선근이 증장되며,
현생의 권속이 안락하고, 선망 조상들이 극락왕생하며,
시방찰토 미진수 법계, 공존공영하고 화해원만하며,
비바람이 항상 순조롭게 불고 세계가 모두 화평하며,
일체 재난이 없어지고 사람들이 건강 평안하며,
일체 법계 중생들이 함께 정토에 왕생하게 하소서.

願以此功德 · 莊嚴佛淨土　上報四重恩 · 下濟三塗苦
若有見聞者 · 悉發菩提心　盡此一報身 · 同生極樂國

무한한 빛, 아미타불이시여!
당신은 내 가슴 속에 살아계셔서
나로 하여금 광활한 당신의 존재를 깨닫게 합니다.
당신의 살아 있는 현존을 나타내심으로써
나를 욕망의 속박에서 벗어나게 하소서.

무한한 빛, 아미타불이시여.
하잘것 없는 일들의 굴레로부터,
좁아 터진 이기심의 오욕으로부터
당신의 지혜의 빛으로 나를 밝혀주소서.
당신의 사랑이 파도처럼 밀려와 나를 감싸 주소서.

무한한 빛, 아미타불이시여!
당신의 사랑은 모든 생명을 품에 안으며
당신의 지혜는 모든 사랑을 감쌉니다.
- 고빈다 라마의 「아미타불 찬가」

극락성불학교의 실상

1판 1쇄 펴낸 날 2022년 3월 17일(미타재일)
저자 정공스님 · 반종광 **편역** 허만항
발행인 김재경 **편집** 정인 **디자인** 김성우 **마케팅** 권태형 **제작** 다산문화사
펴낸곳 도서출판 비움과소통

      경기 평택시 목천로 65-15, 102동 601호

      전화 031-667-8739 팩스 0505-115-2068

      이메일 buddhapia5@daum.net

© 정공스님, 2022
ISBN 979-11-6016-081-9 03220